外国金融制度系列丛书

日本金融制度

主　编　吴盼文
副主编　曹协和

中国金融出版社

责任编辑：王慧荣
责任校对：刘　明
责任印制：丁淮宾

图书在版编目（CIP）数据

日本金融制度（Riben Jinrong Zhidu）/吴盼文主编，曹协和副主编.—北京：中国金融出版社，2016.1
（外国金融制度系列丛书）
ISBN 978 - 7 - 5049 - 7911 - 7

Ⅰ.①日…　Ⅱ.①吴…②曹…　Ⅲ.①金融制度—研究—日本
Ⅳ.①F833.131

中国版本图书馆 CIP 数据核字（2015）第 071732 号

出版　**中国金融出版社**
发行
社址　北京市丰台区益泽路 2 号
市场开发部　　（010）63266347，63805472，63439533（传真）
网 上 书 店　http://www.chinafph.com
　　　　　　　（010）63286832，63365686（传真）
读者服务部　（010）66070833，62568380
邮编　100071
经销　新华书店
印刷　保利达印务有限公司
尺寸　169 毫米 ×239 毫米
印张　26.75
字数　393 千
版次　2016 年 1 月第 1 版
印次　2016 年 1 月第 1 次印刷
定价　70.00 元
ISBN 978 - 7 - 5049 - 7911 - 7/F.7471
如出现印装错误本社负责调换　联系电话（010）63263947

外国金融制度系列丛书
编委会

《欧盟金融制度》编写组

组　　长：何建雄　朱　隽

副组长：郭新明　王　信

组稿人：林　苒　刘　晔　王　倩　朱　锦

执笔人：陈　佳　王正昌　蒋先明　樊石磊　任　哲　张朝阳
　　　　唐露萍　韩婉莹　薛宇博　吴　玓　肖　娜　舒　林
　　　　刘　蔚　程　璐　连太平

《英国金融制度》编写组

组　　长：吴国培

副组长：杨少芬　赵晓斐

执笔人：张　立　黄　宁　杨秀萍

《澳大利亚金融制度》编写组

组　　长：何建雄　冯润祥

副组长：陆　屹

执笔人：郑朝亮　刘　薇　李良松　陈　华

出版说明

20世纪80年代，我国实施改革开放的国策，如何借鉴国外先进理念和技术，更好更快地发展我国经济，是摆在各行各业面前急需解决的问题。在这种形势下，中国金融出版社及时组织出版了一套《资本主义国家金融制度丛书》，为研究和推动我国金融体制改革提供了可供借鉴的宝贵资料，受到了经济金融界的广泛赞誉。岁月变迁，当今各国金融制度也处于不断的变革中。中国金融出版社因时制宜，发挥专业优势，精心论证，积极策划，邀请具有深厚理论素养和从业经验的专业人士编写，现推出新的"外国金融制度系列丛书"。

本系列丛书包括《美国金融制度》、《日本金融制度》、《欧盟金融制度》、《英国金融制度》、《澳大利亚金融制度》等，从发展历史、中央银行与货币政策、金融市场、金融监管、危机应对等方面，力求从多角度、多侧面、立体地描述各国金融制度的基本构成、特征和发展趋势，尤其对2008年国际金融危机后各国金融制度的新变化进行了较为详细的论述。本系列丛书内容简明扼要、客观准确、权威可读，既适合国内外学界研究人员阅读和使用，也适合对经济金融问题感兴趣的一般读者，是较好的学习和研究资料。我们希望，该系列丛书的出版能够在向读者呈现各国金融制度全貌的基础上，对我国金融体系的发展和完善提供借鉴。

在本系列丛书的策划和撰写过程中，我们得到了中国人民银行国际司原司长何建雄、现司长朱隽的热心帮助和指导，得到了国际司研究处、国际清算银行处和海外代表处各位同仁的强力支持，在此一并表示感谢！

目 录
Contents

第一章

日本金融制度概览

第二次世界大战后日本经济奇迹受到了世界各国的广泛关注，金融在日本经济腾飞过程中发挥了至关重要的作用。日本现代金融制度始于明治维新时期，在政府主导下自欧美国家引入。尽管日本属于典型的制度移植，但不同于欧美任何一国，具有日本独特的特征[1]。自第二次世界大战以来，日本金融制度历经多次变革，各个时期都各具特点，比如主银行制度、相互持股制度以及金融行政等。

第一节　日本经济与社会概述

大量的研究表明，金融发展与经济发展之间存在着显著的联动关系，金融制度随着要素禀赋结构的变化和产业技术结构的提升、企业规模和风险特性的变化而演变，并且"在经济发展过程中的每个阶段都存在与其最优产业结构相适应的最优金融结构"[2]。日本金融制度的演进过程，正是其契合日本经济、社会发展不同阶段的过程。

一、日本经济发展的几个阶段

近代以来，日本一直是一个追赶指向型国家。1868 年明治维新之后，日本建立了强有力的中央集权国家，将"赶超西方强国、推进经济增长"作为国家目标。第二次世界大战之后，日本推行的更是一项赶超

1　池建新：《日本金融体系研究》，1 页，西安，陕西师范大学出版社，2006。

2　林毅夫等人提出"最优金融结构理论"并最初发表于 2006 年的工作论文中（北京大学中国经济研究中心讨论稿，No. C2006013），该工作论文于 2009 年登载于《经济研究》第 8 期。2012 年，林毅夫等人介绍了该理论的最新发展动态，发表于《金融监管研究》2012 年第 3 期。

型现代化发展战略，其战略目标是赶上并超越欧美发达国家[3]。这种模式的特点，从宏观上和整体上可以概括为：信奉"经济增长程式[4]"，以"GDP 第一主义[5]"为理念，实行一切服从和服务于 GDP 高速增长的经济增长中心主义。

（一）第二次世界大战后经济恢复期（1945－1954 年）

第二次世界大战之后，日本国内经济政治陷入极度混乱状态。在当时的社会经济政治条件下，日本政府迫切需要解决两个重大经济难题：第一，遏制通货膨胀；第二，改"自由经济体制"为"统制经济体制"。当时的日本政府实行了一系列的统制经济措施，包括改革初期实施非军事化，制定"和平宪法"，同时实施"解散财阀"、"农地改革"、"劳动立法"三大民主改革。此次改革使日本在外力的推动下确立了战后的和平发展道路，并使市场竞争原理在除金融之外的大多数产业领域得以发挥作用，为整个战后日本经济、社会的发展奠定了相对坚实的基础。1946 年，日本政府采取的"倾斜生产方式"对经济复兴具有重要意义，至 1953 年日本的实际 GNP 超过了其 1944 年的水平。

（二）经济高速成长期（1955－1972 年）

1945 年以后，以美国为首的盟军对日本政府接连发出了解散财阀、农地改革、民主化等指令，为日本经济的高速增长扫除了障碍。第二次世界大战以后形成的世界政治经济秩序，特别是美苏阵营的对立，客观上也促进了日本经济的恢复；国际上相对便宜的资源和能源以及方便廉价的技术引进成本，为日本经济的高速增长提供了必不可少的生产要素。可以说，在 1955 年后的近二十年里，日本面临着天时、地利、人和的发展环境[6]。在这种情况下，日本重新开始了赶超欧美的过程。1960－1970 年日本经济增长率达到 7.2%，并且实现了国民收入翻一番的目标，这一时期也是

3　参见陈杰：《日本经济增长过程中的技术创新研究》，复旦大学博士学位论文，2004。

4　即将 GDP 的增长等同于或至少近似于经济福利的增长。

5　即一切为了 GDP 的增长，最优先的是发展经济，而把防止公害、提高社会保障等排在第二位、第三位。这在日本战后高速增长过程中表现得尤为突出。

6　参见崔显凯：《日本经济高速成长时期财政政策研究》，吉林大学博士学位论文，2012。

"日本式经营体制[7]"确立的时期。从 1955 年到 1972 年近二十年时间，日本经济平均年增长率持续保持在 10% 左右（见表 1.1），这被称为"日本经济奇迹"。

表 1.1 第二次世界大战前后各主要资本主义国家经济年均增长率

单位：%

国家	第二次世界大战前(1913 – 1938 年)	第二次世界大战后(1953 – 1973 年)
美国	2.0	3.5
英国	1.0	3.0
法国	1.1	5.2
联邦德国（西德）	1.3	5.9
日本	4.5	9.8

资料来源：张贤淳：《战后日本经济高速发展的原因》，31 页，长春，吉林大学出版社，1989。

与其他西方发达国家相比，日本经济增长令人瞩目。1955 年日本国民生产总值排在主要西方国家的末尾，和意大利相同。二十年之后，日本却超越了联邦德国、英国、法国、意大利、加拿大，成为仅次于美国的西方第二大经济体。从人均国民收入看，在主要西方国家中，1955 年日本人均国民收入最低，还不到美国的 1/10；到了 1975 年日本人均国民收入超过了英国和意大利，相当于美国的 62.1%。这时日本人均国民收入已经接近了西欧的平均水平[8]（见表 1.2）。

表 1.2 日本与主要西方国家人均国民收入对比（1955 –1975 年）

单位：美元

年份	日本	美国	联邦德国	英国	法国	意大利	加拿大
1955	244	2,194	785	973	—		
1960	417	2,502	1,210	1,269	1,202	637	1,909
1965	785	3,245	1,769	1,715	1,827	1,032	2,289

7 "日本式经营体制"的主要内容包括：一是以系列企业、控股集团为特征的企业模式；二是以年功序列工资制、终身雇佣制为代表的就业体制；三是以主银行制度为特征的金融组织体系。

8 冯少奎：《日本经济》，41 页，北京，高等教育出版社，2005。

续表

年份	日本	美国	联邦德国	英国	法国	意大利	加拿大
1970	1,636	4,285	2,749	2,031	2,490	1,585	3,366
1975	3,909	6,296	6,029	3,684	5,639	2,797	6,123

资料来源:《世界经济统计简编》和《世界经济统计》,北京,三联书店,1979;《经济统计年鉴》,日本东洋经济新报社,1979、1983、1985、1987;《国际比较统计》,日本银行调查统计局,1987。

（三）稳定增长时期（1973－1985年）

受1973年第一次石油危机的冲击,日本国内投机盛行,物价暴涨。为此,政府采取了强有力的金融紧缩政策,结果虽然控制了物价上涨,却导致设备投资停滞,经济增长明显减速,劳动力雇用减少,全社会失业增加。1975年日本政府取消了金融紧缩政策,并于1977年末采取了财政刺激政策,推进产业结构的高级化,促使劳动与资本密集型产业结构向技术、知识密集型产业结构转变。出口持续扩大,填补了国内需求的减少,推动经济稳步回升,同时物价保持稳定,失业率趋于下降。

这一期间,除个别年份外,日本实际经济增长率基本保持在3%～5%的水平,与西方发达国家比仍属于增长最快的国家（见表1.3）,所以这一时期又被称为"稳定增长时期"。日本良好的经济表现与迅速的技术进步,导致了日本对外经济关系的重大变化,特别是在美国与日本之间这种变化更为明显。1982年起美国推行了高汇率政策,使得美日贸易不平衡日益加剧,贸易摩擦不断,并且日趋激化。1985年五国财政部长会议以后,日元大幅度升值,为日本经济发展埋下了巨大的隐患。

表1.3　第一次石油危机前后十年各主要国家的经济增长率

单位：%

国家	前十年平均	后十年平均
日本	9.3	3.6
美国	3.9	1.8
联邦德国（西德）	4.5	1.6
法国	5.5	2.3
英国	3.3	1.0

资料来源:张贤淳:《战后日本经济高速发展的原因》,31页,长春,吉林大学出版社,1989。

（四）泡沫经济膨胀与破灭期（1986－1992 年）

1987 年 10 月纽约股市暴跌，加速了日元汇率升值。为了阻止日元的进一步升值，减轻对日本国内出口产业的冲击，日本银行连续下调了基准利率，维持了宽松的货币政策。1987 年 2 月日本银行将再贴现率调整到空前的低水平，持续宽松的货币政策造成了货币流动性过剩。这一时期，随着日本各大型制造企业大规模发行债券，其从银行融资的数额随之锐减，从而导致银行盈利水平大幅下降。银行为了提高自身的盈利水平，把目光投向了建筑业、房地产业及金融业等投资领域。当时投资者对日本经济过分乐观，致使日本以股票和房地产为代表的资产价格迅速膨胀。1990 年 10 月 1 日，日经平均股价较最高点跌幅达 49%，这是日本泡沫经济破灭的起点。

1989 年 5 月，日本政府已经意识到问题的严重性，为了抑制经济过热的局面，日本银行做出了改变货币政策方向的决定，实施紧缩货币政策[9]。这导致股价的急速回落，日本金融市场出现股票、债券、日元汇率三重贬值的混乱局面。与此同时，日本政府出台了土地融资总量控制、土地税制改革等一系列严厉的紧缩政策，推动日本地价一路暴跌，地产企业相继破产。地价、股价下跌导致资产紧缩效应。作为担保的不动产价格下降与所持有的股票价格下降，金融机构的部分贷款已无法回收，加上所谓"非银行"贷出的大量资金也成了坏账，使得银行等金融机构不良债权大量暴露。特别是 1992 年 4 月 28 日东洋信用金库的倒闭，打破了"银行不倒"的神话，日本泡沫经济彻底崩溃。

（五）后泡沫经济破灭期（1993 年至今）

随着泡沫经济时代的结束，日本进入了后泡沫经济时代。为刺激经济复苏，彻底摆脱经济长期低迷的困扰，日本政府先后出台了巨额财政支出（公共投入）政策、超低利率政策、量化宽松的货币政策，以期使深陷泥潭的日本经济重新走上正轨。1993 年日本经济走出谷底，进入复苏阶段，但由于其后不良债权处置延误，经济再次陷入低迷常态。直到 1998 年亚洲

9　刘瑞：《金融危机下的日本金融政策》，16 页，北京，世界知识出版社，2010。

金融危机爆发，不良债权问题才引起了日本政府的高度重视。2001 年小泉内阁对经济结构进行一系列改革，并成立处置不良债权的专门银行，日本经济形势才有所好转。2007 年国际金融危机爆发后，日本经济衰退程度远高于全球平均水平。2010 年开始强劲反弹。2011 年以后，由于日本大地震及由此带来核泄漏危机的影响，日本经济再度出现负增长。

日本由此经历了"失去的二十年"（池田信夫，2012）。1991 - 2011 年，日本实际年均经济增长率仅为 0.9%[10]。其中，1991 - 2000 年、2001 - 2010 年经济增长率分别为 1.1% 和 0.8%。由于其间伴随着长期持续的通货紧缩，以日元现价计算的 GDP 20 年几乎没有变化，累计增长仅为 5.8%。根据世界银行统计，近 20 年来，在主要发达经济体中，日本经济的实际增长率最低（见表 1.4）。

表 1.4　经济泡沫破灭后日本与主要发达国家经济增长率比较

单位：%

年份	世界	日本	美国	德国	法国	英国	意大利	加拿大	澳大利亚
1991 - 2000	2.9	1.1	3.4	1.9	2	2.5	1.6	2.9	3.3
1991 - 2011	2.7	0.9	2.5	1.5	1.5	2.1	1	2.4	3.1
2001 - 2010	2.5	0.7	1.6	1	1.1	1.8	0.4	1.9	3.1
2007	4	2.2	1.9	3.3	2.3	3.6	1.7	2.2	3.8
2008	1.3	-1	-0.4	1.1	-0.1	-1	-1.2	0.7	3.8
2009	-2.2	-5.5	-3.5	-5.1	-3.2	-4	-5.5	-2.8	1.4
2010	4.3	4.4	3	4.2	1.7	1.8	1.8	3.2	2.3
2011	2.7	-0.7	1.7	3	1.7	0.8	0.4	2.5	1.9

资料来源：世界银行数据库。

第二次世界大战后，日本从经济与社会萧条中快速恢复并发展成为仅次于美国的第二大经济体，其中，"技术引进与模仿"的发展策略发挥了十分重要的作用。成为发达国家后，自主创新即原始创新对日本经济的刺

10　赵晋平：《日本经济现状及中长期增长前景》，载《经济纵横》，2013（9），54 页。

激作用日趋显著。但第二次世界大战后所形成的以"终身雇佣制"和"年功序列制"为主要特征的企业雇佣制度并不利于原始创新，企业作为创新主体的作用没有得到有效发挥，日本因此未能实现跨越式自主科技进步，这是其经济长期衰退的根源所在[11]，未来日本经济的前景将主要取决于其各项改革推进的情况以及自主创新的成效。

二、日本社会的人口结构

日本是世界上老龄化问题最为严重的国家之一。早在 20 世纪 70 年代，日本 65 岁以上老人占总人口的比重已达 7.1%，日本已步入了人口老龄化社会，是亚洲最早进入人口老龄化社会的国家。日本人口老龄化改变了劳动力与非劳动力之间的数量比例关系，必然对社会经济产生多方面的深刻影响，比如对劳动力就业、消费、产业结构、未来经济增长以及对政府的产业政策等。

（一）日本老龄化趋势

从人口出生率来看，20 世纪 70 年代末开始，日本的总出生率持续下降，1990 年下降至 1.57%，2005 年进一步下降至 1.26%，创历史最低水平，日本人口的动态平衡被打破[12]。2000 年，日本少儿人口（14 周岁及以下儿童）为 1,850.5 万人，占总人口的 14.6%，2011 年为 1,670.4 万人，进一步下降至 13.1%[13]。日本人口出生率下降不仅使少儿人口占总人口的比重下降，也使老年人口占总人口的比重上升。与此同时，第二次世界大战后日本人口平均寿命延长也进一步推高了老年人口占总人口的比重。截至 2011 年末，日本 65 岁以上老年人口的总人数为 2,975 万人，占总人口的 23.3%，即近 4 个人中就有一个 65 岁以上的老人。

据日本社会保障局人口问题研究所预测，至 2030 年，日本 65 岁以上人口将超过 3,767 万人，占总人口的 31.8%；2055 年 65 岁以上老人占总

11　徐蕊：《日本经济奇迹与长期衰退探微》，载《山东行政学院学报》，2014（1），14 页。

12　参见张伊丽：《人口老龄化背景下日本公共养老金制度的经济学分析》，华东师范大学博士学位论文，2013。

13　参见日本厚生劳动省网站 http://www.mhlw.goJp/toukei/list/8I－|a＜html。

人口的比重将达 40% 以上（见表 1.5），届时日本也将进入人口超老龄化社会[14]。

表 1.5　各个时期日本人口结构变化情况

年份	总人口数量				年龄结构比例		
	合计（千人）	0～14 岁（千人）	15～64 岁（千人）	65 岁以上（千人）	0～14 岁（%）	15～64 岁（%）	65 岁以上（%）
1970	104,665	25,153	72,119	7,393	24.0	68.9	7.1
2000	126,926	18,505	86,220	22,005	14.6	67.9	17.3
2010	127,176	16,479	81,285	29,412	13.0	63.9	23.1
2020	122,735	13,201	73,635	35,899	10.8	60.0	29.2
2030	115,224	11,150	67,404	37,670	9.7	58.5	31.8
2050	95,152	8,214	49,297	37,641	8.6	51.8	39.6
2055	89,930	7,516	45,951	36,463	8.4	51.1	40.5

资料来源：〔日〕日本社会保障局人口问题研究所《日本の将来推计人口（2012）》。

（二）人口老龄化对日本经济的影响

日本人口老龄化速度的加快和老年人口数量的急速上升，给日本经济发展、社会生活、劳动力供给、福利制度等方面带来了严重的影响[15]。主要包括：

一是劳动力供给相对减少。劳动力数量和供给一般是由总人口中处于劳动年龄人口的多少来决定的。从表 1.5 可以看出，日本 15～64 岁劳动年龄人口减少趋势明显。2000 年，日本劳动年龄人口总数为 8,622 万人，到 2010 年将减少为 8,128.5 万人，到 2050 年将进一步减少为 4,929.7 万人。在 50 年的时间里，预计劳动年龄人口将减少 3,000 多万人。所以随着人口老龄化程度的加深，日本劳动力供给不足的问题将更趋严重。

二是社会保障制度负担逐步加大。老年人口比例迅速上升，社会保障

14　日本社会保障局人口问题研究所根据日本人口状况调查预测，2040 年 75 岁以上老人占总人口的比例近 20%。参见日本社会保障局人口问题研究所《日本の将来推计人口（2012）》。

15　参见王伟：《人口老龄化对日本经济的影响及日本政府的对策研究》，东北财经大学硕士学位论文，2007。

给付激增，势必对社会保障制度造成严峻考验。突出表现在以下三个方面：第一，人口快速老龄化导致年金制度难以为继。老龄化的发展导致年金负担加重，各代人之间负担与收益出现明显不平衡，越来越多的日本人逐渐远离年金制度。第二，国民健康保险的财政压力日益增大，医疗保险体制出现危机。日本政府曾经对老人医疗费用负担结构进行大幅度的改革，把老人医疗费平摊到各项目之上，减轻了国民健康保险制度的老人医疗费负担，但随着老龄化的进一步发展，老人医疗费仍在不断上涨，国民健康保险的财政状况堪忧[16]。第三，护理保险的费用负担加重。为解决老龄化社会老年人的照料和护理问题，日本政府于2000年4月实施了面向所有老年人的护理保险制度，将护理制度从一种社会福利制度转变为一种社会保险制度。这种转变促进了日本社会保障制度的进一步完善，但该制度还存在不成熟、不完善之处，突出问题如护理保险的费用负担过重等。

三是不利于产业结构调整。日本人口老龄化程度的加深主要从两个方面影响了产业结构调整：一方面，劳动年龄人口供给不足不利于产业结构调整。比如，人口老龄化问题趋于严重，日本劳动力供给将以中老年人为主。由于其适应了长期居住生活的地区和长期从事工作的公司企业，形成了特定的专业技能，对新技术的掌握能力和对职业变动的适应能力较差，制约了技术的进步。另一方面，老年人的需求状况不利于产业结构调整。首先，老年人的消费习惯不利于新产业的成长。其次，老龄化社会的市场规模和结构是影响一个国家市场规模的重要因素。人口老龄化社会不仅因人口增长缓慢而制约市场容量的扩大，而且老年人与年轻人相比消费欲望低，特别是许多耐用消费品的市场需求明显受到人口老龄化的影响。

四是劳动年龄人口养老压力较大。人口老龄化使退出劳动岗位的老年人增多，劳动年龄人口比重相应下降，对老年人的赡养系数[17]上升，劳动年龄人口的负担加重。按人口年龄构成比例计算，1980年，日本劳动年龄人口每7.46人赡养1个65岁以上的老年人。随着老龄化程度的加重，赡养1个老

16　参见何泽慧：《日本老龄化对经济社会发展的影响及对策研究》，吉林大学硕士学位论文，2011。

17　老年人口的赡养系数定义为每100人小于等于64岁的人口数对应的65岁及以上的人口数。

年人的劳动年龄人口数量 1990 年减少为 6.02 个，2000 年减少为 4.29 人，2010 年将减少为 3.34 人，2020 年将进一步减少为 2.81 人（见表 1.6）。

表 1.6 1980－2025 年日本供养系数的变迁

年份	总供养系数	儿童供养系数	老年赡养系数	负担 1 个老年人的人数（人）
1980	48.4	35	13.4	7.46
1985	46.1	31.1	14.8	6.75
1990	42.8	26.2	16.6	6.02
1995	44.3	24.6	19.7	5.07
2000	49.7	26.4	23.3	4.29
2010	59.0	29.1	29.9	3.34
2020	67.1	31.6	35.5	2.81
2025	62.7	28.1	34.6	2:89

资料来源：[日]冈绮阳一：《人口老龄化与劳动问题》，载于熊必俊：《人口老龄化与可持续发展》，129 页，北京，中国大百科全书出版社，2002。

三、日本企业的雇佣制度

日本的劳动雇佣制度主要包括终身雇佣制和年功序列制，作为一项制度惯例长期存在于日本的企业之中[18]。在日本经济高速成长时期，"终身雇佣制"、"年功序列制"以及"企业内部工会制"一起被奉为日本企业经营的"三大神器"，居于日本企业经营模式的核心地位[19]。随着 20 世纪 90 年代初泡沫经济破灭，日本经济陷入长期低迷甚至停滞，人们对日本的公司经营模式质疑的声音越来越多，对以"终身雇佣制"为基础的雇佣制度的批评也逐渐增多[20]。

---

18 李士忠：《试析日本劳动雇佣制度的演变》，载《日本学刊》，2003（2），18 页。

19 1958 年，美国经济学家和文化人类学家阿贝格伦在对日本的经营组织进行考察之后，出版了《日本的经营》一书，提出日本式经营的特质是"终身雇佣制"。1973 年，经济合作与发展组织（OECD）劳动力社会问题委员会的《对日劳动报告》更加明确指出"终身雇佣制"、"年功序列制"、"企业内部工会制"是日本式经营和雇佣体系的核心。

20 李博：《论日本雇佣制度的变革》，载《沈阳师范大学学报（社会科学版）》，2009（3），45 页。

（一）劳动雇佣制的内涵

如前所述，"终身雇佣制"是一种制度惯例，并非法律规范。"终身雇佣制"的基本含义是：被雇者只要不发生严重损害企业利益的行为，就须保证其不解雇，即使是在经济萧条、企业雇员过剩时期，也应通过轮休、培训等方式使其留在企业内。

其实，在日本的经济学和社会学词典中，关于"终身雇佣制"的词条较多，主要释义可以归结为以下两点：第一，公司录用了刚从学校毕业的新员工之后，必须要保障雇佣其到退休为止；第二，刚从学校毕业的新员工在毕业就进入公司，必须一直为该公司工作直到退休[21]。这两点分别从公司和个人的角度对"终身雇佣制"的内涵进行了阐述，包含了两个层面的内容：一是除非企业面临极度经营困难，否则不能任意解雇其员工；二是员工应对企业保持忠诚与归属感，不能随意跳槽。

"年功序列制"的基本含义是指，雇员的工资收入和职位随着其工龄增加每隔一特定时间提升一次。也就是说，雇员的工资收入和晋升主要与其工作年限密切相关，与其劳动生产率、工作贡献等因素之间的短期性、绝对性联系较弱。"年功序列制"是"终身雇佣制"的延伸，与终身雇佣制相辅相成，作为一种内部劳动力市场的资源配置制度，进一步巩固了"终身雇佣制"。

（二）日本雇佣制度产生的历史与文化背景

日本雇佣制度的产生与其历史与文化的"土壤"密切相关。第一，"终生雇佣制"与"家文化"和"家族主义"原理。第二次世界大战后，日本企业虽然经历了民主化改革，家族主义原理仍然影响着雇佣制度[22]。在人事工资制度方面，实行年功主义工资制，体现"长幼有序"的家族主义观念。"家"文化在雇佣制度中的应用，激发了企业员工的凝聚力，提高了工作积极性，更为重要的是保证了劳资关系的协调发展，维护了雇佣关系的稳定。

第二，"年功序列制"与日本的等级观念意识。自古以来日本就存在

21　李洪杰：《日本终身雇佣制度的发展历程》，载《新西部》，2007（20），15 页。

22　参见吴佩军：《日本企业雇佣制度的历史考察》，南开大学博士学位论文，2009。

着严格的等级制度。每个社会集团都被自上而下地划分为一个等级序列，社会集团中的每个人则根据资历的不同被划分到不同的等级之中，每个人的言行都要符合其身份地位。第二次世界大战后，大企业一方面取消了职员和工员的身份差别，将其一律称之为"员工"，同时仍沿袭战前的雇佣模式，将"员工"分成正式工和非正式工。正式工被分成若干等级，工龄长短在一定程度上决定着地位的高低。企业内等级秩序得到重新确立。企业经营者通过建立和完善等级秩序，使员工明确了自己的地位和职责，强化了上下级之间的领导服从的关系，同时在一定程度上避免了员工之间不必要的竞争，确保了内部团结。

（三）日本雇佣制度已开始逐步变革

以"终身雇佣制"为主要特点的劳动制度，在日本经济腾飞时期发挥了十分积极的作用。比如激发了企业员工的凝聚力，提高了工作积极性，促进了企业生产效率的提高等，同时有利于员工长期就业，在一定程度上维护了社会的稳定。近年来，由于经营环境变化，日本的劳动雇佣制也逐步发生变化。20 世纪 90 年代经济泡沫破灭后，以"终身雇佣制"为主要特点的雇佣制度在日本逐步衰落。东京大学柳川範之教授认为，从现状来看，不同雇佣身份之间的相互转变已经比较频繁（见图1.1）。以日本兼职雇员为例，根据日本总务省的统计资料，自 1965 年以来，日本兼职雇员的人数持续大幅增加。1965 年日本兼职雇员不到 200万人，2005 年兼职员工人数已达到了 1,499 万人，占到了日本劳动人口总数的 25% 以上[23]。

影响日本雇佣制度发生变革的原因是多方面的，归结起来主要有以下几点：

一是企业经营的外部环境恶化，"终身雇佣制"难以为继。日本经济高速增长时期，企业产销顺畅，产出量大，对劳动力的需求也大，以速度和规模为追求目标，具备实施终身雇佣的经济基础。20 世纪 90 年代，是日本经济陷入停滞的十年。以 1991 年初泡沫经济破灭为转折点，日本经济

---

23 杨平宇，董黎辉：《日本雇佣制度的变迁》，载《贵州大学学报（社会科学版）》，2008（6），15 页。

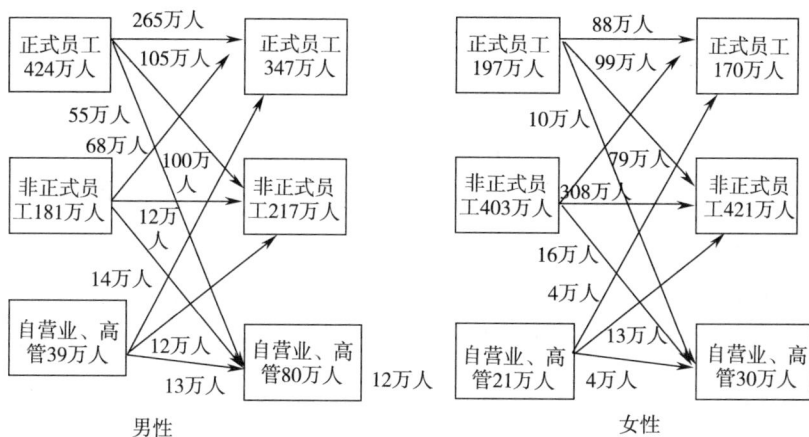

资料来源：柳川範之：《終身雇佣という幻想を捨てよ—産業構造変化に合った雇佣システムに転換を》，东京，NIRA 研究报告书，2009。

图 1.1 不同雇佣身份之间的相互转化（2002—2009 年）

增长率开始大幅下滑，由泡沫经济时期的年均 4.8% 下降为 0.96%[24]。企业经营的外部环境显著恶化，市场萎缩，产品销售出现困难，部分企业被迫或主动收缩生产线，产能过剩加剧企业雇员过剩。维持雇员终身雇佣的成本十分巨大，企业开始寻求雇佣更多非正式员工。

二是人口老龄化问题日益突出，"终身雇佣制"使企业不堪重负。经济高速增长时期，企业每年招收大量新毕业的学生。由于实行年功工资制度，企业支付给年轻雇员的工资低于他们的劳动生产率，故企业总的工资成本较低。随着人口老龄化问题日益严重，人口中年轻劳动力所占的比重下降；并且，由于经济增长减速，企业控制招收新员工的数量，加速了企业内部职工的老化，使企业不得不承受生产效率下降和工资成本上升的双重压力[25]。人口老龄化使过去长期实行的年功序列工资制难以维持，也在一定程度上动摇了"终身雇佣制"的基础。

二是部分雇佣政策变化对"终身雇佣制"产生较大冲击。第二次世界

24　梁军：《2000 年以来日本经济走势与原因分析》，载《日本学刊》，2005（3），109 页。

25　李博：《论日本雇佣制度的变革》，载《沈阳师范大学学报（社会科学版）》，2009（3），47 页。

大战后，在美国占领军的主导下，日本政府通过了《劳动组合法》、《雇佣对策法》、《雇佣保险法》等法律，实施了较为严格的劳动改革，赋予劳动者前所未有的权利，推动了以"终身雇佣制"为特征的日本式雇佣体系的确立[26]。20世纪90年代后，日本政府一方面裁减公务员，将国有企业民营化。另一方面放松劳动监管，如日本政府在1999年修改了《劳动者派遣法》，将派遣适用范围扩大到除了4种职业以外的任何职业。此外，还取消了企业雇佣临时工的时间限制。这些新自由主义劳动政策的出台导致非正式工的大量增加，同时劳动者工资待遇明显下降，对"终身雇佣制"的冲击很大。

四是科技和管理方式进步，使得作为"终身雇佣制"重要内容的内部培训制度逐渐失效。第二次世界大战后较长时期，企业人力资源管理的核心在于构建稳定的劳资关系和内部晋升制度，留住可以出色地完成企业运营的员工，可以说"终身雇佣制"和"年功序列制"很好地适应了这一时期的要求。20世纪80年代之后，信息化程度的提高使得技术标准越来越趋于统一，原来仅属于某企业的"特殊熟练技能"逐渐被"一般化技能"所取代，企业的内部培训制度逐渐失效。在这种情况下，企业开始从外部劳动市场大量招募专业的技术人才和管理人才，雇佣形式也出现了多样化。

五是信息技术革命与产业结构调整"终身雇佣制"的适应范围。20世纪90年代后，以计算机技术为核心的信息行业迅速发展，产品生命周期缩短，更新换代速度加快，公司取得市场和发展优势的关键在于技术人员能否掌握最新行业技术以及原始创意。信息产业更加注重不连续的革新思想而不是连续形成的"熟练技能"；更要求对市场的快速应对而不是"自下而上"的缓慢决策；更依靠企业间网络的信息收集能力，而对企业内技术互补性依赖减弱。这些都需要大量掌握新技术，具有新思维的年轻雇员。这就导致传统的"终身雇佣制"无法适应信息产业、生物产业、环保产业等新兴产业的发展需要。

---

26 参见吴佩军：《日本企业雇佣制度的历史考察》，南开大学博士学位论文，2009。

第二节　日本金融制度的演变

一、现代金融制度的建立

日本的近代金融制度始建于明治维新时期[27]。1868 年明治维新后，日本着手建立现代工业体系，积极从英国、美国引入银行、证券制度，这些制度奠定了日本现代金融体系的基础。1871 年，日本颁布《新币条例》，意在推进包括发行纸币在内的货币改革，这成为日本近代金融制度建立的起点。1872 年，日本根据《国立银行条例》建立私人银行；1882 年通过《日本银行条例》并创设中央银行（日本银行）；1897 年颁布《货币法》，日本正式确立了现代货币制度。尽管作为一种"移植"的制度，但日本现代金融制度自初建时就具有一些自身独有的特征，并非完全地照搬照抄。到第二次世界大战前，日本基本上建立起了现代金融制度，其特点表现为新建银行数目众多，资本市场以直接金融为主，政府对金融业的监管并不严格等。

二、第二次世界大战后金融制度的重建

进入 20 世纪，日本金融制度开始了一个快速发展时期。第二次世界大战结束后，日本百废待兴，工商业体系基本被摧毁，大量的银行等金融机构破产倒闭，资金融通十分困难，日本政府面临繁重的重建任务。面对种种困难，日本政府认为，实行金融优先发展战略是迅速实现经济恢复和重建的重要基础，关键就是解决资金渠道问题[28]。

为挽救处于破产边缘的经济，日本政府在经济上推行以煤炭、钢铁为重点的"倾斜生产方式"；金融方面则采取了严格的融资管制措施，并专门成立了"复兴金融金库"，以保证重点产业部门的资金需求。其后，日本政府按照"盟军驻日占领军总司令部"的要求，对经济金融体系进行了

27　[日] 鹿野嘉昭著，余熳宁译：《日本的金融制度》，3 页，北京，中国金融出版社，2003。

28　[日] 鹿野嘉昭著，余熳宁译：《日本的金融制度》，49 页，北京，中国金融出版社，2003。

一系列改革。主要举措包括解散财阀、禁止垄断、消除集中等政策。在此过程中，主银行制度[29]逐步形成。在"复兴金融金库"解散之后，日本政府陆续建立了一些政府金融机构，包括两家银行和十几家公库、公团、事业团等，并先后批准和设立了多家银行。这种金融机构分工体制的形成，进一步促进了主银行制度的完善。

三、间接金融主导地位的巩固

1955－1972年，主银行制度稳固发展期。1955－1972年是日本经济高速增长时期。在这18年间，日本经济实际增长率年均达到9.7%，被誉为"日本经济奇迹"。在此期间，日本健全了以银行为主导的间接金融体系。据统计，1959－1970年，日本企业为扩大固定资产投资而进行的项目投资高达145.2万亿日元，其中通过间接融资方式进行筹资的项目超过90%。同时日本政府对以银行为核心的金融体系采取了一系列保护措施，这促使主银行制度进一步巩固发展。

为在维持金融业稳定的前提下，使有限的资金得到更有效的利用，日本政府对金融市场实行了严格的管制，进而逐步形成了一套独特的金融体系。1964年以后日本为赶超欧美等先进国家，加速实现重工业和化学工业的现代化，政府引导金融机构向上述重点产业部门投入了大量的低息资金。日本金融业因此承担了更多的社会责任，所形成的日本金融制度表现出更为明显的政府主导特征。金融业也成为日本管制最严的领域之一[30]。

为保证对金融机构的有效控制，日本政府采取"护航舰队式"[31]的保护措施，严格限制金融领域的竞争。具体的政策措施包括：通过严格的外汇管制，限制与国外的金融交易，以保持国内金融市场的封闭运行；实行长

---

29 主银行制度是指第二次世界大战后特定历史条件下形成的企业、银行、其他金融机构（其他主银行）和监管部门之间一系列非正式的惯例、关系、制度安排和行为在内的公司融资和治理机制。在本书第四章将重点对主银行制度进行论述。

30 傅坤：《战后日本金融体系演进路径依赖分析》，载《经济视角》，2007（10），55页。

31 "护航舰队"方式本来是指战时，为了防止敌方袭击，尽量避免船只单独行动，采取编队形式，并以速度最慢的船只为标准，集体航行的方式。这里指日本政府维护以银行为主体的金融体系稳定的基本原则。

期资本市场与短期金融市场的分离，即通过严格规定银行、证券公司以及信托投资机构的业务范围，突出专业性质、强化行业管理。另外，还通过统一银行的存款利率来规范经营，防止用低利率吸纳存款，放大银行的经营风险，导致金融秩序的混乱。

从本质上看，这种金融制度是一种"限制性的支持制度"[32]。正是这种限制性的支持制度，一方面严格的监管极大地限制了银行之间的竞争，这一时期日本银行业倒闭的案例十分罕见，创造了"银行不倒"的神话。另一方面，主银行制度得以进一步巩固，为日本经济发展提供了稳定的资金支持，支撑了日本经济的腾飞。

四、直接金融体系的发展

1973－1990年，放松管制与自由化时期。20世纪70年代"石油危机"之后，日本经济进入"成熟化"发展阶段，经济增长速度放慢，企业投资相对减少。在金融方面主要表现为由原来资金供给长期不足，逐步转向资金过剩的状态。这一时期，企业部门自有资金的比例呈上升趋势，负债比例逐步下降。与此同时，作为资金供给来源的家庭部门，其储蓄稳中有升。这导致投资与储蓄之间出现了供大于求的局面，为了缓解这种矛盾，20世纪70年代后期，日本政府采取政府发行国债（见表1.7），扩大公共投资等办法，尽量减少民间企业投资不足造成的影响。这从根本上动摇了以间接金融为主导金融体系的存在基础。

表1.7　20世纪七八十年代日本国债发行情况

年份	1970	1975	1980	1985
国债余额（亿日元）	28,112	149,731	705,089	1,345,895
财政对国债的依存度（%）	4.2	25.3	32.6	23.4
国债余额占GNP的比重（%）	3.7	9.8	28.8	42

资料来源：转引自白钦先，张磊：《战后日本金融结构变迁：影响及对中国的借鉴意义》，载《哈尔滨工业大学学报（社会科学版）》，2014（1），103页。

32　黄泽民《日本金融制度论》，载《华东师范大学学报（哲学社会科学版）》，1999（6），45页。

在这种情况下，第二次世界大战后形成的金融体系已经不能适应发展变化的经济环境。同时，为了顺应国际经济发展的趋势，日本政府开始逐渐放松金融管制。资本自由化、利率自由化等在 20 世纪 70 年代就已经开始。1984 年，日本政府发表了《关于金融自由、日元国际化的现状与展望》的公告，揭开了全面自由化的序幕[33]。

金融自由化在一定程度上引入了竞争，也为泡沫经济的形成埋下了隐患。一是进入 20 世纪 80 年代中期之后，由于日元升值以及政府的低利率政策，导致了土地和股票价格的上涨。在这种形势下，银行扩大了制造业以外的业务范围，尤其是提高了对房地产交易以及非银行金融机构的贷款比例。二是大企业筹资活动向股票市场转移，特别是 1986 年日本股市暴涨之后，大企业通过溢价方式发行股票，不仅能够大大降低筹资成本，还可以获取巨额发行收益。在这种情况下，主银行对企业的监督、审查力度有所减弱，使得企业部门重复投资、低效投资项目大量增加。三是由于银行业和证券业的壁垒被打破，大银行的经营目标是发展成为兼营证券业务的全能银行，大银行重视的是数量、规模的扩大，但风险意识相对薄弱。四是在金融长期自由化旗帜的引领下，日本政府对金融业大幅放松管制，甚至是疏于监管，日本金融业的问题逐步积聚。

日本自 1986 年 1 月以来实行的低利率政策在 1989 年 5 月宣告结束，加上 1990 年以后在外汇市场上出现的日元贬值，助长了长、短期利率的上升，成为引发日本股市和地价暴跌的导火索，最终导致"泡沫经济"破灭。这给日本经济带来了多方面巨大的影响，如消费长期低迷，经济增长停滞等。部分中小企业也因此经营困难或破产倒闭，致使银行不良债权大量增加。一些中小银行相继倒闭，打破了"银行不倒"的神话。日本政府也开始反思日本金融体制的弊病，决心进行强力改革。

为解决日本经济、金融存在的矛盾，改变日本僵化的金融体制，提高日本金融业的效率与国际竞争力，日本政府于 1996 年末，以 20 世纪 80 年代中期英国金融改革为蓝本提出了一个金融改革计划，称为日本版"金融

---

33 傅坤：《战后日本金融体系演进路径依赖分析》，载《经济视角》，2007（10），56 页。

大爆炸"。改革的具体进程分为三个阶段：1997 年至 1998 年初，旨在尽快放宽管制，解禁部分不需修改法律的领域或金融产品，实施 1997 年通过的《外汇及外国贸易法》；1998 年初至 1999 年中，进一步扩大金融改革业务范围和金融商品的数量；1999 年秋至 2001 年初，实现银行、证券、保险等金融机构在业务领域中的相互准入，最终彻底拆除不同金融业务之间的壁垒。这种理想的金融制度可以被称为日本版的"新金融制度"。

改革成效却不尽如人意。由于政府部门人员与大银行有着千丝万缕的联系，放弃控制"租"的权利和长期以来形成的与银行界的"密切关系"，是政府人员主观上不情愿的事情[34]。这种力图通过主动进行金融结构上的变化从而发展经济的做法未能奏效，而长期困扰日本经济和金融的问题也并未得到根本解决，面对 21 世纪金融业的快速发展，日本要真正振兴经济还有很长的路要走[35]。

第三节　金融组织体系

日本金融机构种类繁多，体系庞杂。总的来看，日本金融体系由中央银行、民间金融机构以及政策性金融机构等组成，形成了以中央银行为领导，民间金融机构为主体，政策性金融机构为补充的模式。另外，企业财团作为特殊的金融控股机构，也在日本经济中发挥着十分重要的作用。

一、中央银行

日本银行是日本的中央银行，依照 1882 年《日本银行法》成立，1942 年进行了改组。日本银行资本金为 1 亿日元，其中，政府持有 55%，民间持有 45%，民间持股者仅享有分红资格，不拥有该行的经营管理权。

日本银行的政策委员会是该行的决策机构，它由总裁、大藏省[36]代表、

34　参见高玉贞：《日本主银行制度：发展、改革与启示》，东北师范大学硕士学位论文，2005。

35　白钦先，张磊：《战后日本金融结构变迁：影响及对中国的借鉴意义》，载《哈尔滨工业大学学报（社会科学版）》，2014（1），102 页。

36　大藏省为日本中央政府财政机关，2001 年被分解为财务省和金融厅。

企划厅代表、城市银行及工商、农业界代表等7人组成。其任务是根据国民经济的要求，管理日本银行的业务，调节通货和信用以及实施金融政策，如制订官定利率，从事公开市场业务，调整存款准备率等。行政机构为理事会，由总裁、副总裁、理事、参事等组成，按照政策委员会决定的政策执行一般具体业务。

《日本银行法》最近一次修订是在1997年7月，并于1998年4月正式生效。新《日本银行法》规定日本银行的主要目标是：保持物价稳定，保证金融体系的稳定，促进经济稳健增长。根据《日本银行法》，尽管日本银行不是行政监管机构，但有维护金融体系稳定的责任，有权力对金融市场和金融机构进行监督审查。《日本银行法》还规定："现场检查和非现场监督的目的在于确保日本银行适当地向金融机构提供短期资金，有效地进行公开市场操作以维护金融体系的稳定"；并且"金融机构包括银行和其他经营存贷款业务的机构，以及从事金融交易的机构（包括证券公司、为买卖证券融资的企业）都要接受日本银行的现场检查"。

为了保证支付清算系统的正常运行和金融体系的稳定，当出现系统性风险时，日本银行承担着最后贷款人的职责。日本银行有权力对金融机构实施现场检查和非现场监测，密切监测金融机构的经营状况和市场行为是否会危及金融体系的稳定。

二、民间金融机构

日本民间金融机构主要包括普通银行（城市银行和地方银行）、外汇专业银行、在日外资银行、长期信用银行、信托银行以及相互银行、信用金库、信用协同组合；商工组合中央金库、农林中央金库以及证券公司、保险公司等[37]。

其中，普通银行相当于商业银行，是日本民间银行体系的主体。都市银行与地方银行在法律地位上并无区别，只是在行政管理上有所不同。城市银行有13家（包括专营外汇的东京银行），总行一般设在大城市，业务

37　[日]鹿野嘉昭著，余熀宁译：《日本的金融制度》，77页，北京，中国金融出版社，2003。

经营遍布日本全国，提供存款、放款、票据贴现、汇兑等服务。地方银行的总行则设在各都、道、府、县内的中心城市，大部分规模较小，为本地区提供金融服务。

长期信用银行和信托银行构成日本的长期金融机构。长期信用银行包括日本兴业银行、日本债券信用银行和日本长期信用银行等3家，主要业务为发行金融债券，筹集长期资金，提供长期产业资产贷款。信托银行包括三菱信托、住友信托、三井信托、安田信托、东洋信托、中央信托、日本信托等7家，主要办理各种信托业务，同时还吸收储蓄存款。另外，还有数家外资信托银行，部分城市银行和地方银行也兼营信托业务。

相互银行、信用金库、信用组合、商工组合中央金库、劳动金库构成中小企业金融机构，主要向中小企业开展一般金融业务。

农林中央金库、农业协同组合、渔业协同组合构成农林渔业金融机构。日本民间农林渔业金融机构以合作形式为主体，并得到政府的保护与帮助，分为农业、渔业、林业三个系统，每个系统均有三级组织，单位协同组合为基层组织，协同组合为中层组织，农林中央金库为最高层的中央机构。

此外，民间金融机构还包括保险公司、证券公司、融资公司，以及互助机构等非存款性金融机构。

三、政策性金融机构

日本政策性金融机构的框架主要是以"二行"、"九库"为基础的，包括日本开发银行、日本进出口银行和国民生活金融公库、中小企业金融公库、中小企业信用保险公库、环境卫生金融公库、农林渔业金融公库、住宅金融公库、公营企业金融公库、北海道东北开发金融公库、冲绳振兴开发金融公库[38]。1999年之后，为适应经济发展需要，部分银行和公库进行了合并，成为"二行"、"七库"[39]。

38　由于1960年7月成立的医疗金融公库于1985年1月与社会福利事业振兴会合并，成为社会福利医疗事业团体，因此原称"十库"变为"九库"。

39　参见郭新双：《国外政策性金融机构研究》，吉林大学博士学位论文，2005。

（一）日本国际协作银行（JBIC）

1950 年 12 月，日本政府提供全部资本金，依据《日本出口银行法》建立了"日本出口银行"，其使命主要是为振兴出口而开展活动。1952 年，"日本出口银行"把业务拓展至进口金融领域，并因此改称"日本进出口银行"。1999 年 10 月 1 日，为适应经济发展需要，日本进出口银行和海外经济协作基金合并为"日本国际协作银行"。日本国际协作银行负责贯彻日本的出口经济政策，在应对国际经济变化中开展经济合作。该银行的业务由两部分组成：一是国际金融业务，用于促进日本的进出口、日本企业的海外经济活动和国际经济的稳定；二是海外经济合作业务，用于帮助发展中国家实现经济社会发展与稳定。

（二）日本政策投资银行（DBJ）

日本政策投资银行的前身是日本开发银行（Japan Development Bank），后者于 1951 年 4 月依据《日本开发银行法》成立，日本政府提供全部资本金。日本开发银行代替了战后初期成立的、为战后经济复兴提供长期资本的"复兴金融公库"，其目的是供给长期资金，促进产业的开发和经济社会的发展，补充或奖励一般金融机构，以弥补民间金融机构的长期资金不足。

1999 年 10 月，根据《日本政策投资银行法》，日本开发银行与北海道东北开发金融公库[40]整合为日本政策投资银行（DBJ），同时把环境卫生金融公库和地域振兴整备公团（Japan Regional Development Corporation）的金融业务纳入其中。DBJ 提供长期金融支持和其他政策安排以促进经济、社会发展，提高生活质量，建立自我信赖的区域。该行总行设在东京，总行内设有"城市开发部"、"地方开发企划部"、"地方开发营业部"和"地方开发审查部"等部室机构，在国内设有 10 家分行、8 家代表处和 6 家海外代表处。

---

40 该公库是依据《北海道开发公库法》于 1950 年 6 月设立的，目的是"为在北海道促进产业的开发、复兴，有助于国民经济的发展，用长期资本供给来完备和奖励民间投资以及一般金融机构的金融"。

（三）住宅金融公库（GHLC）

住宅金融公库是依据《住宅金融公库法》于 1950 年 6 月设立，该公库隶属日本国土交通省及日本财务省，目的是在国民大众在向银行和其他金融机构借款发生困难时，给予住宅建设、住宅用地的购买与平整所需要资金的融通。

（四）农林渔业金融公库（AFFFC）

农林渔业金融公库是日本实施农林渔业政策性信贷的主要窗口，依据《农林渔业金融公库法》于 1953 年由日本政府设立，主要目的是维持和提高农林渔业生产力，在农林渔业者向农林中央金库和其他一般金融机构筹集资金发生困难时，该公库提供低利、长期资本以增加农林渔业生产力。

（五）国民生活金融公库（NLFC）

1949 年 6 月，日本政府提供全部资本金，依据《国民金融公库法》设立了国民金融金库。目的是对从银行等其他一般金融机构融通资金较困难的国民大众提供必要的事业资金。1967 年 9 月政府依据《环境卫生金融公库法》设立环境卫生公库，目的是从公众卫生的角度，提高社会卫生水平和现代化，帮助那些与国民日常生活密切相关的环境卫生单位，在向一般金融机构融通发生困难时而给予资金支持。1999 年 10 月 1 日，根据《国民金融公库法》修正，为了更好地促进中小企业发展和个人商业及消费信贷，将国民金融公库和环境卫生金融公库合并为国民生活金融公库。国民生活金融公库的主要业务领域是提供事业贷款、教育贷款和卫生贷款。

（六）中小企业金融公库（JASME）

中小企业金融公库依据《中小企业金融公库法》于 1953 年 8 月设立，由日本政府提供全部资本金。该公库成立的目的是当中小企业者振兴事业所需要的长期资本，在向一般金融机构融通发生困难时，由该公库给予援助。

（七）冲绳振兴开发金融公库（ODFC）

冲绳振兴开发金融公库是依据《冲绳振兴开发金融公库法》于 1972 年 5 月成立的。其目的是为促进冲绳的产业开发、提供长期资本，从而辅助奖励一般金融机构的金融和民间投资；同时，在向一般金融机构融通发生困难时，对冲绳的经济振兴和社会开发给予资助。

（八）中小企业信用保险公库（SBCIC）

中小企业信用保险公库是依据《中小企业信用保险公库法》于1958年7月设立的。目的是对中小企业者的债务保证进行保险的同时，向信用保证协会融通其所需资本，从而保证中小企业者的资本融通。

（九）公营企业金融公库（JFCME）

公营企业金融公库是依据《公营企业金融公库法》于1957年6月设立的，目的是为公营企业的健全经营给予资金融通，从而推进公营企业的发展，增进居民的福利。

日本政策性金融机构在密切配合政府经济政策方面发挥了十分重要的作用。政策性金融活动都是由政府金融机构，即主要是"二行七库"参与进行的。以日本开发银行为例，1951年4月，日本政府依据《日本开发银行法》提供全部资本金成立了日本开发银行。它代替了第二次世界大战后初期成立的、为战后经济复兴提供长期资本的"复兴金融公库"，其目的是供给长期资本，促进产业的开发和经济社会的发展，补充或奖励一般金融机构，以弥补民间金融机构的长期资金不足。截至2013年末，日本开发银行的净资本为2.5386万亿日元，资产总额为16.2489万亿日元，净利润713.37亿日元，贷款总额14.0154万亿日元，不良贷款率为1.22%[41]。

四、企业财团

企业财团作为一种特殊的金融控股机构，在日本经济发展中发挥了独特的作用。日本在第二次世界大战前的财团被称为财阀，是明治维新后因政府的扶植而逐步发展成的具有垄断性质的大型控股公司（也被称为财阀康采恩）。这些以产业资本、商业资本和金融资本相结合的财阀，形成于日本的产业革命时期，在国家的扶持和保护下，出现了十几家财团，其中最具实力的是三井、三菱、住友、安田四家，通称日本的"四大财阀"。第二次世界大战后，美国对旧财阀采取了抑制政策，解散了日本的财阀组

41　Development Bank of Japan，Annual Report & CSR Report 2013.

织，仅维持其银行组织的存在。在新的政策环境下，旧财阀的金融机构重新聚集了原来的下属企业，以金融资本、产业资本和商业资本高度融合为基础，演变成日本的新财团。其中以三井、三菱、住友、芙蓉、第一劝银、三和等六大财团最为庞大，从而构成日本著名的六大财团型企业集团。

企业财团在其形成和发展过程中形成了一些独特的金融制度，主要包括主银行制度和相互持股制度，这两种制度是在日本特殊的历史进程中生成和发展的，日本财团金融制度的形成极大地促进了日本经济的发展。当前的日本六大财团是"以资本为纽带"的"财团型"企业集团，其特点是：各成员企业之间呈环状持股，是"以资本为纽带"的；各成员企业之间只是一种横向联合，主要是为了相互提携业务，因而它只是松散的联合体；虽然集团也有核心（主要以大银行和金融机构为主），最高权力机构是"经理会"，但集团没有统一的管理机构；集团本身不具有独立的法人地位。

第四节　日本金融制度的特点

第二次世界大战后，在资金十分有限而企业对资金需求十分旺盛的情况下，日本政府对金融市场的发展实行了严格的行政管制，这导致日本国内形成了一套独特的金融制度。在第二次世界大战后日本经济发展的各个时期，日本金融制度都具有不同特点。

一、主银行制度

第二次世界大战后很长一段时期，间接金融在日本金融体系占据显著的优势地位，而其中主银行制度又扮演了十分重要的角色。这种以与企业建立长期交易关系为基础的主银行制度，形成了企业和银行相互促进、共同发展的良性循环，在日本经济高速增长时期起过巨大的积极作用。主银行与企业之间的密切关系主要表现在以下几个方面：

一是主银行为企业提供最大的融资额。从 20 世纪 50 年代至 90 年代初期，除了 80 年代末的泡沫经济时期，日本企业向金融机构借入的资金均占外部融资的 70% 以上。

二是主银行是企业最大的股东之一。比如 1995 年，在东京交易所第一上市部的 1,183 家大企业中，主银行是银行股东中最大股东的企业高达 1,006 家，比重为 86%。

三是主银行为企业提供综合性金融服务。主银行除了为企业提供贷款外，也为企业提供各种多样化的金融服务。例如，当企业在国内发行债券时，主银行理所当然是企业的法定受托管理人，负责担保品的评估与保管，并且召集主持债权人会议等。

四是主银行向企业派遣人员担任企业的重要职务。比如，主银行向企业派遣管理人员作为企业的董事或审计员。这种人员派遣可以看做是银企双方建立主银行关系的一个明显标志。

五是主银行承担救助责任。主银行制度的特征不仅体现在大份额融资、相互持股、保持长期稳定的交易关系，而且更体现在主银行在客户企业处于危机时所起到的救助功能上。当企业经营业绩恶化时，由主银行负责对其进行支援、救助。

主银行与企业关系的这一特征在日本泡沫经济崩溃后发生了较大变化。当前，主银行制度在日本总体处于衰落趋势，这使银企之间较为密切的关系受到一定影响。

二、市场型间接金融

第二次世界大战后至 20 世纪 80 年代以前，日本主要是以银行为主导的间接融资方式来解决企业资金短缺的问题，从而形成了有日本特色的企业间接融资模式。

作为间接金融结构主体的银行是包括日本在内的发达国家实现资本积累的最直接和最有效的方式[42]。第二次世界大战后日本的资金严重短缺，由此导致了与经济和社会复兴任务的极大困难。这种困难的解决依赖于是

42　朱孟楠，喻海燕：《日本银行制度的变迁与启示》，载《福建金融》，2006（9），54 页。

否可以找到有效的融资渠道，日本在 1950 年前后实行了一种被称做"限制性支持体系"的金融制度，根据这一制度，政府极大地分担了银行业的风险，日本银行和大藏省以贷款和购买债券的方式向民间金融机构提供资金支持，以各种方式对银行业提供补贴。通过对银行的保护和对利率的管制，奠定了作为金融业龙头银行的发展基础[43]。这一时期，大型企业的资金需求几乎全部靠银行贷款满足。民间银行依存于中央银行的信用供给（见表 1.8），银行与企业间形成了"大型企业—大银行—中央银行"的相互依存关系[44]。

表 1.8　日本企业资金来源构成　　　　　　单位：%

时期	股票融资	债券融资	金融机构贷款	内部融资
1950 年	3.7	5.1	43.6	40.0
1955 年	6.3	1.7	30.8	55.3
1960 年	9.2	3.0	40.6	42.9
1965 年	2.7	2.2	41.1	49.5
1970－1974 年平均	3.3	1.7	51.7	43.2
1975－1979 年平均	3.3	2.5	42.3	51.9
1980－1984 年平均	3.5	1.4	39.3	55.8
1985－1989 年平均	4.5	5.9	33.9	53.4

资料来源：日本银行网站，《经济统计年鉴》。

日本经济腾飞期之后，日本企业的资本积累速度大大放慢。随着资本积累速度的变化和剩余资金的出现，日本大型企业的融资方式也相应地发生了变化[45]。日本企业对外部资金的调度由以银行贷款为主的间接融资转变为从证券市场以股票、公司债券为主的直接融资，日本金融市场日益多元化。例如东京证券交易所的上市企业在国内外资本市场中，根据股票和

43　白钦先，张磊：《战后日本金融结构变迁，影响及对中国的借鉴意义》，载《哈尔滨工业大学学报（社会科学版）》，2014（1），103 页。

44　参见久留间健、小西一雄、山口義：《现代经济と金融の空洞化》，有斐阁，1987。

45　范立君：《20 世纪 80 年代以来日本企业融资方式的变化》，载《国外理论动态》，2007（4），12 页。

公司债券进行资金调度。企业在日本国内资金市场上的资金调度在 1977 -
1983 年主要以发行股票为主，1983 - 1986 年资金调度的主要手段转变为公
司债券，特别是可兑换债券增加显著[46]。

20 世纪 80 年代之后，主银行制度开始呈现衰落趋势，其在大企业融
资中的比重有所下降，日本间接融资模式的基础开始动摇。尽管如此，日
本金融体制长期以来运行的惯性导致直接融资无法在短期内占据主导地
位。根据国际清算银行统计，2012 年美国、英国和日本的非金融企业不通
过银行获得的融资占比分别为 68.7%、44.6% 和 35.6%，差异十分明显。
由此可见，在日本企业融资中间接融资仍然占据相当重要的位置。

近年来，日本学术界多使用"市场型间接金融"一词来描述当前日本
的金融制度，其他类似观点包括，有学者使用"直接金融 + 市场型间接金
融"一词进行表述。欧美国家的部分学者也认为，当前日本已不属于"银
行主导型"经济体[47]。这意味着日本金融制度随着经济发展阶段与金融结
构的变迁正在经历着转型[48]。"市场型间接金融"本质上是将间接金融与直
接金融相互融合的一项金融制度创新，其特征是通过资本市场将资金借贷
方与金融中介有机地结合起来，其目的是实现金融服务的全覆盖。

三、混业经营

第二次世界大战后，在日本政府的金融规制和金融保护下，日本形成
了专业化分工的金融体制，基本情况如下：

第一，长短期金融业务分离。短期金融业务（1 年以内的融资贷款）
由商业银行经营，主要是向非金融企业提供短期资金贷款；长期金融业务
（1 年以上的融资贷款）由长期信用银行和信托银行等经营，主要是向非金
融法人企业提供设备投资等长期贷款。

第二，银行业务与信托业务分离。一般银行不经营信托业务，只有信

46　参见经济企画厅综合计画局，"クローハルする金融システム"（1990）。

47　林毅夫，徐立新：《金融结构与经济发展相关性的最新研究进展》，载《金融监管研究》，
2012（3），11 页。

48　郑蔚，王思慧：《战后日本金融制度变迁与转型：一个制度金融学的考察》，载《现代日
本经济》，2014（1），18 页。

托银行和城市银行的信托部开展信托业务。

第三，银行业务与证券业务分离。证券业务由证券公司经营，银行除承购和买卖国债外，禁止承购和交易其他有价证券。

第四，大企业和中小企业金融机构分离。城市银行、地方银行、长期信用银行和信托银行，主要是面向大企业开展融资贷款活动；第二地方银行（原相互银行）、信用金库、信用组合、劳动金库和商工组合中央金库，以及政府系的中小企业金融公库、国民金融公库和中小企业信用保险公库等，主要是面向广大中小企业开展融资贷款活动。

银行业务专业化分工是为了适应 20 世纪 70 年代以前资金不足的情况而建立的，它有利于确保资金供给，降低资金成本，一定程度上能够限制金融机构间的不必要竞争，特别是恶性竞争，保持金融市场的相对稳定。20 世纪 80 年代以后，随着资金需求状况的改变和金融自由化、国际化的发展，这种专业化分工的金融体制逐步解体。1998 年，日本参议院通过了《金融体系改革法》，该法要求对《证券投资基金法》、《商业银行法》、《证券交易法》、《长期信用银行法》等 24 部法律进行修改。该法进一步推进金融自由化，允许银行、保险、证券等行业的金融机构交叉经营金融业务，由此确定了金融机构混业经营的局面。

四、金融行政

在发达资本主义国家中，日本向来以政府干预闻名，在金融方面也不例外。如果说日本是"政府主导型的市场经济"的话，其金融体系就是典型的"统治经济"[49]。因此，业务分工、利率管制、国内外金融市场分离以及有担保原则等四项规定就成为第二次世界大战后日本金融体系稳定的基石，由这些规定和保护性措施构成的日本金融行政[50]，是日本金融制度最重要的特点。

49　参见崔兰华：《论日本、韩国金融制度的发展与变革对我国金融体制改革的启示》，辽宁大学硕士学位论文，2003。

50　所谓金融行政是指管理一国金融的最高权力机构以及由此派生的金融方针、政策和法规等。金融行政是日本特有的说法。

第二次世界大战后初期至 20 世纪 70 年代，日本金融监管制度的监管方式为限制性竞争管制。第二次世界大战后，日本金融方针的目标是构建一个能够供应低成本资金的金融体系，为经济重建和发展提供必要的资金。为此，日本在采取"低利率政策"为经济发展提供低成本资金的同时，还把维持金融体系的秩序和稳定作为金融业运作的原则，政府对金融业实行严格管制，无论是机构设立、业务范围、利率决定、付费水平，还是金融商品开发、业务操作方式都必须得到大藏省的批准。尽管这些管制措施在当时稳定了日本的金融行业，促进了经济快速发展，由于金融监管行政干预过多，降低了金融机构的市场竞争力、产品创新力以及抵御金融市场风险的能力，滋生了腐败问题。

20 世纪 70 年代至 90 年代，日本金融监管开始放宽，极大地促进了金融业的快速均衡发展，提高了国际金融市场的竞争力，但过度放宽金融监管体制，促进了日本的"泡沫经济"的形成，并加剧了其所产生的一系列严重后果[51]。20 世纪 90 年代后，日本金融监管制度开始进行全面改革，并且在不断完善和发展。其金融监管方式由分业监管向职能监管转变，监管内容开始重视全过程监管，其改革促进了日本金融机构的不良债权的解决，提高了日本金融机构的市场竞争力，一定程度上促进了日本经济的稳定和发展。

五、公共金融

与欧美发达国家相比，日本金融体系的重要特点之一，是存在着庞大的公共金融机构体系[52]，政府通过公共金融机构直接参与资金汇集、分配和投资活动。日本公共金融与宏观经济变动、社会基础设施建设以及微观经济主体的设备投资，甚至与个人家庭的日常生活密切相关[53]。以家庭和个人的存款为例，政府掌管的邮政储蓄银行实际上是日本最大的银行。

51　参见程炜博：《日本金融监管制度及其改革分析》，吉林大学硕士学位论文，2011。

52　即在由最初的资金供给者向最终的资金需要者的资金流动过程中，有相当一部分是经由了政府金融机构。

53　黄泽民：《日本金融制度论》，124 页，上海，华东大学出版社，2001。

2003 年 8 月，邮政储蓄银行存款总额为 231 兆日元，约占日本个人储蓄的30%，超过瑞穗银行、东京三菱银行、UFJ 银行、三井住友银行四大城市银行存款总额的总和，对金融市场和日本经济有着巨大的影响。

其中，财政投融资制度是日本公共金融体系中最具影响、规模最大的组成部分，在日本经济高速成长时期发挥了十分重要的作用。公共金融不仅保证了财政投融资的财源，扩大了公共投资，而且由于政府金融机构按照政府的经济政策融资贷款，所以还发挥了对民间金融机构的补充作用，解决了市场经济条件下难以充分保证资金供给的问题。例如，向风险企业和中小企业的融资，普通的商业银行一般都持非常谨慎的态度，而国民金融公库等则发挥了重要的作用。又如，具有社会公益性的环境投资，由于其投资周期长，仅靠民间金融机构很难保证充分投资，也需要公共金融的支持。

当日本经济进入稳定成长时期之后，公共金融制度的弊端也暴露无遗。特别是在金融自由化和国际化过程中，日本试图建立自由市场经济体制，财政投融资制度面临十分巨大的变革压力。对于财政投融资制度的批评主要包括，该制度赖以生存的民间部门资金匮乏问题已经不复存在；该制度中的金融机构缺乏完整性；该制度是一种效率低下的制度；该制度是中央财政赤字扩大的重要原因之一。因此，财政投融资制度不会很快消亡，但改革势在必行。

参 考 文 献

［1］黄泽民：《日本金融制度论》，上海，华东大学出版社，2001。

［2］池建新：《日本金融体系研究》，西安，陕西师范大学出版社，2006。

［3］程炜博：《日本金融监管制度及其改革分析》，吉林大学硕士学位论文，2011。

［4］鹿野嘉昭著，余熳宁译：《日本的金融制度》，北京，中国金融出版社，2003。

［5］傅坤：《战后日本金融体系演进路径依赖分析》，载《经济视角》，2007（10）。

［6］白钦先，张磊：《战后日本金融结构变迁：影响及对中国的借鉴意义》，载《哈尔滨工业大学学报（社会科学版）》，2014（1）。

［7］高玉贞：《日本主银行制度：发展、改革与启示》，东北师范大学硕士学位论文，2005。

［8］郑蔚：《战后日本实现金融深化的路径分析》，载《现代日本经济》，2011（4）。

［9］陈杰：《日本经济增长过程中的技术创新研究》，复旦大学博士学位论文，2004。

［10］崔显凯：《日本经济高速成长时期财政政策研究》，吉林大学博士学位论文，2012。

［11］冯少奎：《日本经济》，北京，高等教育出版社，2005。

［12］张贤淳：《战后日本经济高速发展的原因》，长春，吉林大学出版社，1989。

［13］刘瑞：《金融危机下的日本金融政策》，北京，世界知识出版社，2010。

［14］赵晋平：《日本经济现状及中长期增长前景》，载《经济纵横》，2013（9）。

［15］徐蕊：《日本经济奇迹与长期衰退探微》，载《山东行政学院学报》，2014（1）。

［16］张伊丽：《人口老龄化背景下日本公共养老金制度的经济学分析》，华东师范大学博士学位论文，2013。

［17］熊必俊：《人口老龄化与可持续发展》，北京，中国大百科全书出版社，2002。

［18］李士忠：《试析日本劳动雇佣制度的演变》，载《日本学刊》，2003（2）。

［19］李博：《论日本雇佣制度的变革》，载《沈阳师范大学学报（社会科学版）》，2009（3）。

［20］吴佩军:《日本企业雇佣制度的历史考察》,南开大学博士学位论文,2009。

［21］杨平宇,董黎辉:《日本雇佣制度的变迁》,载《贵州大学学报(社会科学版)》,2008（6）。

［22］梁军:《2000 年以来日本经济走势与原因分析》,载《日本学刊》,2005（3）。

［23］朱孟楠,喻海燕:《日本银行制度的变迁与启示》,载《福建金融》,2006（9）。

［24］范立君:《20 世纪 80 年代以来日本企业融资方式的变化》,载《国外理论动态》,2007（4）。

［25］崔兰华:《论日本、韩国金融制度的发展与变革对我国金融体制改革的启示》,辽宁大学硕士学位论文,2003。

第二章

中央银行与货币政策

第一节　中央银行

一、中央银行概况

日本国内战争爆发时期[1]，货币贬值严重，经济金融秩序混乱，产业发展受到阻碍。在日本银行成立之前，全国有 100 多家银行发行纸币。1882年日本银行成立，其主要目的在于整顿币制，建立正常的兑换制度，加强对银行体系的管理，提高社会资金融通便利。成立之初，日本银行颁布了《银行券条例》，逐步将银行券的发行权集中并发行能兑换银币的银行券，国立银行和政府发行的纸币逐步退出流通。1897 年，《货币法》颁布，推动日本建立了金本位货币制度，日本银行开始发行可兑换金币的银行券，日本货币制度获得统一，中央银行的地位得到加强。

日本银行总行设在东京，在国内有 32 家分行和 14 个国内事务所，在国外设有 7 个代表处。日本银行的内部机构设置包括：政策委员会及秘书处、内部审计局、货币事务局、金融系统和银行检查局、支付结算局、金融市场局、研究统计局、国际事务局、货币发行局、市场操作局、信息服务局、公共关系局、个人和公司事务局、管理局、货币和经济研究所等部门。

日本银行的最高决策机构是政策委员会，由 1 名总裁、2 名副总裁、6名审议委员组成。其中，审议委员从对经济及金融具有较高造诣及其他具

1　1877 年，日本爆发了"西南战争"，政府为筹集军费大量增发纸币，导致物价飞速上涨，通货贬值，利率上升。

有学识经验者中选任。此外，日本银行负责人还包括 3 人以内的监事，理事 6 人以及顾问若干名。根据法令，日本银行负责人作为从事公务的职员，在任期期间不得参加国会或地方公共团体的议会议员及其他公共竞选成为公职候选人；不得担任政党或地方公共团体的负责人，或从事政治运动；不得担任有报酬的其他职务，不得从事营利性事业及其他以获取金钱利益为目的的业务。

总裁代表日本银行，根据政策委员会的决定总管日本银行业务。副总裁根据总裁决定，代表日本银行、协助总裁管理日本银行业务，在总裁有事时代理其职务。监事负责监察日本银行的业务，根据其监察结果，必要时可向财务大臣（2001 年前为大藏大臣）或委员会提出意见。理事根据总裁决定，协助总裁及副总裁管理日本银行业务，在总裁及副总裁有事时代理总裁职务，总裁及副总裁空缺时履行职务。总裁及副总裁经两院同意，由内阁任命；监事由内阁任命；理事及顾问根据委员会的推荐，由财务大臣任命。总裁、副总裁及审议委员的任期为 5 年，监事及理事的任期为 4 年，顾问的任期为 2 年。总裁、副总裁、审议委员空缺时，替补的总裁、副总裁或审议委员的任期为前任的剩余期限[2]。

二、中央银行法

1882 年，日本颁布《日本银行条例》，确立了日本银行的中央银行地位。按照该条例的最初规定，日本银行的营业年限为 30 年，1912 年期满后，日本银行的营业年限又延长了 30 年。到 1942 年，由于日本银行营业期限再次到期，日本政府废除了《日本银行条例》，并于 1942 年颁布了《日本银行法》，该法律确定日本银行的宗旨是充分地发挥国家经济整体力量，依据国家政策调节货币、金融，维持和培育信用制度，以国家目的为己任，大藏大臣拥有对日本银行总裁等主要人事进行任命的权力，并可以对日本银行经营业务加以命令。从这些规定不难看出，在第二次世界大战

2　总裁、副总裁或审议委员任期结束时，如遇到国会休会或众议院解散而无法获得两议院同意时，内阁可以任命总裁、副总裁或审议委员。但必须在任命后首次国会上得到两议院的事后认可。如未获两议院事后认可，则内阁必须立即解除总裁、副总裁或审议委员的任命。

期间的特殊背景下，日本银行成为具有强烈国家机器色彩的特殊法人，很大程度上是为战时经济服务的。

第二次世界大战后，《日本银行法》于1949年作出部分修改，并在日本银行内部设置了政策委员会，负责决定和调整官方利率等事宜，但主要的管理机制并没有调整，大藏省代表日本政府对日本银行行使各种权力。在组织形式上，日本银行仍沿袭股份公司形式，性质上属于半官半民的特殊法人。根据《日本国宪法》第65条规定，行政权属内阁所有，日本银行不享受任何行政地位。日本银行虽然具有法人资格，但在很大程度上受制于政府监管，并不具有完全的独立性。日本银行总裁虽然由内阁任命，但日本银行必须接受主管大臣的监督，日本银行主要官员违反主管大臣的命令时，内阁可以解除总裁、副总裁的职务。大藏大臣任命大藏省银行局局长任日本银行管理官，主管大臣拥有解除理事、监事等职务的权力。主管大臣具有命令日本银行施行必要的业务、修改章程和其他必要事项的权力。日本银行设置分行、办事处、印制银行券、与外国金融机构交易、编制年度预算等，所有重大事项均须大藏大臣许可。由于缺乏行政上的权力和地位，日本银行对金融机构的检查形式也比较特殊，采取与被检查对象签订合同的方式进行，只有大藏省才可以直接对金融机构进行检查。日本银行的经费支出是根据预算进行的，每年的经费必须经大藏大臣审批，其决算要根据日本银行法的规定执行。每年的剩余资金留出法定积累金、红利及其他公积金之后，须全部上交政府。

1956年，日本成立了"金融制度调查委员会"，该委员会作为大藏省的咨询机构审议日本中央银行制度问题。针对日本银行的改革，当时有两种不同的观点，一种观点认为货币政策属于国家经济政策的组成部分，中央银行的政策必须与国家的其他经济政策保持高度一致，包括货币政策在内的所有宏观调控政策都必须向国会负责。当主管大臣和日本银行总裁就货币政策的制定和执行意见不一致并达不成协议时，政府可以对日本银行的政策发出指示。另一种主张则认为日本经济应当遵循自由经济的原则发展，日本银行不应该受政治影响。为了保持币值稳定，应该保持中央银行的独立性，政府过多干预会导致货币政策效果受到影响。当主管大臣和日本银行总裁就货币政策的制定和执行意见不一致并达不成协议时，政府只能请求而不是指令日本银行延期执行货币政策。可以看出，关于日本银行制度争论的焦点主要集中于如何定位日本政府与中央银行的关系。1960年，调查委员会最终形成了一个容纳两种观点的报告，即大藏大臣如果认为日本银行的政策有可能妨碍政府政策的执行，并且经协调未能与日本银行总裁取得一致意见的情况下，日本银行可以从两种方案中任选一种，一种方案是遵照指示执行，另一种是申请将政策委员会的决议延长一定期限后再执行。这一次调查历经 3 年，但并未在中央银行法的修改方面取得真正实质性的进展。

　　鉴于早期的《日本银行法》是在战争时期制定的，具有浓厚的国家行政干预色彩，日本社会各界多次呼吁修改中央银行法。1997 年，日本国会通过了新的《日本银行法》，并于 1998 年 4 月 1 日正式生效。修改后的《日本银行法》明确日本银行的主要职责是：通过保持物价稳定，促进国民经济健康发展；保证结算系统顺利、平稳运行，从而确保金融体系的稳定。根据新的《日本银行法》第 3 条第 1 款规定，"必须尊重日本银行进行货币与金融调控的自主性"。在此之后，日本银行人事及经营独立性有所改善，过去的中央银行法曾规定政策委员会中必须有政府代表作为委员人选，修订后的《日本银行法》废除了这一规定。新的政策委员会由日本银行总裁、两名副总裁和六名审议委员构成，其中审议委员从经济金融界人士中选任。在必要的时候，政府可以派代表出席政策委员会，没有表决权，但有权利提出议案，或要求延期执行货币政策。

　　新的《日本银行法》还提到了"透明性"的问题，即加强日本银行调节货币及金融自主性的同时，还要向国民公开有关货币及金融调节的决定内容及过程。政策委员会拥有独立决定官定利率、金融调节及业务等方针的权限，通过对实体经济和金融市场形势进行充分讨论并得出判断，然后决定最优的货币市场操作指引，政策委员会的议事内容和要点将在议事会议召开后对外公开。新的《日本银行法》很大程度上扭转了日本银行在过去长达 100 多年的时间里一直处于政府高度控制的状态，日本银行的自主性和透明性得到加强，但《日本银行法》第 4 条仍然规定，日本银行的货币及金融调控政策是经济政策的一环，为使货币及金融调节与政府经济政策基本匹配，中央银行要与政府经常保持密切联系，充分沟通意见。

三、中央银行业务

日本银行与金融机构之间的主要业务包括：商业票据及其他票据的贴现；以票据、国债及其他有价证券为担保的贷款；买卖商业票据及其他票据、国债及其他债券；以货币为担保的国债及其债券的借贷；存款；国内汇兑交易；有价证券及有关财产权的证券或证书的保管；金银的买卖及前述各项业务的附带业务。

日本银行与政府之间可以开展下列业务：根据财政法规定，在国会批准的额度范围内进行无担保贷款；根据财政法及其他有关国家财政的法律，对国家的临时性借入需要给予无担保贷款；根据财政法规定，在国会决定的金额范围内认购或承购国债；认购或承购财务省证券及其他融通证券；保管国家的贵金属及其他物品。此外，根据《日本银行法》第 35 条规定，作为中央银行，日本银行办理国库资金的收付及国库资金所必要的业务。所有国库资金的收支通过在日本银行开立的政府存款账户进行办理，即政府税收等资金都存入政府在日本银行的存款账户，政府支付的资金则通过日本银行发行政府支票。日本银行的国库业务范围并不单纯是国库资金的出纳或代理政府收付资金，而且还包括各种统计、会计业务。日本银行的国库业务除了由总行和分行办理外，一部分还会委托给银行等金融机构办理。

外汇业务及国际金融合作方面，日本银行必须按规定处理国家金融事务，进行外汇买卖，维护本国货币汇率稳定。根据《外汇资金特别会计法》，日本政府持有的外汇由外汇资金特别会计账户管理，日本银行受财务大臣委托，办理该特别会计账户外币收付事宜。日本银行与外国中央银行和国际机构协作，可代其处理有关外汇买卖事务，进行外汇买卖操作。同时，日本银行与这些机构之间还可以进行下列业务：以日元计价的存款；以存款为对价进行国债的卖出或购入；有价证券、贵金属及其他物品的积存；作为外国中央银行及国际机构买卖国债的媒介、代办或代理等。

经财务省批准或根据其要求，日本银行可进行下列交易：接受国际清算银行拥有的对外国中央银行的贷款债权；对外国中央银行或国际机构等提供信用。

货币发行方面，日本银行是唯一的发行银行，垄断发行银行券的权力。日本银行发行日元作为日本的法定货币，日元法定货币的面值分别为1,000元、2,000元、5,000元和10,000元。金融机构在日本银行活期存款账户上提取出来银行券，再提供给家庭部门和企业，作为各类交易的结算手段。日本银行负责回收因污染、损伤及其他理由导致使用困难的现钞。另外硬币有1元、5元、10元、50元、100元和500元六种面值。日本硬币发行权归政府所有，但硬币的发行和回收等业务都是通过日本银行办理。银行券的发行是日本银行交付给金融机构，而硬币则是政府交付给日本银行。

作为最后贷款人，当金融机构因电子信息处理系统故障或其他偶发事件而出现难以预见的临时性支付资金不足，如果不能迅速确保资金支付，则该金融机构业务运行将可能发生明显困难时，日本银行为确保金融机构间资金清算的顺利进行，在必要时可以在政令规定期限内，对该金融机构进行无担保贷款，其金额相当于支付资金不足的部分，同时必须向财务大臣报告。财务大臣根据金融机构的业务或财产情况认为有可能对信用秩序的维护产生严重影响，或认为维护信用秩序特别必要时，可要求日本银行对该金融机构贷款，或进行其他的为维护信用秩序所必要的业务。日本银行可根据要求发放特别条件贷款，或进行维护信用秩序所必要的业务。

第二节　货币政策框架

一、货币政策目标

第二次世界大战以后，日本货币政策把稳定物价、维持对外均衡放在首位。1955年以后日本经济进入高速增长时期，日本银行作为货币政策制定者，力图保持与其他经济政策协调，并希望通过自主独立地运用货币政策以实现币值的稳定。1997 年《日本银行法》明确规定，日本银行作为日本的中央银行，其使命是实施货币及金融政策，通过保持物价稳定促进国民经济健康发展，同时确保银行及其他金融机构之间资金结算的顺利进行，维持信用秩序。物价稳定在日本货币政策运行中占据了重要位置，日本银行在判断物价水平时重点考察以下几个方面：一是通过多个物价关联指标检验物价变动特点，二是考察物价稳定的持续性，三是与经济的健康发展是否一致[3]。

长期以来，日本银行并没有确立明确的通货膨胀目标。但由于日本经济多年来一直处于低迷状态，无法走出通货紧缩的困境，2012 年上任的安倍政府希望日本银行能放松金融政策，扩大货币投放以刺激市场，拉动日本经济的发展，并强硬提出日本银行在金融政策决定会议上必须对提高通胀目标至 2% 作出决定。白川方明担任行长时，定下了 2% 的物价目标，并发表了与日本政府的共同声明，指出物价稳定是一国经济活动的基础，直接影响居民的消费和企业的投资行为，物价波动会制约经济资源配置的有效性。日本银行就货币政策框架下的价格稳定目标进行解释，明确日本银行执行货币政策的目标是为"实现价格稳定，并以此促进经济稳定发展"。政策委员会回顾了 2012 年 1 月提出的"在中长期维持价格稳定的目的"，并决定引入"价格稳定目标"，并重申货币政策执行的框架。从声明来看，日本银行对于通胀目标的表述由之前的目的变为目标，目标通胀由 1% 提高至 2%，凸显了增强货币政策灵活性、尽快实现摆脱通缩的政策倾向。

黑田东彦行长接任后，该声明仍继续保留，但其意义有所变化。白川方明行长时期只是提出要尽早实现稳定物价的目标，并没有提出具体的期限。黑田东彦任行长之后，明确提出要在两年之内实现物价稳定目标。为了实现 2% 这一目标，重要的一点是要提高人们的通胀预期。两位行长提升通胀预期的做法也不同，白川方明行长在任的时候，把预期潜在增长率的提升作为前提，并设定了 2% 的通胀率目标，他认为只有提升了日本的

3　刘瑞：《金融危机下的日本金融政策：困境与挑战》，北京，世界知识出版社，2010。

潜在增长率，才能够最终实现2%的物价稳定的目标。黑田东彦行长认为，通过提出宽松的金融货币政策可以改变人们的想法从而提高通胀预期，即他认为可以通过货币政策实现2%的物价稳定目标[4]。

二、货币政策决策机制

日本银行设立政策委员会，负责货币政策的制定、执行以及日本银行的管理。委员会成员共9名，由日本银行总裁和两位副总裁以及六名审议委员组成。六名审议委员具有不同的行业背景。

委员会原则上每月召开两次会议，讨论有关货币政策的重大决策。新的中央银行法赋予日本银行金融政策决策的独立性，法律明确规定政策委员会不接受政府的指示，拥有独立决定官方利率、金融调节及业务等方针的权限。具体而言，委员会主要决定下列有关货币及金融调节的事项：票据贴现之标准贴现率、其他贴现率、贴现票据的种类及条件的决定或变更。贷款的标准利率、其他贷款利率及与该贷款有关的担保的种类、条件及金额的决定或变更；准备金率及基准日等的设定、变更；通过票据、债券买卖或其他方法进行金融市场调节的方针，以及与金融市场调节有关的票据或债券的种类、条件及其他事项的决定或变更。其他与货币及金融调节有关的方针的决定或变更；对有关经济及金融形势的基本看法，以及对其他有关货币及金融调节的看法的决定或变更。

会后委员会将公布会议的议事摘要，包括公开市场操作的方针、贴现率的变动以及央行对当前经济金融形势的判断。根据《日本银行法》第55条规定，日本银行将在操作之前公布货币政策会议决定的结果，披露公开市场操作的工具、操作期限以及决定利率的手段。除此之外，日本银行还会公布操作的交易对手的资格和要求。公开市场操作之后，日本银行将公布操作的所有数据，包括交易数量和利率。

日本银行应大致每6个月一次，将政策委员决议的相关事项以及据此形成的业务状况报告，经财务大臣提交国会，并就报告书向国会作出说

4　参见须田美矢子在2013年度"中日金融圆桌"会议上的演讲，题目是"围绕日本银行最新货币政策的讨论"，作者为日本银行原政策委员会委员。

明。日本银行的总裁或货币政策委员会的主席以及指定代理人，在各议院及其委员会就日本银行的业务及财产状况要求其出席说明时，须出席各议院及委员会。

三、货币政策工具

货币政策工具是中央银行为达到货币政策目标而采取的手段。货币政策的传导机制一般可描述为：中央银行运用货币政策工具—操作目标—中介目标—最终目标。中央银行通过货币政策工具的运用，影响商业银行等金融机构的活动，进而影响货币供应量。按照传统的划分方法，货币政策工具分为一般性工具和选择性工具。一般性货币政策工具包括公开市场操作、存款准备金和再贴现；选择性货币政策工具包括贷款规模控制、特种存款、对金融企业窗口指导等。一般性货币政策工具多属于间接调控工具，选择性货币政策工具多属于直接调控工具。根据日本银行金融调节实务的具体情况，其手段主要由政策性操作手段和市场调节手段构成。其中，政策性操作手段包括官方利率操作、准备金、窗口指导等；市场调节手段主要是公开市场操作，此外，还有口头的政策意图表示（Open Mouth Policy）属于配合性政策手段。与市场调节手段和配合型政策手段的日常性、连续性不同，政策性操作手段是决定货币政策最为基本的政策方针，日本银行的最高决策机关——政策委员会是调整基本政策的决策机关。

（一）存款准备金

存款准备金是指金融机构为保证客户提取存款和资金清算需要而准备的资金，金融机构按规定向中央银行缴纳的存款准备金占其存款总额的比例就是存款准备金率。存款准备金制度是在中央银行体制下建立起来的，美国是世界上最早以法律形式规定商业银行向中央银行缴存存款准备金。存款准备金制度的初始作用是保证存款的支付和清算，之后才逐渐演变成为货币政策工具，中央银行通过调整存款准备金率，影响金融机构的信贷资金供应能力，从而间接调控货币供应量，进而影响市场的流动性。

日本于 20 世纪 50 年代末期引入了存款准备金制度，1956 年由"金融制度调查会"审议这项制度，1957 年制定了有关准备金制度的法律，1959

年才正式规定法定准备金相关标准。存款准备金适用对象起初为普通商业银行、信托银行、外国银行、长期信用银行、外汇专业银行等机构。之后日本逐渐扩大了缴纳法定存款准备金的机构范围，1963 年 4 月以后，存款超过一定规模的信用金库和互助银行也要缴纳法定存款准备金。为了适应经济国际化和货币结构的变化，日本银行决定，自 1972 年 5 月 1 日起，金融债券、信托本金、居民外汇存款以及非居民关系债券也要缴纳法定准备金，并提高了法定准备率。1979 年 4 月对可转让定期存单设定了准备率。

根据日本银行的表述，法定准备是提供稳定的、可预测的准备金需求所必需的，而准备金又是进行公开市场操作和防止货币市场意外波动所必需的。法定存款准备金在日本的金融体系中的作用主要有两个方面：作为日本银行公开市场操作的基础和稳定货币市场利率。作为日本银行诱导短期利率的一种框架，日本银行可通过存款准备金这一基础货币组成部分的变化来预测金融部门资金的余缺，并通过对准备金账户头寸的资金量控制进一步影响货币供应量和货币市场利率。

根据存款准备金制度规定，日本银行必须按照法定准备金率强制吸收金融机构的存款。日本银行最初将存款准备的增减因素区分为银行券发行因素、财政收支因素、日本银行信用增减因素等，还有负责监控市场资金情况的专门部门——营业局，根据以上几个因素每日进行计算，并按月公布资金供需情况，以指导金融机构及早采取措施来调节头寸。1986 年 7 月实行的"超额累进准备金制度"，对额度内的存款或其他债务实行一般准备率，对额度外的存款或其他债务实行更高的法定准备比率。

由于活期存款的流动性高，日本银行规定，活期存款的法定准备金比率高于定期存款，日本对法定存款准备金不支付利息。在金融自由化前，存款准备金制度与再贴现率操作共同发挥着金融调节手段的作用。20 世纪 70 年代布雷顿森林体系崩溃之后，日本面临的国内国际经济环境发生了巨大的变化，随着金融自由化的发展，日元实行了浮动汇率制，日本的货币政策有了更为灵活的操作空间。为了适应日本经济、金融机构和日元国际化，日本在总体上又逐步降低了法定存款准备金比率，而不是根据宏观经济景气波动来提高或降低法定存款准备金比率来影响信用的扩张或收缩，法定存款准备金比率在日本货币政策中的作用更小了。总地说来,日本调整法定存款准备金比率的频率很低。1991年调整之后,日本最高的法定准备金比率只有1.3%了,许多存款的法定准备金比率都低于0.2%。20世纪90年代以后日本的存款准备金率基本保持不变,日本银行基本上没有直接将调整法定存款准备金比率当做一项货币政策工具来使用,其作为货币政策工具的调节作用极其有限[5]。进一步分析,有几方面原因的影响,其一,日本的"超贷"现象严重,提高法定存款准备金虽然可使都市银行的流动性暂时下降,但它们可以从日本银行增加借款对此进行冲销,所以,流动性下降并不能约束银行的放贷动机;其二,日本银行调整法定准备金比率时缺少和官定利率工具的有效配合,加上官定利率水平低于均衡利率水平,利率政策对借款者的约束较小(刘玉操,2000);其三,虽然日本银行可以通过调整准备金率提高金融机构成本,但金融机构仍可以通过提高贷款利率转嫁该成本,最终并不会对市场流动性产生影响;其四,资本市场的迅速发展为企业直接融资提供了有利条件,致使准备金政策的有效性逐步降低。

表2.1　日本法定存款准备金比例　　　　单位:%

		1986年 7月1日	1991年 10月16日
定期存款	大于2.5万亿日元	1.75	1.2
	小于或等于2.5万亿日元,大于1.2万亿日元	1.375	0.9
	小于或等于1.2万亿日元,大于5,000亿日元	0.125	0.05
	小于或等于5,000亿日元,大于500亿日元	0.125	0.05
其他存款	大于2.5万亿日元	2.5	1.3
	小于或等于2.5万亿日元,大于1.2万亿日元	2.5	1.3
	小于或等于1.2万亿日元,大于5,000亿日元	1.875	0.8
	小于或等于5,000亿日元,大于500亿日元	0.25	—

资料来源:日本银行网站 http://www.boj.or.jp/en。

5　参见彭兴韵:《全球法定存款准备金制度的演变及对中国的启示》,中国社会科学院金融研究所,2005年5月27日,http://ifb.cass.cn/show_news.asp?id=4547。

（二）公开市场操作

在多数发达国家，公开市场操作是中央银行吞吐基础货币，调节市场流动性的主要货币政策工具，通过中央银行与指定交易商进行有价证券和外汇交易，实现货币政策调控目标。随着金融自由化进程的推进，日本银行的很多政策工具都是通过公开市场来进行操作。1962年，日本推行"新金融调节方式"，其中一项主要内容就是改变了以往日本银行主要通过贷款提供发展经济所必需的基础货币投放方式，而是用买卖债券的方式予以提供。1986年，日元公开市场操作恢复交易，外汇公开市场操作也于同年启动，规模逐步扩大，公开市场操作日益成为日本银行货币政策日常操作的重要工具，对于调控货币供应量、调节商业银行流动性水平、引导货币市场利率走势发挥了积极的作用。

从运行机制看，日本公开市场操作由日本银行政策委员会的货币政策会议决定。日本银行通过公开市场操作和向金融机构提供贷款来调节金融机构在日本银行准备金账户的头寸，继而通过调节货币市场利率来控制货币，同时货币市场利率又会影响各个市场的利率，从而实现整个市场的价格稳定。

日本银行在公开市场的操作主要分为两类，一类是长期操作，即通过购买长期国债提供长期资金供给。日本银行在认为稳定物价而有必要调整市场利率时，应通过主动的信用供给与回收来影响市场利率。2001年，日本银行推出量化宽松政策的时候，日本银行多次购买长期国债以调节市场资金总量，影响市场利率，同时提出"银行券规则"，即日本银行所持长期国债余额以纸币发行量余额为上限。另一类是短期操作，即为解决金融机构临时性资金不足而进行的操作，以调整资金日常及季节性变化，防止市场利率的异常波动。日本银行短期操作手段更为多样，其中最主要的包括短期国债、票据等操作，通过实施的频率、时机和期限调整市场资金供需，影响基准利率即无担保隔夜拆借利率。日本银行在进行公开市场操作时，要根据市场状况和资金情况不断进行微调，每天都要在公开市场进行反向操作，以改变市场上的资金供求和利率预期，诱导市场利率的形成。与欧美等国家中央银行相比，日本银行较为注重"长短期利率操作"这种双向操作，又称为扭转操作（Operation Twist），即中央银行对各种操作进行选择和组合，预先估计资金余缺程度，通过期限搭配操作，扭转利率结构[6]。

从公开市场的操作目标看，日本银行通常将这一目标确定为保持无担保隔夜拆借利率在确定的目标利率范围内。2001年3月，日本银行开始采取新的操作方法，将金融机构在中央银行的准备金账户（CABs）头寸作为操作目标。2006年3月，日本银行又重新恢复隔夜信用拆借利率为操作目标。公开市场调节的结果，公布于每日的财经新闻上，包括当日银行券收支情况、市场的资金余缺额、日本银行金融市场调节额、银行准备金增减及余额情况等。

日本公开市场的操作品种十分丰富，有短期、超短期和季节性的调节工具，具体包括：

第一，债券回购（Repo）。该市场的参与者主要有金融机构、企业和非居民等，是一项较长期的季节性资金调节手段，回购利率原则上由投标方式决定，也可以是固定利率。

第二，大额可转让定期存单（CD）。CD市场于1979年5月建立。最初对CD的最小面值、期限、每一机构发行金额等都有限制，以后这些限制都逐渐取消或放松了，这些自由化政策使得CD市场迅速发展，目前已成为日本最大的货币市场之一。日本银行于1986年3月开始CD操作，但这一操作并不体现在日本银行的资产负债表。日本银行向短资公司提供票据贷款，短资公司获得资金从金融机构买入CD，这样可以避免由中央银行直接购买金融机构CD带来的潜在风险，同时又可以调节市场资金并诱导市场利率。

第三，国库券（TB）。日本政府从1986年2月开始发行国库券。国库券的期限在6个月以下，面值分为1亿日元和10亿日元两种。发行采用投标方式由市场消化，以贴现形式进行，主要面向机构投资者。二级市场的交易限于银行和工商企业。国库券是替换国债的一种，发行的目的是为了

6　刘瑞：《金融危机下的日本金融政策：困境与挑战》，北京，世界知识出版社，2010。

筹措偿还到期国债的资金，具有信用度高、流动性强等特点，较为适合公开市场操作。

第四，银行承兑汇票（BA）。建立于 1985 年 6 月，是日元美元委员会协商的结果，目的是为了促进日本金融市场的多样化和国际化。银行承兑汇票市场的主要工具是进出口商开出的票据，必须以日元计价，并经银行承兑。合格的银行承兑汇票必须满足以下条件：（1）必须在货物装船后 30 天内承兑；（2）票据到期日必须是货物装船后 6 个月以内，加上邮程天数；（3）票据面值必须在 1 亿日元以上。

第五，商业票据（CP）。该市场建立于 1987 年。最初商业票据的期限为 1 个月到 6 个月，后来扩展到 1 年以内，最小面值为 1 亿日元，以贴现方式发行。合格的商业票据发行者最初只有 170 余家，到 1998 年已发展到 800 余家，发行权由财务省批准。

第六，欧洲日元（Euro-yen）。欧洲日元市场是 20 世纪 70 年代以后随着日元国际地位的提高而出现的新型金融市场，即由在日本以外的存款机构持有的日元存款，欧洲日元市场是欧洲市场的一部分，其地理范围很广，在伦敦、新加坡、中国香港、纽约等地都有交易，但其中以伦敦最为重要，占全部市场份额的 60% 左右。欧洲日元市场没有国内的管制措施和交易规则，如法定准备金要求、利率管制、担保品要求等，同时也没有利息预扣税。由于这些有利因素，因此欧洲日元市场不仅仅是进行套利的场所，还是某些国内交易的替代市场，即"平行市场"。

第七，日本离岸金融（JOM）。日本离岸金融市场设立于 1986 年 12 月，是模仿美国的 IBFs 而设的。该市场无法定准备金要求和存款保险金要求，没有利息预扣税，不受利率管制，但仍需缴纳地方税和印花税。此外，在该市场上不能进行债券业务和期货交易。日本离岸金融市场的参与者限于获得财务省批准的授权外汇银行，该市场刚建立时有 181 家银行获准从事离岸金融业务，这些银行通过外汇经纪人来完成交易。

日本银行在进行公开市场操作时，根据市场状况和资金情况不断进行微调，影响市场上的资金供求和利率预期，诱导市场利率的形成。一般情况下，日本银行的公开市场操作目标是保持隔夜信用拆借利率在确定的目标利率范围内。但从 2001 年 3 月起，日本银行开始采取新的操作方法，将金融机构在中央银行的准备金账户（CABs）头寸作为操作目标。2006 年 3 月，日本银行又重新恢复隔夜信用拆借利率为操作目标。公开市场调节的结果，公布于每日的财经新闻上，包括当日银行券收支情况、市场的资金余缺额、日本银行金融市场调节额、银行准备金增减及余额情况等。

（三）日本银行的贷款

贷款操作是日本银行的主要市场调节手段之一。贷款的发放与回收由日本银行自行决定，贷款的期限比较灵活。日本银行贷款分为商业票据贴现与票据贷款等，前者指日本银行根据商业票据面额的一定比例给金融机构提供货币资金，后者通常以金融机构持有的国债或政府短期债券等为贷款担保物进行抵押贷款，是日本银行再贷款的主要形式。票据贷款手续简便快捷，担保物国债通常置于日本银行，日本银行对不同类型的商业银行采取不同的贷款政策。从资金需求的角度分，大体可分为三类：第一类是都市银行，第二类是地方银行，第三类是相互银行和金融金库等。都市银行通常需要短期资金，除了从短期借贷市场上筹措外，还要从日本银行借入。地方银行、相互银行和金融金库的资金通常相对充裕，较少从日本银行贷款。日本银行贷款操作采用了贷款限额制度，针对贷款银行分别按季度定出贷款限额以控制金融机构从日本银行过度贷款，如果超出限额则要收取惩罚性利率。对日本银行而言，作为超短期调节手段的贷款操作是一个极具机动性的调节手段，但由于这种贷款采用的信用分配性官方利率，本身具有补助金性。1995 年，日本银行一度停止了该类贷款，1997 年 11 月，为应付亚洲金融危机时期国内金融市场上流动性不足的局面，日本银行又在短期内恢复了对金融机构的贷款。随着日本金融改革的推进，日本银行更多地依靠公开市场操作来影响市场利率，再贷款在货币政策中的作用逐渐减弱。但在金融危机期间，这一传统政策又进一步发挥功效。2008 年金融危机以来，日本银行宣布进一步扩大其银行贷款项目，以通过注入流动性的方式来维持日本经济的复苏。2010 年 3 月，日本银行行长白川方明及其他央行成员决定将三个月期的贷款项目总规模提高一倍至 20 万亿日元（约合 2,220 亿美元）。日本银行在其声明中表示，由于其他单独的信贷政策即将到期，因此日本银行将通过大规模提高银行贷款额度的方式来刺激日本长期利率的下降，通过强化其银行贷款项目，日本银行有效稳定投资者及日本政府的情绪。

（四）官方利率操作

官方利率又称为法定利率、中央银行利率，是日本银行对商业银行等金融机构进行再贴现和再贷款时使用的工具，也是日本银行最为传统和重要的金融政策手段。官方利率通常指"商业票据贴现率以及以国债、特别指定债券或准商业票据为担保的贷款利率"以及"其他担保下的贷款利率"。官方利率操作这一政策手段具有"成本效应"和"公告效应"，"成本效应"指日本银行通过变动贷款利率改变商业银行的资金成本，从而进一步影响银行同业间的拆借利率、可转让存款利率等短期市场利率，最终影响市场的贷款定价。"公告效应"指传递货币政策信号，日本银行再贴现率和再贷款率的上调和下降意味着市场的货币政策的紧缩或放松，对短期市场利率能起到一定的引导作用，最终影响社会整体投资活动。日本银行为了使"公告效应"更有效，在每次变更官方利率时均发表"政策委员会议长谈话"，对官方利率变更的目的、背景等进行说明。

1980年以后，官方利率的实际运用有过几次较大的变化：（1）设立标准外贷款利率制度（1981年3月），创设可作出机动性对应的机制。日本银行可在金融市场有必要时，按高出官方利率的规定利率向金融机构提供临时性、特别性质的贷款。这种贷款可由日本银行机动的决定，如因海外利率变动，短期资本流动活跃时，为防止对外汇市场产生扰乱性影响时即可采用这种贷款。（2）开始重视官方利率操作的国际政策协调。1986年4月提高官方利率，首次提出背景是考虑海外利率的动向，其后的调整也提到有助于日美间的合作体制（1987年2月）、国际经济的发展（1989年5月）等。（3）官方利率的操作更加重视和"短期金融市场的对话"。为避免官方利率操作对市场产生不利影响，1989年10月以后，采取了官方利率操作的即日实施制度（之前为下一个营业日实施），并明确提出政策变更的目的是市场的稳定化（1990年3月）。从以往日本银行的金融调节时间来看，通常是在货币政策收紧、提高官方利率后，日本银行贷款或日本银行信用总额会出现增加倾向，这种现象属于不同政策手段之间的相互配合，以此减缓因为政策变动而带来的冲击性影响。从某种程度上来说，也是一种被动的信用供给[7]。

日本官方利率操作经过了从信用型分配向追随市场型的转变过程。在信用分配型下，由于中央银行贷款利率低于市场利率，金融机构将首先考虑从中央银行借款，如果中央银行借款无限制持续下去的话，就会大量增加货币供应量。在这种方式下，中央银行必须主动限制其贷款。从1962年开始，日本银行实行了贷款限额制，并逐渐开始按照市场利率进行公开市场操作，逐渐降低以官方利率贷款的比重。1978年，日本银行在公开市场操作中首次采用了投标方式决定价格。1979年日本引入的CD推进了利率自由进程，1985年定期存款利率逐渐实现自由化。1989年5月，日本银行决定改行带有市场追随性质的官方利率操作，因为市场利率变动开始反映市场供求，同时也考虑到公开调整利率的规定，增强政策的透明度，有利于加深对中央银行的信任，缓和社会对原信用分配型官方利率操作的批评。1994年10月，除活期存款（无利息）外的其他存款利率全部实现自由化。

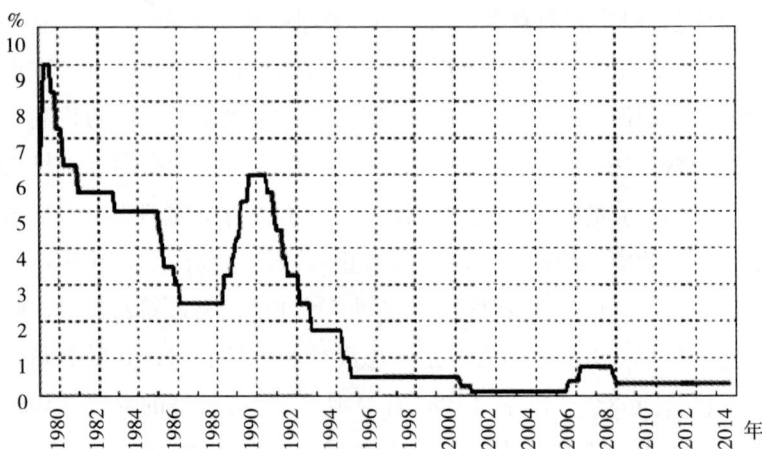

资料来源：日本银行网站。

图2.1　日本银行贴现率

---

7 罗清：《日本金融的繁荣、危机与变革》，北京，中国金融出版社，2000。

随着利率的自由化和金融市场的逐步完善，日本银行转向通过金融调节诱导市场利率往符合政策要求的方向进行调整，通过市场利率对包含存、贷款利率在内的整个利率体系产生作用。日本银行进行利率引导的直接目标是隔夜拆借利率（O/N），通过各种调节手段，影响金融机构的资金需求和资金供应方的行为，然后通过 O/N 利率，对整个市场利率产生影响。

（五）窗口指导

窗口指导产生于 20 世纪 50 年代，当时日本银行营业局每月在其窗口揭示由其决定的各家银行下个月的贷款额度分配额。早在第二次世界大战期间，日本银行就已采用了"信用统制"对贷款增加规模进行控制，是战时的一项信用管制措施。第二次世界大战后的日本，长期盛行窗口指导。中央银行根据产业行情、物价趋势和金融市场动向，规定商业银行的利率、贷款额，并要求其执行。如果商业银行没有遵照执行，央行则会削减向该行的贷款额度，甚至停止提供信用。

窗口指导最初主要是日本银行对金融机构的资金运用、资金筹集等活动进行各种劝告，日本银行不仅对贷款规模进行限制，对贷款的投向也会进行干预，以保证日本经济中重点倾斜部门的资金需要，达到调整产业结构的目的。日本银行利用其在金融体系中所处的中央银行地位和日本民间金融机构对其较大的依赖关系，劝告它们自动遵守日本银行提出的要求，从而达到控制信贷总量的目的。在执行货币政策时，日本银行采取"窗口指导"的措施，名义上是按道义和说服的原则，使商业银行的活动符合央行的政策要求。实际上由于可能伴随相应的制裁措施，这种"指导"具有一定的强制性，某种程度上也反映出日本中央银行存在着对商业银行较为严重的直接干预。这是由当时特殊的条件所决定的：（1）日本政府对经济的干预程度比一些西方国家高，因而日本银行更注重对信贷量的控制。（2）由于历史和传统的原因，日本政府和金融当局更倾向于用行政和法律手段对经济活动进行干预和控制。（3）日本的金融市场尤其是资本市场在战后较长时期不甚发达，利率的杠杆作用受到抑制，银行信贷是占主导地位的融资方式。从第二次世界大战结束到 1974 年，日本通过严格规范和高度管制的窗口指导，维持了较高的经济增长率。

由于窗口指导具有较强直接管制的特点，透明性差，不利于金融市场自由化进程的推进，日本银行在历史上曾数次取消窗口指导，但之后又加以恢复。1965 年 7 月，日本在加入经济合作与发展组织的过程中，被要求放松金融市场管制和削减直接管制手段，窗口指导被取消，但 1969 年又开始恢复这一操作。1977 年，日本银行宣布采用自主计划方式，即由银行自行制订贷款计划并经日本银行认可。1979 年，这一自主计划方式被终止，原因是市场流动性过剩，股价和地价急剧上升。1982 年，日本银行取消对各个银行的贷款计划进行信贷指导，让各银行自主制订信贷计划。1991 年，日本银行宣布取消窗口指导[8]。

第三节 各时期货币政策的重点及效果

一、第二次世界大战后经济恢复及腾飞时期

（一）第二次世界大战后初期日本经济状况

第二次世界大战对日本经济产生了毁灭性的影响。战后初期，日本生产水平极度萎缩，1945 年的工业生产能力仅相当于战前（1936 年）的 30% 左右，农业仅为 60%。按损失率计算，战争期间船舶损失了 88%，工业设备损失了 34%。此外，由于战后复员军人以及战时军工产业的消失而下岗的工人等，日本失业人口达到 600 多万。由于粮食减产和物资短缺导致了严重的通货膨胀。1946 年，日本全国批发物价指数上涨高达 364.6%，其中东京地区批发物价在 1947 年一度上涨到第二次世界大战前的 48.2 倍。针对战后初期日本经济瘫痪、混乱、物资奇缺的状况，1946 年 5 月，日本政府成立指导整个经济的"经济安定本部"，开始了战后初期一系列的经济改革，对金融、物价和外汇等领域进行全面改革，促进日本经济恢复和重建。1945 – 1955 年，这一时期日本完成了两项重大改革。一是完成了农地改革。原来的地主所有制基本被废除，建立了自耕农个人土地所有制，

---

8 参见日本银行 *The Process of Decision-making and Implementation of Monetary Policy in Japan* (1991)，该报告公布 4 个月后，日本银行宣布取消窗口指导。

实现"耕者有其田"。提高了农民生产积极性，促进了农业生产。到1949年末，日本土地改革基本完成。二是解散财阀，大财阀一度是日本军国主义的经济基础，控制着全国的经济命脉。从1946年开始，日本政府公布一系列法律，冻结财阀资产，解散财阀总公司控股公司，切断财阀家族对企业的控制。1947年4月，日本政府还颁布了"禁止垄断法"。为日本经济快速发展进一步扫除了障碍。

值得一提的是，第二次世界大战后，在日本经济的恢复和重建进程中，美国发挥了较大的作用。1945年7月《波茨坦公告》之后，盟军对日本进行军事占领，成立盟军总司令部以及美中苏英四国"盟国对日管制委员会"，但实际上主要是美国对日实行了单独占领和管制。1945年9月，美国政府正式公布了《日本投降后初期美国对日方针》，在其中第四部分有关经济的内容中规定，立即停止并禁止军事性质的生产和研究，消除为进行战争做准备的特定工业或生产部门，把日本的重工业规模和性质限制在将来和平经济所需的水平上，鼓励和支持工会、农会和其他工农业方面的组织，支持"收入的广泛分散"政策，支持有助于加强和平倾向的经济活动等。日本政府在盟军最高统帅的批准下独立负责管理和控制经济活动。1949年2月，美国经济学家Joseph Dodgez作为总统特使派往日本充当同盟占领军最高司令的财政顾问并提出了加强宏观经济管理的"道奇路线"，以直接指令的形式公布了《经济稳定九原则》：（1）实行平衡预算；（2）改革税制；（3）限制信贷；（4）稳定工资；（5）扩大、加强价格统计；（6）增加国产原料和工业品地生产；（7）对出口工业地原料供应实行重点分配；（8）增加国产原料和工业品地生产；（9）增加粮食征收。旨在稳定日本经济的财政与货币政策，主要措施包括实行严格紧缩的财政政策、削减财政补贴、停止复兴金融金库贷款、确定日元对美元的单一汇率、支持重要产业设备投资、推进产业合理化等，该政策对战后初期日本经济发挥了重要指导作用。但与此同时，该政策也带来一些负面影响，由于紧缩政策导致国内企业经营资金紧张，国内有效需求减少，引起所谓的"稳定恐慌"。根据《东洋经济新报》1950年2月的报道：全国90万中小企业转业或停业的有27万家，占比约30%。但整体而言，由于通货膨胀得到有效控制，劳动生产率全面提高，日本经济在这一阶段得以快速恢复。从 1948 年开始，日本经济全面好转。截至 1955 年末，除了外贸进出口，日本的工业和农业生产能力已经全面恢复并超过战前。

1956 年，《日本经济白皮书》宣布："恢复阶段已经结束，今后本国经济赖以增长的动力将是现代化"。此后较长时期内，日本政府致力于新产业的培育与开发，确定经济发展的主攻方向，主要投资电子、石油化工、汽车、电视等，制定外向型的经济政策，大力发展科技和培养人才，日本经济进入高速增长阶段。1956－1973 年的近二十年时间里，日本国民生产总值平均增速为 9.7%，其中，有十年时间经济增速高达两位数。

（二）主要货币金融政策

为了抑制严重的通货膨胀，日本货币政策一度采取了从紧的方针并辅以严厉的行政手段控制金融信贷活动。日本在战后恢复期以及后来的经济高速增长初期，都实行过高利率政策。经过 1945－1952 年 7 年的收缩银根，货币政策较好地实现了控制通胀的目标，为日本经济腾飞打下了坚实的基础。日本银行对普通银行贷款设置一个标准额度，对标准额度以内的贷款按法定利率收取利息，对超过标准额度以外的贷款则提高利率水平。1958 年 8 月，日本银行大幅提高适合法定利率的贷款限额。当时日本将利率水平压得较低，高利率政策是日本银行针对超额贷款部分采取的办法，但对额度内的贷款则采取了低利率政策。1969－1974 年，世界各国都处于高利率时期，美英等国因通胀问题而提高了利率，但日本继续维持着低利率。在推动经济高速增长的同时，长期实行人为的低利率政策也导致整个利率体系僵化，再贴现率以及公开市场的宏观调控作用也难以发挥。在这一时期，"窗口指导"这一政策工具较多被得以运用，它在市场经济不健全的条件下发挥了政府宏观调控的能力，在日本经济的"起飞"阶段产生了积极的作用。但由于多以行政命令方式执行政策要求，掩盖了经济活动中一些固有的矛盾，为日本经济后期的停滞不前埋下了伏笔。

在金融政策方面，为支持战后恢复和建设，日本出台了一系列支持产业发展的金融政策，实行生产资金优先贷款顺序规则和金融公库制度。1947 年 3 月制定的《金融机构资金融通准则》保证贷款对象主要集中于大企业中的钢铁、煤炭等基础产业。贷款一方面为积极地恢复生产和增加供给提供了资金，另一方面则弥补了企业因物价、工资上涨而引起的亏损。1948 年的贷款额中，工矿业贷款占 38.7%，金融业贷款占比 35.9%。由于复兴金融公库债券全部由日本银行认购，因此在一定程度上也成为诱发通货膨胀的根源。1962 年 10 月，日本推行"新金融调节方式"，对借款较多的都市银行设立贷款限额，原因是都市银行超贷现象比较严重。1962 - 1971 年，日本银行向都市银行贷款的年平均增速为 15.8%。第二次世界大战后，日本间接融资占主导。1959 - 1970 年，日本企业为扩大固定资产投资而进行的设备投资高达 145.2 万亿日元，其中 90% 都是依靠间接金融的融资。这种间接融资体制有利于央行通过货币政策加强对经济的宏观调控和对企业行为的监督，但同时也导致了超贷现象的发生。之后，日本银行逐步改变信用提供方式，通过债券买卖业务供应基础货币，日本的票据市场从 20 世纪 70 年代开始逐步发展和活跃起来。

20 世纪 70 年代，受石油危机的影响，日本再次发生严重的通货膨胀，1973 年的批发物价和消费物价指数比上年分别上升了 15.8% 和 11.7%，1974 年同比又上升了 31.4% 和 24.5%。1972 年日本货币的增长率为 30%，到 1975 年压缩为 10%。从 1973 年末开始，日本连续 5 次提高利率，从 4.25% 提高到 9%，同时还将银行准备金率从 1.5% 提高到 4.25%，这些措施使日本的通胀率有效下降。汇率政策方面，日本自 20 世纪 60 年代基本保持盯住美元的汇率制度，其名义汇率基本保持在 360:1 的水平。整体来看，第二次世界大战后，日本利用国内外有利条件迅速发展经济，持续 20 多年保持着较高经济增速，20 世纪 50 年代经济增速为 8.8%，60 年代为 10.7%，70 年代为 5.1%。

二、泡沫经济时期

（一）20 世纪 80 年代日本泡沫经济的表现

日本在经历了 20 世纪 60 年代后期经济高速发展之后，20 世纪 80 年代又进入第二次大发展时期，与此同时，这次经济浪潮受到了大量投机活动的推动，导致日本在 20 世纪 80 年代中后期出现了严重的泡沫经济现象。

根据不同的经济指标，对这段时期的划分长度有所不同，但一般是指 1986 年 12 月至 1991 年 2 月的 4 年零 3 个月的时期。

日本泡沫经济的形成及其崩溃，表现为资产价格急剧波动的过程，典型的是股票、土地等资产类价格的暴涨暴跌。到 1986 年末，日经股价指数较 1983 年升值了近 1 倍。1987 年，受美国"黑色星期五"事件影响，日本股市一度出现下跌，当年 10 月 29 日跌幅近 15%，但从 1988 年开始日经指数持续上升，全年东京股市总成交额为 286 万亿日元，年末总市值已为纽约证券交易所的 1.5 倍。1984 - 1989 年，东京证券交易所上市股票总市值从 162 万亿日元增加到 630 万亿日元，增加了 3.8 倍。1989 年，日本股票总市值是 GNP 的 1.6 倍，占全球股票市值的 40% 左右，股票市盈率在 1989 年达到了 250 倍的高水平。

土地价格上涨。日本房地产泡沫最初表现为地价的上升，从用途上由商业用地到住宅用地、再到其他用地；从地域上先是东京都中心，而后扩展到东京都圈，进而扩展到大城市圈，最后是中小城市圈。这样一个波及过程经历了较长的时间，首先是地价的膨胀，其次是地价趋于稳定，最后是地价的急速下降。1990 年 9 月日本地价达到最高点，当时国土面积相当于美国加利福尼亚州的日本，其地价市值总额相当于整个美国地价总额的 4 倍，仅东京的地价就相当于美国全国的总地价。1991 年，日本地价开始全国性的大暴跌，到 1993 年日本房地产业全面崩溃，企业纷纷倒闭，遗留下来的坏账高达 6,000 亿美元。泡沫破裂的直接后果是引起了严重的财政危机，重创了日本经济。此后，日本进入长期萧条期，10 多年来经济增长始终徘徊在衰退与复苏的停滞状态之中。后来常称这次房地产泡沫是"第二次世界大战后日本的又一次战败"。随着 20 世纪 90 年代初泡沫破裂，日本经济出现大倒退，此后进入了"平成大萧条时期"。

表 2.2　日本泡沫经济时期的土地及股票市值占 GDP 比重　　单位：%

年份	股票市值/GDP	土地资产价值/GDP
1981	31.0	49.0
1982	33.3	49.5
1983	37.4	48.6

年份	股票市值/GDP	土地资产价值/GDP
1984	45.2	48.9
1985	52.2	54.3
1986	68.0	82.8
1987	85.0	126.8
1988	104.5	140.3
1989	130.8	129.3
1990	110.1	119.1
1991	81.6	110.3
1992	61.4	88.4

资料来源：根据相关统计资料整理。

（二）引发日本泡沫经济产生的原因

一是"广场协议"后日元升值带来的冲击。1985 年 9 月，美国、联邦德国、日本、法国、英国五国财长签订了"广场协议"，日元汇率从 1 美元兑 240 日元左右上升到一年后的 1 美元兑 120 日元。由于汇率的剧烈变动，大量套利资金为了躲避汇率风险而进入日本国内市场。美元贬值后，房地产市场投资和投机行为加剧，国际资本中很大一部分进入日本的房地产业，大大刺激了房价的上涨，成为诱发日本泡沫经济的一个很重要原因。

二是泡沫时期金融机构资产负债结构发生较大调整。20 世纪 80 年代世界范围内出现的自由化浪潮，日本也是在这一时期推进金融自由化，包括利率的自由化和打破金融业内部分工等举措。资金来源方面，从 1987 年开始，随着大额存款利率自由化，存款增长较快，自由利率存款占银行资金来源的比重从 1984 年末的 7.5% 上升到了 1989 年末的 53.0%。资金运用方面，1986 - 1989 年金融机构对有价证券投资增加，金融机构持有股票的 1/4。1988 年，城市银行收益中有 42% 来自股市，金融机构对证券的投资也进一步推升了股市泡沫。此外，金融机构在泡沫经济时期对不动产领域的融资增速加快。1984 年，全国银行业对不动产业的贷款余额为 16.7

万亿日元，占制造业贷款的 27%；1989 年末则超过 40 万亿日元，占制造业贷款的 74%。不动产贷款余额占全部贷款的比重也从 1984 年的 6.9% 提升到 11.6%。除了银行加大不动产融资力度外，寿险公司对土地和建筑的投资业明显增加，此外还有大量资金通过住宅金融公司、租赁公司等非银行金融机构以间接的方式贷出，并最终流入不动产领域，这些对不动产的融资行为都直接推动了日本地价的快速上涨。

三是住户部门和企业部门的金融资产结构发生改变。20 世纪 80 年代后半期，随着日本经济的复苏和金融市场的发展，金融产品不断丰富，日本居民开始积极进行股票、不动产等方面的投资，利率偏好明显上升。根据日本银行的统计，日本住户部门在 1989 年筹借的资金是 1985 年的 3.5倍。日本的股民从 1985 年的 1,600 万人增至 1989 年的 2,400 万人，个人股票交易量从 20 世纪 80 年代上半期的年均 580 亿股上升到后期的 1,000亿股以上。个人消费习惯也逐步发生改变，消费向多样化、高档化发展，购买汽车等耐用品的需求上升。1985 年通过消费者信用等进行的贷款约 5,600 亿日元，到 1989 年已经扩大到 54,900 亿日元。此外，企业部门的金融交易行为也出现异常。泡沫经济时期，日本大型企业的融资成本已降到 5%，如果通过直接融资渠道成本更低，可维持在 2% ~ 2.5%。日本当时金融资产的收益率则保持在 7% ~ 8%。这就产生了资金在不同市场套利的机会，企业如果筹集资金投资于金融资产，就可以比较稳妥地获得收益。在这种情况下，企业自然容易选择依靠增加金融负债来扩大对金融资产的投入，结果是资产和负债同时膨胀。据统计，1984 - 1986 年，法人企业金融资产占金融负债的比重从 58% 上升到 95%。截至 1989 年 5 月 1 日，已发行转换公司债和认股权证的公司达上市公司的一半，发行总额达到 181.9 亿股，企业筹集资金中的 64% 用于金融资产的投资。20 世纪 80 年代后半期，企业股票、债券等直接融资上升明显，1986 年以前，企业直接融资只有间接融资的 1/3 左右，1989 年已经达到了 70%。1991 年以后，企业融资规模急剧减少，1991 - 1997 年年均融资总额比"泡沫经济"时缩减一半。

最后，政府投资加大也起到了推波助澜的作用。日本在 20 世纪七八十

年代时，经济急剧腾飞时期日本政府大举借债，大规模建设基础设施。在
"放任升值"阶段，为了应对日元大幅升值局面，日本政府采取了"扩张
性财政政策"，日本政府为了补贴因为日元升值而受到打击的出口产业，
开始实行金融缓和政策，导致产生了过剩的流通资金。1987 年，日本政府
减税 1 万亿日元，追加 5 万亿日元的公共事业投资，后又补充 2 万亿日元
财政开支。

（三）主要货币政策操作及效果分析

日本中央银行在泡沫经济时期采取了"超宽松的货币政策"。从 1986
年 1 月开始，日本银行连续几次降低官方贴现率，从 1983 年以来的 5% 降
到 2.5%，推动了金融机构扩大贷款和整个社会的信用膨胀。这一宽松的
金融政策一直持续到 1989 年 5 月。1987 年日本经济景气恢复时，日本银
行本来在寻求适当提高利率的机会，但同年 10 月"黑色星期五"打乱了
这一安排。根据日本银行统计，货币供应量（$M_2 + CD$）自 1986 年增幅明
显，1989 年时到达高峰，当年增加约 50.3 万亿日元，较上年多增 12 万亿
日元左右。其中，日本银行对金融机构贷款增加最为明显。20 世纪 80 年
代后半期泡沫经济形成时期，尽管日本的资产价格在一路上涨，但日本经
济呈现出高增长、低通胀的现象。日本的物价水平（CPI）则始终保持在
1% 以下，直到 1989 年才上升至 2.8%，这也是导致日本中央银行长期没
有采取货币紧缩政策的原因之一。

针对泡沫经济的膨胀，日本政府也采取了一系列应对措施。从 1989 年
5 月 30 日开始，日本银行将官方贴现率由 2.5% 提高到 3.2%。之后一年
多的时间里，又连续三次提高利率，1990 年 8 月官方贴现率达到了 6%。
受政策调整的影响，市场长期利率也相应提高。1990 年 1 月末，长期信用
银行 5 年期的金融债利率调高到 6.6%，长期优惠贷款利率调至 7.5%。
1990 年连续两次调高利率，日本银行明确指出是为了金融市场的稳定。日
本银行在 1990 年 4 月还对物价上升的原因进行了分析并发布报告，承认金
融方面的宽松政策是导致地价上升的重要原因。针对与土地相关的融资过
快的问题，大藏省采取了行政上的干预措施，1986 年 7 月、1987 年 4 月和
12 月，大藏省先后三次要求各金融机构自行控制不动产融资，以免诱发投

机性土地交易。并要求银行协会的成员对投机性土地交易采取慎重态度，并加强了与土地有关的交易专项报告制度。1990 年 4 月，大藏省采取了不动产融资总量控制措施，前后实施两年，实施对象包括银行、信用金库、寿险公司和外资金融机构等，要求该金融机构每季度将不动产融资余额控制在总的贷款余额增速之下。日本银行利用窗口指导，积极配合大藏省的这一举措。从 1990 年 9 月开始，要求城市银行第四季度新增融资额较上年同期减少 30%。这些干预措施取得了一定的效果，1990 年第二季度城市银行贷款规模减少 16.7%，为 10 年来首次出现减少。1991 年，货币供应量增长速度出现 1983 年以来的新低。随着干预政策逐步效应逐步体现，金融政策从 1991 年 7 月开始又逐步缓和，之后连续三次对官方贴现利率进行下调，同年末还取消了对不动产融资的总量控制。

20 世纪 80 年代后半期，日本银行无视资产价格的剧烈膨胀，仍坚持实行扩张性货币政策，一个重要原因与其货币政策目标有关。根据《日本银行法》规定，日本银行的货币政策目标是维持物价稳定，防止通货膨胀。从物价水平上看，日本在 20 世纪 80 年代都非常稳定，即使是在资产价格急速上升的 1986 – 1990 年也是如此。经济增长、物价稳定的现实使日本银行相信日本经济仍处在正常运行之中，忽视了资产价格的膨胀。资产价格过度膨胀是造成日本泡沫经济的主要原因，对资产价格的忽视是日本中央银行的一个深刻教训。1991 年后，随着国际资本获利后撤离，很大程度上由外来资本推动的日本房地产泡沫迅速破灭。泡沫的破灭对日本经济和社会造成了巨大的影响，首先，大量房地产公司以及与其相关的大量金融机构倒闭，并由此造成了巨额不良资产，破坏了金融正常的运转机制，特别是针对中小企业，银行出现严重的借贷现象。其次，泡沫时期形成的大量过剩的房地产投资，使企业负债过度，成为 20 世纪 90 年代的日本企业投资不振的一个主要原因。再次，房地产价格持续下跌，日本平均储蓄率下降，生活质量无法提高。许多在泡沫经济时期购买房地产的日本人生活陷入窘境，甚至破产。最后，泡沫的破灭也使"银行不倒"、"地价只涨不跌"的神话同步破灭，企业和国民的心理状态跌入深渊，信心指数下降。根据 1991 年 7 月公布的数据，当时日本城市银行的国内融资已经出现

1 万亿日元的坏账，日本经济景气指数于 1991 年 10 月跌至谷底。日本政府调整了财政政策方向，依靠 40 万亿日元财政融资，力图保持日本经济不出现全面下滑。1991 年"泡沫经济"破灭后，整个 20 世纪 90 年代日本经济陷入了长期停滞，并爆发了严重的金融危机，因而被称之为"失去的十年"[9]。

日本银行在反思泡沫时期的货币政策时认为，当时拘泥传统的物价水平目标，忽视了资产价格是一个重大失误。为了避免资产价格膨胀和最终崩溃所带来的破坏，应当把资产价格纳入货币政策的监测目标范围之中。即使是在经济增长、物价稳定时期，中央银行也应该对资产价格的异常波动提高警惕。1992 年，日本专门成立研究会，对泡沫经济这一资产价格极端变动的机制及经济效果进行研究，实际上是对泡沫经验教训的总结和反思。研究会于 1993 年 4 月发表了题为《资产价格变动的机制及其经济效果》的专门报告，报告认为泡沫经济的形成和崩溃在以下三方面产生了不良影响：第一，在经济资源的分配上产生了很大的扭曲，异常的资产价格会让人民采取错误的经济行为，个人因其拥有的资产账面价格升水，导致购买平常舍不得购买的高档消费品、导致大量浪费，企业之间因其所拥有的资产担保价值变化，资金配置和流向也会产生偏离；第二，在收入分配上产生很大扭曲作用，资产价格上升对收入及资产分配产生扰乱影响，即使在泡沫经济破灭后，这种破坏仍然存在；第三，对一国经济运营基础的金融体系稳定性产生破坏，受资产价格波动的影响，银行等金融机构经营可能出现不稳定。与货币政策的极度扩张一样，货币政策的突然紧缩也同样会给国民经济带来灾难。"日本泡沫经济破灭并引发危机，至少从直接感受上是日本银行刻意挑破泡沫的结果"（清水启典，1997）。实际上，面对经济泡沫，如果只是简单地采取收紧银根政策，必然会对正常的经济活动造成破坏性影响，这是一种非常愚蠢的行为，就好比城里有房子失火，消防队不是向房子喷水，而是掘堤淹城一样（三木谷良一，2002）。

---

9 王宇：《日本泡沫经济的成因及政策总结》，载《经济研究参考》，2004（67）。

三、亚洲金融危机时期

20 世纪 90 年代至 21 世纪初，日本经济在缓慢增长和衰退之间不断反复挣扎，这一独特经历使日本这一阶段的经济表现与 20 世纪 30 年代的美国大萧条以及 2008 - 2009 年美国次贷危机一道，被称为宏观经济学研究的三个"圣杯"（黄海洲，2012）。从货币政策调控视角来看，经济萧条背景下日本银行的零利率政策以及量化宽松政策的探索最引人关注，尽管关于零利率政策以及量化宽松的政策效果众说纷纭，日本银行的实践和经验仍成为 2008 - 2009 年全球金融危机期间主要经济体中央银行一系列类似政策参照的对象。

（一）内外部环境

这一时期，日本货币政策面临的内外部环境可用内外交困来形容。内部来看，随着 20 世纪 90 年代初泡沫经济的破灭，日本陷入严重的经济停滞和通货紧缩困境，经济进入"失去的二十年"。为促进经济复苏，日本银行持续放松货币，货币政策由紧到松，官方贴现率（政策利率）由 1990 年的 6.0%，经历九次调整后下调至 1995 年 9 月 8 日的 0.5%，为历史最低水平。外部来看，1997 年亚洲金融危机的冲击导致日本经济雪上加霜，经济增速下滑、通货紧缩加剧，导致货币政策有效性大打折扣，日本银行政策利率下调至接近零的水平；2001 年美国网络经济破灭，外部冲击导致日本刚刚出现的复苏迹象戛然而止，日本银行不得不再次回归刚刚结束的零利率政策，并于 2001 年 3 月开始探索超宽松的非常规货币政策实践。从这一时期经济金融的表现来看，日本长期的宽松货币政策由于遭遇"流动性陷阱"而几乎失去作用；量化宽松的非常规货币政策无论是对物价还是经济增速作用有限。

宏观层面，这一时期，日本银行货币政策调控面临的主要挑战是经济萧条和通货紧缩。一方面，1997 年亚洲金融危机之前，日本经济增速已经呈现一再下滑态势，1992 - 1994 年 GDP 增速低于 1%，其中 1993 年几乎零增长；1995 年和 1996 年经济短暂复苏；受亚洲金融危机冲击和桥本政府提高消费税、重整财政的政策影响，经济好转势头被扼杀，1998 年、

1999 年 GDP 萎缩 2% 和 0.2%，为第二次世界大战以来最糟糕的经济表现。
2000 年日本经济短暂、微弱回升，但这一反弹很快因 2001 年美国网络经济泡沫破灭的冲击而终结。整体而言，1997 – 2007 年，日本 GDP 年均增速仅 1.05%，在 G7 国家中最低。另一方面，通货紧缩压力从未真正消退。
1997 年至 2007 年的 11 年中，有 6 年消费者物价指数负增长。同时，1997

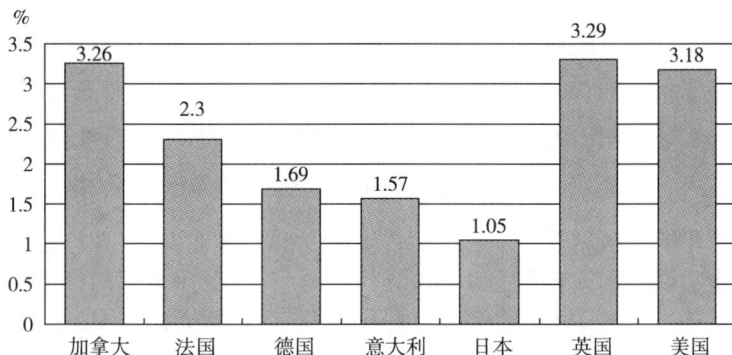

资料来源：IMF, World Economic Outlook Database, April 2014。

图 2.2　G7 国家 GDP 平均增长率比较（1997 – 2007 年）

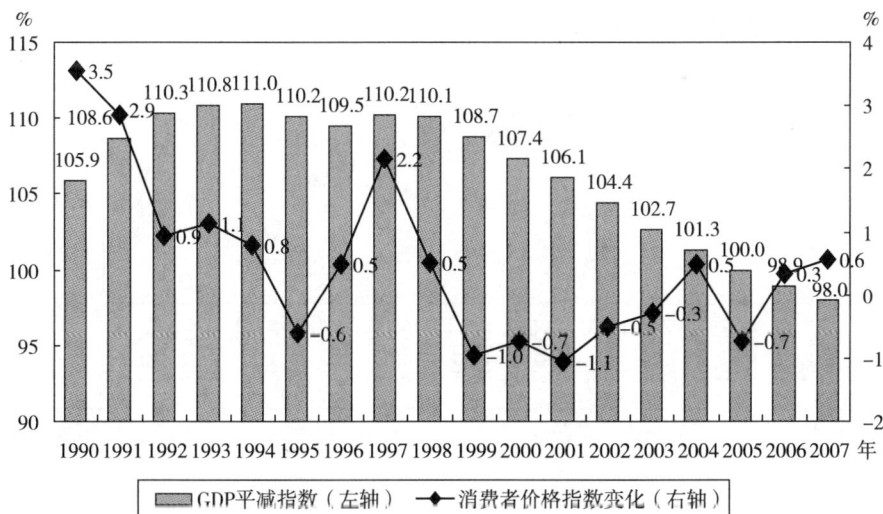

资料来源：IMF, World Economic Outlook Database, April 2014。

图 2.3　日本消费者价格指数变化与 GDP 平减指数（1990 – 2007 年）

年以来日本 GDP 平减指数持续下降，从 1997 年的 110.2 下降到 2007 年的 98。2001 年 3 月 16 日，森喜朗政府公开认定"日本经济正处在缓慢的通货紧缩之中"。这一时期，反通货紧缩成为货币政策的一项重要任务。

微观层面，泡沫经济特别是房地产泡沫破灭对日本国内家庭部门、企业部门和金融部门带来严重负面冲击，货币政策的传导渠道受阻。1986 年 12 月到 1991 年 2 月间的 4 年零 3 个月，是日本战后仅次于 20 世纪 60 年代后期的经济高速发展阶段，各项经济指标达到空前水平。1989 年 12 月 29 日，日经股指达到 38,915.87 的历史最高点。由于土地、股票等资产价格飙涨缺乏实业支撑，加上政府对土地金融的管控和日本银行收紧银根，最终泡沫破灭，其负面冲击持续很长时间。一是土地和股票价格下降，大部分日本居民财富迅速蒸发，资产负债表恶化，迫使家庭部门在其后很长一段时间内尝试不断减轻债务、降低杠杆率。二是在房地产泡沫破灭之前，资产价格的稳定快速上涨使得企业在宽松货币环境下实现低融资成本的扩

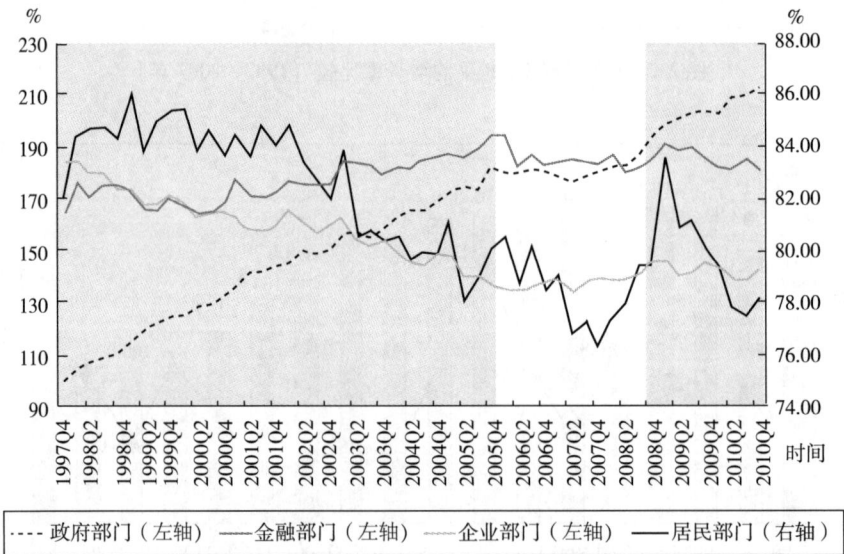

资料来源：黄海洲：《货币政策、资产负债表和资产价格》，载《金融监管研究》，2012 (12)，19 页。

图 2.4　日本各部门的未偿债务

张，过度投资进累了大量负债，当资产泡沫破灭后，企业盲目扩张的恶果显现，资产负债表衰退迫使企业开始长时间的去财务杠杆操作。三是由土地担保的贷款风险暴露，银行不良贷款上升冲击金融部门，由于银行部门不得不减少债务以实现资产负债表正常化，而政府不允许银行清理账面，金融部门陷入"呆滞"。经济衰退导致日本政府税收来源减少，为促进经济复苏，日本政府反复实施财政刺激政策，试图通过扩大公共支出增加社会有效需求，为此，日本政府大量举债，结果是政府债务水平和杠杆率不断上升。

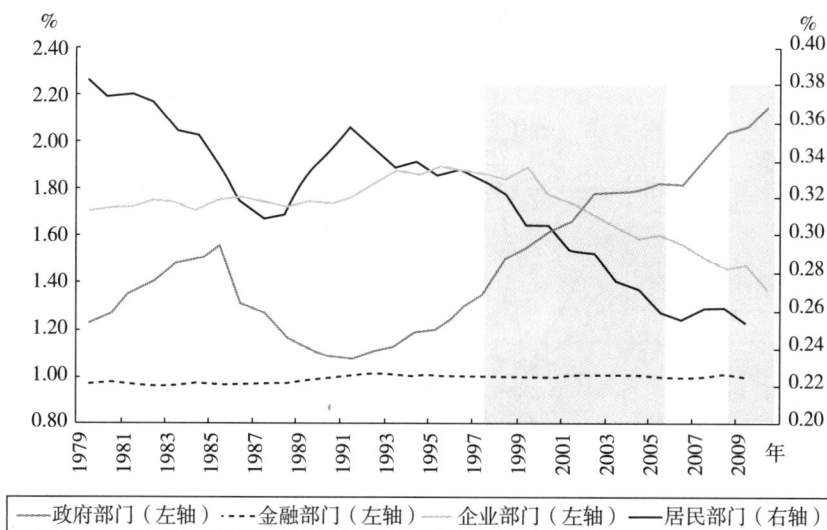

资料来源：黄海洲：《货币政策、资产负债表和资产价格》，载《金融监管研究》，2012 (12)，21 页。

图 2.5　日本各部门的财务杠杆率

（二）货币政策调控的重点与主要工具

这一时期也是日本银行货币政策目标与工具发展转变的关键时期。1990 年到 21 世纪初，是日本应对危机和完成金融自由化的重要阶段，货币政策工具更为注重价格型工具；而从 2001 年至 2007 年，由于深陷"流动性陷阱"，日本银行采取了量化宽松政策，货币政策工具更加侧重于数量型工具。

1. 1997 - 2000 年：价格型调控与持续低利率政策

出于对危机的反思和应对，在泡沫经济破灭后，日本继续推进相关改革，其中最重要的两方面是：第一，继续深化金融自由化，标志事件是1997 年 6 月 11 日颁布修改后的《日本银行法》（即日本中央银行法），并于 1998 年 4 月 1 日起实施。修改后的《日本银行法》在增强中央银行独立性方面有了明显改进，同时不允许中央银行向政府提供长期贷款，强化经济体的制衡机制，结束政府与中央银行在货币金融政策方面长期存在的权责不清局面。第二，调整货币政策目标，将资产价格纳入货币政策中间目标，1998 年，日本银行货币政策中间目标由贴现率转向无担保银行隔夜拆借利率。这一阶段，日本银行货币政策调控主要围绕利率以及流动性展开。

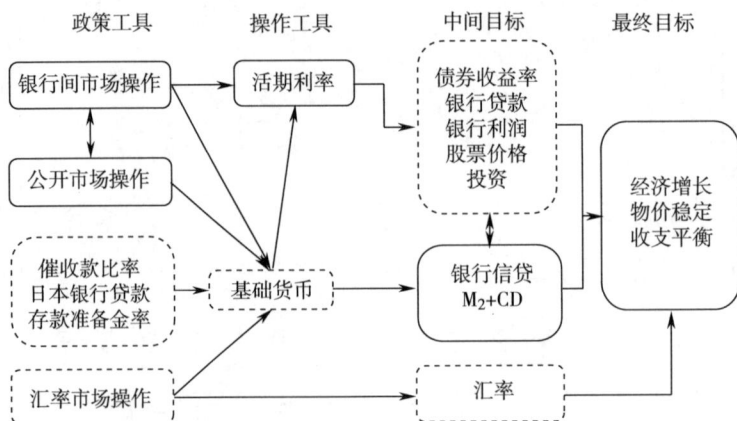

资料来源：谢亚轩等：《潜在增速下滑、金融自由化与日本货币政策工具选择》，招商证券宏观研究专题报告，2012 - 08 - 31。

图 2.6 1990 - 2000 年日本货币政策工具与政策目标

（1）1997 年至 1999 年初：低利率阶段。时任首相桥本龙太郎的内阁政府采取的是"改革优先型"经济政策，其中改革核心是维持政府财政平衡，1997 年年初到 10 月，日本政府为实现财政平衡而采取的紧缩财政政策带来重大负面影响，当年第二季度日本经济出现自石油危机以来最严重的负增长 11.2%。受亚洲金融危机冲击，1997 年 10 月至 1998 年 3 月，日本政府财政政策趋于保守，1998 年 3 月后转向宽松货币政策。这一时期，

日本政府危机应对措施以财政政策为主，货币政策调控动作不大。自 1995
年 9 月 8 日将官方贴现率下调至 0.5% 的历史最低水平后，日本银行在此
期间维持政策利率不变。同时，日本银行逐步将货币政策中间目标从官方
贴现率向隔夜拆借利率转变，官方贴现率只有在中央银行向破产金融机构
提供贷款时使用。1998 年 9 月，日本银行进一步放松货币政策，将无担保
银行间隔夜拆借利率下调至 0.25% 的低水平，意图增加银行贷款、带动投
资，进而起到刺激经济的作用。1998 年 11 月 13 日，为加大对企业融资支
持的力度，日本银行还启用了新的货币市场操作工具，包括扩展 CP 回购
操作中合格资产的期限、为企业提供临时借贷便利，以及将企业债务纳入
合格抵押品范围。

　　（2）1999 年 2 月至 2001 年 2 月：零利率政策的实施与解除。日本银
行于 1999 年 2 月起将无担保隔夜拆借利率下调至 0.15%，同年 3 月 3 日进
一步下调至 0.03%。在扣除货币经纪商佣金后，实际上已经处于零利率水
平。这一政策调控的目标是支持金融机构的短期资金需求，鼓励银行信贷
投放，同时降低通货紧缩预期。随着零利率政策的实施，日本经济呈现趋
好迹象，GDP 增长率由 1999 年的 0.6% 上升到 2000 年的 2.8%。在 2000
年 8 月 11 日日本银行货币政策会议上，与会委员认为，过去一年半，随着
宏观经济政策作用释放、世界经济复苏以及受信息和通信领域创新刺激，
日本的通货紧缩压力减轻，因此，日本银行决定解除零利率政策，将银行
同业间无担保隔夜拆借利率由 0.03% 上调至 0.25%。

　　2. 2001 - 2007 年：数量型调控与非常规货币政策

　　2001 年日本银行解除零利率政策后，同年美国网络经济泡沫破灭。受
内外部冲击影响，日本经济再次跌入谷底。2000 年、2001 年日本消费物价
指数降幅分别达到 - 0.5% 和 - 1.0%，2001 年 GDP 增长率降至 - 0.8%。
为了克服通货紧缩，日本银行在 2001 年再次启用"零利率"政策。2001
年 3 月 19 日，日本银行宣布采用量化宽松政策，货币政策操作目标从拆借
市场上的无担保隔夜利率转向金融机构在日本银行的经常账户余额（Cur-
rent Account Balances，即准备金活期账户余额），以扩大市场流动性的供给
作为主要目标，力图通过增加商业银行在央行经常账户存款余额向金融市

场投放大量流动资金，防止物价继续下跌，并为经济的可持续发展整备基础。量化宽松政策的根本目的是走出通货紧缩困境。

表 2.3　日本银行非常规货币政策时间表

时　间	主要措施
2001 年 3 月 19 日	启动 QE
2002 年 11 月 29 日	启动证券购买项目
2003 年 7 月 28 日	启动 ABS 和 ABCP 购买计划
2003 年 10 月 19 日	宣布"更多关于承诺维持量化宽松政策的细节描述"
2004 年 9 月 30 日	证券购买项目到期
2006 年 3 月 9 日	退出 QE 回归零利率状态
2006 年 3 月 31 日	ABS 和 ABCP 购买计划到期
2003 年 3 月至 2006 年 7 月	缩减日本银行资产负债表
2006 年 7 月 14 日	政策利率上调至 0.25%
2007 年 7 月 31 日	公布日本银行所购证券的处置指引

资料来源：根据日本银行公布信息整理。

（1）日本银行的量化宽松货币政策调控（2001 - 2006 年）。在正式宣布推出量化宽松政策之前，日本银行早在 2001 年 2 月 9 日的货币政策会议上作出的两项决定实际上就是量化宽松的典型手段：一是推出"伦巴德贷款便利"（Lombard-type Lending Facility），改善日本银行提供流动性的渠道。具体政策是，根据日本银行事先确定的条件，日本银行将及时向提出交易对手方提供短期贷款；二是在维持 0.25% 的无担保隔夜拆借利率基础上，将官方贴现率由 0.25% 上调至 0.35%。随着日本经济复苏放慢，日本证券市场下跌以及海外经济增长趋缓，经济下行风险上升，日本银行在 2001 年 2 月 28 日的货币政策会议后进一步决定降息，官方贴现率由 0.35% 下调至 0.25%，无担保隔夜拆借利率从 0.25% 下调至 0.15%。由于日本经济已经陷入"流动性陷阱"，回归零利率政策并不能救日本经济于水火之中，为此，日本银行只能实行更加扩张性货币政策，将货币政策的操作目标由利率变更为商业银行在央行经常账户存款余额，通过大量购买长期国债和外汇计价资产等方式加大公开市场操作力度，向同业拆借市场注入流动性资金，量化宽松货币政策正式出台。

日本银行设计了量化宽松政策的三种效果：第一，资产配置再平衡效果，即央行为金融机构提供大量安全性很高的非生息资金，以期金融机构积极将其运用于贷款、债券或股票投资，有效刺激企业生产和居民消费。第二，期待效果，希望通过日本银行资金投放量的增加，促使人们对经济景气的恢复产生期待，从而走出长期笼罩的悲观心理，以此促进消费和投资。第三，时间轴效果，即告示效应，日本银行承诺在一个较长时期内保证持续实施零利率和数量宽松政策，通过承诺降低市场对未来短期利率的预期及利率风险报酬，从而降低长期利率，达到提高资产价格、促进生产和消费的目的。按照 Bernanke、Reinhart 和 Sack（2004）的归纳方法，可以将这一时期日本银行采取的一系列非常规货币政策措施分类总结如下：

一是数量宽松（Quantitative Easing），主要是通过提高商业银行在中央银行的超额储备，进而实现货币扩张目的。在"量化宽松"政策刚开始时，日本银行选择了商业银行在央行的经常账户存款余额为调节目标，并

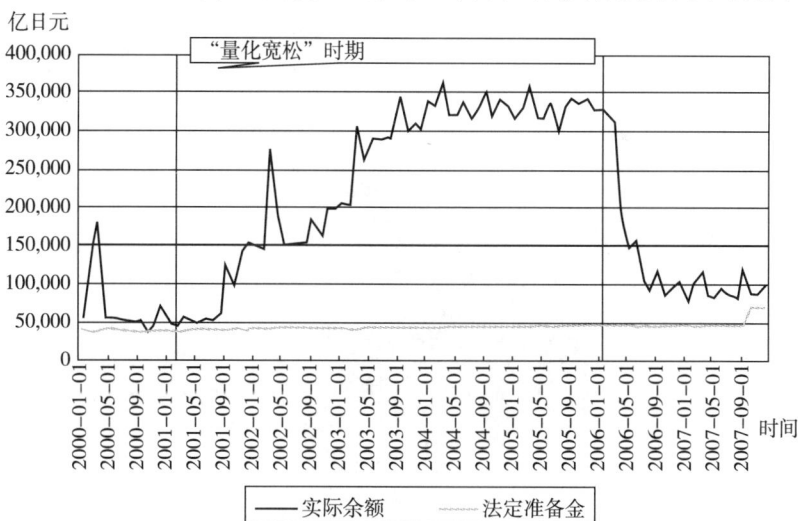

资料来源：许祥云：《日本"量化宽松"货币政策中的操作方式及与美联储"量化宽松"的对比》，上海，上海期货交易所，2011。

图 2.7　日本 CAB 和法定准备金余额变化

不断提高目标设定值，从最初的 5 万亿日元上升至 2004 年 1 月的 30 万亿~35 万亿日元，经常账户存款余额远远超出所必需的法定准备金（2006年 3 月必需资金量仅为 4.7 万亿日元），同时日本银行加大公开市场操作，大量购买长期国债，增加基础货币，期待通过货币乘数效应放大货币供应量，为金融市场提供充足的流动性资金（刘瑞，2007）。

二是信贷宽松（Credit Easing），主要是中央银行通过购买风险资产为金融机构提供支持。为了减轻银行面临的资本短缺问题，恢复金融体系功能，日本银行在 2002 年 11 月实施了证券购买计划，2003 年 7 月实施了总额 1 万亿日元的资产支持证券（ABS）和资产支持商业票据（ABCP）购买计划。同时，在非常规货币政策实施期间，为降低长期利率，日本银行将每月的长期政府债券（JGBs）购买规模从 4,000 亿日元提高到 1.2 万亿日元。特别是在量化宽松政策初期，日本银行持有的政府长期证券的增加额明显超过短期政府债券。资产购买计划导致日本银行的资产负债表规模急剧膨胀，资产总额从 1998 年的 91 万亿日元上升至 2006 年的 155 万亿日元，占日本 GDP 比重从 18% 上升至 30%。新增的央行资产部分，有五分之三源自长期国债的购买。

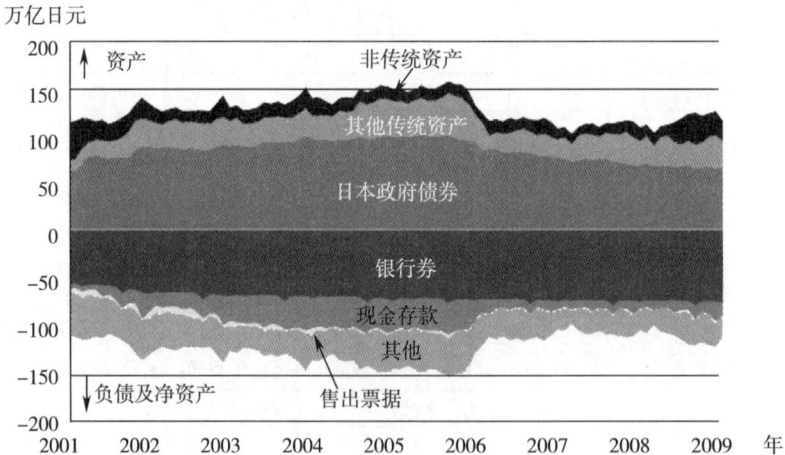

资料来源：Yamaoka and Syed（2011）。

图 2.8　日本银行资产负债表变化

三是预期管理政策，主要是通过中央银行的承诺来引导市场的利率预期，进而影响长期利率水平。日本银行承诺在消费物价持续、稳定地保持零以上增速前，将继续实施宽松货币政策。

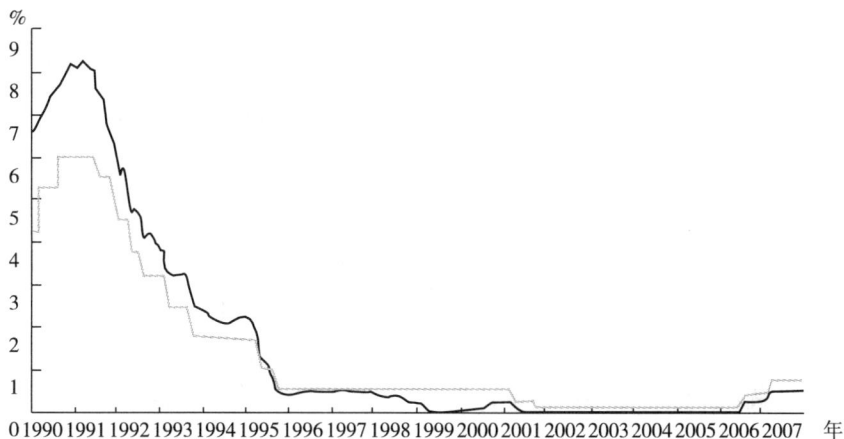

注：深色代表基本贴现率和贷款基准利率；浅色代表无担保隔夜拆借利率。

资料来源：日本银行网站。

图 2.9　日本基本贴现率和无担保隔夜拆借利率变化

（2）日本银行非常规货币政策的退出（2006－2007 年）。2002 年开始，日本经济开始出现复苏迹象，到 2005 年更是明显向好，2005 年日本经济增长连续 3 个季度超过 5%，核心 CPI 从 2005 年 11 月开始呈现正增长，2006 年 1 月核心 CPI 较上年同期上升 0.5%，为近 8 年来最大增幅。企业生产、消费、就业等指标均出现改善，反映经济景气状况的一致指数首次达到 100%。在通货紧缩压力趋缓和经济升温情况下，日本银行认为如果继续实施量化宽松货币政策，可能导致股市及房地产出现泡沫，进而引发通货膨胀。时任日本银行行长的福井俊彦明确表示："如果货币政策的提振作用过强，即使物价稳定，也可能会造成投资活动过热，从而导致经济大幅波动。"因此，日本银行于 2006 年 3 月 9 日宣布中止量化宽松货币政策。同时，日本银行还引入"货币政策操作新框架"，引入了评估经济活动与价格的两大新原则：一是日本银行对经济前景的判断将遵循价格稳定前提下促进经济持续增长的原则；设立通货膨胀参考目标区间，核心

CPI 的目标区间控制在 0 至 2% 。二是认定预测期的风险，比如，由长期扩张性货币政策引起的过度投资可能导致经济活动的过度波动。

这一时期，日本银行货币政策调控的重心是停止非常规的干预、有序退出量化宽松、调整政策利率以及缩减央行资产负债表规模。引入新的货币政策框架，货币政策操作目标从银行活期存款余额回归隔夜拆借利率。从具体措施看，一是中止 JGB 国债购买和流动性操作，为了快速降低银行的超额储备，日本银行的资产负债表规模从 2006 年 3 月的 145 万亿日元降至 116 万亿日元，其中约 20 万亿日元是由于金融市场恢复后银行对央行资金供给的依赖降低。二是退出非常规资产的购买，日本银行 ABS 和 ABCP 购买计划于 2006 年 3 月结束。此后，随着 ABS 和 ABCP 的不断到期，日本银行持有的两类债券规模不断减少。三是结束低利率政策承诺，上调政策利率，2006 年 7 月和 2007 年 2 月 21 日，日本银行两次调整基准利率 25 个基点，政策利率提高至 0.5% 。

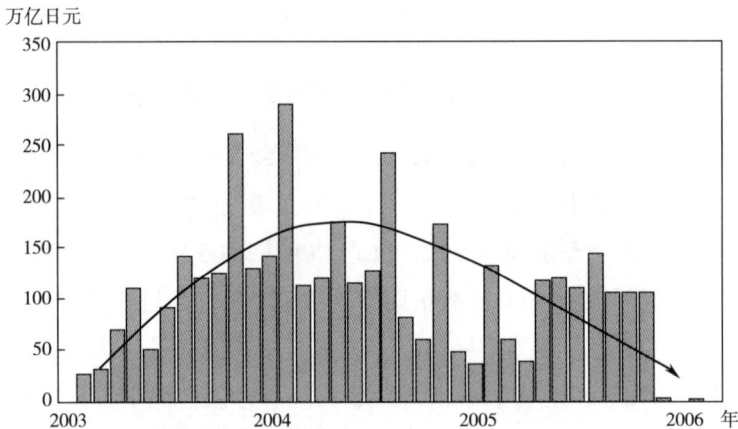

资料来源：Yamaoka and Syed（2011）。

图 2.10 日本银行持有的 ABCP 和 ABS 规模变化

（三）货币政策调控的成效——基于不同货币政策传导渠道的分析

日本银行货币政策调控的目标是通过控制现金和货币，维持物价稳定，以促进国民经济健康发展。无论是扩张性还是紧缩性货币政策，判断其成效的最终标准是是否有效反映在经济增长水平和物价水平上。根据

Boivin 等（2010）的总结，货币政策渠道包括利率渠道、信贷渠道、财富渠道和汇率渠道四个方面。在不同的经济阶段（繁荣期或衰退期），这些货币政策通过这些传导渠道产生的作用各不相同。以下从货币政策传导渠道通畅与否并结合主要经济金融指标表现对日本银行讨论这一时期的货币政策调控成效。

1. 利率渠道作用

货币政策的利率渠道最为传统，通过利率变化影响家庭和企业投资成本，进而对经济产生作用。从图 2.11 中日本的投资增速来看，在 2001 年的全球高科技泡沫中和 2007 年危机爆发前，日本私人投资都显现扩张迹象，利率渠道似乎产生了一定作用。但实际上，日本银行货币政策和私人投资之间可能没有明显的联系。特别是零利率政策下，货币需求的利率弹性更接近于无穷，"流动性陷阱"大大削弱了零利率以及量化宽松政策的有效性。私人部门并未因利率降低和货币供给增加而扩大投资支出、消费支出，总支出与流动性之间并不存在强相关性。零利率政策下金融市场上长短期利

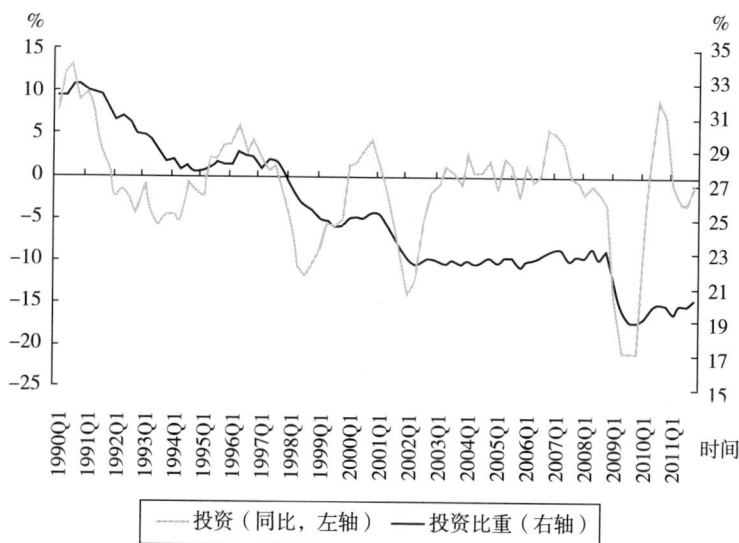

投资（同比，左轴）　投资比重（右轴）

资料来源：黄海洲：《货币政策、资产负债表和资产价格》，载《金融监管研究》，2012（12），22 页。

图 2.11　日本投资增速变化

率维持在极低水平，日本银行为刺激经济复苏而增投的货币数量极有可能被无限扩张的投机需求所稀释，难以对实体经济产生真正的促进作用。

2. 信贷渠道作用

信贷渠道可分为银行借贷渠道和银行资本渠道两类（黄海洲，2012），前者指通过扩张性货币政策增加银行的储备或者存款，使银行可以更多借贷；后者指资产价格的提高使银行资本增加，进而提高银行信贷供给。整体来看，通过货币扩张促进信贷投放的效果不明显，量化宽松政策对于信贷渠道发挥作用有一定的促进作用。

20 世纪 90 年代初泡沫经济破灭后，日本货币量紧缩问题突出，M_2 增速从 1990 年 10% 以上的月增速急剧下降至 1992 年的连续 5 个月负增长。2001 年量化宽松货币政策实施后，大量流动性注入以及银行超额储备的增加并没有转化为 M_2 增速的有效提高。在量化宽松货币政策实施之初，尽管日本银行经常账户余额目标不断增加，基础货币的年增长率从 2001 年的 7.4% 提高到 2002 年的 25.7%，2003 年也增长了 16.4%，但货币供应量却只相应地从 2001 年的 2.8% 上升到 2002 年的 3.3% 和 2003 年的 1.7%。货币供应量增加有限影响宽松货币政策成效。

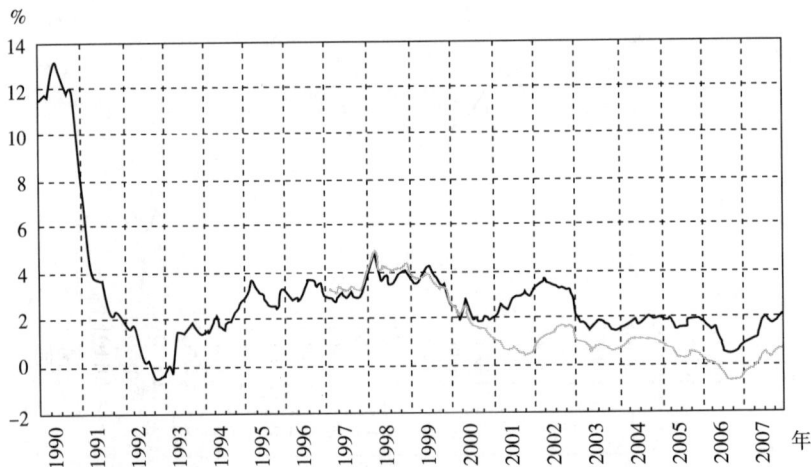

注：深色曲线代表 M_2；浅色曲线代表 M_3。

资料来源：日本银行网站。

图 2.12　日本 M_2 增速变化

　　受银行不良债权等因素的困扰，货币扩张对信贷的刺激作用较小。1997 年以后，由于市场对金融不稳定和银行不良资产的担心导致对货币的预防性需求增加，日本货币总量与收入或价格之间的联系几乎消失（岩田一政，2007）。在量化宽松货币政策之初，货币供应量增加并未能带动银行贷款的增加，反而呈现减少趋势，贷款额从 2000 年的 463.92 万亿日元下降到 2004 年的 404 万亿日元，增长率呈现负值，2000 年至 2004 年分别为 -3.4%、-3.7%、-4.1% 和 -2.4%。可见，货币政策本身无法解决日本经济的结构性问题，暗淡的经济前景使家庭部门和金融部门都不能进一步对扩张性政策作出反应。随着日本银行不良债权问题处理的基本完成，金融机构重新恢复中介功能，金融市场丰沛的流动性资金缓解了金融机构融资紧张的难题，在第一轮量化宽松政策结束时，日本银行的贷款开始上升，全国银行贷款增长率从 2005 年开始转为正增长，到 2008 年后期已经恢复到 2003 年的水平。

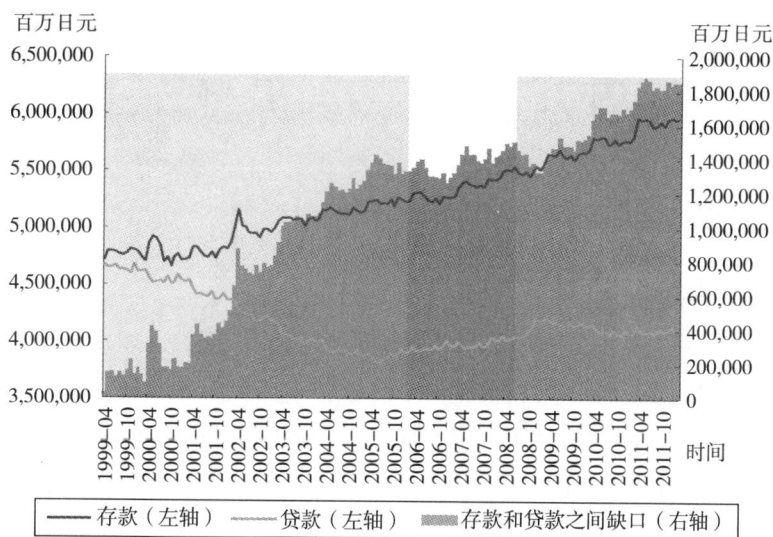

图 2.13　日本银行机构的存款和贷款

　　资料来源：黄海洲：《货币政策、资产负债表和资产价格》，载《金融监管研究》，2012（12），27 页。

3. 财富渠道

财富渠道主要关注于资产价格（如股票价格和住房价格）对经济的刺激效应，资产价格的变化将会对家庭的消费和总需求产生影响。整体而言，财富渠道刺激日本经济有一定的作用，2003－2007年，日经225指数呈现温和上涨态势。不过，相对于日本银行采取的大规模的资产购买计划，日本股票市场也仅仅是在短期内上涨，在几次短期反弹之后，股票指数仍远远低于泡沫破灭前的水平。此外，日本房地产市场并没有复苏迹象。

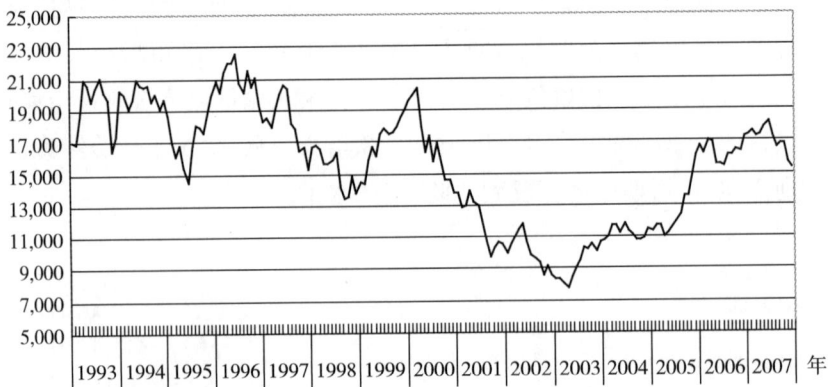

资料来源：Wind 数据库。

图 2.14　日本日经 225 指数变化

4. 汇率渠道

汇率渠道指的是本国货币相对于外国货币的价值。比如，当中央银行降低利率时，本国货币的相对价值下降，使本国产品相对便宜，由此提高了本国的外部需求。从日元汇率波动来看，理论上利率过低将导致本国货币收益下降而促使日元贬值。1997年6月到1998年8月，日元兑美元汇率呈现贬值趋势，但主要是受亚洲金融危机冲击的结果，因亚洲区域内主要经济体货币竞争性贬值所致；1999年初至2000年8月，日本实施零利率政策期间，日元兑美元汇率整体呈升值态势，零利率政策的汇率传导机制不显著。不过，2001－2006年量化宽松货币政策期间，日元实际有效汇率整体保持贬值态势。

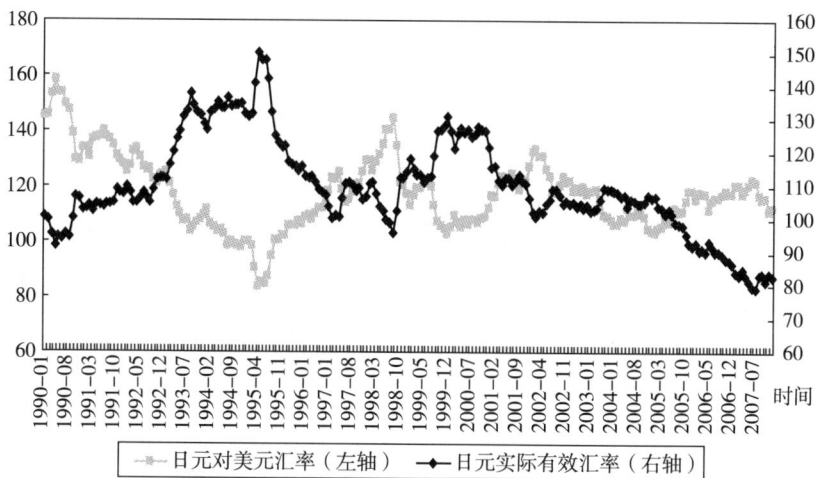

资料来源：日本银行网站。

图 2. 15　日元对美元汇率与日元实际有效汇率变化

5. 量化宽松政策起到了一定促进经济复苏与反通缩作用

根据黄海洲（2012）的估算，由于日本经济萎靡的程度十分严重，加上流动性陷阱对货币传导机制造成的损害，在日本将其目标利率降低至零以后，四大货币政策传导渠道开始产生作用的时间较长，其中财富渠道（表现为股票市场的温和上涨）耗时 51 个月，信贷渠道耗时 65 个月，利率渠道（表现为投资趋于稳定）耗时 17 个季度，这意味着这些渠道在日本银行实施大规模量化宽松政策前没有产生实际效果，零利率政策本身作用有限。

量化宽松政策下日本银行向市场注入额外流动性，并履行了有关政策利率未来路径的承诺，强化政策的持久效果，流动性充足有效帮助日本经济避免陷入通货紧缩的恶性循环，有效防止了日本经济的进一步下滑。从日本主要经济指标表现来看，经济增长方面，2002 年后经济开始回暖，2004 - 2007 年，GDP 分别比上年增加 1.7%、2.4%、1.3%、1.7% 和 2.2%。失业率则从 2002 年的 5.4% 降至 2007 年的 3.8%。微观层面的企业设备投资从 2003 年起不断增加，企业收益 2002 年后保持连续增收态势。物价表现方面，核心消费物价指数从 2005 年 10 月起转为正值，除 2006 年

1月、4月外，其余月份均保持着正增长，开始逐步走出通货紧缩阴影，反通缩成效逐步显现。

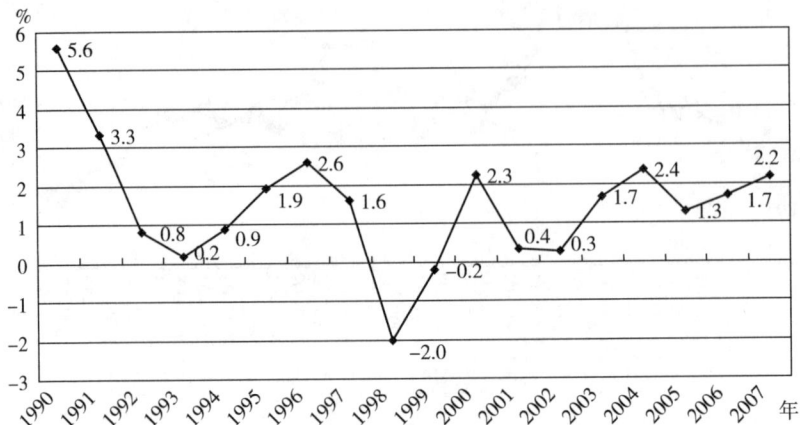

资料来源：IMF，World Economic Outlook Database，April 2014。

图 2.16　日本 GDP 增长率变化（1990 - 2007 年）

四、次贷危机以来

2008 年全球金融危机爆发，世界金融市场剧烈波动，全球经济陷入衰退，日本 GDP 明显下降，经济再度陷入衰退。2008 年下半年开始，日本银行再次启动非常规的政策措施，主要手段除连续下调政策利率、加大国债购买力度之外，还推出"企业融资支持计划"、新型贷款制度等。短期看，非常规货币政策对经济企稳回升有一定作用，但要摆脱长期通缩状态仍存不确定性。

（一）危机时期的救助

1. 稳定金融市场的紧急措施

2008 年 9 月，美国金融危机发生后，日本金融市场剧烈波动。雷曼兄弟破产后短期金融市场紧张情绪蔓延，为保证金融机构资金周转顺畅，日本银行除向市场提供充裕的日元资金外，还与美国等主要国家的中央银行密切合作，在公开市场操作中实施美元资金供给并在资金供给方面采取了各种扩充措施。

（1）向市场注入日元资金。日本银行从 2008 年 9 月 16 日起通过公开市场操作，连续向短期金融市场提供大规模流动性供给，以满足包括日本国内外资银行在内的金融机构筹措资金的需要，解决流动性不足问题。2008 年 9 月 16 日，日本银行通过公开市场操作向短期金融市场注资 2.5 万亿日元，次日再次注资 3 万亿日元，到 9 月 30 日仅仅半个月时间，共计向市场注资 21 万亿日元。10 月 10 日，大和生命保险公司破产再次引发股市不安，股价急剧下跌，当天日本银行向市场三次注资共计 4.5 万亿日元，创单日注资额最高纪录。截至 2008 年末，日本银行共向市场注资 101.261万亿日元。

（2）向市场注入美元资金。日本银行于 2008 年 9 月 18 日与美联储签署总额 60 亿美元的货币互换协定。公开市场操作引入美元资金供给以缓和市场对美元流动性的需求。9 月 29 日该限额扩大至 120 亿美元，10 月 14日日本银行与欧美四国央行联合宣布向短期金融市场提供实际上无限制的美元资金。9 月 30 日，鉴于美元流动性吃紧，避免对国内日元资金市场的影响，作为美欧国家央行联合注资的一环，日本银行决定向金融机构注入美元资金 1,200 亿美元（约合 12.6 万亿日元），是以往国内美元资金供给额度的 2 倍，并将资金供给期限从 2009 年 1 月延长至 4 月，将资金供给对象的金融机构从 54 家扩大到 87 家，试图将金融危机对本国市场的冲击控制在最小限度。此后，日本银行还多次宣布将不加任何限制地供给美元资金，并先后在 10 月下旬向市场注入 501 亿美元，11 月 19 日，注入 327.51亿美元，以缓和美元流动性紧张局面。

（3）实施超额存款准备金临时付息制度。日本银行于 2008 年 10 月决定实施对商业银行在央行活期存款账户的超额存款准备金临时付息（0.1%）措施，以稳定短期市场利率，使大量的资金供给成为可能，更加顺畅地实施央行的金融市场资金中介职能。

（4）多措并举增加资金供给。包括增加公开市场操作的频度和规模，延长公开市场操作的期限扩大合格担保和交易对手的范围等。

（5）购买银行所持长期国债。2008 年 12 月日本银行决定将长期国债购买额度从每月 1.2 万亿日元增至 14 万亿日元，2009 年 3 月再次提高至

1.8万亿日元，通过增加购买长期国债向市场提供较长期限资金努力缓解被迫频繁实施短期资金供给操作的困境。

2. 降低利率的政策

为确保本国金融市场稳定，维持宽松的金融环境，避免经济下滑，日本银行政策委员会决定将政策利率（无担保隔夜拆借利率）从年利率0.5%（2007年2月实行）降为0.3%。同年12月，日本银行再一次将政策利率从0.3%将为0.1%。

3. 支持企业融资的措施

金融危机发生后，股价下跌使金融机构资产大幅缩水，日本的金融机构纷纷要求收回贷款，并拒绝发放新贷款，导致信贷紧缩。为此，日本银行采取了商业票据购入及回购和购入企业债券、放宽担保条件和抵押品范围等支援企业金融的措施。

（1）支持企业融资特别措施。为解决企业融资难问题，日本银行提出放宽资金担保条件的基本方针，并于2008年12月决定实施新型公开市场操作方式，对金融机构在民间企业债权担保的范围内实施固定低利率（0.1%）无限额特别融资，从资金筹措方面和成本方面支持金融机构的融资活动和企业债、企业商业票据市场的交易。支持企业融资特别操作的实施期限为2010年3月末。

（2）买入企业商业票据。企业商业票据市场是企业筹措资金的重要渠道。2009年1月，日本银行决定通过金融机构买入总额为3万亿日元的与企业融资相关的金融产品，包括企业商业票据和资产抵押商业票据（AB-CP），基于稳健性考虑，买入对象仅限于评级在A以上的企业商业票据。2009年7月日本银行决定将购买企业商业票据（企业商业票据）期限从2009年9月30日延长至12月31日。

（3）买入企业债。2009年1月日本银行决定至9月3日止买入总额为1万亿日元剩余期限在1年以内的企业债。企业债是比企业商业票据期限更长的负债，日本银行买入企业债将承担比企业商业票据期限更长的单个企业信用风险。2009年7月，日本银行将购买企业债的期限从2009年9月30日延长至12月31日。

（二）维护金融机构的稳定措施

雷曼兄弟破产后国际金融市场动荡不安，由于股价下跌和国内经济景气恶化，金融机构经营环境日益严峻。为确保金融系统稳定，日本银行决定购买金融机构持有的股票同时向金融机构提供次级贷款，帮助其改善资本充足率。

购买金融机构持有的股票。金融危机后为改善金融机构因股价下跌、资产缩水而惜贷的状况，日本银行决定从 2008 年 10 月 15 日起暂时冻结出售从金融机构购买的股票，并于 2009 年 2 月宣布从 2 月中旬开始至 2010 年 4 月底将最多斥资 1 万亿日元重新开始购买金融机构持有的股票。

向金融机构提供次级贷款。为改善金融机构资本充足率，2009 年 3 月日本银行决定为大银行提供总额 1 万亿日元次级贷款。据此，金融机构的资本筹集手段包括自行从市场上筹集，通过金融功能强化法的实施增加资本以及向日本银行借入次级贷款三种方式。

表 2.4　全球金融危机与日本银行的应对措施

时　　间	事　　件
2007 年 8 月 9 日	法国巴黎银行冻结了其附属基金（所谓的 BNP 巴黎银行的冲击）。
2008 年 3 月 16 日	摩根大通宣布合并贝尔斯登。
2008 年 9 月 15 日	雷曼兄弟破产（所谓的雷曼冲击）； 美国银行宣布收购美林。
2008 年 9 月 16 日	美国政府宣布救助美国最大的保险公司美国国际集团（AIG）。
2008 年 9 月 18 日	日本银行与其他中央银行共同宣布，协调措施解决压力逐步增大的美元短期融资市场的（与美联储的美元的货币互换协议，或提升美元互换安排的最大金额）。日本银行决定与美联储订立美元互换协议，并引入美元资金供应操作（所有协议和操作已在 2010 年 2 月到期，又在 2010 年 5 月重启）。
2008 年 9 月 29 日	日本银行与其他中央银行共同宣布额外的协调行动以提升提供美元流动性的能力（增加美元互换安排的最大总金额）。日本银行扩大了美元资金供应操作。
2008 年 10 月 14 日	日本银行推出了一项针对混合抵押的美元资金供应操作，即以一个固定的费率针对混合抵押品提供无限量资金。 日本银行决定暂停在证券交易所销售从金融机构购买的股票。
2008 年 10 月 31 日	日本银行决定降低政策利率从 0.5% 降到 0.3%，并引入了一个补充存款机制。

续表

时　间	事　件
2008 年 12 月 2 日	日本银行推出市场操作为企业融资提供便利。
2008 年 12 月 19 日	日本银行决定降低政策利率从 0.3% 至 0.1%，并决定采取额外的措施，如增加直接购买日本政府证券和引入一个专项资金为企业融资提供便利（操作已于 2010 年 3 月末结束）。
2009 年 1 月 22 日	日本银行宣布直接购买企业的融资工具的基本原则，决定引入直接购买 CP 的措施（购买已于 2009 年 12 月末结束）。
2009 年 2 月 19 日	日本银行决定加大措施来促进企业融资（如通过直接购买企业债券，已于 2009 年 12 月末结束）。
2009 年 3 月 18 日	日本银行增加直接购买日本政府债券的数量。
2009 年 4 月 10 日	日本银行决定为金融机构提供次级贷款（这项措施已于 2010 年 3 月末结束）。
2009 年 5 月 22 日	日本银行决定市场操作中接受合格的外国债券作为抵押品（所谓的跨境抵押）。

资料来源：日本银行网站。

（三）日本银行质化与量化宽松货币政策

2012 年 12 月日本第 96 任首相安倍晋三上台，开始加速实施一系列刺激经济政策，其中最受关注的是前所未有的"异常规模"的量化宽松货币政策。2013 年 1 月，日本政府与日本银行发表"关于摆脱通货紧缩、实现经济可持续增长"的共同声明，提出了宏观货币政策调节目标；4 月，新上任的央行行长黑田东彦宣布引入量化宽松政策，公布了基础货币与资产负债表的预期。

2013 年 4 月 4 日，日本银行宣布引入"质化和量化宽松货币政策"（Quantitative and Qualitative Monetary Easing，QQE），并强调将持续实行QQE 政策，以达到 2% 的中长期通胀目标。所谓量化宽松（Quantitative Easing）货币政策指央行直接通过购买债券（不分期限）增加金融市场上的现金数量来压低当前的资金价格（即期、短期利率）。所谓质化宽松（Qualitative Easing）货币政策指在购买长期债券的同时卖出短期债券，改变持有债券结构和到期时间。试图降低金融市场上未来的资金价格（远期、长期利率），进而抑制可能出现的资金紧张。

"质化与量化"宽松货币政策的引入标志着日本银行从传统货币政策框架转入量质并举宽松货币政策框架。量质并举宽松政策总体内容可以概括为：

1. 量质并举宽松货币政策的目标

最终目标：物价稳定、摆脱通货紧缩、金融稳定、实现经济增长。虽然没有明显的迹象表明，推出量质并举宽松政策之后的日本银行改变了其货币政策的最终目标。但是从公布的"有关金融市场调节方针的声明"显示，从 2013 年 4 月之后日本银行开始更多地强调尽早实现物价稳定的目标以及使日本经济摆脱持续了长期通货紧缩的愿望。

中介目标：消费者物价指数。在 2013 年 4 月，日本银行导入量质并举的金融宽松之后，尽管金融市场调节的操作目标从担保隔夜拆借利率变为了基础货币，但是消费者物价指数的中介目标并未改变。之后每月的金融政策决定会议上日本银行政策委员会仍会对除生鲜食品以外的消费者物价指数与去年同期的变化率进行说明，同时预测物价上涨率的变动方向。

操作目标：基础货币。2013 年 4 月 4 日，日本银行宣布导入"量质并举的金融宽松"，具体措施包括在 2 年左右的时间里尽早实现消费者物价年增长率 2% 的目标，为此通过将基础货币以及长期国债、ETF 等的保有量两年时间扩大两倍，将长期国债买入的平均剩余时间延长两倍以上等手段进行量的和质的不同维度的金融宽松。同时决定金融市场调节的操作目标也从无担保隔夜拆借利率变为基础货币，这也标志着日本银行正式废除利率目标制度。

2. 日本银行量质并举宽松货币政策的政策工具

公开市场操作。公开市场操作不仅是利率变动的主要因素，同时也是基础货币变动的最主要决定因素。日本银行导入量质并举的金融宽松之后，决定将长期国债、ETF 等的保有量两年时间扩大两倍以及将长期国债买入的平均剩余时间延长两倍以上。提高资产购买的总规模、取消国债购买期限和规模的限制。一方面，每年日本政府债券的购买规模在现有的基础上再增加 50 万亿日元，每月购买国债规模增加到 7.5 万亿日元；购买各种期限的国债（2013 年 4 月之前，日本银行购买国债的期限小于三年），同时取消了日本银行持有长期国债价值不超过流通中的货币总价值的上限规定），希望到 2014 年余额达到 190 万亿日元。另一方面，每年购买交易型开放式指数基金（ETFS）和房地产信托投资基金（J-REITS）的规模在现有的基础上再增加 1.03 万亿日元。

表 2.5　各个期限国债购买规模　　　单位：万亿日元

	1 年期以内国债	1~5 年期国债	5~10 年期国债	10 年期以上国债	浮动利率债券	通货膨胀指数债券	合计
购买规模	0.22	3	3.1	0.8	0.14	0.02	7.5
购买频率	每月	每月	每月	每月	每两个月	每两个月	—

资料来源：日本银行网站。

表 2.6　全球金融危机后日本银行关于资产购买的重要通知

时　间	事　件
2008 年 12 月 19 日	宣布长期国债买入由每年 14.4 兆日元增加到每年 16.8 兆日元，同日决定将政策利率降至 0.1%。
2009 年 1 月 22 日	首次宣布购买与企业金融有关的金融产品，包括商业票据、资产担保商业票据（最初截至 3 月 31 日，后又追加三期，至 12 月末）
2009 年 2 月 3 日	首次宣布再次开始买入金融机构持有的股票。
2009 年 2 月 19 日	首次宣布购买公司债（最初截至 9 月 30 日，后追加两期，至 12 月末）。
2009 年 3 月 18 日	长期国债买入由每年 16.8 兆日元增加到每年 21.6 兆日元。
2010 年 10 月 28 日	设立资产购买基金，用于国债、CP、公司债、ETF、J-REIT 等多种金融资产购买（规模 5 兆日元）以及固定利率共同担保资金供给操作。
2011 年 3 月 14 日	东日本大地震发生后，为了维持金融市场的平稳运行，决定以风险性资产为中心对资产购买基金增额 5 兆日元，用于资产购入。
2011 年 8 月至 2012 年 10 月	资产购买基金增额共 8 次，累计 51 兆日元（其中用于资产购买增额 56 兆日元）。
2012 年 12 月 20 日	资产购买基金增额 10 兆日元（其中用于资产购买增额 10 兆日元），同时决定今后一年资产购入基金追加增额 36 兆日元。
2013 年 1 月 22 日	决定引入 2% 的通货膨胀目标，同时从 2014 年初起，无限期每月买入 13 兆日元左右的金融资产。

续表

时　　间	事　　件
2014 年 10 月 31 日	决定将中长期国债的购买规模从目前的每年 50 万亿日元左右增加至 80 万亿日元左右，并将平均持有期限从目前的 7 年左右延长至 7～10 年；将交易所交易基金（ETF）和房地产投资信托（REIT）的持有余额增至目前的 3 倍，购买规模增加至每年约 3 万亿日元和每年约 900 亿日元，并新增与日经 400 指数联动的 ETF 作为购买对象。

资料来源：武石桥：《全球金融危机后日本的量化宽松政策：传导渠道及操作效果》，载《经济研究参考》，2013（53）。

基础货币控制。基础货币变动是货币供给变动的重要来源。日本银行政策委员会导入量质并举的金融宽松之后，决定将金融市场调节的操作目标变为基础货币。并提出将基础货币以及长期国债、ETF 等的保有量两年时间扩大两倍，且基础货币每年增加 60 万亿～70 万亿日元，2014 年末达到 270 万亿日元。

表 2.7　基础货币目标和日本银行资产负债表计划

单位：万亿日元

	2012 年末	2013 年末		2014 年末
	实际	实际	计划	计划
基础货币	138	202	200	270
JCB	89	142	140	190
CP	2.1	2.2	2.2	2.2
企业债券	2.9	3.2	3.2	3.2
ETF	1.5	2.5	2.5	3.5
J-REITS	0.11	0.14	0.14	0.17
贷款支持项目	3.3	8.4	13	18
总资产	158	224	220	290
钞票	87	90	88	90
当前存款	47	107	107	175
总负债	158	224	220	290

资料来源：日本银行网站。

（四）日本银行量化宽松政策的传导路径与传导机制

传导路径。新一轮量化与质化的货币宽松政策有三条传导路径。一是通过购买日本国债下调长期利率，以及通过购买 ETF 和 J-REIT 来降低资产价格的风险溢价。日本银行通过资产购买，可以推高或至少稳定市场上该项资产的价格，同时降低该项资产的收益率。日本银行的资产购买，可以有效遏制资本市场的资产负债表效应。在零利率水平下，日本银行通过资产购买可以进一步降低市场利率，这会降低企业和家庭的借贷成本，进而有利于企业维持正常的运营以至于进一步扩大投资，那么投资扩大就业增多，家庭的收入和支出就会增加，进而实现通货膨胀目标。

二是在购买国债、下调长期利率的基础上，增加风险资产的放贷和投资。根据货币供给模型，当资产购买的资金来自日本银行时，可以直接增加经济中的基础货币，相当于向经济中注入货币。基础货币的增加鼓励了银行向家庭和企业发放更多的贷款，支持他们进行消费和投资等支出。

三是要实质性改变预期，从而实现通货膨胀上涨 2% 的目标。日本银行通过资产购买可能对市场预期产生重要影响。其一，大量的资产购买将会改变市场对将来政策利率的预期，可直接增强消费者的信心，摆脱市场的悲观状态，使家庭和企业愿意增加当期消费和投资，从而刺激总支出。其二，通过资产购入使市场形成通货膨胀的预期，可以影响企业的定价行为，进而可以直接推动通货膨胀。其三，预期同样减少市场上焦虑情绪，稳定金融市场，从而降低风险溢价，改善市场信贷条件。其四，通货膨胀的预期再加上长期的零利率政策，可能会引发汇率市场的变动，促使日元贬值，进而改善日本贸易条件，改善出口企业经营状况。

量化与质化的货币宽松政策的传导机制。危机中传统货币政策传导渠道受阻，而量化宽松货币政策则从利率、资产结构调整、信贷可得性等多个路径发挥效应，达到影响投资者行为和促进经济恢复的目的，其作用机理主要包括以下几个方面。（1）传导之一：利率传导。量化宽松政策一方面将政策利率保持在零附近，降低短期利率水平；另一方面，承诺保持利率期限结构的延续性，从而降低中长期利率，刺激经济。量化宽松政策的利率传导路径表现为：日本银行承诺维持低利率，导致市场实际利率下降，刺激企业和居民投资增加，促进经济复苏。（2）传导之二：资产结构调整与资产再平衡。量化宽松政策的核心理念是，日本银行通过资产置换和资产平衡效应，将金融机构手中流动性较差的资产（股票等）转换为活期账户、现金等流动性强的资产，以期金融机构积极将其运用于贷款、债券或股票投资，有效刺激企业生产和居民消费。（3）传导之三：通胀预期。日本银行将中长期通胀目标定为2%，并采取较为激进的货币扩张措施。扩张资产负债表将引起基础货币扩张，大规模的货币投放引起了人们对未来通胀的担忧。当政策利率承诺不变时，通胀的上升将事实上导致实际利率的下降、企业资金成本的下降，由此将导致消费和投资的上升，最终影响产出和就业的增长。（4）传导之四：信贷可得性。由于大量私人投资需要银行贷款才能进行，所以信贷可得性对投资和整个经济有着重要影响。这一传导过程表现为：日本银行大量购买政府债券和企业债券等日元资产向金融市场注资，以提升金融市场信贷可得性，促使信贷市场复苏，支持企业和居民增加投资，最终使产出和就业回到增长通道。危机中，日本银行量化宽松货币政策的一个重要目的是疏通货币政策的传导渠道，恢复信贷市场功能。（5）传导之五：期限结构效应。根据利率期限结构理论，长期利率等于未来短期利率预期均值加上风险溢价。日本银行承诺在一个较长时期内保持零利率和量化宽松政策将能够降低当前的长期利率，从而达到提高资产价格、促进生产和消费的目的。

（五）安倍经济学及其特点

安倍经济学是现任首相安倍晋三从2012年11月第二次竞选首相开始着力推动的各项经济政策的总称，旨在帮助日本经济摆脱停滞和通货紧缩的长期困扰。其政策内容包括激进的货币政策、灵活的财政政策和经济产业成长战略，这三项政策又被称为安倍的"三支箭"。

1. 激进的货币政策

安倍政府希望通过采取激进的货币政策结束通货紧缩，日本银行计划在两年左右实现CPI同比上升2%的目标。为达到此目标，日本银行在数量和质量上实施了新一轮宽松货币政策，包括扩大日本国债购买、延长所购日本国债的期限、扩大风险资产购买量、提前退出开放式资产购买计划等。具体操作为：以基础货币量取代无担保隔夜拆借利率作为央行货币市场操作目标。基础货币年平均增长 60 万亿～70 万亿日元，基础货币与 GDP 的比例每月提高约 1.1 个百分点，M_2 与 GDP 的比例将从政策宣布时的约 28% 提高到 2015 年的 55%。到 2014 年末，日本银行的资产负债表规模激增到 290 万亿日元，接近 2012 年的两倍，相当于 GDP 的 60%。

为了加强货币宽松效果，日本银行还决定扩大长期国债购买规模，将包括 40 年期国债在内的所有长期国债列为收购对象，日本银行通过购买政府长期国债使所持的国债余额以每年 50 万亿日元的速度增长，购买政府债券的规模到 2014 年末扩大到政策宣布时的 4 倍；并将购入更多的房地产投资信托基金（J-REITs）和日股交易所买卖基金（ETFs）。

货币政策是安倍经济学中定义最为明确和最为激进的。2013 年 4 月实施量化和质化的宽松政策以来，日本银行资产负债表快速扩张，广义货币供应较快增长。黑田东彦推出的"质化和量化"宽松的货币政策的措施力度之强和规模之大远远超出市场预期。其目的就是希望通过长期低利率和资产价格上升的作用，让市场和实体经济出现预期大变化，改变日本资金的流向，以改变市民重储蓄轻消费的心理，推动整个物价水平上移，从而实现日本经济复苏及推动日本实体经济增长。

2. 灵活的财政政策

为激活日本经济的活力，安倍政权推出了迄今为止规模最大的财政刺激计划——《紧急经济对策》，该计划是安倍政府经济增长战略的第一轮措施，其重点有三项，即"复兴防灾对策"、"创造增长条件下的财富"和"生活安心（安全）与地区繁荣"，配套资金规模分别为 3.8 万亿日元、3.1 万亿日元和 3.1 万亿日元。日本中央政府的支出共计 10.3 万亿日元，加上地方政府配套资金和民间企业投资，总规模将高达 20.2 万亿日元。为此，日本政府还将增发约 5.2 万亿日元建设国债。此外，安倍政府计划以"15 个月预算"形式全面推行经济刺激政策，即力争把 2012 年度补充预算和 2013 年度预算实现无缝连接。

灵活的财政政策着眼于点燃经济的复苏热情，包含两个方面：一是短期内扩大财政支出，以填补供需缺口；二是中期实现财政健全化。在财政健全化方面，主要是坚守向国际社会作出的财政健全化承诺，通过压缩开支和提高消费税等措施，到 2015 年实现基本财政赤字占 GDP 的比例相对 2010 年减半，2020 年实现财政盈余，之后稳步降低债务余额与 GDP 的比例。

经济产业成长战略。2013 年 4 月 19 日，安倍宣布的第一波"经济增长战略"，以"由'健康长寿社会'创造出的增长产业"、"全员参加的增长战略"、"在世界上立于不败之地的年轻人"、"让女性绽放光彩的社会"等为主题。5 月 17 日，安倍推出的"唤醒民间投资的增长战略"、"激发创新的实证发达国家"、"立于世界不败之地的大学改革"、"扩大民间投资"、"进攻型农林水产业"、"酷日本（Cool Japan）战略"等为中心的新增长战略第二部分。6 月 5 日，安倍宣布以"大胆地开放'政府事业'"、"增长战略的目标"等为主的增长战略的最后部分内容。6 月 14 日，安倍政府将这些内容汇总提升为"日本复兴战略"予以公布，其主要内容包括"日本产业再兴计划"、"战略市场创造计划"及"国际拓展战略"3 项行动计划。具体而言，包括以下行动战略。根据"日本产业再兴计划"，日本政府将设定 5 年期的"紧急结构改革期"和 3 年期的"集中投资促进期"。具体措施包括制定《产业竞争力强化法》、设立吸引国内外企业投资的"国家战略特区"、向民间企业开放机场等公共设施运营权、改革大学教育以培养全球化人才等。"战略市场创造计划"旨在创造新的内需市场，如培育医疗、护理、医药品领域的信息市场和电子商务市场，促进蓄电池技术、基础设施智能化、新型材料等技术和产品的研发普及。

为应对消费税率上调引发的需求回落，激活经济长期增长动力，日本内阁府 2014 年 6 月 24 日正式公布了新版经济增长战略和"经济财政运营和改革的基本方针"，该战略是日本政府 2013 年提出的"日本再兴战略"的升级版，被视为"安倍经济学"的第三支箭。内容主要包括：激活民间投资，强化公司治理，改革劳动方式，鼓励女性就业，促进科技创新，促进农业、医疗保健、金融、能源和国际旅游等领域的改革。与旧版增长战略相比，新版增长战略更加注重结构性改革。但是，降低企业税等关键改革事项并未提出具体时间表，农业和医疗等领域结构改革阻力也很大，日本经济能否真正复苏仍面临考验。

（六）日本非常规宽松货币政策的效果

短期来看，日本非常规的宽松货币政策拉动了经济增长，改善了通货膨胀预期，降低了实际利率。物价开始回升，出现了摆脱通货紧缩的动向，但是回升趋势仍不稳固。

1. 量化宽松政策刺激效果有限[10]

从季度数据看，日本经济经历了 2008 年金融危机的强烈冲击，持续四个季度负增长，到 2009 年第一季度，日本实际 GDP 大幅萎缩 15.2%。此后非常规刺激政策开始见效，经济探底回升，到 2013 年第三季度，实际 GDP 同比增长 10.8%，为 2008 年以来最高值。受益于消费税上调引发的提前消费效应，2014 年第一季度日本经济超预期，实际 GDP 环比增长 1.4%，折合年率增速为 5.8%。但第二季度、第三季度又呈现负增长趋势，第二季度实际 GDP 环比增长 - 1.7%，折合年率增长为 - 6.7%；第三季度降幅有所收窄，环比增长 - 0.5，折合年率增长 - 1.9%。

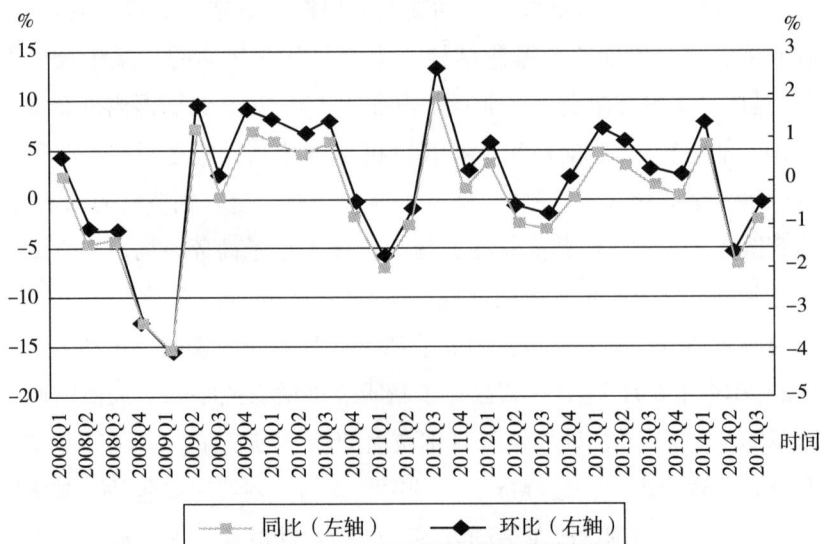

资料来源：日本银行。

图 2.17　日本实际 GDP 季度增长趋势图

10　数据来源于日本总务省统计局网站。

2. 通货膨胀短暂上升[11]

2013 年 3 月以来日本 CPI 呈上升趋势，2013 年 10 月 1.1%，2014 年 4 月进一步上涨 3.2%，是日本 2008 年以来通货膨胀率最高的月份。但剔除能源和食品之后的 CPI 上涨很少，从 2012 年末到 2013 年末的 12 个月里仅增长了 0.7%。2014 年 4 月 CPI 的较快上涨与消费税率上调有关，主要是许多商家趁机调高了产品价格，日本要摆脱长期的通货紧缩状态仍需观察。

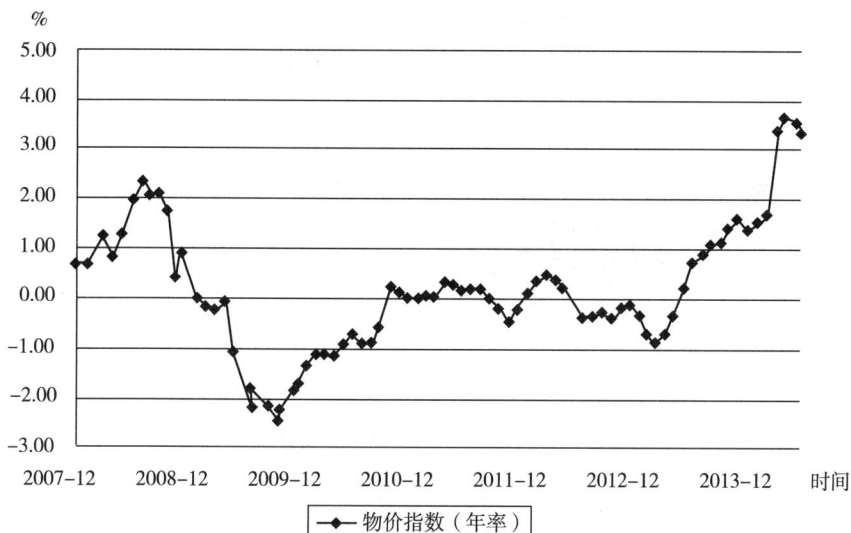

资料来源：日本银行。

图 2.18 日本通货膨胀趋势图

3. 货币宽松政策刺激 M_2 走高[12]

从 2009 年开始，日本银行推行非常规的量化宽松政策，但 M_2 走势波澜不惊，2008 年 1 月到 2012 年 12 月，M_2 增速基本在 2% 到 3.5% 的区间内运行。2012 年 10 月，受安倍经济学影响，M_2 增速开始加速上行，到 2013 年 11 月达到最高值 4.4%，创下 2008 年来新高，此后又开始持续

---

11 数据来源于日本银行。

12 数据来源于日本银行。

下降，安倍经济学的边际效应递减规律开始奏效。M_2 增速掉头向下，也影响到日本 CPI 走势，2014 年 7 月 CPI 同比增长 3.4%，较 6 月下降 0.2 个百分点。要长期维持 2% 的通胀率目标，日本银行可能需要采取更多措施扩张货币。

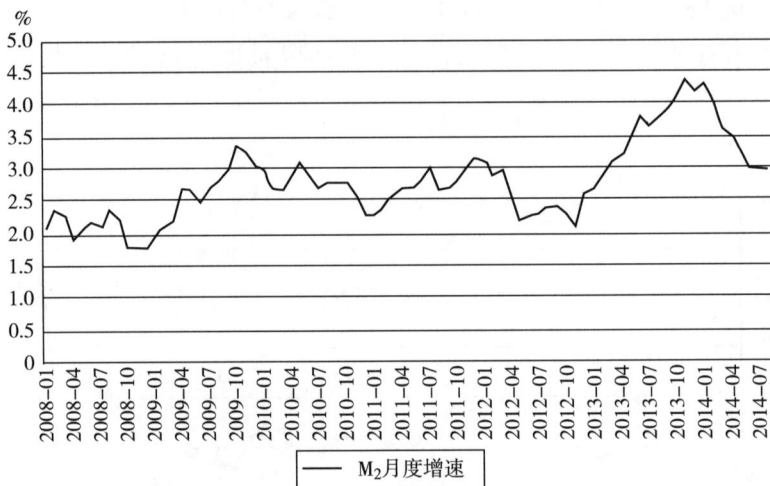

资料来源：日本银行。

图 2.19　日本 M_2 增速趋势图

4. 日元持续贬值，对贸易影响尚待观察[13]

激进的货币政策实施之后，日元开始大幅贬值，2013 年 5 月达到 1 美元兑 104 日元。截至 2014 年 4 月，日元贬值超过 21%。尽管日元大幅贬值，但是日本实际进出口和名义净出口都出现了恶化。2013 年日本出口增长了 10.8%，进口增长了 17.3%，2013 年贸易逆差额为 13.7 万亿日元。

进入 2014 年，贸易逆差形势仍未得到缓解，第一季度进口额增长 22.4%，出口额增长 13%，贸易逆差额为 4.89 万亿日元；第二季度进口额增长 6.8%，出口额增长 4.3%，贸易逆差额为 2.95 万亿日元。日本出口大多来自制造业，出口货物中相对比例的商品是制成品、机械、电机和运输设备，这些出口商品往往采用外币定价，短期内不受日元贬值的影

13　数据来源于日本财务省。

日元/美元

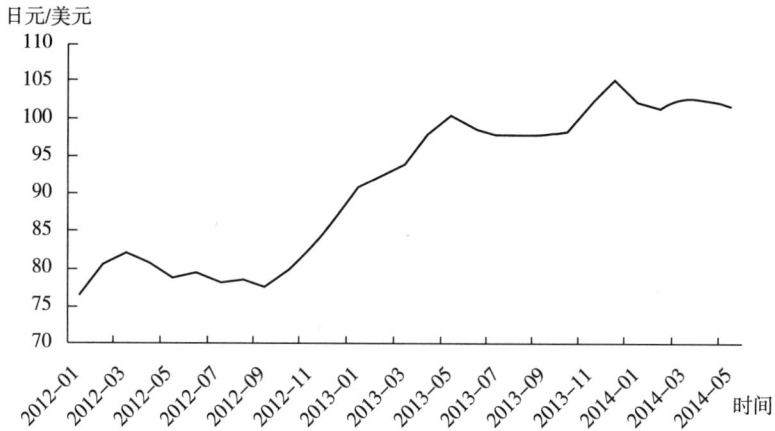

资料来源：Wind 资讯。

图 2.20 日元走势图

%

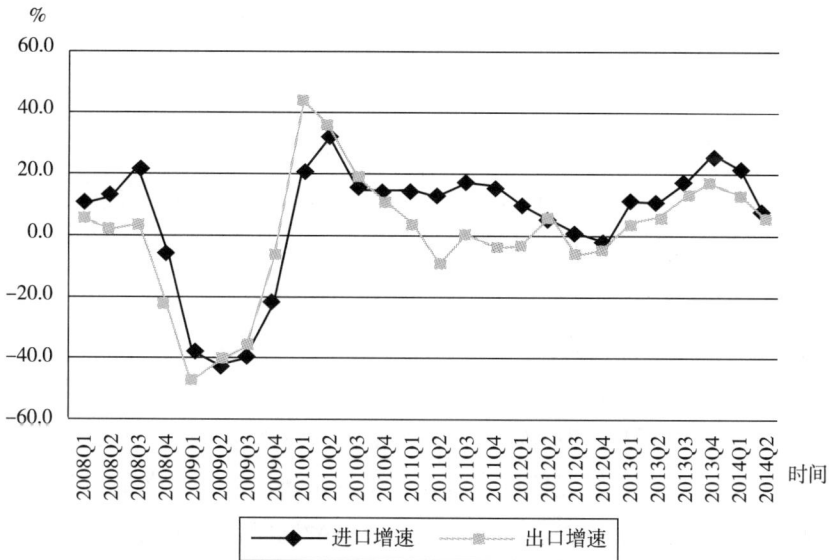

资料来源：日本财务省。

图 2.21 日本进出口增速走势图

93

响。短期来看，日本的进口和出口商品缺乏弹性，日元贬值对日本贸易影响有限。

短期来看，质化和量化宽松货币政策发挥了一定的作用。在 2013 年日本经济增长中，质化和量化宽松货币政策拉动经济增长约 1 个百分点，提升通货膨胀预期约 1 个百分点，降低了长期实际利率 0.9 个百分点，消费物价开始回升，出现了摆脱通货紧缩的动向。长期来看，日本存在较大的产出缺口，激进的货币政策将在长期中发挥作用。激进的货币政策将促使日元长期保持贬值，如果日元汇率保持在 1 美元兑 100 日元左右，能拉动经济增长 1.3~1.8 个百分点。激进的货币政策能有效地改善预期，累计降低实际利率，增加投资和消费。[14]

从中长期看，激进的货币政策效果有限，提振经济还要推进财政健全化及结构性改革。日本经济长期低迷的根本原因在于深层次的结构问题，主要表现在：第一，人口老龄化严重。2012 年日本 65 岁以上老龄人口占比高达 25%，预计 2030 年老龄人口比重将提高至 35%。第二，社会投资需求不足。日本缺乏新的技术变革，国内缺乏投资机会，抑制了社会创新和企业投资。第三，私人部门融资需求不足。激进的货币政策并不能解决日本经济存在的长期结构性问题，必须加快结构改革步伐。经过近十年来持续去杠杆化，当前约一半上市公司基本零负债，即使宽松货币政策压低利率，可能也难以有效刺激企业增加融资需求。从实际效果看，如果剔除与销售税相关的国内生产总值波动，2013 年年中至 2014 年年中日本经济的实际增速几乎为零。此外，非常规宽松政策长期化将降低日元信用。从日本近 20 年的通缩历史看，实现 2% 通胀目标确非易事。过去 20 年间，日本年均物价涨幅只有 0.2%。与美元相比，消化日元的"池子"毕竟容量有限，长此以往，日元信用将越来越受到市场质疑。中期的财政健全化有利于经济长期发展。在实施激进货币政策的同时，稳定的国债市场可以压低名义和实际利率，消除投资者对日本债务偿还的担忧情绪，提升企业的盈利能力，降低持有日本国债的金融机构风险。受益于经济增长，同时

14　陈静：《安倍经济学政策效果和前景分析》，载《全球经济金融问题研究》，2014（3）。

由于日本增税的空间较大，财政健全化对经济的冲击较小，中期财政健全化能够逐步实现。

参 考 文 献

［1］参见黄海洲：《货币政策、资产负债表和资产价格：美国、欧元区、日本和中国的货币传导渠道》，金融40人论坛。

［2］刘瑞：《日本走出萧条过程中的货币政策——近年来的零利率政策与数量宽松政策分析》，载《日本学刊》，2007（1）。

［3］岩田一政：《货币的作用与日本的货币政策》，载《中国金融》，2007（12）。

［4］刘鸿儒，刘清：《日本金融的繁荣、危机与变革》，北京，中国金融出版社，2000。

［5］参见谢亚轩等：《潜在增速下滑、金融自由化与日本货币政策工具选择》，招商证券宏观研究专题报告，2012年8月31日。

［6］参见许祥云：《日本"量化宽松"货币政策中的操作方式及与美联储"量化宽松"的对比》，上海期货交易所，2011。

［7］金明善，宋绍英：《战后日本经济发展史》，北京，航空工业出版社，1988。

［8］刘玉苓：《日本银行应对金融危机的政策及启示》，载《中国货币市场》，2009（12），8～13页。

［9］武石桥：《金融危机后日本银行货币政策框架演变与启示》，载《日本问题研究》，2014（3），19～26页。

［10］武石桥：《全球金融危机后日本的量化宽松政策：传导渠道及操作效果》，载《经济研究参考》，2013（53），67～71页。

［11］易宪容：《"安倍经济学"效果及影响的理论分析》，载《国际金融研究》，2013（6），14～23页。

［12］陈静：《安倍经济学的政策效果和前景分析》，载《全球经济金融问题研究》，2014（3）。

[13] Hiromi Yamaoka and Murtaza Syed, Managing the Exit: Lessons from Japan's Reversal of Unconventional Monetary Policy, IMF WP/10/114, May 2010.

[14] Boivinjean, Michael T. Kiley and Frederic S. Mishkin, "Chapter 8—How Has the Monetary Transmission Mechanism Evolved Over Time?" Handbook of Monetary Economics, Volume 3, 2010, 369 – 422.

[15] IMF, World Economic Outlook Database, April 2014.

第三章

金融监管与法律制度

第二次世界大战后，日本长期实行重行政、轻监管的金融管理体制，金融监管职能一直由大藏省兼任[1]。20世纪90年代日本泡沫经济破灭后，金融机构大量破产，经营丑闻也不断暴露，传统的以大藏省为中心的金融监管体制受到质疑。从1996年开始，日本实施"大爆炸式的金融改革"，对金融监管体制作了重大变革，逐步形成了当前以金融厅为核心、独立的中央银行和存款保险机构共同参与、地方财务局受托参与监管的模式。

第一节　金融监管制度的演变

金融监管是监管当局通过对银行和其他金融机构实施有效监督检查和管制，用来保证金融体系的安全、稳定和存款人利益的行为。金融监管制度是由一系列监管法律法规和监管组织机构组成的体系，完善、高效、具有特色的金融监管制度对金融体系的发展起到任何其他方式都不可替代的保证和推动作用。综观世界各国的金融监管制度，不同国家的监管模式并不相同，并且同一个国家的金融监管模式也是处于不断演变之中。本节将简要回顾日本金融监管制度的演变历程。

日本金融监管体制演变可以分为三个阶段：第二次世界大战前以政府行政指导为主时期；第二次世界大战后到1998年金融监督厅成立之前的大

1　参见 Maximilian J. B. Hall：Banking Regulation and Supervision in Japan：Some Issues And Concerns，Working Paper Submitted to London Financial Regulation Group's Conference on "The Institutional Organisation of Banking Supervision" held at the London School of Economics，2002。

藏省和日本银行共同对金融机构监管时期；1998 年后金融厅为监管主体的统一监管时期。

一、第二次世界大战前金融监管由自由放任转向政府强力干预

日本近代金融制度形成于 19 世纪末期。1882 年 6 月，日本颁布了《日本银行条例》。同年 10 月，日本的中央银行——日本银行成立，这标志着金融体系初步形成。从 19 世纪末期到第二次世界大战前，日本对金融机构的监管主要由政府来承担，具体由大藏省负责。但政府对金融体系干预程度是不同的，在 20 世纪 30 年代之前，日本政府基本采取的是自由放任政策，实行自由银行制度。日本那时还处于现代银行制度的初创阶段，为了鼓励金融机构发展，政府对金融机构采取放任的态度，银行可自行决定其业务。1890 年颁布的《银行条例》没有最低资本金和贷款风险控制方面的规定，造成的后果是银行机构数量多、规模小。1890 年，日本已有 1,000 多家私立银行，到 1901 年增加到 1,867 家。那个时期，资本市场在社会融资中与银行基本上处于同等地位。日本对金融体系从自由放任向政府强力干预型监管的转变是由两次重大事件促成的。

第一次是"昭和银行危机"。1927 年，日本发生了大规模银行挤兑和破产风潮，一年之内共有 45 家银行破产，史称"昭和银行危机"。银行危机的直接原因是 1923 年关东大地震后发行的"震灾票据"得不到妥善处理而导致储户挤兑，但其根源在于政府对银行业的自由放任政策。第一次世界大战后，银行业的恶性竞争导致经营状况恶化。经过这次危机，日本着手改革银行体系，政府开始强力干预金融体系。为了改变银行数量多、规模小的状况，1928 年开始实施的首个《银行法》要求普通银行的资本金必须达到 100 万日元，资本金不足的银行只能通过与其他银行的合并方式增加资本金，自我增资不予承认。《银行法》还规定，所有银行的设立都要经过大藏省的批准，银行开设新的分支机构也需经由大藏省批复。根据需要，大藏省有权随时要求银行就其经营活动进行报告或提交决算报告，必要时还可以决定银行高级管理人员的任免，责令银行停业。大藏省还提出了"一县一行"的银行合并目标。大藏省作为

监管当局开始对不同金融机构制定并实施不同的监管法规和行政措施。经过"昭和银行危机"，日本金融监管的雏形开始形成，大藏省成为监管机构，监管主要依据是《银行法》。

第二次是"九·一八事变"。1931年日本发动对华侵略战争，侵占了中国东北，史称"九·一八事变"。日本随之进入了战时金融管制时期，其核心是控制资金分配，保证军需企业的优先资金供应。第二次世界大战后期开始实行"军需企业指定金融机关制度"，将各军需企业与银行"配对"，银行不仅要保证"配对"军需企业的资金供应，还积极参与"配对"军需企业经营管理和财务监督。旧财阀体系解散后，形成了以城市银行为中心的金融系列企业，战时"配对"体制下企业与银行之间的密切关系保存了下来，战时军需企业的指定银行大多成了战后这些大企业的主银行。这个阶段，政府完全控制了公司债券的发行，1939年颁布的"公司利润分红及资金融通令"对股票分红和股东权限的规定又严重限制了股票市场的发展，资本市场的发展受到限制。

二、第二次世界大战后到1998年前的护送舰队式监管体制

战时金融管制严重限制了资本市场的发展，战后经济重建只能依靠银行体系，因而日本在战后延续了以银行为中心的金融制度。金融监管体制通常被称为护送舰队式监管体制[2]。日本政府通过银行业和证券业的分业经营、控制新银行牌照的发放严格控制新的竞争者进入银行市场，同时通过利率管制来限制银行之间的价格竞争。在政府的保护下，银行业在日本经济中的地位大幅提升，逐渐形成了主银行制度。同时，日本政府还对金融制度进行了一次大规模改革，废除了战前为侵略战争服务的特殊银行和殖民银行，开始设立各类专门金融机构，如输出入银行、开发银行、长期信用银行等，各类金融机构大量增多，现代日本金融体系基本确立。战后的日本政府对金融业采取了一系列的管制措施[3]。

2　李超，梁继周：《日本金融监管体制的沿革》，载《银行家》，2005（7）。
3　刘玉操：《日本金融制度》，北京，中国金融出版社，1992。

（一）长短期金融分离

早在明治维新时期金融体系初步形成阶段，日本政府就确立了长短期金融分离的原则。受英国"商业放款理论[4]"影响，日本银行业一直分为经营短期融资业务的商业银行和经营长期贷款的特殊银行。1927 年的银行法，再次强调银行业务必须明确分工，保证经营安全。第二次世界大战后，虽然表面上废除了特殊银行，但实际上仍对长期信用业务实行专业化分工。根据 1952 年出台的《长期信用银行法》，设立了从事长期金融业务的专门性金融机构，这些机构可以通过发行债券的方式筹集长期资金。为更有效进行长短期金融分离，日本政府还对银行存款期限进行限制，从 1947 年开始，定期存款只有 3 个月、6 个月和 1 年三种[5]。

（二）银行业与信托业分离

银行业和信托业的分离始于 20 世纪 20 年代。根据 1922 年颁布的《信托法》和《信托业法》，日本设立了专门从事信托业务的信托公司，但商业银行也可以设立信托部兼营信托业务。第二次世界大战后，日本仅剩下 7 家信托公司，除 1 家转为证券公司外，另外 6 家转为银行，可以兼营信托业务，称为"信托银行"。50 年代，日本政府将专业信托银行和兼营信托业务的银行信托部进行了整顿合并。政府认为信托银行不能有长期金融以外的其他职能，因此只允许信托银行处理放款信托。

（三）银行业与证券业分离

第二次世界大战前，日本法律上并未规定银行业与证券业分离，只是在实践中很少交叉经营。受美国银行和证券业分离的金融模式的影响，第二次世界大战后制定的《证券交易法》把银行业与证券业的分离作为原则确定下来。

政府严格保护下的银行体系为银行提供了尽可能多地吸收存款和发放

4　商业放款理论，又称自偿性理论，该理论发展于 18 世纪英国银行业，理论基础是 18 世纪英国银行实质票据学说（Real Bills Doctrine）。该理论认为银行资金来源多属于短期且具有高度流动性的存款，为保障存款安全，银行资金运用应限于有真实交易所产生的自偿性短期商业票据为担保的贷款，如票据贴现等。

5　到 1971 年时，定期存款期限延长到 1 年半，1973 年延长到 2 年，1981 年定期存款最长期限延长到 3 年。

贷款的动力，为战后日本的经济腾飞起到了支持作用。但随着日本经济的日趋成熟，特别是到了 20 世纪 70 年代，严格管制的金融体系的弊端开始逐渐显现。由于银行不担心破产问题，其资产规模扩张冲动非常大，金融体系隐藏的风险在累积。在这种背景下，20 世纪 80 年代，日本金融业也进行了大规模的调整，在金融监管体制上确立了大藏省与日本银行共同对日本金融业进行监管的格局。但大藏省为主要的监管机构，日本银行则侧重于对金融机构经营风险和资产状况进行管理，以保证金融业的经营安全，这一监管体制一直延续到 1998 年金融监督厅成立。

1947 年，在美国的要求下，日本恢复了银行检查制度，并于 1949 年引进了美国的银行检查制度，银行的检查监督制度由此基本建立起来。大藏省依旧负责战前既有的金融监管职能，地位没有改变。日本银行则负责对在日本银行开设往来账户，或需要在日本银行取得贷款的金融机构进行监督和检查。大藏省事实上拥有凌驾于日本银行之上的金融监管权。

这个阶段的金融监管带有浓厚的行政指导色彩，大藏省是金融监管的核心机构，大藏省作为政府的代表分担了金融风险，并对金融风险进行管理。大藏省内设有证券局、银行局和证券交易监管委员会，银行局下设保险部。大藏省对包括银行、证券和保险在内的整个金融体系进行监管。虽然日本战后金融监管体制受美国的影响很大，但大藏省对行政手段的依赖度要比欧美国家高得多。在赶超西方发达国家特定阶段，一定时期内的行政干预式的监管保持了金融稳定，有利于快速筹集资金用于经济建设，发挥了重要的作用。这个阶段金融监管的核心目标就是保证银行不会倒闭，保护其管理层、股东和储户的利益[6]。

三、1998 年之后的统一金融监管体制

泡沫经济崩溃后，大藏省在银行危机处理方面出现了很多政策失误，备受社会各界指责。为防止大藏省在金融监管方面的权力过于集中及财政

6　参见 Hugh Patrick：The Causes of Japan's Financial Crisis，Center on Japanese，*Working Paper of Economy and Business*，Columbia University，1998。

政策和金融监管政策之间的利益冲突，日本在金融监管机构方面进行了重大变革，开始筹建单一独立的监管机构。1998 年 6 月，《金融体系改革法》在参议院获得通过。《金融体系改革法》是日本金融体系改革最重要的法律，由《证券交易法》、《银行法》、《保险业法》、《证券投资信托法》等22 项与金融体系改革有关的具体法律组成，新的金融监管体制也随之诞生。

1998 年 6 月，日本成立了独立的金融监管机关——金融监督厅，金融监管的职能从大藏省和日本银行分离出来，由金融监督厅负责对各类金融机构的监管。分设初期大藏省还保留了金融体系规划的职能，内设金融企划局，该职能在 2000 年 7 月被移交给新设的金融厅。1998 年 4 月 1 日，新的《日本银行法》也得以通过。2000 年，金融监督厅改组为金融厅。直到今天，日本的金融监管体制没有发生重大变化，一直是以金融厅为核心，期间只发生过一些微调。

第二节　金融监管机构

日本的金融监管体系采用的是以金融厅为核心，独立的中央银行和存款保险机构共同参与，地方财务局受托参与监管的模式。

一、金融厅[7]

金融厅作为日本唯一的金融监管机构，主管银行、证券、保险和非银行金融机构，承担着保护存款人、投资人、保险合同人利益，保证金融系统运行顺畅的职责。

（一）历史沿革

2000 年 7 月，日本政府在原先金融监督厅（Financial Supervisory Agency）的基础上设立了金融厅（Financial Service Agency，FSA）。新设立的金融厅除了继承金融监督厅的职能外，还获得了原属于大藏省的金

7　本部分内容参见日本金融厅网站，www.fsa.go.jp。

融政策制定权（包括金融制度的规划、提案，以及金融机构破产处置和危机管理等）、企业财务制度检查等职能。这次改革后，金融厅同时拥有金融监管权和金融政策制定权，成为日本金融监管体系的核心机构。成立初期，金融厅受金融再生委员会（Financial Reconstruction Commission）管理。

2001 年 1 月，随着金融再生委员会在政府机构改革时被撤销，金融厅又获得了其对濒临破产的金融机构进行处理的职能。金融厅随之升格为内阁府（Cabinet Office）的外设局，独立全面地负责金融监管业务。此外，金融厅还有权协助财务省共同对存款保险机构进行监督。财务省仅保留对存款保险机构的协同监管职能，其下属地方财务局则以接受金融厅委托的形式重新对地方金融机构行使金融监管职权。

（二）主要职责

金融厅的职责是维护日本金融体系的稳定，保护存款人、保单持有人和证券投资者的利益，通过对金融体系的制度设计和对金融机构和证券交易的检查监督来保证金融体系平稳运行。

（1）制定金融制度；

（2）对金融机构进行检查和监督，包括银行、保险公司、证券公司、交易所等；

（3）制定金融产品的市场交易规则；

（4）制定公司会计标准和其他公司融资相关事项；

（5）监管注册会计师、会计师事务所；

（6）参与国际金融组织的活动；

（7）监督市场运行规则的遵守情况。

（三）组织架构

金融厅是由日本内阁府直属管辖的，内阁府是日本政府行政部门的最高决策机构，由总理府、经济企划厅、冲绳开发厅合并而形成。日本内阁府负责日本的经济财政、科学技术、防灾政事、冲绳以及北方政策、共生社会、国民生活、安全公共事务、政府宏观政策、地方各级都、道、府、县的制度的普及体制。

日本内阁总理大臣委任的金融担当大臣[8]（Minister for Financial Services）是金融厅的最高负责人，而直接统领金融厅的是金融厅长官（Commissioner）。为确保金融厅在金融检查和监督方面的独立性，日本规定金融厅长官由首相直接任命，金融厅内部人事权直接由金融厅长官来掌握。

金融厅负责对银行业、证券业、保险业、信托业和整个金融市场进行监管，目标是保证金融市场功能的运转，保护投资者和存款者的利益。金融厅下设总务规划局、检查局、监督局和证券交易监视委员会等机构。

总务规划局（Planning and Coordination Bureau）的职责分为两部分：一是与金融厅有关事务的协调，二是与金融事务相关的规划与政策制定。总务规划局需要协调的事务包括：与检查局和监督局的沟通协调、与国会的联络、公共关系、信息披露、政策评估、国际金融监管合作与对话、金融厅工作人员的研究和培训事务。规划和政策制定职责包括：制定金融机构需遵守的法律法规、保证金融体系的稳定与活力、建立高效和公平的金融市场等。总务规划局下设五个课，分别是总务课、政策课、企划课、市场课和企业开示课。

检查局（Inspection Bureau）负责对各类金融机构进行现场检查，检查的主要内容包括金融机构的合规状况和风险管理，目的是发现并指出金融机构经营中存在的问题。检查局依照金融检查基本指引（Financial Inspection Basic Guidelines）开展检查工作，该指引是对外公开的，有助于增加金融厅检查的透明度和可预见性。金融厅还制定了对不同类型金融机构开展检查的操作手册，检查人员只需依照这些手册开展检查即可。从 2013 年7 月开始，为了增强检查职能，尽早发现金融机构和金融体系的潜在风险，金融厅将检查局和监督局的现场检查和非现场检查职能紧密地结合在一起。对于一些专业性很强的检查工作，检查局可以外聘专家参与检查。检查局下设总务课和审查课。

监督局（Supervisory Bureau）依照《银行法》、《保险法》、《证券法》，

---

8 为解决某些政务无内阁大臣负责的情况，日本政府设立了内阁府特命担当大臣。这些职位因仅针对一个时期内的某项国政要事，所以不设省。特命担当大臣没有定员，首相可根据需要设立不同的特命担当大臣，但冲绳及北方问题担当、消费者及食品安全担当、金融担当为必设职位。

负责对银行、保险和证券类金融机构的运作进行定期的现场检查和持续的非现场监管。重点监督金融机构市场行为的合法性，保证金融机构中介作用的发挥和支付系统的稳定，强调金融机构的自律和市场规则的遵守。监督局下设总务课、银行第一课、银行第二课、保险课和证券课。

在金融厅组织结构中，证券和交易监督委员会（Securities and Exchange Surveillance Commission，SESC）和注册会计师和审计监管理事会（Certified Public Accountants and Auditing Oversight Board，CPAAOB）是两个相对独立的内设机构。证券交易监督委员会主要负责证券市场和金融期货市场的监管，旨在维护证券交易和金融期货交易的公正性，增加投资者对市场的信任。该委员会最初1992年设立在大藏省内部，1998年并入金融监督厅。其监管对象和内容主要是：第一，对上市公司信息披露的检查，即是否符合适当性原则，是否有虚假陈述等违法行为；第二，对违规事件相关人进行行政罚款调查；第三，对违规事件的嫌疑人进行违法、违规的调查，对重大违法违规行为向检察院报告，将没收的财产移交检察院。证券交易监督委员会三名成员全部直接由内阁总理大臣任命，委员会下设事务局。在具体进行金融监管活动时，完全由这三名成员决定，不受金融厅影响，保持独立性和中立性。

注册会计师和审计监管理事会成立于2004年4月1日，依据是注册会计师法。理事会由10人组成，包括1名主席和9名理事。理事会成员由首相任命并需得到国会的批准。理事会独立行使法定职权，不受金融厅影响。理事会定期审查日本注册会计师协会的"质量控制评估"报告，如有必要可以对注册会计师协会和会计师事务所开展现场检查。针对检查中发现的违法、违规或不符合行业标准的行为，理事会将向金融厅长官提出建议，采取纠正措施。从2008年4月1日起，理事会有权要求外国审计机构提供任何相关文件，并开展现场检查。理事会还组织全国的注册会计师资格考试，并对注册会计师和会计师事务所进行管理。

金融厅在日本国内不设分支机构，它将对地区性金融机构的监督检查职能授予财务省在各地的分支机构。金融厅长官对地区财务分局的局长负有业务管理和检查责任。

二、日本银行

(一) 日本银行及其监管职能

作为中央银行，日本银行是日本政府特别核准设立的"认可法人"，是特殊法人，独立于政府，直接对国会负责。日本银行成立于1882年，当年6月《日本银行法》颁布，同年10月，日本银行正式成立。1942年5月1日，日本银行又根据当年2月修订过的《日本银行法》进行了重组。1942年的《日本银行法》带有明显的战时痕迹，因此战后日本银行曾被短暂地关闭，直到1949年再次进行重组。该法在第二次世界大战后又经过多次修订，如1949年6月的修正案规定了政策委员会（Policy Board）是日本银行最高决策机构。最近一次修订是1997年7月，并于1998年4月正式生效。新《日本银行法》修订遵循两个原则："独立性"和"透明度"。新法规定日本银行的主要目标是保持物价稳定，保证金融体系的稳定，促进经济稳健增长。法律规定，日本银行的职能包括：通过保持物价稳定，促进国民经济健康发展；保证结算系统顺利、平衡运行，从而确保金融体系的稳定。日本银行通过实施货币政策和开展各项业务来实现上述目标。

1998年金融改革之前日本银行的职责主要是维持货币币值稳定与维护金融体系平稳运行，在法律上并不兼负银行监管责任。大藏省银行局一直负责对银行的监管工作。1998年《日本银行法》明确赋予日本银行根据合同对与其进行交易的金融机构的业务及财产状况进行现场检查的权力，日本银行兼有对银行的监管职能。日本银行有维护金融体系稳定的责任，当出现系统性风险时，日本银行承担着最后贷款人的职责。因而，日本银行有权对金融市场和金融机构进行监督审查，并密切监测金融机构的经营状况和市场行为是否会危及金融体系的稳定。日本银行法规定，金融机构包括银行和其他经营存贷款业务的机构，以及包括证券公司在内的从事金融交易的机构都要接受日本银行的现场检查。

日本银行的最高决策机构是政策委员会（Policy Board）。政策委员会由6名审议委员和日本银行总裁、2名副总裁共计9人组成。政策委员会主席从9名委员中选出，但一般由日本银行总裁担任。

（二）日本银行的监管措施

新《日本银行法》第 44 条规定，日本银行为行使其职能，有权与有业务往来的金融机构签订检查合同，并根据合同对其进行检查。相应地，日本银行内设金融体系和银行检查部（Financial System and Bank Examination Department），该部的职责之一就是对在日本银行开设有账户的金融机构进行现场检查和非现场监测。

1. 现场检查（On-site Examination）

日本银行的现场检查是建立在其与金融机构的"现场检查合同"的基础上。《日本银行法》的第 44 条和《日本银行法实施政令》（Bank of Japan Act Enforcement Order）的第 11 条规定了日本银行现场检查的目的，即确保日本银行适当地向金融机构提供短期资金，有效地进行公开市场操作以维护金融体系的稳定。法律还规定日本银行对金融机构的检查需要考虑给它们造成的成本负担，并需提前征得被检查金融机构的同意。

根据政策委员会决议，日本银行每个财政年度都要制订一个现场检查政策与计划，并向社会公开。该文件确定了检查的基本方法和主要内容，日本银行当年的现场检查以此为基准。在检查对象选择上，日本银行主要选取的是对金融体系影响比较大的金融机构，对于系统重要性特别高的金融机构，日本银行还会采取加强的现场检查措施。对金融体系影响比较小的金融机构，并且自身抵抗风险能力较强的金融机构，日本银行主要采取非现场监测措施。

2. 非现场监测（Off-site Monitoring）

通过非现场监测，日本银行可以及时获得金融机构更为广泛的信息，包括经营状况、融资状况和盈利能力。监测手段包括与金融机构谈话交流和要求金融机构提交报表。日本银行定期举办会议，并每天与金融机构管理层和工作人员电话沟通联系，了解信息。日本银行还会对银行的财务报表进行分析。日本银行规定，在其开户的银行必须定期提供有关的财务报表，一般是每季度一次。

2008 年爆发的金融危机表明金融机构的流动性风险管理非常重要，日本银行因而从宏观审慎的角度监测金融体系流动性状况。为防止一些金融机构片面追求盈利而忽视资产流动性倾向的产生，日本银行通过监督货币市场的变化情况，核对银行日常的现金头寸状况、应对提现能力的大小以及货币市场上银行的活动等因素来监控各家金融机构资产的流动性。日本银行还对各家金融机构的整体经营活动进行监控，它要监测的内容包括：年度经营策略、内部的机构设置和调整、国际化发展、新业务的开发和资产负债表外交易、为达到资本充足性标准所采取的措施等。

日本银行的非现场监测的内容还包括，金融机构对现场检查中暴露出来的问题后续纠正处理措施。例如，现场检查发现的资产恶化问题，是否按规定和要求对这些资产进行了处理；风险管理薄弱问题，是否加强了风险管理的组织体系和有效的制约机制，是否加强了信用分析和信用风险管理，有没有达到预期的效果等项目。日本银行还会就非现场监测中发现的一些问题，向银行提出建议。这些是现场监测和非现场监测的延续，强化了现场监督的效果和作用。

（三）日本银行现场检查与金融厅现场检查的区别

尽管日本银行和金融厅都可以对金融机构进行现场检查，但二者之间存在一定差异。作为行政机关，金融厅主要依据《银行法》和其他法规行使其检查权，注重"管"。其主要职责是检查监督金融机构，并采取早期纠正措施，维护信用秩序。作为中央银行的日本银行则对金融机构实施现场稽核，重在"查"。凡是在中央银行开设往来账户的金融机构都必须接受中央银行的稽核检查，目的是通过对金融机构风险管理状况的监控，保证金融机构体系安全、健康地运转，维持金融市场稳定。

以对银行的现场检查为例，日本银行和金融厅的检查有三方面的差别[9]：

1. 法律基础不同

日本银行对商业银行现场检查的法律依据是《日本银行法》第 44 条，这是一种日本银行与金融机构的合同关系。而金融厅对商业银行的检查依据是《银行法》第 25 条，是政府机构行使行政权力。

9　参见日本银行货币经济研究所 2012 年编写的 *Functions and Operations of the Bank of Japan*，http://www.boj.or.jp/en/about/outline/data/fobojall.pdf。

2. 目的和内容不同

日本银行承担了最后贷款人的职责，因此要对金融机构的运作和资产负债情况进行检查，并根据检查结果提出建议。金融厅现场检查目的是为了使金融机构稳健运营，金融厅检查的是金融机构的合规性和风险管理，并确保发现的问题得到整改。

3. 处罚措施不同

如果金融机构拒绝接受检查或没有法定理由的情况下拒绝提供文件或报告，日本银行可以将之公诸于众，并可能会中止金融机构在央行的账户服务。金融厅对金融机构的检查是其行政权力的一部分，如果金融机构拒绝检查或拒绝提供相关文件，金融厅可以对其进行处罚。

尽管金融厅与日本银行的分工有所不同，检查重点明显不同，但事实上变成了双重监管。为了"各司其职"而又交流合作，新《日本银行法》第44条第3款规定，应金融厅长官的要求，日本银行应向金融厅提交检查结果并允许金融厅职员查阅相关资料。在实际工作中，金融厅和日本银行的职员经常沟通信息，形成相互配合的工作关系。为了不加重被检查金融机构的负担，双方还会通过协商机制协调对同一金融机构的现场检查日程安排。金融厅和日本银行经常联合对商业银行展开大规模稽核检查，以降低成本。

三、存款保险公司

（一）历史沿革

日本存款保险制度在1971年确立。1970年7月，日本大藏省的咨询机构日本金融体制研究会（Financial System Research Committee，FSRC）发布了建议设立存款保险制度的报告。报告认为，为提高金融市场的效率，应该在日本金融机构之间引入一种竞争机制，提高竞争水平，同时有必要对存款人进行保护。1971年4月1日本公布并实施了《存款保险法》，强制要求所有金融机构加入存款保险体系。同年7月1日，半官方性质的日本存款保险公司（Deposit Insurance Corporation of Japan，DICJ）正式成立，标志着日本显性存款保险制度正式确立。

109

DICJ 的初始资本金为 4.5 亿日元。日本政府、日本银行和私人金融机构各出资三分之一。成立之初，其组织结构非常简单，由日本银行的副行长担任 DICJ 的理事长，由营运委员会审议和决定公司的业务经营。私有金融机构通过成为存款保险公司营运委员会成员的方式来参与管理。成立之初，DICJ 的职权仅限于收取保险费、管理保险基金和事后理赔等活动。1971 年的《存款保险法》规定存款保险的上限仅 100 万日元。

日本存款保险制度诞生已有 40 多年的历史，随着日本经济金融的发展，经历了数次变革，才成为当前日本金融稳定体系的重要机构之一。日本存款保险制度主要经历了以下几个发展阶段：

1. 起步发展阶段（1971 – 1991 年）

尽管日本存款保险制度在 1971 年就已经确立，但实际上在 1992 年之前一直处于休眠状态。为促进经济增长，大藏省对金融体系长期实施管制政策，限制金融业内的竞争，保证金融机构的稳定。通过严格的市场准入标准、限制营业场所数量、压低存款利率、长短期融资隔离和国内外市场分割等手段，使金融机构获得稳定的高收益。因此，这一时期，银行倒闭的数量极少。同时，应对银行倒闭的措施主要是同业兼并，日本金融机构的退出机制并不完善，存款保险制度发挥的作用非常有限。

其间，1974 年存款保险限额由 100 万日元提高到 300 万日元，1982 年存款保险费率由 1971 年的 0.006% 上调至 0.008%。1986 年第 2 次提高保险限额至 1,000 万日元，保险费率也提至 0.012%。此外，自 1986 年开始实行暂时支付制度，在正式赔付之前，向破产金融机构存款人提供不超过 20 万日元的预付额，以维持存款人的日常生活开支。

2. 过渡性制度安排阶段（1992 – 2001 年）

20 世纪 90 年代都是日本经济泡沫崩溃的善后处理时期，尤其 1994 – 1995 年是日本处置破产金融机构最为集中的阶段，承担兼并任务的金融机构在兼并问题银行时强烈要求 DICJ 提供资金援助。并且，DICJ 越来越难找到金融机构愿意兼并问题银行。在这种背景下，日本政府对存款保险制度进行了重大修订。

1996 年，日本第 3 次调整存款保险上限，实施全额保险制度。同时大

幅提高保险费率，一般保险费率和特别保险费率合计达 0.084%，为原来
的 7 倍。1997 年北海道拓殖银行危机之后，1998 年日本长期信用银行和日
本债务信用银行相继倒闭，金融体系再次动荡。1998 年 2 月，日本又一次
修改《存款保险法》，进一步强化了 DICJ 的职能，主要是：授权 DICJ 向
银行注入公共资金，向银行购买不良资产；授权 DICJ 融资并由政府担保；
授权 DICJ 成立附属公司——处置回收公司（Resolutions and Collection Cor-
poration，RCC）来回收处置不良债权；授权 DICJ 对破产金融机构追究民
事和刑事责任；授权 DICJ 设立日本过桥银行（Bridge Bank of Japan，BBJ）
接管问题银行，避免银行挤兑和恐慌；DICJ 可购买普通银行的优先股，总
额为 13 万亿日元。2000 年 5 月，日本又调整了存款保险覆盖的范围，将可
记名银行证券、公共基金存款、依照特别法律设立的公司存款纳入保险范
围，并将各类存款分为特别存款和其他存款两大类。全额保险是日本为应对
危机采取的一种过渡性的制度安排，有效期只有 5 年，到 2001 年 3 月结束。

3. 稳定恢复时期（2002 年至今）

进入 21 世纪，日本 20 世纪 90 年代的泡沫破灭造成的负面影响逐渐消
退，经济金融形势开始好转。日本经济的主题已由危机应对转为结构调整
和持续增长。原定于 2001 年 3 月结束的全额保险制度又被日本政府延长了
一年，至 2002 年 3 月终止。

从 2002 年 4 月开始，对于特定存款（指普通存款、活期存款、专用存

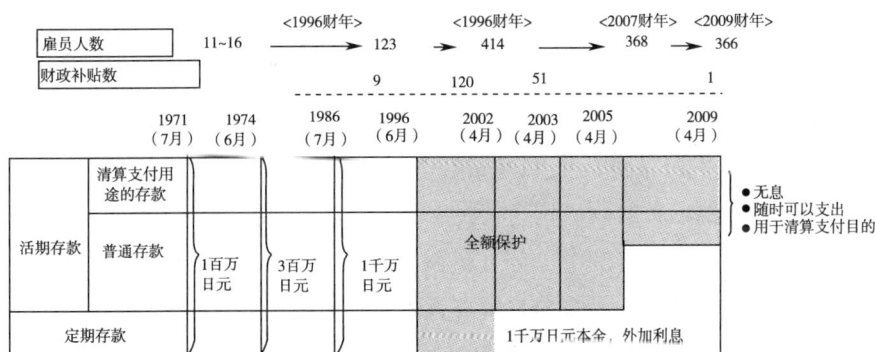

资料来源：日本存款保险公司网站。

图 3.1　日本存款保险保障范围与限额变迁

款）仍实施全额保护；对于支付专用存款（指满足不支付利息、随时可提取、用于支付结算三个条件的存款）则实施永久性全额保护。除上述存款以外的其他存款改为限额赔付，上限为 1,000 万日元。

（二）资本金结构

日本存款保险公司的资本金共 321.35 亿日元，其中，普通账户 45.5 亿日元，地区经济服务公司（Regional Economy Vitalization Corporation）账户 130 亿日元，地震灾害救助公司（Corporation for Revitalizing Earthquake-Affected Business Account）账户 186.8 亿日元。在普通账户的 45.5 亿日元资本金中，政府和日本银行各出资 15 亿日元，私人金融部门出资 15.5 亿日元。地区经济服务公司账户和地震灾害救助公司账户的资本金全部由日本政府出资。

（三）主要职责

DICJ 作为半官方、半民间性质的机构，主要负责日本存款保险制度重要事项的决策和执行，是存款保险制度的执行机构。DICJ 的标志是一幅 4 个蓝色叶片组成的螺旋桨，这 4 个叶片代表了 DICJ 的 4 个基本职能：管理存款保险体系（Deposit Insurance Operation）、倒闭机构处置（Failure Resolution）、资本注入（Capital Injection）、收购不良贷款和责任追究（Purchase of Non-performing Loan and Pursuit of Liability）。

1. 管理日本存款保险体系

这方面的职责具体包括：负责决定和审查调整日本存款保险费率，经金融厅和财务省批准后实施；负责向受保金融机构收取保费；建立完善以存款人名称为基础的综合数据库，并进行现场检查、系统验证、指导和建议；负责日本存款保险基金的日常运营管理，决定保险金和预付款的支付、存款和其他债务收购、资金援助和预决算，必要时经批准向日本银行进行特别融资；负责管理指导分支机构、大阪运营部、下属 3 家全资子公司的业务开展，并作为股东参与管理日本产业复兴公司。

2. 参与破产金融机构的财务重组与救助

DICJ 对破产金融机构进行财务重组方面的主要职能是：金融机构出现破产倒闭情况时，金融厅发出管理指令，DICJ 一般被指定为该机构的管理人。DICJ 接管倒闭金融机构业务，承接债权债务，然后对金融机构进行财务重组。重组方式一般包括合并、业务转让、受保存款转让和股份收购 4 种方式，DICJ 主要采用合并和业务转让两种方式。当破产金融机构需要财务援助时，经过向金融厅提出申请并批准后，DICJ 可以向其提供财务援助，帮助其实现业务平稳过渡。财务援助的主要有无偿拨款、提供贷款或存款保险基金、收购资产、担保保证或承担债务和认购优先股等方式。

3. 通过资本注入增强金融机构实力和稳健性

DICJ 除参与处理破产金融机构外，还有权对正常经营但出现问题的金融机构进行财务救助，提升其资本实力，帮助其改善业务和重组振兴。主要方式包括：收购问题金融机构的股份、不良贷款等方式实现注资；向处置回收公司（Resolution and Collection Corporation，RCC）提供资金，委托其向金融机构注资，批准 RCC 行使出资人的权利，对 RCC 遭受的损失进行补偿。

4. 清收金融机构不良贷款，追究相关人员的法律责任

对 RCC 的业务进行指导，以实现贷款回收最大化。DICJ 具有资产调查权[10]用于查找隐匿资产、回收不良贷款，如可以调阅债务人的账簿，到债务人办公场所实地调查。DICJ 还可以调查追诉破产金融机构相关责任人的民事责任和刑事责任。DICJ 可以追究债务人妨碍拍卖、妨碍执法等违法行为的刑事责任。民事责任方面，DICJ 可以与被追责人达成和解，达不成和解的可以提出法律诉讼。刑事责任必须通过司法机关进行。从 1997 年到 2014 年 3 月末，DICJ 共发生 127 例达成和解或提起诉讼的案件，获得 1,326 亿日元的赔偿，对 707 名个人提出了刑事诉讼。

（四）组织结构

根据《存款保险法》，DICJ 设立营运委员会（Policy Board），为重大事项决策机构。除 DICJ 的总裁和副总裁外，营运委员会成员最多不得超过 8 人。营运委员会的成员一般是具有金融知识和经验的专业人士，由 DICJ 总裁任命，但需金融厅长官和财务大臣批准。截至 2014 年 6 月，8 名外部

10　这项权力是其他民间金融机构所没有的，DICJ 一般授权 RCC 行使该项权力，从 1996 年到 2014 年 3 月末，RCC 共开展了 2,455 次调查，寻获 7,376 亿日元的隐藏资产。

委员中有 5 名来自金融界，另外 3 名来自非金融界，分别来自庆应义塾大学、日本广播公司和东芝公司[11]。

DICJ 的管理层包括 1 位总裁、4 位副总裁和 1 位审计长。DICJ 内设部门有企划协调部、财务部、金融重组部、存款保险部、特别调查部、检查部、法律事务部和内审部。DICJ 成立之初，只有 1 位副总裁[12]，工作人员只有 12 人，到 1995 年也仅增加到 15 人。随着破产机构数量的增加，DICJ 工作人员数量也随之上升，到 2002 年最多达到 409 人。随着金融形势的趋稳，DICJ 的工作人员数量总体呈下降趋势，到 2013 年 3 月末，共有工作人员 372 人。

DICJ 设有大阪运营部[13]和三个子公司，分别是：RCC、日本地区经济复苏公司（Regional Economy Vitalization Corporation of Japan，REVIC）、地震受灾企业复苏公司（Corporation for Revitalizing Earthquake-Affected Business，CREAB）。其中，最重要的是 RCC。

RCC 成立于 1999 年 4 月 1 日。RCC 是由住房信贷管理公司（Housing Loan Administration Corporation）与破产清算和收购银行（Resolution and Collection Bank）合并而成的。RCC 成立的目的是为了快速、高效、公平和透明地处理不良贷款，同时又尽量减少公共资金的使用。截至 2013 年 7 月 1 日，RCC 资本金总额为 120 亿日元，全部是由 DICJ 提供的。根据与 DICJ 的协议，RCC 主要业务包括：向破产机构收购不良贷款；根据《存款保险法》第 53 条"恢复金融活力的紧急措施"的规定，向健康的金融机构收购不良贷款；根据《金融功能加强法案》（Financial Function Strengthening Act），执行与资本注入有关的操作；过桥银行业务；收购处理金融机构其他问题资产[14]。

11　数据截至 2013 年 3 月末，具体参见日本存款保险公司 2012 年年报。

12　总裁为日本银行副行长兼任，审计长从 DICJ 成立之初到今为止均为兼职。1996 年设立全职总裁，副总裁增至 3 名。从 1998 年开始至今，DICJ 均设 4 名副总裁。具体参见 DICJ 各年年报。

13　大阪运营部（Osaka Operation Department）主要负责关西地区以及关西以西地区的下列业务：存款保险赔付的有关业务、金融救助（包括危机应对）、存款收购、破产机构的管理人员责任追究、购买资产的处置等。具体参见日本存款保险公司网站机构设置的相关资料。

14　参见 DICJ2012 年年报。

（五）存款保险费的征收

存款保险费是 DICJ 营运资金的一个重要来源，用于对问题金融机构的救援和破产机构存款的赔付。被保险金融机构缴纳的存款保险费的金额由其受保护的存款规模和保险费率决定。受保护的存款规模的计算方法是上一财政年度，每个工作日各项存款的平均余额。每个金融机构必须在下一个财政年度开始后的三个月内缴纳存款保险费。

DICJ 要在长期内保持收支平衡，制定合适的存款保险费率就非常重要。存款保险费率由 DICJ 的政策委员会决定，需首相（一般授权给金融厅长官）和财务省批准。从 1971 年存款保险制度设立开始到 1996 年，尽管中间上调过两次，日本银行的存款保险费率一直维持在比较低的水平。由于金融危机爆发，从 1996 年开始，存款保险费被分为普通保险费（Ordinary Premium）和特别保险费（Special Premium）。普通保险费用来偿付正常 DICJ 应该支付的赔付费用，但由于 1996 年开始，日本实行了全额保险制度，因此又征收了特别保险费，用来偿付超出 1,000 万日元的存款损失费用。从 1996 年开始，总存款保险费率上升到 0.084%，其中，普通保险费率为 0.048%，特别保险费率为 0.036%。2001 财年末，存款全额保障制度被取消，特别保险费也停止收取，但存款保险费率也相应上调。一直到 2011 财年，加权平均保险费率一直维持在 0.084% 水平上。从 2012 年开始，DICJ 引入一个新的费率决定机制，即如果当年没有金融机构倒闭，并且国内外金融形势稳定和 DICJ 财务状况良好的情况下，可以降低存款保险费率。因此，2012 财年，尽管最初确定的加权平均费率依然是 0.084%，但由于符合前述条件，后来费率被降到了 0.07%。

表 3.1　历年日本存款保险费率变动情况　　　　单位：%

	费率	加权平均费率
从 1971 财年开始	0.006	0.006
从 1982 财年开始	0.008	0.008
从 1986 财年开始	0.012	0.012
从 1996 财年开始	0.048	0.084

续表

	费率		加权平均费率
2001 财年	特别存款	其他存款	0.084
	0.048	0.048	
2002 财年	0.094	0.080	
从 2003 财年开始	清算账户存款	普通存款	
	0.090	0.080	
2005 财年	0.115	0.083	
从 2006 财年开始	0.110	0.080	
2008 财年	0.108	0.081	
2009 财年	0.107		
2010-2011 财年	0.107	0.082	
2012 财年	0.089	0.068	0.07
2013 财年	0.089	0.068	0.07

资料来源：日本存款保险公司网站。

（六）日本存款保险赔付程序

存款保险体系内所有的被保险银行都按照 DICJ 要求的信息格式和存储介质保存所有存款人的信息，并进行妥善保存。DICJ 会进行现场检查，确保银行按要求保存客户信息。DICJ 还会定期开展应急演练，要求某些银行提供存款客户信息。通过上述措施，DICJ 确保一旦某家银行倒闭，它能在 24 小时内收到存有所有存款人姓名信息的磁带，然后通过计算机系统按照存款人姓名和出生日期对存款进行汇总。自 2003 年 Ashikaga Bank 倒闭后，到 2014 年 10 月为止还没有银行倒闭。

（七）DICJ 的监管措施

《存款保险法》规定，在金融厅长官认为必须时可以授权 DICJ 对金融机构进行现场检查。《存款保险法》第 137 条规定了 DICJ 现场检查的范围，具体包括：被保险机构是否按规定缴纳了保险费；被保险机构是否按照 DICJ 要求的信息格式和存储介质保存所有存款人的信息，并进行妥善保存；被检查机构一旦破产需要赔付的总存款金额。《存款保险法》还对金融机构拒绝 DICJ 的现场检查或其他违规行为制订了处罚措施。DICJ 成立之初没有专门的检查部门，直到 2003 年 7 月检查部才正式成立。检查部的法定职责是：一是对金融机构计算和缴纳的保费的准确性进行检查；二是检查金融机构的存款人汇总系统。

（八）破产金融机构的处置和退出

《存款保险法》规定了金融危机处理机制。内阁成立金融危机应对会议，成员包括内阁总理大臣、官房长官、金融大臣、财务大臣、日本银行总裁、金融厅长官。会议审议认定可能导致日本金融市场及金融系统显著混乱事态发生时，可启动金融危机处理机制，政府可以向金融机构注入公共资金。DICJ 可以向问题金融机构注入流动性，实施有效的破产处置。DICJ 为处理金融机构破产而筹措资金时，政府可以提供担保。金融危机适用对象包括所有金融机构，如银行和信用金库、信用组合，证券公司和保险公司、金融控股公司等。

在问题金融机构没有达到资不抵债程度的情况下，DICJ 对该金融机构的业务运营、财产管理和处分进行监督。DICJ 还将金融机构置于其监督之下，并为其提供偿还债务所需的流动性。必要时可以以认购股份的形式对问题金融机构进行注资。

当金融机构资不抵债或可能资不抵债、停止支付或可能停止支付时，DICJ 将掌握该金融机构的管理权，对该金融机构进行实际支配。在 DICJ 监督或管理下，将该金融机构业务当中的"系统上重要交易"转移至接收金融机构，确保按约定履行债务。该金融机构自身按破产处理程序进行清算。在转移"系统上重要交易"时，存款保险机构可以对接收金融机构实施特定资金援助。另外，对不转移至接收金融机构的债务，为避免债权偿付率下降，也可以对破产金融机构实施资金援助。

为迅速实施业务转让，DICJ 可不经股东大会决议，在法院许可的情况下进行业务转让和公司分设。业务转让产生的债务接收可以不经债权人同意。为防止一时难以找到适当的接收机构而建立了过桥银行制度，RCC 可作过桥银行。业务转让之前，为偿还系统上重要交易相关债务，存款保险机构可以对破产金融机构贷款。另外，当贷款决定通过时，即使进入破产程序，法院也应允许偿还该债务。

117

DICJ 实施金融危机处理机制所需的费用通过专设危机应对账户进行单独管理。在实施金融危机处理机制时，经内阁总理大臣和财务大臣认可，DICJ 可以向日本银行借款，也可以发行债券。借款和债权均由政府担保。DICJ 实施金融危机处理机制产生损失的情况下，原则上由金融机构事后负担。如果因征收特定负担金导致对金融系统稳定带来重大风险时，政府可以提供补贴。

（九）日本存款保险制度的特色

在一般的存款保险制度中，当金融机构破产时，保障支付一定限额内的存款本金及其利息，存款保险所必需的资金通常在事先向金融机构收取的保险金范围内。但如果银行倒闭数量较多，仅靠事先收取的保险费将不足以支付。日本型存款保险制度具有"双重架构"，即在事先向银行等金融机构收取保险费这一基本架构的基础上，当发生其他预料外的费用时，可以于事后再向金融机构收取"负担费"。这种事后征收型的存款保险制度设计是日本在 20 世纪 90 年代大型金融机构相继破产、巨额公共资金难以回收的背景下于 2000 年采用的。

四、金融监管机构之间的关系

（一）日本银行与金融厅的关系

金融厅是日本金融监管的最高权力机构，全面负责对金融机构的监管。日本银行的法定职能是独立执行货币政策，在法律上不承担金融机构监管职责。但作为中央银行出于执行货币政策需要，应了解和把握金融业的运行状况。因此，根据《日本银行法》规定，日本银行应与在其开设金融存款账户的金融机构签订《检查协议书》，通过预先通知并获取金融机构许可的方式对金融机构实施现场检查。日本银行因而对金融机构拥有基于合同约定的金融检查权。日本银行金融检查权事实上包括现场检查和非现场监控，通过检查督促和指导金融机构对其经营中存在的各种风险进行有效管理。应金融厅长官的要求，日本银行应向金融厅出示检查结果并允许金融厅职员查阅相关资料。在实际工作中，两个机构的职员实际上经常互换信息，形成相互配合的密切关系。为了不加重被检查金融机构的负担，双方通过协商机制协调对同一金融机构的现场检查日程安排。在对金融机构资金流动性进行日常检查方面，日本银行也注重加强与金融厅的合作。

（二）财务省与金融厅的关系

财务省与金融厅的关系体现为分工协作关系，体现在国内、国际金融两个方面。在国内金融方面，因为金融危机救助涉及公共财政资金的使用，财务省要从国家财政的角度，与金融厅共同研究制订有关金融破产处理制度、应对金融危机的措施等。在国际金融方面，例如八国财长会议、二十国财长会议等都不是以金融担当大臣，而是以财务大臣为成员的，因此财务省需要与金融厅进行相关合作。

金融厅没有单独的地方分支机构，基于对行政成本和效率的考虑，对地方金融机构的监管由财务省下属的地方财务局负责。法律上采取由金融厅向财务局长委任权限的形式。地方财务局依照委托行使监管职责，接受金融厅的监督指导，财务省对此没有监督管理权限。

（三）日本银行与财务省的关系

尽管日本银行获得了一定的独立性，但在很多方面依然受财务省的影响。如日本银行在分行和代理行的设置方面还需要财务省的审批，日本银行货币制造费、工资等经费也需要财务省审批。在外汇储备管理方面，财务省处于主导和战略决策地位，持有绝大部分外汇，负责制定外汇储备的管理和运营战略；日本银行处于执行者的角色，持有少量自有外汇资金，并依据财务省拟定的目标和决策，负责对外汇储备进行日常管理，日本政府在日本银行开设"外汇资金特别预算账户"，委托日本银行管理政府持有的外汇储备。

第三节 金融立法和法律

一、金融立法权

（一）日本法律体系特点

第二次世界大战之前，日本立法主要受大陆法系的影响，其后较多地受海洋法系，尤其是美国法律体系影响。日本法律常常是在外国法律制度影响下发展的，但也有日本自身特色。第二次世界大战后，在占领军（美国）司令部的控制下，日本进行了民主改革，其法律制度也发生了明显变化。和以前相比具有以下几个基本特点：

（1）仍以大陆法系法律为基础，但较多地受美国法律体系的影响。

（2）以西方代议民主制为基础，按照三权分立原则，把战前以天皇为中心的君主立宪政体，改为以国会为中心的责任内阁制。

（3）适应现代资本主义社会经济发展的需要，制定了大量的经济法、社会法和劳动法，运用法律手段干预经济活动，调节经济关系特色[15]。

（二）金融立法权属于日本国会

根据第二次世界大战后制定的"和平宪法"规定，国会是日本最高权力机关和唯一的立法机关。《日本国宪法》第41条规定，国会是国家唯一的立法机关，统一行使国家立法权，对需由国家以立法管制、调控的事项，均可制定法律。所谓"唯一的立法机关"有两层意思：一是指所有的国家立法，都由国会进行，国会以外的机关不得进行国家立法，即国会中心立法原则；二是指国会在立法过程中不受其他国家机关的干预，只有国会的决议才能制定法律，即国会单独立法原则。在立法与行政的关系上，虽然日本全面接受了美国的三权分立原则，但日本没有形成美国式的联邦与州分享立法权的体制，因此地方没有立法权。金融监管的相关立法全部由国会负责。

日本国会由众议院和参议院组成。早在明治宪法中就规定了议会采取两院制，由民选的议员组成众议院，皇族、华族、敕选议员构成贵族院，两院享有同等的权力。第二次世界大战后颁布的日本国宪法规定，根据国民主权原则，两院都由选民直接选举产生。但根据选举法的规定，两院议员的选举方法、任期、有无解散等是不同的。目前，众议院议员设480席、参议院议员设242席。国会期间众参两院分别召开会议，原则上两院对议案表决一致方可形成国会的决议。但众议院享有一定程度的议案决议优越权，主要体现在：

15　参见中国大百科全书出版社《中国大百科全书法学》日本法律概况词条。

（1）预算案由日本众议院先行提出送审。

（2）众议院通过但参议院否决的法案，若经众议院以三分之二以上的多数再度通过，该法案即可成立。

（3）在预算审议、条约批准、首相提名等事项上，若参议院与众议院的决议不一致且召开两院协议会也无法达成共识，或者参议院在一定期间内无法议决该项议案时，则众议院的决议将自动成立。

（4）内阁不信任决议只有众议院可以做出。

与第二次世界大战以前以全体会议为主的议会开会方式相比，战后日本国会采用了以委员会为中心的常任委员会制度[16]。国会两院的委员会分常任委员会和特别委员会两种。众议院的常任委员会委员人数也多，最多的有50人，一般的也有30~40人，所有的议员都参加一个委员会。常任委员会的设立在国会法中最具深远意义，它使日本的众议院区别于英国下院，而使日本的国会更接近于美国的国会[17]。众议院和参议院分别设17个常任委员会，其中均包括财政金融委员会，这两个委员会是金融立法的核心机构。

（三）立法程序

在日本，从法案提出到正式通过要经过三个步骤[18]：

（1）法案的提出。在日本国会，有三个主体可以提出法案。一是议员个人，两院议员均可以以个人名义提出法案。提出法案的议员需完成一份提案宗旨说明，然后提交所属议院议长[19]。议员个人提出法案时需要获得其他议员的协助支持，众议院是最少20名议员，参议院是最少10名议员。二是内阁可以提出法案，由首相代表内阁提交众议长或参议长。三是各委员会可以提出自己负责领域的法案。以上三个主体提出的议案其后所需经

16　日本国会还设特别委员会，目的是审查认为必要的案件或审查不属于常任委员会主管的特定案件。各议院特别委员会分别以议院全体会议决议设置。委托给该委员会的案件一旦审查结束，做出决议，该委员会即解散。

17　［日］岩井奉信著，李薇译：《立法过程》，北京，经济日报出版社，1990。

18　参见日本国会网站立法程序介绍，http://www.shugiin.go.jp/。

19　作为辅助机关，众参两院均设有法制局，法制局负责协助议员进行立法提案等活动。主要工作有：协助国会议员起草法案；起草法案修正案；为国会议员进行法律咨询；进行有关法律资料的收集、整理，受委员会委托进行相关立法调查。

历的程序是完全相同的。几乎所有重要的金融立法都是由内阁提出的。

（2）委员会审议。议长将法案交付主管本案的常任委员会。需要紧急处理时可省略委员会审议程序。重要法案应先在全体会议上听取提案宗旨说明后再提交委员会。通常议长会立刻将法案转交相关的委员会审议。委员会审议一般经过提案宗旨说明、质疑、听取专家意见或召开相关委员会的联席审查会、听取知情人意见、讨论、表决等程序。委员会可以修改、搁置或拒绝一个提案，虽然委员会的决定法律上不是最终的，但其决定通常是与全体大会讨论的结果一样。如果委员会通过，则各委员会以委员长的名义向议长提交修改案或新法案。

（3）全体会议审议。一般经过委员长报告、讨论、表决等程序。两院议长把议案列入议题时，必须宣布其宗旨。委员会委员长报告其经过和结果，其次是少数意见者报告少数意见，他们都不得添加自己个人意见。议员依法可以提出动议，也可以提出修正案。出席议员不得少于全体议员的三分之一。两院通过议案时，除宪法和法律特别规定外，由出席议员过半数表决通过。如果两院决议不一致，召开两院协议会进行协商。法案在两院通过后即可成立。

二、金融监管法律体系

（一）银行法

《银行法》是日本主要的银行监管法规之一。在日本，人们把相当于商业银行的机构称为普通银行。普通银行是根据《银行法》规定，获得金融厅长官颁发的营业执照的股份制存款性金融机构。普通银行以追求股东利益最大化为目标，以不特定多数个人、企业为客户，从事存、贷款等金融交易。为方便起见，根据规模、营业范围的不同，人们把普通银行分为城市银行、地方银行以及第二地方银行协会加盟银行三类[20]。城市银行在大城市设有总部而分支机构遍布全国。地方银行在大中城市设有总部而营业据点以总部所在的都道府县为基础。自1989年2月以来，由互助银行演

20　[日] 鹿野嘉昭著，余燸宁译：《日本的金融制度》，12页，北京，中国金融出版社，2003。

变为商业银行的第二地方银行协会成员银行。普通商业银行中，遵照《兼营信托法》获准开展信托业务的银行被称为信托银行。

日本于 1981 年颁布了新的《银行法》，是日本的普通银行法，规定了商业银行的权利、义务和经营行为。整个《银行法》正文分为九章，分别是：总则、业务、会计核算、监督、并购重组、业务中止和清算、外国银行分行、杂则和罚则。

《银行法》规定，管辖普通银行的是内阁总理大臣，内阁总理大臣的各种权限均委托给金融厅长官。按照规定，银行营业牌照的申请均向内阁总理大臣提出。《银行法》第 5 条规定，银行资本金不得低于 20 亿日元，内外资银行均执行此标准。新设立银行注册资本也不得低于 20 亿日元，注册资本采取实缴制。银行高级管理人员需要具备正确、公正并有效管理银行业务的专业知识和经验，有一定的社会信誉度。

在申请银行牌照时，必须明确写明要开展的业务内容（一部分业务还是全部业务）。取得牌照以后，只能在所许可的范围内开展业务。对于银行的日常监管，金融厅主要通过银行提交报告和现场检查两种方式。根据监管和检查情况，内阁总理大臣可要求银行停止业务或直接吊销银行营业牌照。

（二）保险法

金融厅对保险业的监管主要法律依据是《保险法》和《保险业法》。日本长期以来将有关保险的立法分为海上保险和陆地保险，其中，陆地保险又分为《保险合同法》和《保险业法》。日本将《保险合同法》部分编入《商法》中，而《保险业法》则为单独立法。1890 年，日本首次公布了《商法》。在该法律中，将保险合同法部分编入了"第二编商行为的第十章保险"中，而将海上保险部分编入了"第三编海商的第六章保险"中了。《保险业法》于 1939 年实施，并于 1995 年进行了全面修订。

2008 年 5 月，日本将保险合同法部分从《商法》中分割出来，单独立法，制定了《保险法》，这是自明治维新 130 年以来的第一部《保险法》。自 19 世纪末《商法》制定以来，有关保险契约的条文除于 1911 年进行过部分修订外，近百年来未曾有过任何实质性的修改，以旧时代保险法理论为基础的规定显然已无法适应现代保险的发展。新《保险法》分成 5 个章节 96 条，附则 6 条，总共 112 条。第一章总则；第二章损害保险；第三章生命保险；第四章伤害疾病定额保险；第五章杂则以及附则。与原依附于《商法》中保险合同法相比，新《保险法》突出了以下四个方面内容：第一，强化符合现代保险交易发展规则的制定。第二，强化对投保人的保护。第三，强化保险契约当事人外第三人的法律地位。第四，强化道德风险的防范。期望通过这四点强化措施，应对现代经济社会中消费者对保险规制的需求，促进保险制度的健康发展[21]。

《保险法》是调整保险关系人之间权利与义务关系的法律，属于合同法的范畴。金融厅对保险企业和保险市场最主要的法律《保险业法》，它是监管机构对保险企业和保险市场进行监督管理的主要法律依据。在《保险业法》的基础上，日本又先后制定了《关于外国保险事业者的法律》等单行法，这些法律构成了日本保险监管的法律体系。

日本现在执行的《保险业法》主体是 1995 年制定的，这次法律对原有的保险业法进行大幅度的修订[22]，集中在以下几个方面：

（1）放宽限制，促进自由竞争。新法打破了财险与寿险的界限，允许财寿险公司通过子公司的方式进入对方主要市场；允许相互保险公司发行公司债券以及转制为股份公司，丰富了保险市场主体；创新保险营销方式，在不损害投保人利益的前提下，允许保险代理人实行多重注册制度。

（2）重视稳健经营，加强预测和防范交易危险。包括引进最低偿付能力标准制度，对保险公司的财务状况进行预警。增强保险公司资本金实力，提高设立保险公司的最低资本金的限额；保险公司可以根据情况主动削减承保金额，改善资产负债情况。

（3）切实维护投保人的利益。设立了投保人保护基金，对接受破产公司保险合同的救助公司提供资金援助。逐步公开保险公司资产负债和审议情况，提升保险公司经营和财务状况的透明度。加强投保人和社会各界对保险公司的监督。

21　岳卫：《日本〈保险法〉的立法原则及对我国的借鉴意义》，载《当代法学》，2009（4），31 页。

22　参见 Insurance Business Act（Act No. 105 of June 7，1995），资料来源于日本金融厅网站，http://www.fsa.go.jp/common/law/ins01.pdf。

（4）撤销和放宽保险资金运用上限，允许损害保险的费率逐步实现自由化和市场化。

1998 年 12 月，在开始实施《金融系统改革法》背景下，日本再次修订《保险业法》，进一步扩大了混业经营范围。除了原来寿险、财险公司可以相互以子公司形式进入对方领域外，还允许保险公司与证券公司相互进入对方经营领域。保险公司可以参与破产银行重组，银行可以参与破产保险公司重组。2000 年 5 月，《保险业法》修订中进一步规定，允许银行、保险公司之间以设立子公司方式相互进入对方领域[23]。

（三）证券法

1. 《证券交易法》

1874 年，日本制定了《证券交易条例》，1893 年又制定了《证券交易法》，这两部法律主要是借鉴了英国的证券立法经验。日本《证券交易法》是战后 1948 年 5 月颁布的，带有很明显的美国证券立法痕迹，基本上是以美国 1933 年证券法和 1934 年证券交易法为蓝本。这部法律的制定是第二次世界大战后日本证券制度改革中的一项中心内容，明确了混业经营的原则，禁止银行和信托公司承购除政府及政府担保的债券以外的任何证券，将证券的经营业务集中于证券公司。

1948 年以后，日本政府对《证券交易法》进行了数十次修订，比较重要的几次包括：（1）1952 年，废除了证券交易委员会，重新确立大藏省为证券监管机构。（2）泡沫经济破灭后，证券市场的弊端暴露无遗，因而 1990 年以后日本又对该法作了大幅修改，包括破除证券业与银行业分业限制、向外国券商开放、改革证券管理机构等。（3）1996 年开始的金融体系大改革中，证券市场的改革方向是手续费自由化、取消券商业务限制、券商改为登记制和推出多元化的投资商品。（4）2004 年 6 月，日本再次通过证券法修正案，主要内容包括：强化证券市场的监督管理、扩大有价证券商品销售渠道、增加交易所交易证券种类。

为实施证券交易法，日本还制订了许多补充规则，比较重要的包括：

23　参见王姝：《主要发达国家保险监管制度研究》，吉林大学博士学位论文，2013。

关于流通证券上市的政府条例、关于募集或发行外国政府债券的登记等事项的政府条例、关于募集或发行外国投资信托债券的登记等事项的政府条例、关于证券认购要约的登记等事项的政府条例、关于证券公司的政府条例、证券公司资信可靠的标准、关于证券交易所的政府条例、关于证券卖空的规定等。

2.《金融商品交易法》

为把日本金融市场发展为亚洲金融中心，日本金融厅于 2004 年 12 月公布了《金融改革计划——面对金融服务立国的挑战》，大力发展直接融资。具体的措施就是建立新的金融法律体系，目标是颁布一部可以涵盖整个资本市场的《投资服务法》，加强对金融投资者的保护。为建成单一金融法制的目标，日本以英国《金融服务及市场法》为蓝本，在新的框架下，将不再有银行、证券、保险、信托等行业区别，所有具有投资服务资格的企业都可以作为投资服务的主体，为投资者服务并对投资者负责。

2006 年 3 月，金融厅根据各方意见对法律草案进行修订后，正式定名为《金融商品交易法》，提交国会审议通过，并于 2007 年 9 月 30 日正式实施。新法将"证券"的定义扩展为"金融商品"的概念，最大限度地将具有投资性的金融商品、投资服务作为法的规制对象，避免产生法律的真空地带，构筑了横向的、全方位的行业规制和行为规制的基本框架，从以往的纵向行业监管法转变为以保护投资者为目的的横向金融法制[24]。这种以保护投资者为目的的横向金融法制的制度设计，较好地平衡协调了金融创新和金融监管的关系。

《金融商品交易法》的主要内容又可用"四个化"来形象概况：适用对象和业务范围的"横贯化"、规制内容的"灵活化"、信息披露的"公正化和透明化"、对违法行为处罚的"严格化"[25]。

第一，横向化。《金融商品交易法》将"证券"的定义扩展为"金融

24 黄韬：《我国金融市场从"机构监管"到"功能监管"的法律路径》，载《法学》，2011 (7)，114 页。

25 中国法学研究会：《推动金融体制改革，提升金融体系安全性——中国证券法学研究会代表团访日考察报告》，载《中国证券报》，2009－04－27。

商品"的概念，以适应当时金融商品和投资服务不断创新发展的现实环境，最大限度地横向扩大了法律适用对象的范围。具体有：追加信托受益证券、抵押证券作为有价证券，并规定有无权利凭证不影响"有价证券"的认定；直接列举和导入了"集合投资计划"这一总括性概念，作为兜底，该法最大限度地把几乎所有具有投资性的金融商品和投资服务纳入适用对象，进行统一规制；扩大了衍生商品交易的范围，其不仅包括场内交易，还包括场外交易、跨境交易，其对象既包括有价证券等金融商品，又包括气象衍生品等金融指标。《金融商品交易法》的内容虽然是个复杂的体系，其中"横贯化"特点即金融法制的横向规制的趋势，是最根本的特点。

第二，灵活化。该法按照投资者的知识、经验或者财力，把投资群体分为专业投资者和一般投资者以及可变更的专业投资者或者一般投资者。其中，可变更的专业投资者可以向金融商品交易从业者申请将其确认为一般投资者；反之亦然，但确认程序更趋严格。对不同类别的投资者，《金融商品交易法》要求金融从业人员遵守不同的行为规则。例如，向一般投资者销售金融商品时，从业人员必须履行书面交付义务，不得进行不当劝诱等。但对于专业投资者，从业人员不受上述行为规则的约束。

第三，公正化、透明化。《金融商品交易法》进一步完善了信息披露制度。一是将季度报告法定化。二是引入内控报告书制度。三是增加要约收购交易的透明度。除了充实要约收购报告书等一般性要求外，《金融商品交易法》要求目标公司承担就收购事项发表"意见说明报告书"的义务。四是修改大量持有报告制度。

第四，严格化。该法大幅提高了对市场违法行为的惩戒措施，维系投资者对金融市场的信赖。日本对于内幕交易、不公平交易、谣言的传播、欺诈手段、操纵股价行为、提供在重要事项中有虚假内容的有价证券报告书、不提供有价证券的申报书等违规违法行为明显加大了处罚力度，甚至追究相关责任人的刑事责任。

（四）《日本银行法》

作为全面金融改革的一部分，1997 年日本政府率先推出并取得进展的重大举措便是进行 50 多年来首次对中央银行进行改革，全面修改了《日本银行法》，并于 1998 年 4 月 1 日开始实施。

新法加强了中央银行的独立性，日本政府在立法之初就提出要确保日本银行的独立性不亚于国际水平。修改后的《日本银行法》明确规定，政府必须尊重日本银行货币调控的独立性。新法还要求日本银行应尽力向公众阐明关于货币调控决策的内容和程序。但《日本银行法》也要求日本银行应与政府保持紧密联系，充分交换意见，使货币调控与政府经济政策基本面协调统一，日本银行的总资本 100 兆日元，由政府和非政府部门共同出资，其中政府出资不得少于 55 兆日元。

随着新《日本银行法》的实施，原先的大藏省对日本银行官员罢免权等不复存在，日本银行与大藏省的关系发生了本质性的变化。《日本银行法》第 23 条规定：行长、副行长和政策委员会成员由内阁提名，提交众议院和参议院审批。如果行长、副行长、评议成员任期届满或位置空缺，并且如果正值议会休会或众议院解散而不能获得两院审批时，内阁可以直接任命行长、副行长或政策委员会成员。但该任命必须在任命公布后的国会第一次会议上得到补充批准，否则必须立即废止该任命。

新《日本银行法》规定，日本银行执行以下职能：发行纸币现钞并对其进行管理、执行金融政策、作为政府银行的同时，担任"最后的贷款人"这个银行的银行角色、执行与各国中央银行和公共机关之间的国际关系业务、搜集金融经济信息并对其进行研究。

（五）《存款保险法》

1971 年，日本大藏省的咨询机构金融体制研究委员会提出，在提高银行业竞争能力的同时，日本应建立存款保险制度。同年 4 月 1 日，日本颁布实施了《存款保险法》及其《存款保险法施行令》。随着日本金融体制改革的深化而逐渐演进，《存款保险法》经过多次修订，基金数次增资，存款保险公司权力逐步扩大。其中比较重要的几次修订为[26]：

26　日本存款保险制度课题组：《日本存款保险制度》，北京，中国金融出版社，2007。

1. 1986 年修改内容

第二次提高存款保护限额，每位存款者最高保护限额从 300 万日元提高到 1,000 万日元；保险费率从 0.008% 提高到 0.012%；扩大受保金融机构范围；实行暂时支付制度，即从 1986 年起在保险存款正式赔付之前，存款保险机构 DICJ 先对每一存款人支付上限为 20 万日元的保险存款。

2. 1996 年修订内容

由于金融机构处境艰难，破产日增，使得存款保险公司收支恶化，并于 1995 年开始出现赤字，增加其资金来源已成当务之急。通过修订，保险费率从 0.012% 提高到 0.048%，另外还需支付 0.036% 的特别附加费，两项合计 0.084%。另外，从 1996 年 6 月 29 日开始取消 1,000 万日元的保险上限，实施全额保险。

3. 1998 年修改内容

在存款保险公司内设立两个账户，即金融危机控制账户和特别商业账户，前者为濒临倒闭的金融机构提供资金支持，后者为濒临倒闭的金融机构的存款提供保护，资金均得到日本政府的担保；正常银行可向存款保险公司申请由后者购买其优先股，以强化其自有资本基础；对于问题银行，可由存款保险公司设立过桥银行予以接管，以避免银行挤兑的出现，总额为 17 万亿日元；破产银行可以被临时国有化或指定财务管理人经营破产银行，为管理当局寻找破产银行最终收购者赢得时间；授权 DICJ 设立子公司 RCC 来回收不良贷款。

4. 2001 年 4 月修改内容

将受保险存款的范围扩展到可记名银行债券、公共基金存款、依照特别法律成立的公司的存款以及存款利息；合作金融机构联合会也被纳入受保金融机构范围；授权 DICJ 可以接受特别危机管理银行的全部股票；扩大 DICJ 的救助范围，允许 DICJ 对破产金融机构进行全部或部分业务转让提供财务救助；引入财务管理人制度，首相可指定金融机构管理破产金融机构的业务和资产，同时授权对破产金融机构的管理者或前管理人员追究民事或刑事责任；制定了破产金融机构业务全部或部分转让及保护债权人利益的相关程序；要求金融机构完成数据准备工作，一旦金融机构破产应迅速向 DICJ 提交指定格式的数据。

5. 2013 年修订内容

保留了既有的《存款保险法》第 102 条规定的金融危机处理机制，将该法的适用对象由存款性金融机构扩大至证券公司和保险公司，进一步完善了金融机构破产处理制度。同时，规定为稳定金融系统，政府可以向证券公司、保险公司注入公共资金。在 DICJ 的监督下，接受存款保险机构提供的流动性，实施有效的破产处理。DICJ 为处理金融机构破产而筹措资金时，政府可以提供担保。

三、金融法律体系特点

现代金融业是在一系列法律、法规的规制、调整、促动和保护下运行的，法律体系环境对金融生态有着重要的影响。日本金融法律体系有着较为鲜明的特点。

一是金融法制由纵向金融行业规制向横向金融商品规制转变。金融业混业经营已经成为当前世界潮流，混业经营格局下的金融创新产品的多样化又进一步深化了混业经营。日本在 2006 年推出的《金融商品交易法》，把证券、信托、金融期货、金融衍生品等大部分金融产品进行一揽子、统合性的规范，建立了一部横向化、整体覆盖金融服务的法律体系。该法将"证券"的定义扩展为"金融商品"的概念，最大限度地将金融产品纳入规制范围之内，避免出现真空地带。实现了从纵向的行业监管立法向以投资者保护为目的的横向金融法制的转变。这种以投资者保护为目的的金融法律制度设计，较好地平衡了金融创新和金融监管的关系。日本正致力于制定真正大一统的金融法制，即日本版的《金融服务与市场法》[27]，将存款、保险等商品纳入一部法律之中[28]。

二是日本金融立法具有实用主义倾向，能够及时吸收最新国际经验[29]。

27 英国在 2000 年通过了《金融服务与市场法》，将投资商品定义扩展到存款、保险合同、集合投资计划份额、期权、期货、预付款合同等。

28 杨东：《论金融法制的横向规制趋势》，载《法学家》，2009（2），125 页。

29 庄玉友：《日本金融商品交易法述评》，载《证券市场导报》，2008（5），20－25 页。

从明治维新开始，日本的金融立法可以说一直是在学习当时最先进国家的立法经验。例如，日本近代金融立法基本是参照了当时英国的立法经验。第二次世界大战后，1948 年的《证券交易法》又基本照搬美国的《证券法》和《证券交易法》。英国 20 世纪 90 年代后期，开始金融改革，制定统一的金融服务法律，统一金融监管机构。日本又仿照英国设立了统一监管机构金融厅，并致力于制定包含银行、证券和保险等所有金融产品的金融服务法。

受大陆法系的立法理念的影响，日本过去的金融立法倾向于家长主义，包含着立法者对社会生活的预设。但日本金融立法逐渐转变视角，从立法人转变为法律制度利用人的角度，不刻意追求立法体系上的完美，而注重实用性。

三是日本金融立法灵活性高。中国的金融法律修订间隔时间较长，不少法律是 10 多年才修订一次。与此相反，日本的金融法律修订频繁，有些法律几乎年年修订，甚至一年之内多次修订。例如，日本的《证券交易法》和《存款保险法》自颁布后都有数十次的修订。由于法律频繁修订，监管机构可以随时根据金融市场最新发展状况调整相关法律，金融从业者也有法可依，法律体系的适应性较强。

表 3.2　日本金融监管主要法律一览

编号	中文名称	日文名称	制定日期	法律编号
金融机构相关法律				
1	银行法	銀行法	昭和 56 年 6 月 1 日	法律第 59 号
2	金融机构兼营信托法	金融機関の信託業務の兼営等に関する法律	昭和 18 年 3 月 11 日	法律第 43 号
3	长期信用银行法	長期信用銀行法	昭和 27 年 6 月 12 日	法律第 187 号
4	信托业法	信託業法	平成 16 年 12 月 3 日	法律第 154 号
5	贷款信托法	貸付信託法	昭和 27 年 6 月 14 日	法律第 195 号
6	担保债券信托法	担保附社債信託法	明治 38 年 3 月 13 日	法律第 52 号
7	信用金库法	信用金庫法	昭和 26 年 6 月 15 日	法律第 238 号
8	劳动金库法	労働金庫法	昭和 28 年 8 月 17 日	法律第 227 号
9	中小企业合作法	中小企業等協同組合法	昭和 24 年 6 月 1 日	法律第 181 号

续表

编号	中文名称	日文名称	制定日期	法律编号
10	合作金融业务法	協同組合による金融事業に関する法律	昭和 24 年 6 月 1 日	法律第 183 号
11	农业合作法	農業協同組合法	昭和 22 年 11 月 19 日	法律第 132 号
12	水产业合作法	水産業協同組合法	昭和 23 年 12 月 15 日	法律第 242 号
13	合作金融机构优先股投资法	協同組織金融機関の優先出資に関する法律	平成 5 年 5 月 12 日	法律第 44 号
14	互助贷款业法	無尽業法	昭和 6 年 4 月 1 日	法律第 42 号
15	保险业法	保険業法	平成 7 年 6 月 7 日	法律第 105 号
16	非寿险费率计算组织法	損害保険料率算出団体に関する法律	昭和 23 年 7 月 29 日	法律第 193 号
17	机动车损害赔偿保障法	自動車損害賠償保障法	昭和 30 年 7 月 29 日	法律第 97 号
18	船主互助保险组合法	船主相互保険組合法	昭和 25 年 5 月 11 日	法律第 177 号
19	金融机构合并和转换法	金融機関の合併及び転換に関する法律	昭和 43 年 6 月 1 日	法律第 86 号
20	农林中央金库法	農林中央金庫法	平成 13 年 6 月 29 日	法律第 93 号
21	农林中央金库和特定农业和渔业合作社信贷业务加强和重组法	農林中央金庫及び特定農水産業協同組合等による信用事業の再編及び強化に関する法律	平成 8 年 12 月 26 日	法律第 118 号
22	农业和渔业合作社储蓄保险法	農水産業協同組合貯金保険法	昭和 48 年 7 月 16 日	法律第 53 号
证券关系法律				
1	金融商品交易法	金融商品取引法（旧証券取引法）	昭和 23 年 4 月 13 日	法律第 25 号
2	投资信托和投资公司法	投資信託及び投資法人に関する法律	昭和 26 年 6 月 4 日	法律第 198 号
3	证券保管和转移法	株券等の保管及び振替に関する法律	昭和 59 年 5 月 15 日	法律第 30 号
4	公司债券登记和转移法	社債等の振替に関する法律	平成 13 年 6 月 27 日	法律第 75 号

续表

编号	中文名称	日文名称	制定日期	法律编号
金融业务相关法律				
1	借贷法	貸金業法	平成 19 年 12 月 19 日施行	法律第号
2	金融机构信贷业务债券发行等法律	金融業者の貸付業務のための社債の発行等に関する法律	平成 11 年 4 月 21 日	法律第 32 号
3	抵押证券业务管理法	抵当証券業の規制等に関する法律	昭和 62 年 12 月 15 日	法律第 114 号
4	资金结算法	資金決済に関する法律	平成 21 年 6 月 24 日	法律第 59 号
5	商品投资业管理法	商品投資に係る事業の規制に関する法律	平成 3 年 5 月 2 日	法律第 66 号
6	房地产特别合资企业法	不動産特定共同事業法	平成 6 年 6 月 29 日	法律第 77 号
7	资产证券化法	資産の流動化に関する法律	平成 10 年 6 月 15 日	法律第 105 号
8	农业信贷担保保险法	農業信用保証保険法	昭和 36 年 11 月 10 日	法律第 204 号
9	中小渔业融资担保法	中小漁業融資保証法	昭和 27 年 12 月 27 日	法律第 346 号
其他法律				
1	银行等业务手续简化法	銀行等の事務の簡素化に関する法律	昭和 18 年	法律第 42 号
2	注册会计师法	公認会計士法	昭和 23 年 7 月 6 日	法律第 103 号
3	公司债登记法	社債等登録法	昭和 17 年 2 月 28 日	法律第 11 号
4	组织犯罪处罚法	組織的な犯罪の処罰及び犯罪収益の規制等に関する法律	平成 11 年	法律第 136 号
5	民法	民法	—	—
6	金融再生紧急措施法	金融機能の再生のための緊急措置に関する法律	平成 10 年	法律第 132 号
7	金融早期健全化法	金融機能の早期健全化のための緊急措置に関する法律	平成 10 年 10 月 12 日	法律第 143 号

133

续表

编号	中文名称	日文名称	制定日期	法律编号
8	金融机能强化法	金融機能の強化のための特別措置に関する法律	平成 16 年	法律第 128 号
9	存款保险法	預金保険法	昭和 46 年 4 月 1 日	法律第 34 号
10	确定提存养老金法	確定拠出年金法	平成 13 年 6 月 29 日	法律第 88 号
11	所得税和法人税法	所得税法及び法人税法	—	—
12	信托法	信託法	—	—
13	租税特别处置法	租税特別措置法	昭和 32 年 3 月 31 日	法律第 26 号
14	行政不服审查法	行政不服審査法	昭和 37 年 9 月 15 日	法律第 160 号

资料来源：根据日本金融厅网站相关资料整理。

第四节　金融监管体制改革

一、传统的金融监管体制

日本传统的金融监管体制被日本社会形象地比喻为"护送船队方式"，它源自第二次世界大战时期负责运送武器或粮食的护卫舰队。当时一般由 20 ~ 30 艘船组成船队，由巡洋舰进行护送，整个船队的行进速度由航速最慢的船只来决定，以保证所有船只都能顺利抵达目的地。护送船队式的金融监管就像是行进中的船队，在大藏省的护卫下，以航速最慢的船只即效率最差的金融机构为标准，制订各种管制措施（市场准入管制、分业管制、利率管制、资金流动管制等），维持"银行不破产神话"，进而达到从金融层面支持日本经济复兴、增长以及稳定金融秩序的目的[30]。

这个阶段，日本是典型的以银行为基础的金融体系，银行在社会融资中发挥着至关重要的作用[31]。这种体系一般存在于资本市场相对欠发达的国家。与日本金融体系相适应的是日本的银行保护主义的监管制度。昭和

30　李超，梁继周：《日本金融监管体制的沿革》，载《银行家》，2005（7）。

31　参见 Asli Demirgüç-Kunt and Ross Levine：Bank-Based and Market-Based Financial Systems：Cross-Country Comparisons，World Bank Policy Working Paper No. 2143，1999。

银行危机和战时金融管制决定了战后日本金融制度的基本特征是以银行体系为中心，银行体系受到政府严格保护。在日本，不仅有法律上明文规定的政府监管机构对银行的监管制度，还有许多不成文的规定和行政指导，从而使银行听命于政府。由于政府和银行间的这种关系，银行既听命于政府，又相信政府的救济，二者之间有一种默契的信赖关系，从而形成一种特有的官民协调的金融体制[32]。

护送船队式监管体制在保障战后日本宏观经济稳定、推动日本经济高速增长中作出了重大贡献，但其成功是在一定前提条件下才成立的。首先，必须要有一个具有极高权威的监管机关。在日本的权力结构中，大藏省的权力占压倒优势，使其能够依靠行政手段的方式一次次克服金融危机。其次，处于经济赶超阶段的特定时期内，行政手段比市场手段见效快，比较容易为各方接受。最后，作为中央集权制国家，民间金融机构容易接受这种方式。

二、改革内在动因与外部条件

第二次世界大战后形成的浓厚行政指导色彩金融监管体制曾经在一定时期是适应日本金融业发展需要的，金融监管体制在保障战后日本宏观经济稳定、推动日本经济高速增长中作出了杰出贡献。政府严格保护下的银行体系有着强大的资金筹集和分配能力，促进了战后日本经济的高速增长，分业经营、分业监管的体制保证了日本金融体系的健康发展。但是，日本金融监管存在的问题在 20 世纪 80 年代末期开始凸显：旧金融制度下的制度租金导致了银行业的贷款扩张冲动，从而助长了经济成熟期后泡沫的形成和膨胀。银行效率低下，不良贷款数额巨大，腐败成风，大量银行破产倒闭。

20 世纪 70 年代以后，随着国内外经济、金融环境的变化，护送船队式金融监管赖以有效运行的前提条件开始崩溃。迫于压力，日本政府开始于 20 世纪 70 年代后半期进行金融自由化改革。最初的改革主要集

32　刘昌黎：《现代日本经济概论》，大连，东北财经大学出版社，2002。

中在放松利率管制，在利率市场化及放松金融管制方面，未触及护送船队式监管制度的根基——作为金融监管主体的大藏省。因此，金融监管仍然缺乏透明性，并回避了金融机构破产问题。但利率市场化改革已经大大降低了银行的盈利能力，使其破产风险激增。缺乏透明度和金融风险累积使20世纪70年代后半期不彻底的改革为后来泡沫经济发展埋下了种子。

泡沫经济破灭及随之而来的金融危机是日本20世纪90年代金融改革的直接动力。首先，金融危机后遗症促使日本政府改革监管体制。日本在近二十年经济发展中累积下来的很多固有矛盾不断地爆发出来，尤其是不良债务的累积。这给日本金融监管提出了改革要求。其次，日本金融危机后遗症蔓延态势将一体化混业监管提上日程。20世纪90年代日本金融业固有的矛盾爆发导致不良债权数量巨大，涉及日本金融领域所有的机构。金融危机的后遗症在21世纪影响了日本整个金融业的经营与管理，直接影响整个国民经济，也直接影响到政府思考如何避免新一轮危机的爆发。这一重要问题使金融监管体制的改革变得极其迫切。最后，金融监管体制改革关系整个日本国民经济的命运。从整个经济运行的层面上，日本金融业的不清晰的债权债务关系所涉及的当事者不仅涉及作为贷方的银行，同时还直接关系到作为借方的企业；不仅涉及银企关系，同时还涉及证券市场中交易者、持有人及与银行企业之间的关系。所以，金融监管体制的改革必须具有集中性、广泛性、针对性及协调性的特点，才能处理如此复杂的问题。从这种意义上，日本解决金融业危机隐患的同时，必须重构金融监管体制[33]。

在外部环境方面，20世纪80年代末期开始，国际上一些国家开始统一不同类型金融机构的业务监管标准，以适应金融市场创新与金融机构组织变化的需要，避免出现监管机构重叠和监管职能重复的现象。长期以来，在监管理念和监管体制方面世界各国有着不同的选择，也存在着一些争议。由于历史发展、政治经济体制、法律与民族文化等各方面的差异，

---

33 赵渤：《日、韩金融监管体制改革比较：中国的借鉴与启示》，载《济南金融》，2006（6）。

各国在金融监管体制上也存在着一定的差别。国际上金融监管的模式尽管在组织体系、监管手段、法律体系等方面不尽相同，存在着众多差异，但从监管的组织体系来分，大致可以分为如下三种类型：

（一）集中统一监管模式

集中统一监管模式，又被称为混业监管模式，就是将不同的金融行业、金融机构和金融业务作为一个相互联系的整体，由一个统一的金融监管机构负责进行监督管理。统一的金融监管机构可以是中央银行，也可以是其他机构。集中统一监管模式的优势：一是成本低。只设一个金融监管机构，不仅可节约技术和人力成本，而且可降低信息沟通成本，改善信息质量。二是营造稳定与可预期的监管环境。单一的监管机构，减少了被监管者对多重机构重复监管、监管程度不一致的忧虑和不适应。三是避免监管真空的出现。在金融业的迅速发展、金融创新的日新月异的时代，金融产品的界限可能变得模糊，容易出现多个监管机构的监管真空。但是金融监管的主体单一、集中，缺乏竞争性，容易导致官僚主义。

（二）分业监管模式

分业监管就是根据金融业不同主体的业务范围，在银行、证券和保险三个业务领域内分别设立一个专职的监管机构，负责各行业的审慎监管。相对于集中监管模式分业监管模式的优点包括：一是分工明确，监管效率高。不同的专业监管机构负责不同金融领域的监管，具有专业化强的优势，职责明确，分工细致，有利于监管目标的实现与监管效率的提高。二是竞争带来的效率的提高。不同的专业性监管机构拥有不同的监管对象，不同的监管机构之间存在着一定的竞争压力，能够推动监管事业的不断进步。但分业监管模式的缺点也不少。一是机构之间协调难。多重的监管机构之间存在着难以协调的问题，有可能发生被监管对象钻空子、逃避监管。二是监管成本高。因为，分业监管体制下，各个专业性监管机构数量多、机构庞大，监管成本高于单一监管体制，呈现规模不经济的现象。

（三）部分统一监管

现实中，不少国家采用的是介于分业监管和统一监管之间的中间模式，即一国有两个以上的监管机构，一个监管机构又同时监管两个行业。这种模式兼具上述两种模式的优点与缺点，是一种折中模式。

根据世界银行 2003 年对 77 个国家的样本调查[34]，全球主要国家对金融体系的监管可以分为三类：由单一机构监管整个金融体系，包括 22 个国家和地区，占 28.6%；部分统一监管，即一个监管机构监管两个金融行业的，包括 24 个国家和地区，占 31.2%；完全分业的监管包括 31 个国家和地区，占 40.3%。在该报告中，日本被划为第一类国家，同类的国家还包括英国、德国和韩国等国家或地区。

著名经济学家古德哈特和舍恩马克在 1993 年的研究发现[35]：第一，金融监管的体制安排将影响监管的效率和有效性；第二，监管机构的责任明确程度在不同监管体制下是不同的，当监管机构存在监管目标冲突时，只有明确监管机构的责任，才能较好地解决目标冲突问题；第三，不同的金融监管体制下，监管的直接成本和间接成本有所差异；第四，交叉重复监管会影响金融监管的成本和效率，不同的金融监管体制在处理这类问题上具有不同的优势。

自 1986 年挪威建立了世界上首个对银行、证券、保险实施统一监管的机构开始，丹麦、瑞典等北欧国家和加拿大率先整合金融监管机构，实行混业监管。在日本开始金融监管改革之前，英国、韩国、澳大利亚已经实施了混业监管，但日本实施金融监管改革还需要重大事件发生来推动。根据制度变迁理论，一种制度的形成往往与该国的政治经济历史文化有着密切的关系，由于在制度的形成过程中往往付出了巨额的成本，即使其他的经济制度更具有经济的合理性或更有效率，要废除这现行的经济制度，选择一种新的经济制度是非常困难的。经济制度的形成和发展往往具有路径依赖的特征，受某些历史性事件的影响而形成。日本泡沫经济的破灭和亚洲金融危机的爆发使得日本金融监管体制存在的问题暴露无遗，金融监管改革的时机也因此成熟。

34　参见 Luna-Martinez J. and Rose T. ：International Survey of Integrated Financial Sector Supervision, World Bank Working Paper 3096, 2003。

35　参见 Goodhart C. and Schoenmaker D. ：Institutional Separation between Supervisory and Monetary Agencies, LSE Financial Markets Group, Special Paper No. 52, 1993。

三、监管体制改革的主要内容

日本金融监管体制的改革主要有如下几方面内容：

（一）成立金融监管的最高权力机构——金融厅

作为金融监管机构的大藏省和日本银行因其监管不力备受指责，且在金融危机期间发生了两个机构职员在泡沫经济时期接受金融机构招待而被捕的丑闻，其公信力再次受到质疑。为强化政府对金融业的监管职能，日本政府将金融监管职能从大藏省独立出来，设立新的金融监管机构——金融厅[36]。在金融厅与后来的财务省的行政职能关系上，财务省内部的金融监管机构实质上是金融厅的分支机构，其检查监理官和证券交易监事官只对金融厅或证券交易监管委员会负责，与财务省其他机构没有明确的业务关系。

（二）金融监管由分业监管转向职能监管

无论是金融厅还是日本银行，在金融监管改革中不再沿袭以前按照行业所属来实施对金融业的监管的惯例，在机构设置方面都按照监管业务的性质而非行业性质对内部监管机构进行重组，成立了以不同监管职能为主的专业监管部门。职能监管要求使监管机构考虑如何根据金融业务经营需要合理设置监管机构内部的职能，从而实现对不同行业的业务进行统一监管。这使监管机构能够跨越行业局限实施有效率的监管，这样减少了分业监管中的监管空白与监管不力的局面。

（三）增加日本银行的独立性

1998 年《日本银行法》不仅标志着日本银行自身的一次重大变革，也标志着整个金融体制将发生重大变化。此次修订涉及日本银行的作用、货币政策目标、与政府的关系及其政策委员会的权限等。主要内容有：取消大藏大臣对日本银行的业务命令权和内阁对日本银行总裁的罢免权；强化政策委员会的权力，规定其成员以外部有识之士为中心，日本银行内部人事不得超过半数；增加透明度，定时公开政策委员会的讨论内容。

36　参见日本银行理事木下信行 2014 年 7 月在中日金融圆桌内部研讨会上题为《日本金融系统的结构改革》的演讲，中国金融四十人论坛网站。

（四）加强监管机构之间和其内部部门间的沟通协调

日本政府为进一步加强对不同金融监管机构的协调，重新调整了各监管机构内部的部门设置与构成。在职能监管部门内部设立了负责协调监管工作的总务机构，在职能监管部门之外设立了协调各职能监管部门管工作的总务课或总务局，以增强监管机构内部的信息沟通，提高统一监管水平。此外，还通过金融厅、日本银行和存款保险公司之间各级别监管人员之间频繁的私人交流与信息沟通，增强了不同监管机构在监管工作中的协调与配合。

（五）改革存款保险制度，完善金融安全网

尽管日本在 20 世纪 70 年代即建立了存款保险制度，但实际上一直处于休眠状态，面对银行持续破产和巨额损失的现实，日本在 1996 年修订《存款保险法》，从法律上将存款全额保护制度化，并采取了一系列措施，提升存款保险公司的融资能力和增强其金融机构破产处置权力。经过多年的政策调整，日本逐渐完善了存款保险政策，强化了金融机构破产关闭的退出机制，增强了市场约束，建立了金融安全网。

四、监管体制改革的效果评价

由于泡沫经济的破灭，加上亚洲金融危机，日本经济在 20 世纪 90 年代出现了之前所从未面对过的难关，国内对旧金融体制的不满日益高涨，渐进式的金融改革已经不能满足国民对变革的期望。从这个角度看，日本政府的监管改革一定程度上是出于监管失败后"要做点什么"的愿望。Goodhart 和 Schonemaker（1998）指出，如果一旦银行业出现问题，无论问题的症结所在，政府往往都会进行监管机构改革，这样政府就会向公众表明已经找出出现问题的原因，并已经着手开始解决问题。不管最初目的如何，日本一系列的金融监管改革还是取得了许多成果。特别是，日本的金融监管体系出现了显著的变化，成功地向强调信息披露和增加透明度方面转变，更加依赖正式的监管规则和市场机制[37]。

37　参见 Bruce E Aronson ： Reassessing Japan's 'Big Bang'： Did Financial Reform Really Fail？ East Asia Forum Quarterly，July 2011。

（一）成立了统一的监管机构，提高了监管效率

对金融监管机构的改革，将监管职能从大藏省中分离出来，成立金融监督厅，再重组为金融厅，作为日本金融监管最高权力机构。金融监管机关从大藏省的一个部门成为内阁府的外设局，有利于其独立地全面负责金融监管业务。监管模式也变为了功能性监管模式，即将相互联系的整体统一进行监管，把对银行业、证券业、保险业等金融机构的监管权都交给一个单一机构负责，提高了监管效率，减少了重复监管的成本。与此同时，金融厅和日本银行的监管职能划分更加明确，监管权限更加独立。两者实行分工监管，同时也协同合作，在一定程度上加强了监管的信息共享程度和监管效率。

（二）提升了日本银行的独立性，增加金融政策的科学性

日本银行脱离大藏省等政府部门，成为独立政府机构的最高官厅。长期以来一直为政府所拥有的业务指令权、高级职员的罢免权等已统统废除，使日本银行避免了受到政府的压力，而出台不符合经济运行规律的货币政策，达到维护金融体系的稳定，发挥金融对经济的促进作用的目的。独立性增强使日本银行减少了动用资金对市场进行不符经济规律的救济的情况，增强了资本市场的活力。尽管同以前相比，新修订的《日本银行法》是进了一步，但日本政府对日本银行依然保持着相当大的影响力，如政府有派员参与政策委员会讨论的权力，日本银行的预算也需大藏省（后为财务省）通过。

（三）增加金融机构间的竞争，促进金融业的大融合

进入经济成熟期后，金融当局并没有改变对银行的严格保护政策，从而扭曲了银行的行为。金融监管改革顺应了金融自由化的发展趋势，缩小了行政监管的范围，增强了市场监管的作用。日本金融业的风险意识增强，业务创新能力得到提升。改革后，允许金融机构之间相互持股、交叉经营金融业务，分散了金融业务的风险，同时也加剧了金融机构间的竞争。在激烈竞争的市场环境下，金融机构需调整自身经营战略，进行新产品的创新。混业经营促进了金融机构的金融创新，金融机构也增加了自身的竞争力。此外，改革带来的透明度提升和监管规则制度化也为日本金融

业吸引外资增加吸引力[38]。但银行业与证券业的"防火墙"到现在也还没有完全推倒，银行和证券公司只能通过子公司的形式实现业务渗透。

（四）帮助日本实现了向市场为中心的金融体系的转变

传统上，日本的金融体系以银行为中心，受到政府的重重干预。经过这一轮放松监管的改革，日本在向以市场为中心的金融体系的转变方面取得了重大进展，直接融资占比大幅提升。日本银行的数据显示，整个20世纪80年代企业融资快速上升，20世纪90年代基本持平，21世纪初的10年略有下降。其中，在1995-2005年这个阶段银行贷款大幅下降，权益融资稳步上升。1980年、1990年、2000年、2009年各年非金融企业银行贷款与权益融资之比分别约为6、5、3、2。从本质上来说，这些数据表明尽管速度缓慢，日本金融体系中直接融资占比在稳步上升[39]。

表3.3　日本非金融企业债务构成　　单位：万亿日元

融资类别	1980年	（%）	1985年	（%）	1990年	（%）	1995年	（%）	2000年	（%）	2005年	（%）	2009年	（%）
贷款	202	50.4	301	54.0	498	52.4	555	53.6	445	48.1	327	39.2	337	41.1
股份之外其他有价证券	197	4.8	31	5.6	79	8.3	76	7.3	74	8.0	71	8.5	72	8.7
股份与其他股权凭证	3	8.1	54	9.6	95	10.0	117	11.3	141	15.3	156	18.7	158	19.2
定金	2	6.8	36	6.4	60	6.3	58	5.6	42	4.5	37	4.4	3	4.5
企业间授信	116	29.0	129	23.2	198	20.9	208	20.1	194	21.1	182	21.8	166	20.3
其他	3	0.9	6	1.2	20	2.1	21	2.0	28	3.0	62	7.4	50	6.1
总计	400	100	557	100	950	100	1,034	100	924	100	834	100	820	100

资料来源：日本银行资金流向数据，转引自布鲁斯·阿伦森《对日本金融监管大改革的再检讨》，载《交大法学》，2013（3），84页。

38　参见 Bruce E. Aronson：A Reassessment of Japan's Big Bang Financial Regulatory Reform，IMES Discussion Paper Series 2011-E-19，Bank of Japan。

39　参见 Bruce E. Aronson：A Reassessment of Japan's Big Bang Financial Regulatory Reform，IMES Discussion Paper Series 2011-E-19，Bank of Japan。

参 考 文 献

［1］黄泽民:《日本金融制度论》,上海,华东师范大学出版社,2001。

［2］鹿野嘉昭著,余熳宁译:《日本的金融制度》,北京,中国金融出版社,2003。

［3］刘红:《日本金融监管体制的变革》,载《日本学刊》,2004（3）。

［4］庄玉友:《日本金融商品交易法述评》,载《证券市场导报》,2008（5）。

［5］李超,梁继周:《日本金融监管体制的沿革》,载《银行家》,2005（7）。

［6］木下信行:《日本金融系统的结构改革》,在2014年7月中日金融圆桌内部研讨会上的演讲,中国金融四十人论坛网站。

［7］日本存款保险制度课题组:《日本存款保险制度》,北京,中国金融出版社,2007。

［8］赵渤:《日、韩金融监管体制改革比较:中国的借鉴与启示》,载《济南金融》,2006（6）。

［9］［日］岩井奉信著,李薇译:《立法过程》,北京,经济日报出版社,1990。

［10］李桂山:《日本经济发展与金融研究》,沈阳,辽宁大学出版社,2012。

［11］刘瑞:《金融危机下的日本金融政策》,北京,世界知识出版社,2010。

［12］［日］滨野洁等:《日本经济史:1600－2000年》,南京,南京大学出版社,2010。

［13］日美金融危机比较研究课题组:《日美金融危机比较研究》,北京,中国社会科学出版社,2012。

［14］郭世英,刘藏岩:《日本金融改革评析》,载《日本问题研究》,2004（2）。

［15］桑榕：《日本金融监管组织模式的变革及启示》，载《日本问题研究》，2005（1）。

［16］金仁淑：《经济全球化背景下的日本金融监管体制改革》，载《广东金融学院学报》，2010（9）。

［17］王思洋，吴昊：《日本金融监管体系的重建及启示》，载《东北亚论坛》，2010（9）。

［18］程炜博：《日本金融监管制度及其改革分析》，吉林大学硕士学位论文，2011。

［19］曹为宇：《日本金融监管体制改革研究》，吉林大学硕士学位论文，2006。

［20］王宇杰：《日本金融监管制度的变迁及对我国的启示》，华东师范大学硕士学位论文，2007。

［21］耿静：《美国、英国和日本金融监管比较及对我国的借鉴》，东北财经大学硕士学位论文，2002。

［22］刘瑞：《日本金融机构破产处理》，载《日本问题研究》，2010（1）。

［23］李友申：《日本存款保险制度：演变与启示》，载《现代日本经济》，2004（5）。

［24］陈学彬，邹平座：《金融监管理论与实践的回顾与展望》，载《第三届中国金融论坛论文集》，2004。

［25］Bruce E. Aronson：A Reassessment of Japan's Big Bang Financial Regulatory Reform，IMES Discussion Paper Series 2011 – E – 19，Bank of Japan.

［26］Bruce E Aronson：Reassessing Japan's 'Big Bang'：Did Financial Reform Really Fail? East Asia Forum Quarterly，July 2011.

［27］Maximilian J. B. Hall：Banking Regulation and Supervision in Japan：Some Issues and Concerns，Working Paper Submitted to London Financial Regulation Group's Conference on "The Institutional Organisation of Banking Supervision" held at the London School of Economics，2002.

［28］Luna-Martinez J. and Rose T.：International Survey of Integrated Financial Sector Supervision, World Bank Working Paper 3096, 2003.

[29] Hugh Patrick: The Causes of Japan's Financial Crisis, Center on Japanese, Working Paper of Economy and Business, Columbia University, 1998.

[30] Kazuo Ueda, The Structure of Japan's Financial Regulation and Supervision and the Role Played by the Bank of Japan, Center for Advanced Research in Finance, University of Tokyo, 2009.

[31] United States General Accounting Office, Bank Regulatory Structure of Japan, Report to House of Representatives, 1996.

[32] Kamikawa, Ryunoshin, The Interaction between Financial Regulation and Financial Crisis in Japan: Change in Financial Administration and Two Financial Crises From 1980 to 2010, Osaka University Law Review 59, 2012.

第四章

主银行制度

第二次世界大战后很长一段时期，间接金融在日本金融体系中占据显著的优势地位，其中主银行制度又扮演着十分重要的角色。这种以与企业建立长期交易关系为基础的主银行制度，形成了企业和银行相互促进、共同发展的良性循环，在日本经济高速增长时期发挥过十分积极的作用。日本经济长期高速增长的发展模式曾为全世界所瞩目，甚至一度被认为是一个不会犯错误的国家[1]。但 20 世纪 90 年代以来，日本经济持续低迷，尤其是金融领域出现了巨额不良债权和金融机构接连倒闭等问题，使国际金融界普遍开始对日本经济体制特别是金融制度安排产生疑问，主流观点甚至认为，主银行制度已成为阻碍日本经济复苏的制度性障碍。

第一节　主银行制度概述

一、主银行制度的概念

主银行制度（Main Bank System）是日本一种特殊的公司融资和治理形式，既是日本公司治理结构的核心内容，也是日本金融制度的主要环节，不仅反映了银行与企业之间的紧密关系，还折射出政府与利益集团之间的深入纠葛[2]，充分反映了日本特殊的历史背景和"契约型市场经济"独特的运行机制[3]。但是，在日本的法律法规中并没有明文规定何为"主

1　［美］迈克尔·波特，［日］竹内广高，树原鞠子：《日本还有竞争力吗?》，7 页，北京，中信出版社，2002。

2　涂菲：《日本主银行制的演化动力、区间及约束条件》，载《金融评论》，2012（2），26 页。

3　黄泽民：《日本金融制度论》，49 页，上海，华东师范大学出版社，2001。

银行制度"，也就是说，主银行制度至今尚无统一的或法定的定义。

长期以来，学术界对主银行制度概念与内涵的界定都存在争议。比如，在如何理解"主银行"这一概念上就存在分歧[4]。有学者认为，对于企业来说，主银行是在诸多银行中对其贷款份额最大的银行。也有学者[5]认为，如果仅从借贷关系的标准来把握，容易忽略主银行制度的本质内涵。另外，从主银行在企业监控和治理方面所起的作用出发，不少学者强调了主银行制度的特殊性，认为该制度是日本所特有的。也有学者不同意这种观点[6]，对企业经营进行监控是银行的基本功能，不是日本主银行所特有的。

企业与银行间的交易关系，在日本被称为"主银行制度"，在德国则被称为"Hausbanken"。而在与德国和日本两国存在显著不同的美国金融体系中，也存在企业与银行间的长期交易关系，而且被称为"亲戚关系"。据 Petersen 和 Rajan（1995）的实证研究，在美国地方金融中，也存在这种银行与企业间的这种特殊关系。由此可见，银行与企业间的长期交易关系，在各国均有存在，只不过因国家不同，其数量和程度存在差异而已。

以下是日本学术界有关主银行制度概念与内涵的几种有代表性的观点。

（一）主银行制度是核心银行制度

佐佐木（1992）认为日本企业集团的主银行是核心银行，它所指的核心银行是在该企业融资额中位于前五位的银行，并且至少具备下列三个条件中的一个：第一，企业大股东（前十位）；第二，银行派遣人员担任该企业的重要职务；第三，承办该公司债券发行。小林、远藤、荻岛（1994）虽然也认同核心银行的存在，但他们认为核心银行是与主银行并列的概念，核心银行关系在第二次世界大战前的日本就已经存在，并与主银行体系同时起作用。

---

4 车维汉：《日本主银行制度研究评述》，载《东北亚论坛》，2006（2），93 页。

5 比如，崛内昭义在其所著的《日本经济和金融规制变迁和课题》中对主银行制度定义为"特定企业和特定银行间所建立的长期交易关系"。

6 Horiuch, iA., F. Packer, and S. Fukuda, What Role Has the Main Bank Played in Japan? [J]. *Journal of the Japanese and International Economies*, 1998.2.

（二）主银行制度是一种公司融资和治理系统

青木昌彦（Akoi Massahiko，1994）等认为主银行制度指的就是一个公司融资和治理的系统[7]，这套系统包含一系列在工商企业、各种类型的银行、其他金融机构以及监管者之间实施的非正式的惯例、制度安排和行为，主银行制度的核心是主银行及相应企业的关系。

青木昌彦和休·帕特里克在其主持的世界银行研究报告中指出，主银行制度是"日本资本市场上公司监控和治理的核心机制"。在内容和范畴方面，"其核心是主银行与企业间的关系，它包括许多方面：相互持股、提供管理资源、派遣管理人员、提供各类金融服务以及对银行进行救助等"，"主银行与企业的其他融资者、其他融资者与企业、监管当局与企业及融资者之间的关系"[8]。其强调的重点是[9]：第一，主银行的核心是银企关系；第二，它不仅包括银企关系，而且还包括银银关系（主银行与其他金融机构）、银政关系（主银行与政府管理机构），是一种多元性的关系矩阵；第三，主银行制度的基础是企业相互持股的制度安排；第四，主银行制度是日本公司治理结构的"核心机制"和"主要支柱"。

（三）主银行制度是一种共同融资关系

崛内昭义、福田慎一（1994）采用经济调查协会对融资系列企业的定义，即原则上在借款企业最近三年的融资份额中，如果某一银行为该企业提供的融资额是最大的，那么该银行的融资系列企业中就包括这个企业。崛内昭义等按照这一标准界定的主银行概念，对属于企业的主银行实地进行了调查，认为东京证券交易所的上市企业中，很多企业拥有主银行，这些企业不仅从主银行贷款，还从其他多家银行和金融机构融资。因此，对企业而言，主银行只是主要的贷款方[10]。其后，崛内昭义在其所著的《日本经济和金融规制变迁和课题》中对主银行制度进一步定义为："特定企

7 Akoi, M. , H. Patrick and P. Sheard (1994), "The Japanese Main Bank System: An Introductory Overview", In Masahiko Aoki and Hugh Patrick, eds. , *The Japanese Main Bank System*. Oxford University Press, p. 150.

8 青木昌彦、休·帕特里克：《日本主银行制度》，3 页，北京，中国金融出版社，1998。

9 刘毅：《日本的主银行制与银企关系》，载《日本研究》，2003（4），14 - 22 页。

10 参见赵旭梅：《日本企业集团的金融制度研究》，复旦大学博士论文，2004。

业和特定银行间所建立的长期交易关系。主银行不仅对企业提供贷款，而且还持有企业的股份，从资本市场的参与者和监控者的角度看，它还监控企业并在企业出现危机时对企业经营进行干预。"

（四）主银行制度是日本金融界和企业界的一种惯例

鹿野嘉昭（1994）认为，主银行是银企之间通过长期交易形成的一种惯例[11]。鹿野嘉昭总结成为企业的主银行需要具备五个方面的条件[12]：第一，在多家银行中占据了最大融资份额；第二，在持有交易企业的股份方面，是银行当中持股最多的；第三，往交易企业派遣领导层；第四，具有长期、固定的综合交易关系；第五，在交易企业陷入经营危机时，积极采取救助措施。

（五）主银行制度是一种"关系的凝聚体"

桥本寿朗（1992）等人[13]认为，主银行制度可以归纳为企业与银行以及银行与银行之间的一种"关系的凝聚体"或者"默认的契约凝聚体"。在银行承诺向企业提供所需资金的同时，客户企业也通过将结算账户集中到银行等方式协助银行提高其竞争力；银行则帮助企业稳定经营权，一旦企业陷入困境，主银行即实施救助等，阐明了主银行制度可以实现银行与企业的双赢。

日本通产省的报告与桥本寿朗等人的观点基本类似。1994年，在日本通产省委托富士综合研究所作的主银行制的研究报告中，对主银行的定义作了如下描述："在主银行制度下，银行不是单纯作为提供资金的金融机构，而是与以其为主银行的企业结成很深的、几乎成为一体的关系。同时，以全社会筹措资金的方法来看，实行主银行制的企业和银行采用'间接金融'（即企业主要从特定的银行融资）的比重很高也是主银行制的重要特征之一"[14]。

11　赵旭梅，夏占友：《日本企业集团的金融制度》，70 页，北京，对外经济贸易大学出版社，2006。

12　［日］鹿野嘉昭著，余熳宁译：《日本的金融制度》，138 页，北京，中国金融出版社，2003。

13　［日］桥本寿朗，长谷川信，宫岛英昭，戴晓芙译：《现代日本经济》，79 ~ 89 页，上海，上海财经大学出版社，2001。

14　转引自冯艾玲：《关于日本主银行的考察与思考》，载《财贸经济》，1997 (1)。

另外，中国一些有关日本主银行制度研究的学者也分别提出了自身对主银行内涵的见解。比如，李扬（1996）对主银行制的定义是"主银行制是一个包含多方面内容的综合性概念，它指的是企业和银行之间建立的资金和人事关系的总和。"庞德良（1999）在其《现代日本企业产权制度研究》[15]一书中，认为主银行制度是以间接金融制度为基础，以系列企业为范围在银行和企业之间形成的一种长期交易关系，是战后特定历史条件下形成的银行资本与工业资本相融合的一种制度安排。并且从银企关系的角度比较新颖地阐述了主银行制度的功能，包括：主银行具有内在监控功能、风险共担功能、融资的组织和示范功能等。孙丽（1999）对主银行制的界定是"特定的银行通过对某企业大规模的贷款，并保持相互持股的关系，使得银行对企业的重大决策具有很大的影响力，能够直接实行监控控制，这不同于欧美国家的商业银行通过资本市场来监控企业，从企业那里得到的仅是外部信息，而是通过主银行与企业之间这种特殊的关系，直接得到企业内部信息，从而更有效地对关系企业发挥监控治理功效。"刘昌黎（2000）对主银行制度的界定是"在日本企业与特定的银行之间形成了长期、稳定、综合的交易关系，与企业形成这种关系的银行被称为主银行。"也有一些学者直接引用了青木昌彦（1998）的有关主银行制度概念的界定[16]，比如刘毅（2003）、李博（2010）等。

综合上述学者的观点，主银行制度是指第二次世界大战后特定历史条件下形成的企业、银行、其他金融机构（其他主银行）和监管部门之间一系列非正式的惯例、关系、制度安排和行为在内的公司融资和治理机制，其核心是主银行与企业之间的关系，包括提供各类金融服务、相互持股、提供管理资源、派遣管理人员以及承担救助责任等方面的内容。

二、主银行制度的基本特征

主银行制度主要包括三个方面的内容和关系：银企关系、银银关系和

---

15 庞德良：《现代日本企业产权制度研究》，44页，北京，中国社会科学出版社，2001。
16 郑秀君：《日本主银行制度研究综述》，载《经济研究导刊》，2009（36），68页。

银政关系。三者的互补互动作用，构成了主银行制度的一般性特征[17]。

（一）银企关系：依赖与监控

第一，主银行为企业提供最大的融资额。这是主银行最基本、最重要的特征之一。除20世纪80年代末的泡沫经济时期，从20世纪50年代到90年代初期，日本企业向金融机构借入的资金均占其外部融资总额的70%以上[18]。其中，主银行则是向企业提供融资最多的民间金融机构。

第二，主银行是企业最大的股东之一。根据1984年日本反垄断法的规定，银行对企业持股比例的上限降低为5%。然而，对于大型上市公司以及其他大型分散持股的公司来说，持有5%股份的银行一般都是企业的大股东。1995年，在东京交易所第一上市部的1,183家大企业中，主银行是银行股东中最大股东的企业高达1,006家，比重为86%[19]。主银行与企业关系的这一特征和日本企业相互持股制度密切相关[20]。

第三，主银行为企业提供综合性金融服务。主银行除了为企业提供贷款外，也为企业提供各种多样化的金融服务。例如，当企业在国内发行债券时，主银行理所当然是企业的法定受托管理人，负责担保品的评估与保管，召集并主持债权人会议等。在这个过程中，主银行还能够得到丰厚的手续费收入，一般为债券面值的0.25%[21]。另外，企业在主银行开立支付结算等账户，主银行因此能够通过查看企业账户中的收支，了解其财务状况，及时掌握其经营的最新信息，加强对企业的监控。同时，主银行还向企业提供有价值的商业信息和投资银行业务[22]。从而，企业与主银行之间形成了长期的、稳定的、综合性交易关系。

第四，主银行向企业派遣人员担任企业的重要职务。比如，主银行向企业派遣管理人员作为企业的董事或审计员。1992年，日本上市公司的

17　刘毅：《日本的主银行制与银企关系》，载《日本研究》，2003（4），19页。

18　青木昌彦，休·帕特里克：《日本主银行制度》，3页，北京，中国金融出版社，1998。

19　转引自庞德良：《现代日本企业产权制度研究》，124页，北京，中国社会科学出版社，2001。

20　[日]小林义一：《日本的金融体系》，206页，东京，东京大学出版会，1992。

21　罗清：《日本金融的繁荣、危机与变革》，276页，北京，中国金融出版社，2000。

22　参见刘丹：《日本主银行制度的兴衰》，东北师范大学硕士学位论文，2008。

40,045 位董事中约有5%来自银行[23]。日本的六大城市银行[24]和日本兴业银行是企业中银行董事的主要来源。这种做法有利于主银行从企业内部掌握企业的经营情况，对企业经营活动进行监控，参与企业重要事务的决策；企业通过接受主银行派遣的人员，可以密切与主银行的关系，顺利实现与银行的日常交易，当企业面临经营困境时，还可以从主银行得到救助。这种人员的派遣可以看做是银企双方建立主银行关系的一个重要标志。

第五，主银行承担救助责任。主银行制度的特征不仅体现在大份额融资、相互持股、保持长期稳定的交易关系上，更体现在主银行在客户企业处于危机时所起到的救助功能上。当企业经营遭遇困境时，由主银行负责对其进行救助。与此同时，企业对主银行发挥救助作用的期望也较高。据调查，企业出现危机时，49.4%的企业认为主银行肯定会提供帮助，39.15%的企业认为主银行可能会提供帮助，对主银行帮助没有期待的仅占11.45%[25]。一般来说，企业规模越大，得到救助的期望就越高。

在债务再安排的过程中，主银行往往通过两种方式发挥其主导作用[26]。第一，主银行安排整个债务重组过程。主银行直接与客户企业打交道并与其他贷款人联系，尽力得到其他债权人的同意。第二，主银行提供比其他贷款人更多的金融支持，比其他银行给予企业数额更大的利息减免或是承担份额更大的坏账损失，在某些情况下，主银行可能是唯一进行利息减免及坏账核销的银行。此外，主银行在协调过程中，常常是单独提供紧急贷款或是组织少数几家银行共同对企业融资。

（二）银银关系：委托监控

除上述银企关系中的五个特点之外，各家银行之间的相互关系也是促

23　［日］青木昌彦，休·帕特里克：《日本主银行制度》，14 页，北京，中国金融出版社，1998。

24　经过多次重组合并后，目前日本六大城市银行是指：三菱日联银行集团、瑞穗银行集团、三井住友银行集团、理索纳银行集团、住友信托和三井银行集团。

25　参见［日］深尾光洋. コーポレートガバナンスの多様化と収斂化［C］//青木昌彦、奥野正寛、岡崎哲二. 市場の役割国家の役割. 日本：東洋経済新報社，1999。

26　参见邓一国：《战后日本主银行制度的形成及演变》，苏州大学硕士学位论文，2003。

使主银行与企业建立长期交易关系的重要原因[27]。一般而言，大多数企业并非仅有一家主银行，很多企业拥有一家以上的主银行[28]。根据1993年日本富士综合研究所的统计，90%以上的企业都拥有主银行。其中，有1家主银行的企业为60.7%，有2家主银行的企业为24.5%，有3家主银行的企业为9.5%，有4家主银行的企业为2.9%，有5家以上主银行的企业为2.4%，平均每家企业拥有1.6家主银行。

以丰田汽车股份公司为例，其与三和银行、东海银行以及樱花银行（三井集团核心银行之一）保持密切的关系，这三家银行都是丰田最大的股东之一，持股规模均在5%左右，其中两家银行在丰田公司中安排（兼职）了审计师。这样就形成了"一个城市银行既是其诸多客户中的某些客户的主银行，又是其他客户事实上的贷款辛迪加的一个成员[29]"的情况。两个或两个以上的主银行，实际上是以辛迪加形式组成的贷款银团。对于企业来说，它们是主银行；对于单一的银行而言，它们又是贷款辛迪加成员，进行银行与银行之间的业务交易。

在各家银行的关系中，某个企业的主银行在贷款银团中发挥主要的监控职能，其他银行可以依赖主银行的判断，无须花费精力去监控该企业。例如，假设贷款集团由A银行和B银行组成（见图4.1），A银行是企业甲的主银行，B银行是企业乙的主银行。A银行只负责监控甲企业，联合B银行一起向甲企业贷款；B银行只负责监控乙企业，联合A银行一起向乙企业贷款。这样两个银行只需分别监控一个企业即可，节省了监控成本，这两个主银行之间的关系就是"相互委托监控"。

（三）银政关系：委托监管与接受监控

在银政关系中，一方面，主银行接受金融监管机构的监管。大藏省（其后为金融厅）和日本银行对主银行实行严密监控和审慎控制。大藏省

---

27 刘毅：《日本的主银行制与银企关系》，载《日本研究》，2003（4），18页。

28 一个企业的主银行可能有多家，但是按照长期交易关系形成的、同时也是融资额最大的一家主银行往往在贷款银团、提供综合服务、向企业派遣管理人员、承担救助责任方面起主导作用。

29 ［日］青木昌彦，［美］休·帕特里克：《日本主银行体制》，15页，北京，中国金融出版社，1998。

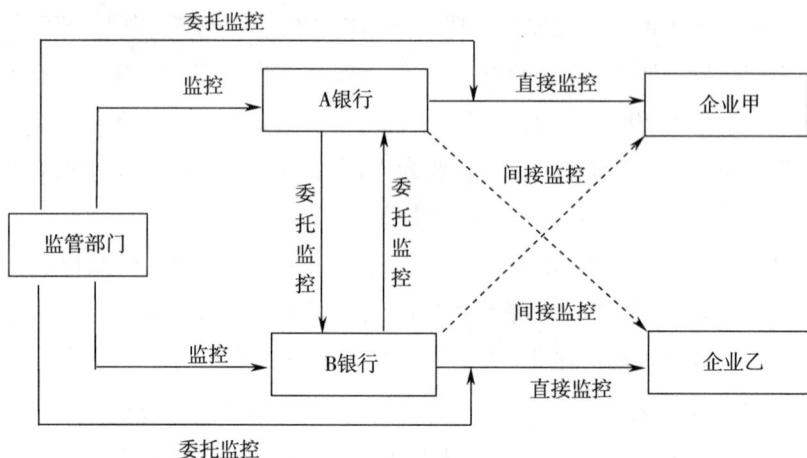

委托监控

监控　　A银行　　直接监控　　企业甲

间接监控

监管部门

委
托
监
控

委
托
监
控

间接监控

监控　　B银行　　直接监控　　企业乙

委托监控

资料来源：戴金平：《主银行制度与日本金融危机》，载《世界经济与政治》，1999（2），60页。

图 4.1　银企之间、主银行之间以及主银行与监管部门之间的监控关系

银行局可以任意检查银行的账簿，一旦发现问题，有权就问题的解决提出建议；日本银行通过其信贷部密切监控银行的正常运作，通过其监控部定期现场稽核。当一家银行因管理不善，面临资产重组时，大藏省就派人进入该银行董事会担任董事或总裁。因此，从某种意义上说，当时日本银行之间的兼并、重组实际上更多的是一种政府行为。这同时也代表当时的日本金融监管机构在对银行监管中的绝对权威地位。另一方面，主银行与金融监管机构的关系十分密切[30]，前者接受后者的委托，对企业进行监管。大藏省及日本银行通过城市银行分支机构许可证的发放，激励在监管及救助问题企业中有功的主银行。即监管部门通过种种措施，使主银行承担了政府的某些监管职能，并使主银行承担了某些社会职能。

30　日本还有一套独特的对于政府监管者的激励机制，即日本银行和大藏省向退休后的官员提供工作，特别是安排到大银行担任重要职位，作为对官员在任职期间努力工作的奖励。这实质上体现了政府和银行的密切关系。据统计，截至 1992 年 7 月，有 78 名大藏省、64 名前日本银行官员在 115 家上市银行的董事会中担任董事。

除了担心自身的声誉遭受影响之外，能够获得被业界称为"主银行租"[31]的超额利润是主银行愿意承担监控和救助企业巨大成本的最根本原因。在主银行地位确立和发展的过程中，大部分企业并没有频繁地更换主银行，以求得更有利的融资条件；同时，银行之间的竞争也没有消除"主银行租"的存在，主要原因在于日本金融监管部门大藏省[32]和日本银行"护航舰队式"[33]的监管机制保护了主银行的利益，这是主银行制度存在和发展的重要制度保证[34]。日本监管当局通过限制新银行竞争者的准入、利率管制、分业管制等措施，防止了银行业之间的恶性竞争，并确保了银行利润的稳定来源。

三、主银行制度的历史作用

仅经过短短二十几年，日本就在第二次世界大战战败的废墟上崛起，成为仅次于美国的全球第二大经济体。国际上很多学者对日本的"经济奇迹"感到惊讶，同时对日本的经济体制及经营模式产生了浓厚的兴趣。其中，主银行制度被认为是日本式经营模式的最重要组成部分之一，是推动日本经济"腾飞"十分重要的因素。有学者认为，主银行制度适应当时日本经济发展的阶段，是日本战后高速经济增长时期的最佳选择。主银行制度的历史作用在于：

第一，日本政府根据其产业政策和经济发展目标实现了对社会短缺资金的合理配置，保证了重点产业的发展，在这一过程中，主银行制度发挥了较为关键的作用。第二次世界大战后，日本国内一系列经济复兴计划出

31　"主银行租"包括：关系企业的低息存款、为企业提供大量贷款的利差收入、为企业提供金融服务的手续费收入以及可以得到与关系企业有业务往来企业的业务收入等。

32　大藏省是日本自明治维新后直至公元2000年存在的中央政府财政机关，主管日本财政、金融和税收。

33　第二次世界大战后，日本政府为降低企业资金筹措的成本，长期推行人为的低利率政策，即把利率水平特别是贷款利率控制在低于由金融市场所决定的实际利率的水平。同时，为保护金融机关的利益，还推行了金融保护行政，规定了对金融业的参入限制和业务限制等，这就是所谓"护航舰队"方式。护航舰队方式虽然也没有什么法律上的成文规定，但在"银行不破产"神话的支撑下，企业、银行、政府融为一体，非常有利于企业和银行关系的稳定，促进了银行对企业的大量贷款。

34　戴金平：《主银行制度与日本金融危机》，载《世界经济与政治》，1999（2），59页。

台。日本经济得以在 1948 年后恢复至战前的七成，为后续"道奇计划"的制订和实施铺平了道路。

第二，主银行制度框架下，金融监管当局防止过度竞争带来的社会不经济、银行破产和金融市场动荡，维护了金融稳定和金融秩序。日本金融监管当局"护航舰队"式的保护措施，确保了金融秩序的稳定，使银行金融机构在可控范围内逐渐恢复、发展和壮大；同时，主银行制度也对企业的发展起到了支撑和保障作用，促使整个经济形势不断向好。

第三，通过主银行对企业的监控和救助，防止了企业的盲目经营和破产，保证了日本经济的高速增长。其中，主银行制度促进了日本企业治理结构的进一步完善，这是其中关键的一点。根据日本经济学家青木昌彦"相机治理"的相关理论，在"内部人控制"的情况下，如果企业陷入经营困境，可以通过贷款银团中的牵头银行（即该企业的主银行）的介入，将企业的控制权从内部人手中转移到外部人手中，从而在一定程度上对公司管理层的行为产生了约束作用。

第四，培育了一批规模巨大、有一定竞争力的大型企业集团。主银行制度有利于维持寡头垄断的产业组织模式[35]。主要原因在于，从银行之间的竞争关系看，银行之间存在争夺朝阳产业中优秀企业顾客的动机；从企业的角度看，优秀企业因为担心其内部的信息被泄露给同行业其他企业，不会与已经和其竞争对手企业建立密切联系的银行建立主银行关系[36]，因此竞争的结果，日本企业集团的六大城市银行通常各自拥有一家朝阳产业部门的企业，形成日本独有的"一体化主义"[37]现象，主银行各异的 5 ~ 6 家朝阳产业部门的企业相互激烈竞争。主银行尽力帮助企业在这种竞争中胜出。同时当某一关系企业陷入财务危机时，主银行就会积极救助，帮助其走出困境，不会让其他集团的企业随意兼并该企业，这种倾向抑制了企业之间横向合并的发生，维持了寡头垄断竞争的局面。

35　［日］鹿野嘉昭：《日本银行金融组织》，231 页，东京，东洋经济新报社，1994。

36　赵旭梅，夏占友：《日本企业集团的金融制度》，68 页，北京，对外经济贸易大学出版社，2006。

37　在经济高速增长时期，日本企业集团的六大城市银行采取所谓大而全的一体化投资策略（One-set Investment Strategy），即在所有的新兴战略产业投资以占领未来市场竞争的制高点。

第二节　主银行制度的产生与演进

道格拉斯·C. 诺思指出，历史是至关重要的，人们过去做出的选择决定了他们现在可能的选择[38]。正如其所言，一国金融体系的演化，会受到该国历史因素的影响。美国以市场为基础的企业融资相对发达，与美国的文化、制度、历史等因素密切相关。美国政府对强大的金融资本向来怀有戒心，并以 1930 年的"大萧条"为契机，建立了制约银行力量的制度安排。比如，美国政府禁止银行持有企业股份，同时不允许银行介入企业经营。类似地，日本主银行制度的萌芽、形成与发展，同样可以在日本经济史的演化中找到答案[39]。

日本主银行制度萌芽于第二次世界大战时的"战时经济时期"，第二次世界大战结束后的"经济民主化时期"进一步促使了主银行制度的形成，与此同时，间接金融居于主导地位也使得企业对银行的依赖性大幅提高。因此，可以说主银行制度是日本金融制度及产业制度发展过程中历史形成的，是日本文化积淀、重大历史事件和金融体制三方面共同作用的结果。

一、主银行制度产生的原因

（一）日本文化是主银行制度的土壤

制度形成和变迁受特定文化的影响。从这个意义上讲，任何国家、地区的经济结构和模式的形成及发展，都并非单纯的经济行为，其背后往往潜藏着一定的社会和文化背景。也就是说，一定历史阶段的经济形态的产生和发展，都需要有传统的文化精神的支持和某种文化力的驱动。具有日本特色的"主银行制度"的形成，也有一个大的文化背景[40]。日本传统文

38　［美］道格拉斯·C. 诺思：《经济史中的结构与变迁》，122 页，上海，上海三联书店，1991。

39　车维汉：《日本主银行制度研究评述》，载《东北亚论坛》，2006（2），94 页。

40　参见邓一国：《战后日本主银行制度的形成及演变》，苏州大学硕士学位论文，2003。

化影响主银行制度的特征较多，且具有明显的路径痕迹[41]。主要包括：首先是日本式的民族主义和国家主义。日本的民族国家意识十分显著且具有特点。日本的神道教义中包括该民族感情生活中两个压倒一切的特点——爱国心和忠义[42]。中国对儒教的解释是个体主义和人道主义，而日本的解释是民族主义和尚武主义[43]。民族主义和国家主义往往是理解日本社会现象的钥匙。其次是非亲族合作精神。日本传统文化对于合作行为的规范有其特殊性，日本人与人之间的合作是非亲族协作的合作，是基于地缘的结合而非基于血缘的结合[44]。最后是集体主义。日本文化反映了其社会中个人与群体关系的性质，日本真正的集体主义是我们透视日本主银行制度的核心概念之一。日本人的集体意识是在封闭性地域共同体的基础上发展起来的，是基于生活需要的强烈的共同走向，以共同归宿为感情基础而形成的，即是社会学中所谓的共同体的集体意识[45]。

根据李惠波[46]在《日本传统文化对主银行制度影响的路径分析》中的研究，日本传统文化对主银行制度的影响路径包括三条（见表4.1）：一是对主银行产权制度的影响；二是对主银行制度中合作关系的影响；三是对主银行经营制度的影响。

表4.1　日本传统文化对主银行制度影响的具体路径

影响路径	日本主银行制度	日本传统文化
路径一	产权制度方面：法人资本主义	民族主义、国家主义
路径二	银企结合：长期交易关系，亲密结合	非亲族合作关系、地缘合作关系
路径三	经营制度：经营者支配、经营中的"会签"制度	集体主义、全体本位

资料来源：李惠波：《日本传统文化对主银行制度影响的路径分析》，载《日本问题研究》，2006（4），30页。

41　李惠波：《日本传统文化对主银行制度影响的路径分析》，载《日本问题研究》，2006（4），29页。

42　[日]新渡户稻造：《武士道》，19页，北京，商务出版社，1993。

43　[美]鲁思·本尼迪克特：《菊与刀》，55页，北京，商务出版社，1990。

44　孙立平：《二十世纪西方现代化理论文选》，124页，上海，三联书店上海分店，2002。

45　北京大学日本文化研究所：《中日比较文化论集》，75页，长春，吉林教育出版社，1990。

46　李惠波：《日本传统文化对主银行制度影响的路径分析》，载《日本问题研究》，2006（4），28~31页。

结合日本主银行制度一些特点进行分析，日本之所以选择以银行为基础的公司融资、监控、治理体制，有其深厚的"文化"背景。在日本经济体制中，政府的指导居于十分重要的位置。基于日本的人文传统，这种政府指导往往是通过官员与企业界人士私下协商实现的。由于数十年来政府招聘的工作人员都是名牌大学的优秀毕业生，人们倾向于相信官僚是社会上的精英，官僚的判断和决策是正确的[47]。

另外，在日本经济高速发展时期，企业的资金严重匮乏，因此主要依靠银行融资，而银行的资金主要来源于居民个人的储蓄。日本私人金融机构能够为企业提供大量的资金的一个重要原因是，日本居民有着很高的储蓄率[48]。其背后反映的文化是日本民族有着踏实的国民性，强调儒家伦理所提倡的节俭勤奋。

（二）重大历史事件催生主银行制度

据 Miyajima 和 Okazaki 的研究，在日本近代经济史上，主银行制度的形成与一些重大事件有关。比如，1927 年金融危机以及同年日本银行法的颁布；20 世纪三四十年代战时统制的强化以及第二次世界大战后在美国主导下的财阀解散等。本书基本认同这种观点。

1927 年金融危机以及同年日本银行法的颁布。1918 年之前的日本，任何人都可以开设银行机构，即社会资本可以自由进出银行业。因此，当时日本各种银行机构林立。1920 年，日本有 2,001 家银行，到 1928 年仍有 1,515 家[49]。日本政府对银行业的自由放任态度，一定程度上导致了其后大规模存款挤兑和银行破产事件的发生，即 1927 年的"昭和银行危机"，当时日本共有 45 家银行破产。这次金融危机之前的几年以及其后的十年间，日本国内银行机构发生了相当数量的解散、破产、停业事件。1925 年末，日本共有 1,670 家普通银行和储蓄银行，而在临近日本侵华战争前的 1936

47　国务院发展研究中心金融危机跟踪研究小组：《世纪末的冲击，深层思考：经济全球化过程中金融危机的防范》，131 页，北京，中国发展出版社，1999。

48　孙翠兰：《金融制度与业务比较研究》，149 页，北京，经济科学出版社，1999。

49　参见［日］青木昌彦、Hugh Patrick、Sheard. Paul. 関係の束としてのメインバンクシステム［C］//伊丹敬之．日本の企業システム第Ⅱ期第二卷企業とガバナンス．日本：有斐閣，2005。

年末，则减少到了 495 家[50]。在这期间，通过银行合并新设了 117 家，1,289 家银行关闭。其中，483 家银行通过解散、破产、停业退出了银行业。

1927 年的银行业危机，使日本以自由放任为原则的资本主义金融体制受到了前所未有的沉重打击，银行制度也由此发生了巨大变化。与此同时，这次危机也使得当时以及后来的日本政府决策者们有了一个长期监管上的成见，即对金融体系稳定的关注超过了对竞争的关注[51]。1927 年，日本颁布了新的银行法，将银行的最低资本金提高到了 100 万日元。另外，为了配合银行法规定的最低资本金管制，日本政府促使资本金不足的银行不断提高其资本金，且不承认银行单独增资的方案。这一措施促进了当时银行机构的大规模合并。

大藏省还提出了"一个辖区一个银行"的政策目标。在这一政策下，每个银行都在其所在的区域中获得了垄断经营权，第二次世界大战结束后，这些银行就成为了地方银行。另一方面，国民储蓄不断向财阀系统的大银行集中，这些大银行最终演变为城市银行。作为战后日本银行体系主体的城市银行和地方银行，就是在这种背景下形成的[52]。

战时统制的强化及军需融资。第二次世界大战时期，日本经济从"准战争体制"逐步过渡到"战争体制"。1937 年 9 月，日本政府设立了"临时军费特别会计"[53]。为了将有限的资源进行最有效的分配，保证军需物资生产、防止战时通货膨胀、确保重要产业资金供给、提供充足劳动力、维持国际收支平衡等一系列为战争服务的目标，日本政府推行了包括金融、物价、劳动、产业等方面的统制政策[54]。

在此期间，日本政府颁布了大量的战时统制经济计划和法令，其中就

50　参见［日］冈崎哲二：《经济史上的教训》，15 页，北京，新华出版社，2004。

51　参见［日］荻野博司．商法改正とコーポレートガバナンスの10年［C］//神田秀树．コーポレートガバナンスにおける商法の役割，日本：中央经济社，2005。

52　于潇：《日本主银行制度演变的路径分析》，载《现代日本经济》，2003（6），43 页。

53　揖西光速，大岛清：《日本资本主义的发展》，296 页，北京，商务印书馆，1963。

54　转引自雷鸣：《论日本战时统制经济与战后经济体制的关联》，载《日本学论》，2000（4），16 页。

包括 1937 年的《临时资金调整法》、1941 年的《财政金融基本方针政策纲要》和 1942 年的《日本银行法》。受到这些法规出台的影响，日本的金融体系开始从第二次世界大战前以直接金融为主向以间接金融为主演变。据统计，1936 年之前，股票占产业资金供给的 60% 以上；自 1939 年开始，贷款所占比重显著上升，除 1941 年以外，产业资金供给的一半以上来自银行（见表 4.2）。

表 4.2　第二次世界大战时期日本产业资金供给构成　　单位：%

年份	股票融资	事业债券融资	贷款融资
1931	56.5	29.9	13.6
1935	68.1	2.2	29.8
1940	38.4	0.8	53.6
1941	43.8	15.2	41.0
1942	37.4	12.9	49.7
1943	32.5	11.2	56.3
1944	12.0	10.9	77.1
1945	6.1	0.6	93.2

资料来源：［日］野口悠纪雄：《1940 体制》，31 页，东京，东洋经济新报社，1995。

　　战争的一个十分重要的影响是提高了日本金融部门的集中程度。1931 年到 1945 年，是日本银行资本走向全面集中的阶段[55]。到第二次世界大战结束，全国的银行数已由 1932 年的 538 家减少到 58 家（见表 4.3）。政府为支持战争还颁布了多条法律，促使了社会经济中工业和金融部门的集中程度明显提高。

55　Okazkai, Tetsuji, Senji Keikaku Keizai to Kigyo（War-Time Planned Economy and Firms）, In University of Tokyo, Social Science Research Institute ed. , Gendai Nihon Shkaai, Vol. 4：Rekishi-teki Zentei（*Contemporary Japanese Society*：*Historical Presumptions*）, Tokyo：University of Tokyo Press, 1991, pp. 392 – 393.

表 4.3 第二次世界大战时期日本银行家数的变化

年份	银行家数	比前一时期减少家数	新设家数	淘汰家数（合并家数）	当时政府实行的政策方针
1945	58	123	15	138（136）	强化战时经济体制
1941	181	357	37	349（297）	实行一县一行方针
1932	538	745	75	820（528）	规定银行资本最低为 200 万日元

资料来源：参见［日］桥口收：《日本的银行》，22～23 页，1964。

在"战争体制"下，日本银行业的风险显著提升。主要原因在于，军需企业往往不够透明，银行缺乏对贷款企业进行审查所需要的信息；并且，军需企业的资金需求巨大，贷款集中度明显提升。为应对这些风险，日本银行业组成了贷款辛迪加，由多家金融机构共同对一个项目进行融资，即银团贷款[56]。东京银行集会所的调查显示，自 1939 年民间银行自发形成共同融资团（即辛迪加贷款）以来，到 1941 年 6 月末，日本辛迪加贷款项目共达 130 项贷款企业数目共达 113 家。1940 年 12 月至 1942 年期间，日本银行业制度化形式的辛迪加贷款得以确立。

1944 年 11 月，日本政府开始推行《军需融资指定金融机关制度》。根据这一制度，政府对所有的军需企业都指定了一家银行，要求指定银行根据政府的指导对军需企业进行及时而迅速的融资。1945 年 3 月，该制度又被进一步扩大到 2,000 多家非军需企业，几乎涵盖了所有的重要企业。这种指定关系在第二次世界大战后被保留下来，并进一步发展，成为日本主银行制度的基础[57]。

战后改革中解散财阀及战后《禁止垄断法》的实施。第二次世界大战后初期，日、美经济协作产生的"道奇路线"的实施结果，也对主银行制度在日本的推广起到了极大的作用[58]。"道奇路线"的核心内容之一就是解

---

56 参见王冠儒：《日本主银行制度及其对我国银企关系的启示》，东北财经大学硕士学位论文，2010。

57 薛君度，陆忠伟：《颠簸的日本》，87 页，北京，时事出版社，2001。

58 冯艾玲：《关于日本主银行的考察与思考》，载《财贸经济》，1997（1），53～56 页。

散财阀。从 1946 年 8 月到 1947 年 8 月日本政府根据联合军最高司令官的指示，将 83 家控股公司和控制这些公司的 10 大财阀家族的股票移交给"控股公司整理委员会"，移交的股份总额高达 1,184 亿日元，占当时股票发行总额的 40% 左右。由于原有五大财团所属的城市银行未被列为控股企业，因而被完整地保留下来。

自 1947 年开始，鉴于以苏联为首的社会主义阵营的发展壮大，美国一定程度上改变了其对日本的占领政策，《排除经济过度力量集中法》的分割对象也被放宽了。其结果是，除帝国银行被分割为新帝国银行和第一银行外，原五大财团系银行仅更改了一下名称[59]。这也成为主银行制度形成的重要基础之一。

第二次世界大战后初期，由于城市银行业在解散财团过程中得以保留实力，以及 1947 年日本政府颁布《禁止垄断法》的规定：金融机构及企业持有其他企业股票的比重不得超过企业发行股票总数的 5%。这样，企业和银行都抛出了大量的股票，而大企业和银行在卖出股票的同时刚好置换出了资金购买对方的股票，这样就形成了大企业持有银行股份，银行持有大企业股份的这种相互持股的局面，企业的股权在经过短暂的分散化后，开始向法人集中。这为主银行制度的产生奠定了另外一个基础[60]。

（三）金融体制维系主银行制度的发展

日本经济体系中的金融监管体制是主银行制度产生的重要体制性原因。大藏省和日本银行的审慎监管机制为主银行制度在其间运行提供了制度性框架。大藏省利用准入政策，限制新竞争者的进入，通过规定金融机构的经营范围，限制外资进入，保护现有各类金融机构的既得利益。这就是日本政府对金融机构采取的"护航舰队"式的保护政策[61]。日本的主银行制度是在监管当局即大藏省所营造的"护航舰队"式的保护下产生和运行的，大藏省对于银行业的管制无形中巩固了主银行的地位。同时，在这

59　刘昌黎：《现代日本经济概论》，201 页，大连，东北财经大学出版社，2005。

60　庞德良：《现代日本企业产权制度研究》，45 页，北京，中国社会科学出版社，2001。

61　［日］铃木淑夫：《金融大爆炸的困境》，75 页，东京，东洋经济新报社，1997。

种限制性金融体系中，银行不可能通过多样化的经营业务和通过调整利率来实现竞争，只能追求规模效应，通过吸收大量存款和扩大贷款来实现利润的最大化，因此银行业形成了一种共识，获得大客户对银行的经营是不可或缺的。这在一定程度上维持了主银行与企业关系的稳定。

此外，为了保证金融体系的稳定，日本政府不允许银行倒闭。在银行经营恶化时，政府会通过各项措施进行救助。在这一政策下，日本的银行业流传"永远不倒"的神话，民众一直将金融机构看做是"准国家机构"，相信金融机构不会破产[62]。

二、主银行制度的演进过程

如前所述，日本主银行制度是特定历史条件的产物，其形成及发展史，可以称得上是一部浓缩版的日本金融制度和产业制度史。从明治维新开始，日本的银行制度经过一系列的变迁形成了主银行制度。基于帕特里克的研究，青木昌彦等学者将日本银行体制的发展分为五个阶段，并认为第二阶段和第三阶段对日本主银行制度的形成起了重要的作用[63]。

（一）日本主银行制度的萌芽及产生阶段

日本主银行制度的原形可以追溯到第二次世界大战甚至更早时期[64]。由于企业内部资金匮乏以及资本市场融资困难等现实因素，日本企业必须加强与银行机构的关系。企业主要依赖间接融资，企业对银行的依赖性加强，进而使企业与银行建立起了一种长期相对稳定的交易关系。经过长期的演变，从而形成了以间接金融为基础的主银行制度。

在战时体制下，为了支持军国主义的发展，政府积极促进银行合并，

---

62 国务院发展研究中心金融危机跟踪研究小组：《世纪末的冲击，深层思考：经济全球化过程中金融危机的防范》，134 页，北京，中国发展出版社，1999。

63 第一阶段（19 世纪 70 年代至 1910 年）：以市场为基础的金融体系通过银行等现代金融机构的引进而得到初步确立；第二阶段（1910 – 1927 年）：普通银行的大发展时期；第三阶段（1927 – 1950 年）：银行体系的集中化时期；第四阶段（1951 – 1975 年）：主银行制度的全盛时期；第五阶段：（1975 年以后）：主银行制度置于市场中的时期。参见［日］青木昌彦、Hugh Patrick：《日本主银行制度》，东京，东洋经济新报社，1997。

64 这在前文有关主银行制度的论述中已有较为详细的分析，此处不再赘述。

并要求银行与企业建立密切的关系[65]。银行业的集中形成了一批有实力的大银行，即城市银行。城市银行的主要贷款对象限于军需生产及其相关产业。1943 年 10 月，日本颁布《军需公司法》，进一步强化了银行业集中的趋势。1943 年当年，就有 150 家企业与银行机构建立了主银行关系，1944 年这一数字增加至 680 家；到战争结束时，日本共计有 2,240 家企业拥有主银行，其中有 1,582 家企业的主银行为五大财阀银行之一[66]。银行与企业之间结成的这种主银行关系，在第二次世界大战结束后继续保留下来。

（二）日本主银行制度的快速发展及兴盛阶段

1955 年到 1972 年是日本经济的高速增长时期。其间，日本经济实际增长率年均 9.7%，被誉为"日本经济的奇迹"。20 世纪 60 年代，日本的 GDP 年平均增长率为 10.8%，远高于欧共体国家和美国。在社会资金匮乏的条件下，主银行制度为满足企业对资金的旺盛需求提供了可靠保证，这是相关企业赖以迅速发展的重要前提，也是支撑日本经济高速增长的重要因素之一。总之，由于高速增长时期企业对项目投资的旺盛需求，间接融资在金融活动中居于主导地位以及政府对金融业的严格管制，使以城市银行为主的主银行在经济增长中起着举足轻重的作用，以主银行制度为基本特征的银企关系因此得到了发展、普及和巩固。主要表现在：

一是在这一时期主银行与企业的关系更加密切。在日本经济高速增长的大背景下，持续旺盛的项目投资使企业的资金需求不断增长，从而导致了企业"超借"和银行"超贷"现象的发生和长期化[67]。企业对银行贷款的依存度很高（见表 4.4 和表 4.5），1955－1964 年，日本企业的自有资金比例仅为 28.9%，而从银行的贷款则占其资金来源总额的 32.8%；1966－1970 年，日本银行贷款的比重上升为 49%，远远高于其他发达国家[68]。

65　参见邓一国：《战后日本主银行制度的形成及演变》，苏州大学硕士学位论文，2003。
66　罗清：《日本金融的繁荣、危机与变革》，281~282 页，北京，中国金融出版社，2000。
67　项卫星，李玉蓉：《日本主办银行制度》，载《世界经济》，1997（11），24 页。
68　［日］铃木淑夫：《现代日本金融论》，26 页，东京，东洋经济出版社，1974。

表 4.4　第二次世界大战后日本产业资金的主要来源　　　单位：%

年份	股票	事业债券	民间金融机构	政府金融机构	融资特别会计
1955	14.1	3.9	68.9	11.1	3.3
1960	16.1	5.2	71.2	5.5	2.0
1965	5.3	4.4	81.4	7.5	1.5
1970	7.9	2.8	81.2	7.2	0.8

资料来源：庞德良：《现代日本企业产权制度研究》，44 页，北京，中国社会科学出版社，2001。

表 4.5　日本企业各种资金来源份额变化趋势　　　单位：%

时间	内部股本融资	外部融资	其中：贷款	总计
1935 – 1940 年	57.7	42.3	5.4	100.0
1941 – 1943 年上半年	49.0	51.0	7.4	100.0
1950 – 1954 年	35.7	64.3	28.1	100.0
1955 – 1964 年	28.9	71.1	32.8	100.0

资料来源：［日］铃木淑夫：《现代日本金融论》，29 页，上海，上海三联书店，1991。

以当时日本的支柱性钢铁产业为例，在 20 世纪 60 ～ 70 年代，日本钢铁企业的融资中有相当高的比重是来自主银行的短期资金借入，其中，住友金属在 1970 年从主银行借入的短期资金占其短期资金筹措总额的比重高达 51.4%（见表 4.6）。

表 4.6　日本主要钢铁企业对主银行短期资金借入的依存度　　　单位：%

年份＼企业	1961	1965	1970	1975	1980	1985
新日铁	—	—	13.0	11.1	9.9	8.6
日本钢管	43.5	43.6	42.0	40.	24.6	21.9
住友金属	49.2	37.6	51.4	41.5	36.7	25.1
川崎制铁	40.0	10.0	27.0	27.4	23.7	19.9
神户制铁	17.7	26.9	25.1	17.1	21.6	17.3
日本制钢	34.9	36.3	34.8	22.3	26.1	24.9

资料来源：庞德良：《现代日本企业产权制度研究》，44 页，北京，中国社会科学出版社，2001。

二是银行与企业相互持股率也有所上升，银行与企业的交易关系更趋稳固。日本企业之间的相互持股关系是以银行与企业的相互持股为中心的，其中以六大企业集团最为典型。表4.7反映了三菱、住友、三井集团所属的银行与企业的相互持股比例，数据表明，从1953年起，双方相互持股比例便逐渐上升。到1974年，三菱集团的相互持股率为26.5%，住友集团为24.7%，三井集团为17.4%。受到《禁止垄断法》的限制，主银行对企业的单独持股比例并不高，但仍然是企业最大的股东之一。

表4.7　第二次世界大战后日本金融机构与企业相互持股情况

单位：%

机构 ＼ 年份	1953	1956	1959	1964	1974
三菱	9.8	11.1	14.1	20.2	26.5
住友	9.5	14.0	17.1	26.5	24.7
三井	4.0	5.2	6.7	13.3	17.4

资料来源：黄泽民：《日本金融制度论》，60~62页，上海，华东师范大学出版社，2001。

在经济高速增长时期，日本企业与银行之间通过这种相互持股的方式，将彼此更加紧密地联系在一起，二者关系进入到一种良性循环的状态。自此，主银行制度在这一时期就走向成熟、普及和巩固，进入到了发展的鼎盛阶段（见表4.8）。

表4.8　第二次世界大战后日本拥有主银行的企业比率

企业类型	回答的企业数（家）	拥有主银行的企业比率（%）
东证一部上市公司	328	97.9
东证二部上市公司	161	98.1
发行非上市股票公司	114	96.5
非对外发行股票公司	568	91.9

资料来源：［日］深尾光洋，森田泰子：《企业治理结构的国际比较》，46页，东京，日本经济新闻社，1997。

第三节　主银行制度的主要功能

一、稳定融资功能

正如前文多次提到的那样，第二次世界大战后初期，对于生产能力急剧扩大的日本企业来说，其资金来源十分有限。从这个意义上说，如果无主银行的融资，日本的经济复兴以及其"经济腾飞"就无法迅速得以实现。实际上，为企业提供稳定的外部资金来源，是主银行制度最为重要的基本功能之一[69]。

从第二次世界大战的废墟中起步，到 20 世纪 50～70 年代的高速经济增长时期，日本企业一直处于资金需求旺盛的状态，但资金供给明显不足。当时，日本直接融资市场受到重重限制因而很不发达，间接融资居于主导地位[70]。主银行向企业及时、大量、低成本地提供了其所需资金，既满足了企业发展对于资金的渴求，同时也提高了银行的资金运用效率和效果[71]，为日本经济"腾飞"提供了必要支撑。当企业资金无法满足发展需要时，主银行将根据日常收集的企业交易信息，以及来自银行向企业派遣人员收集的情况，迅速对企业的财务状况进行判断，并尽快及时地为企业弥补资金缺口。不仅如此，若企业所需资金规模巨大，主银行还会主动联合其他银行共同对企业进行协调融资或组成辛迪加银团贷款[72]。

在主银行制度框架下，日本的主要银行与大量不同类型的企业建立起了长期、稳定的交易关系，因此在 1955 年到 1975 年的日本经济高速增长

69　在某些情况下，银行贷款并不是主银行和企业考虑的首要因素，后文做具体论述。

70　第二次世界大战后，日本间接融资市场相对发达，占主导地位，原因有三点，一是战时军需企业融资主要靠银行的贷款，对间接融资有很大程度上的依赖，战后制度上的路径依赖使得间接融资得以延续和发展。二是限于日本战后经济独特环境，GHO（联合国军总司令部）在日本移植美国股票市场模式的计划破产，直接融资市场未能有效建立。三是公司债券市场受限国家的严格管制一直未能得到发展，直至 20 世纪 80 年代才有所放松。

71　刘昌黎：《现代日本经济概论》，190 页，大连，东北财经大学出版社，2008。

72　参见王冠儒：《日本主银行制度及其对我国银企关系的启示》，东北财经大学硕士学位论文，2010。

时期，日本的融资结构主要表现出三个特征：一是间接金融处于优势地位。日本企业通过间接金融供给的资金一直约占 90%，20 世纪 60 年代后期更是如此。二是"超借"现象[73]明显，企业部门在筹资中对银行的依存度非常高，自有资本在企业发展中的比重呈不断下降趋势，1975 年，这一比重在制造业企业中也仅有 16.1%。三是同时期形成了所谓的"超贷"[74]现象。由于超借的产生和激化，20 世纪 50 年代后期，"超贷"现象也大量出现。从某种意义上，这是企业过度依存银行信用的必然结果。尽管存在较为普遍的"超贷"现象，但从日本中央银行到商业银行、再到企业的资金融通渠道仍然较为畅通，因此，可以认为，相对宽松的信贷环境是支撑第二次世界大战后日本经济高速增长的重要原因之一。

由于主银行制度的存在和发挥作用，日本银行业金融机构不仅及时、大量、长期向日本企业提供其发展所需的资金，其融资成本也相对低廉，并且一直是发达经济体中资金成本最低的。甚至在 1975 - 1990 年，即日本经济高速增长结束后，这种状况也一直如此。当时，日本企业的融资成本大约在 2%，显著低于英国的 4%、美国的 6% 左右的水平[75]。日本企业相对较低的融资成本主要得益于日本金融监管当局的保护性政策。为保证企业的资金供给，最大限度地降低企业的融资成本，日本政府长期实行了人为的低利率政策，日本中央银行也把对商业银行的再贴现率维持在一个很低的水平上。

如本章第一节所述，日本主银行制度模式不是固定的、唯一的，而是一种非正式的制度安排[76]，主银行将针对各个不同企业的经营状况和财务状况而采取个性化的策略，银行贷款安排只是主银行制度的一个组成部分，在企业财务状况良好的状态下，银行贷款并非主银行和企业考虑的最

73　［日］铃木淑夫：《现代日本金融论》，77 页，东京，东洋经济出版社，1974。

74　"超贷"是指商业银行经常处于"超信用"（贷款和有价证券投资之和超过存款和资本金之和），其不足资金主要依赖于向日本银行业机构借款的状况。

75　刘昌黎：《论日本的主银行制度及其变化与改革》，载《日本学刊》，2000（4），47 ~ 64 页。

76　参见［日］青木昌彦等：《日本主银行制度及其与发展中国家经济转轨中的相关性研究》，126 页，牛津大学出版社，1994。

主要问题，企业财务状况的变动才是影响主银行介入企业融资深度和广度的关键性因素。本文分四种情况讨论主银行对企业的融资决策[77]：

第一种情况：在企业财务状况相对优秀的状态下，主银行很少甚至不会向企业发放贷款，也很少向企业提供与债券发行相关的服务以及管理信息和资源[78]。双方之间的密切关系主要通过主银行持有企业股份、提供支付结算账户等方式得以维持。

第二种情况：在企业财务状况较好的状态下，主银行向企业提供一定额度的信用支持，同时更多地为企业在证券市场筹资，比如发行债券等提供各种服务。财务状况较好的企业的项目投融资往往需要借助外部市场实现，并且通常能够在国内外资本市场上以相对较低的成本获取所需的资金，因而通过银行机构融资的比例较低。企业在国内外资本市场发展债券的过程中，主银行全程发挥着较为重要的作用。主银行通常以受托管理人的身份出现，其主要职责包括诸如主持债权人会议、负责债权人召集、评估担保品的价值、保管担保品等。

第三种情况：企业财务状况处于一般状态下，相对于第二种情况，主银行贷款在企业外部融资中发挥更为重要的作用。原因在于，企业财务状况一般，导致其短期内以较低成本发行债券的可能性降低；另外，财务状况一般也意味着企业可能会经常面临流动资金不足的局面，从主银行获取短期资金融通无疑是一条相对快捷的渠道。所以，主银行既向这类企业提供短期贷款，也提供长期贷款。通常情况下，为了分散融资以及其他考虑，企业一般会从长期信用银行、信托银行和保险公司获取大部分所需长期贷款，而主要从主银行获取短期贷款。从这个意义上说，在短期贷款而不是全部贷款中的份额最大才是主银行的基本特点之一[79]。主银行可以通过短期贷款决策持续地对企业日常经营状况进行直接影响，从而有效地监

77　此处主要借鉴了徐小平的研究成果。徐小平：《以主银行制度为核心的日本企业融资模式评述》，载《现代管理科学》，2005（5），114 页。

78　"提供管理信息和资源"属于主银行制度的信息生产功能，后文将具体论述。

79　徐小平：《以主银行制度为核心的日本企业融资模式评述》，载《现代管理科学》，2005（5），115 页。

控企业，并对企业不合理的投融资活动进行制约[80]。

第四种情况：企业财务状况严峻的状态下，主银行的全部功能得以充分发挥。当主银行监控到企业出现严重财务危机的迹象时，其具有三种选项：一是放弃与企业的关系并从企业抽回资金；二是拒绝为企业提供再融资，这有可能因此导致企业破产，并且其主银行地位被其他银行所取代；三是对企业提供再融资，并且为避免企业经营状况继续恶化甚至是破产，主动参与到企业的重组过程之中。实际上，第一种和第二种选择将不可避免地导致大量坏账的产生，使主银行利益严重受损；而且前两种选择都将极大地损害其作为主银行的声誉，并有可能使其在未来主银行地位争夺中的竞争力大打折扣。所以，大部分主银行会主动选择第三种做法，也就是向财务严峻状态下的企业进一步注入资金，帮助其制订财务重组计划，特别是利用其最大债权人、最大银行股东和企业债券第一受托人等三重身份改组经理层，向董事会和经理层派出有经验的管理人员，从而帮助企业走出财务困境，进入良性发展状态。

二、监督控制功能

主银行对企业经营实施监控，即通过有效的公司治理结构来监控借款人的行为和运营[81]。20 世纪 50 年代前半期，主银行对企业的事前监控仍处于相对初级的阶段，在 20 世纪 50 年代后半期至 60 年代前半期，各主银行纷纷扩充审查部门，增加对企业的人员派遣，强化其对企业的监控力度，主银行的事前监控功能在这一时期大幅提升。不仅如此，主银行对企业事中和事后监控的能力也在稳步地提高[82]。本文把主银行的监控功能分为四个部分进行论述：

（一）主银行监控的过程及内容

日本对企业的监控是在主银行制度框架下以主银行为中心进行的，是

80　"制约和监控的作用"是主银行制度监控功能的一部分，后文将具体论述。

81　车维汉：《日本主银行制度研究评述》，载《东北亚论坛》，2006（2），95 页。

82　[日]桥本寿朗，长谷川信，宫岛英昭，戴晓芙译：《现代日本经济》，83 页，上海，上海财经大学出版社，2001。

一种属于内部者的监控[83]，这与欧美等国家通过外部资本市场，即主要通过股票市场实现对企业监控的情况有很大的不同。如表4.9所示，欧美等国家对于企业的监控一般是由不同的监控者分别实施，而在日本，则始终由主银行进行监控。

表4.9　日本与欧美国家公司治理监控者对比

	事前监控	事中监控	事后监控
欧美国家	投资银行商业银行风险资本等贷款提供者	董事会股票市场（通过向董事会施加压力）	破产处理机构企业兼并重组市场
日本	主银行	主银行	主银行

资料来源：刘昌黎：《论日本的主银行制度及其变化与改革》，载《日本学刊》，2000（4），52页。

主银行对企业的监控一般可以分为三个阶段[84]：第一是事前调查阶段，主要指主银行对企业提出贷款项目的经济价值进行可行性调查，目的是解决投融资活动中的信息不对称性问题。第二是事中监控阶段，主银行在资金注入贷款企业后，进行资金运用状况调查。在这个阶段，主银行通常将自己的管理人员派遣到贷款公司内部担任高级管理职务，以确保自身作为投资者的利益和权利，同时更好地了解和监控公司的财务状况。第三是事后评估阶段，是指主银行在贷款回收期间对企业的评估和监控。在评估和监控过程中，若企业存在经营困难，主银行提供部分资金帮助，比如及时更改贷款偿还条件、减免部分利息等，同时主银行会要求企业尽力改善其经营状况；在企业经营业绩进一步恶化时，主银行还会提供其他必要的救助措施[85]。

当然，如前所述，主银行对于企业的监控程度和深度主要依赖于企业的经营状况，特别是财务状况。当企业处于良好的财务状态时，主银行较

83　刘昌黎：《论日本的主银行制度及其变化与改革》，载《日本学刊》，2000（4），52页。

84　青木昌彦对日本主银行的监控活动进行了研究，他也把主银行的监控过程分为三个阶段：由银行进行的事前监控（审查企业的偿债能力）、中间监控（评估企业的经营绩效）和事后监控（对陷入危机企业采取惩罚性措施；对重建的可能性信息进行分析）。在监管内容上，本书与青木昌彦的研究略有不同。

85　这属于主银行制度救助功能的一部分，后文将具体论述。

少干预企业的经营管理活动，其对企业的派遣人员也仅担任董事、监事等职务，并非直接干预企业经营的职位。一旦企业经营业绩恶化，无法履行债务偿付的风险增加时，主银行就会增加派遣的人员，直接参与企业经营管理，比如派遣执行董事以上职务人员等，加强对企业的监控。进一步，当企业经营状况持续严重恶化时，主银行则会考虑直接干预企业的经营，取代企业的经营管理层，甚至进行企业重组。这种根据借款企业的经营和财务状况，逐步加大监控程度的做法被称为相机抉择性监控[86]。在日本战后的复兴时期，当企业财务状况恶化时，银行直接干预企业经营的案例已有发生，但仍未成为普遍现象。随着银企关系的日益加深，在日本经济高速增长时期，这种相机抉择的监控规则逐步巩固，并成为一种相对普遍的现象。

（二）主银行监控的动力

主银行对企业进行监控必然要付出一定的成本，并且只有当收益大于这种成本时，主银行才具有源源不断的监控企业的动力。支撑主银行监控企业运营的动力就在于主银行制度所带来的利益：第一，如前文所述，整个银团贷款过程中，对企业贷款的全程监控（包括事前监控、事中监控和事后监控）全部由主银行负责。所以，当借款企业破产倒闭给其他银行造成损失时，其他银行就会认为主银行对企业的资质审查不准确，其贷款后的债权管理监控能力不足，这也会使主银行的声誉受到较大损害[87]。因此，为了自身声誉，主银行有动力加强对企业的监控。第二，在主银行的监控下，企业经营良好也有利于提高主银行的声誉，因而有助于扩大主银行的业务范围。除融资对象企业外，主银行还可以通过融资对象企业，扩大对其关联企业、子公司乃至系列承包企业的融资业务。第三，主银行对企业的监控也是银行进行债权管理的需要，即确保贷款可以按时偿还，并获取相应的利润。主银行作为企业的最大债权人，贷出的资金能否被合理地应

---

86 参见韩璐：《日本主银行制度的演进及其对中国金融制度安排的启示》，吉林大学硕士学位论文，2005。

87 参见［日］青木昌彦、Hugh Patrick、Sheard. Paul. 関係の束としてのメインバンクシステム［C］//伊丹敬之. 日本の企業システム第Ⅱ期第二卷企業とガバナンス. 日本：有斐閣，2005。

用、能否归还是主银行所关心的，它也希望企业经营能够顺利，并通过监控促进企业经营。

（三）主银行监控的保障机制

首先，在长期的交易惯例中，企业认同并接受这种监控关系。作为潜在的金融惯例，主银行制度能够形成和存在的根本原因在于，金融交易关系中有其存在的必要性。比如，从银行方面看，通过对企业的监控，主银行能够快速评估贷款的偿还风险；从企业方面看，企业接受监控，可以顺利实现融资的目标，在企业自身经营出现困难或经营环境恶化时，能够相对其他企业更容易得到主银行的帮助[88]。另外，在市场资金供给不足，能否取得银行融资是制约企业发展的关键环节时，企业对主银行的融资依赖度较高，这就决定了其必须接受主银行的监控、规范[89]。其次，地位和权限赋予了主银行具有监控企业的权力。一般来说，主银行不仅是企业的最大外部融资者，还往往是企业最大或主要的股东之一。受《禁止垄断法》的限制，主银行对企业的持股比例并不高，但仍然是企业最大的股东之一，因而有能力对企业进行监督和控制[90]。最后，日本金融管制体制的影响。第二次世界大战后银行是在严格的金融管制环境下发展起来的，可以说在某种程度上，主银行代替金融当局发挥着监控企业经营管理的作用。

（四）主银行监控效率和效果

通过对日本企业集团所属企业与其他企业群体的财务情况和经营业绩分析后可以看出[91]，日本企业集团中的企业与银行之间的主银行关系相对密切，企业集团中的城市银行充分发挥了主银行的作用，故企业融资中的代理成本相对较低，提高了企业的盈利能力，促进了企业经营的稳定[92]。

---

88 赵旭梅，夏占友：《日本企业集团的金融制度》，70 页，北京，对外经济贸易大学出版社，2006。

89 企业主动提供经营信息通常是为了获得社会的一般认同，例如得到股东和等级评估机构的适当评价。从这一点考虑，企业向主银行这一特定金融机构提供一些不便公开的信息也是出于某种需求。

90 黄泽民：《日本金融制度论》，59 页，上海，华东师范大学出版社，2001。

91 参见赵旭梅：《日本企业集团的金融制度研究》，复旦大学博士论文，2004。

92 Hoshi. T. , Kashyap. A. and Sharfstein. D. : "The Role of Banks in Reducing the Cost of Financial Distress in Japan", *Journal of Financial Economics*, Vol. 27.

崛内昭义等（2000）的实证分析认为，主银行制度是对银企双方都有利的金融惯例，与主银行关系密切的企业经营效率较高。

三、信息生产功能[93]

主银行良好运行需要特定、适宜的土壤，比如，资金供给相对紧张、市场经济规制还不十分完善、契约的约束力还普遍较弱以及信息严重不完全和不对称等。此时，在主银行制度框架下，"关系"或者说"惯例"代替了契约，并且能够产生比简单的基于市场竞争的契约系统更好的效果[94]。这主要在于，通过对企业的监控、派遣工作人员以及长期的交易关系使得主银行可以获取更多有关企业的信息。

据 Scharfstein 等学者[95]的研究，在企业投融资方面，主银行制度能够降低代理成本，因而有助于将企业从资金不足的制约中解脱出来。在一项针对企业的调查中，200 家样本企业被分为与主银行关系密切的和不密切的两种类型，它们一致认为主银行发挥了在信息生产上的作用[96]。

主银行制度的信息生产功能主要包括两个方面：一方面，主银行通过一定的途径掌握和拥有企业的相关信息，特别是经营、财务等信息。主要途径包括：通过与企业进行交易以及利用企业的大股东身份获取信息。比如，企业在主银行开设结算账户，主银行通过融资、结算等服务能够及时掌握企业的战略调整、项目投资等经营状况方面的信息。股东身份也有助于主银行获取必要的信息，如通过派遣董事等方式，能够从内部掌握企业的经营动向和发展趋势。这些信息是企业外部其他银行主体或其他投资人很难获取的。在此过程中，主银行有关企业的信息成本得到很大程度的节

93　转引自赵旭梅：《日本企业集团的金融制度研究》，复旦大学博士论文，2004。在该文中，赵旭梅对信息生产的特征、信息生产的内容、主银行进行信息生产的运行机制等进行了较为详细的论述，本文借鉴赵旭梅对于主银行制度这一功能的称谓，用于论述主银行的此类功能。

94　参见高玉贞：《日本主银行制度：发展、改革与启示》，东北师范大学硕士学位论文，2005。

95　Hosh, iT., A. Kashyap, and D. Scharfstein: Corporate Structure, Liquidity, and Investment: Evidence from Japanese Industrial Groups, *Quarterly Journal of Economics*, 1991, 106.

96　[日] 桥本寿朗，长谷川信，宫岛英昭，戴晓芙译：《现代日本经济》，97 页，上海，上海财经大学出版社，2001。

约，因此，能够以相对优惠的条件向企业融资，相应地，也降低了企业的外部融资成本。

另一方面，主银行还收集、综合企业外部的各种信息为企业提供管理咨询服务。比如，20 世纪 50 年代末期，索尼和本田技研这两家企业还是默默无闻的中小型企业，其时两家企业正计划十倍于其固定资产的项目投资计划。由于这两家企业缺乏必要的抵押或者良好声誉，难以实现这种大规模的融资。当时，两家企业的主银行[97]综合了企业内外部的信息，分析了企业所处的现实状况，向企业提出了比较合理的咨询建议。并且，两家企业的主银行还提供了企业融资总额一半以上的资金，这一举动不仅吸引了其他银行机构共同对企业进行融资，也对两家企业在资本市场上的融资产生了十分积极的影响。

当然，主银行的这种信息生产功能是需要花费成本的，主银行也必定通过某些途径予以收回，否则其就失去了信息生产的激励[98]。具体途径包括：一是通过扩大对企业的融资，降低单位贷款的信息生产成本。二是获取作为主银行的固定租金[99]。比如，通过显著银行的市场准入和债券发行获取的租金；以及因掌握企业的某些内部信息而获得的信息租金等。

另外，在赵旭梅的博士论文中，还提到了"主银行进行信息生产的运行机制"，本书认为，这种机制产生作用的基础仍然在于通过长期交易关系形成的主银行制度本身。有一点需要引起关注的是，信息被生产后，其再生产所需的成本很低。因此，这会引起"搭便车"（Free-riding）行为，使信息生产的成本难以回收。主银行制度能够在某种程度上防止信息生产中的"搭便车"现象[100]。

四、保险及救助功能

在企业经营过程中，经营决策失误或者外部环境急剧变化等因素都可

97　分别是三井银行和三菱银行。

98　参见韩璐：《日本主银行制度的演进及其对中国金融制度安排的启示》，吉林大学硕士学位论文，2005。

99　固定租金是前文提到的"主银行租"的一部分。

100　[日] 向野翰也：《金融机构的审查能力》，144 页，东京，东京大学出版社，1986。

能导致企业面临经营困境。这时，企业会求助于主银行，主银行也通常发挥主导作用。正如本章第三节中所提到的主银行稳定融资功能那样，当企业面临破产时，主银行可以选择采取三种行动：一是在其他债权人清楚企业破产情况前收回不良债权；二是对企业提供必要的资金等方面的援助，通过重组等方式促使企业经营恢复正常状态；三是拒绝继续贷款并起诉企业。一般情况下，主银行通常会采取第二种选项。并且，主银行还会根据企业的具体情况，通过裁员、解散企业一部分部门等方式救济企业，主银行有时还会承担其他金融机构的不良债权，其负担额甚至超过贷款金额。这也是主银行监督企业的积极性远远高于其他金融机构[101]的重要原因。

　　主银行对企业的救助方式主要包括如下几个选项：一是提供资金救助。比如追加贷款、延缓对贷款的偿还、减免贷款利息、放弃一部分贷款等资金方面的措施。二是派遣人员协助企业管理。比如派人担任执行董事等职务。三是对公司重组提供建议。比如，调整与其他债权人的关系，过剩人员安排等。在日本经济不景气期间，主银行往往会主动承担陷入困境企业的部分或全部债务。主银行的这种救助方式，往往能够发挥更好的作用[102]。因而相对以清算、倒闭、合并为主要内容的美国式处理举措具有某种程度的优势。当然，日本主银行对企业的救助过程中也会采用诸如兼并、重组甚至清算、关闭等方式。

　　在日本经济高速增长时期，主银行对企业的救助发挥了十分重要的作用[103]。特别是20世纪50年代末景气衰退期和60年代中期股市低迷期，包括汽车、石油、钢铁、化工、贸易等一些行业的多家企业遭遇了经营困境，甚至面临倒闭的风险。此时，主银行的及时救助为企业尽快恢复正常经营创造了条件。比如，当时日本特种钢铁公司联合投资的项目失败，该公司的负债一度高达210亿日元，濒临破产。第一劝业银行作为该企业的

　　101　参见［日］青木昌彦、Hugh Patrick、Sheard Paul. 関係の束としてのメインバンクシステム［C］//伊丹敬之. 日本の企業システム第Ⅱ期第二巻企業とガバナンス. 日本：有斐閣，2005。

　　102　参见韩璐：《日本主银行制度的演进及其对中国金融制度安排的启示》，吉林大学硕士学位论文，2005。

　　103　参见刘丹：《日本主银行制度的兴衰》，东北师范大学硕士学位论文，2008。

主银行，派出了人员担任企业的执行董事，并与企业的其他主要债权人密切合作，最终于 1970 年完成了对该企业重组[104]，使其得以重生。

尽管救助会使主银行承担一定的成本甚至是损失，但主银行对困境企业进行救助仍是其主要选项。主银行救助企业的原因可以归结为以下几点：

第一，主银行通常也是企业的最大股东之一，一旦企业破产，其也将遭受一定的损失。因此，如果主银行判断企业只是陷入暂时困境，未出现资不抵债的情况，并且仍然存在救助的可能和价值，就会尽力进行救助。

第二，主银行制度潜在的保险功能。主银行对陷入经营困境的企业进行救助，也可以看做是双方在长期交易关系中所形成的一种交易惯例。这种惯例是以企业把资金集中存放在主银行，支付高额的股票、公司债委托发行手续费，接受刚性的贷款利率，维持高额的借款比例，接受主银行的人员派遣等为代价而形成和维持下来的[105]。与此同时，第二次世界大战后日本形成的各种金融管制，主要是各种准入限制，使日本的银行业金融机构获得了超额收益，这使得主银行有能力承担救助带来的损失[106]。

第三，对企业的救助关系到主银行的声誉[107]。如前所述，主银行对企业负有监督职能，当主银行进行贷款交易时，在众多银行中主要负责审查借款企业的投资计划以及进行事后的债权管理。实际上，相当于其他银行为节省审查和监控成本，把信息生产活动委托给了主银行。所以，当借款企业破产倒闭给其他银行机构造成损失时，主银行的声誉就会因此受到影响，会被认为其贷款后的债权管理能力及监督能力不足，审查不严，故主银行会尽力救助企业以维持自身声誉，并自愿承担较大的损失。另外，救

104　［日］青木昌彦，［美］休·帕特里克，张橹等译：《日本主银行制度》，255 页，北京，中国金融出版社，1998。

105　刘昌黎：《论日本的主银行制度及其变化与改革》，载《日本学刊》，2000（4），47～64 页。

106　参见［日］池尾和人：《日本の金融市場と組織——金融のミクロ経済学》，43 页，东京，东洋经济新报社，1985。

107　日本《周刊 Diamond》每年进行值得信赖的银行和不足以依靠的银行的评选活动，调查结果显示，对支持率高的主银行，其他企业也希望它成为自己的主银行，由此可见主银行的名声的重要性。

助行为使银行承担了一定的社会责任，有利于维持良性的金融秩序，因此可以在一定程度上提高银行的声誉，从而有利于主银行获取更多业务。

第四节　主银行制度发展的趋势

根据青木昌彦（2001）关于制度博弈均衡的观点，一个域内的均衡结果是与其他补域"耦合"在一起的、具有一定时空属性、受制于一定联系的系统中的个体[108]。因此根据这种理论，任何一种制度都不存在优劣之分，仅有能否适合具体环境的差别。主银行制度与第二次世界大战后日本的经济状况（比如资金严重短缺，存在大量投资机会）、国家金融政策（如"护航舰队"保护政策，分业管理，限制竞争等）以及与国际经济金融形势等相适应，因而在日本经济的恢复、发展和腾飞时期均起到了十分巨大的推动作用。然而20世纪80年代之后，由于日本国内、国外的经济和金融环境都发生了十分巨大的变化，主银行制度赖以生存的基础被逐渐削弱，其生存环境受到巨大挑战，因而逐步呈现出衰落之势[109]。

一、主银行制度呈现衰落趋势

（一）大企业对主银行的融资依赖程度有所降低

整体上看，日本企业对主银行的融资依赖程度有所降低，但大企业和小企业依赖主银行进行融资的程度出现明显分化。具体表现在，大企业逐渐降低了对主银行的融资依赖。受益于金融自由化和国际化的过程，再加上日本政府逐步放松了金融管制的力度，日本国内证券市场和国际资本交易的活跃度显著提高。特别是1975年之后，日本大企业的融资结构发生了明显变化，通过发行股票市场和公司债市场进行筹资的比重不断提高，通过银行融资的比重则明显降低（见表4.10）。

108　参见［日］青木昌彦、Hugh Patrick、Sheard Paul. 関係の束としてのメインバンクシステム［C］//伊丹敬之. 日本の企業システム第Ⅱ期第二巻企業とガバナンス. 日本：有斐閣，2005。

109　李文魁：《日本主银行制度的盛衰演变：一个新制度经济学的视角分析》，载《河南金融管理干部学院学报》，2009（2），31页。

表 4.10　日本大企业外部融资来源比例　　　　　单位：%

年份	1970－1974	1975－1979	1981－1985	1986－1993
股票融资	10.2	18.5	31.0	32.5
债券融资	5.9	17.7	33.3	46.6
银行贷款	83.9	63.8	35.7	20.9

资料来源：[日] 斎藤精一郎：《现代金融入门》，215 页，东京，日本经济新闻社，1995。

对于中小企业而言，由于其声誉度一般不高，抵押品较少，大多无法从资本市场上筹集到所需资金，其资金需求仍然主要依赖于银行等金融机构。另外，大企业对主银行的融资依赖度下降，导致银行必须寻找其他新的客户，包括一些原来在银行无法得到融资的小企业。所以，从整体来看，中小企业对主银行的融资依赖度逐渐上升（见表4.11）。

表 4.11　日本城市银行向中小企业融资的比重（占贷款总额）

单位：%

时间／企业	1975 年 3 月	1985 年 3 月	1989 年 3 月
第一劝业	32.5	51.6	66.0
富士	32.9	50.9	69.0
住友	35.0	51.4	73.0
三菱	33.4	54.1	68.7
三和	39.3	54.4	73.2

资料来源：童适平：《战后日本金融体制及其变革》，108 页，上海，上海财经大学出版社，1998。

（二）银行与企业相互持股比例总体下降

以六大集团企业[110]为例，1981－1992 年，企业集团内持股比例从22.5%下降到22.2%，其中，银行的持股比例从14%下降到了13%。由于持股比例下降，主银行与企业之间的关系不如之前那么紧密了，比如，双方在人事关系上不如从前。1981 年，在六大集团企业的董事中由主银行

110　日本六大企业集团是指三井集团企业、三菱集团企业、住友集团企业、芙蓉集团企业、第一劝业集团企业和三和集团企业。

派遣的比例为59%，到了1992年，这一比例下滑到41%[111]。与1992年相比，1997年日本六大企业集团的主银行对集团企业的平均持股比率，除三井系樱花银行外，均出现了不同程度的下降。在股价下跌、银行经营状况恶化的背景下，部分大企业为缓解自身经营恶化和不良资产的压力，出现了不同程度的减持银行股权的现象。1998年，日立制作所卖出三和银行达373.5万股，新日铁抛售三井信托银行284.4万股，NEC减持住友信托银行约300万股[112]。

（三）主银行对企业进行救助的"保险"功能减弱

20世纪70年代中期之后，由于国际贸易竞争加剧，日本企业为追求更高的出口份额，开始加大产品创新的力度，这无疑导致了更高的经营风险。银行对企业融资，更多的是追求稳定利润，企业创新力度增加无疑与银行的稳定盈利目标相矛盾[113]。由于企业对主银行的融资依赖程度下降，以及双方相互持股减少，两者之间的关系逐步疏远。这不可避免地导致主银行对企业的监控能力下降，从而在企业出现经营困难时，主银行救助的意愿和积极性大打折扣。

另外，更为重要的原因还在于，由于经济泡沫破灭，主银行肩负的不良债权压力十分沉重，极大地削弱了其救助企业的能力，一些情况下，主银行是有心无力。据统计，至1997年3月，日本银行业不良债权已高达217,497亿日元，其中，无法收回的债权达143,546亿日元；城市银行作为主银行主体，其不良债权也高达101,029亿日元，无法收回的债权额达到了66,679亿日元[114]，无法收回的债权占不良债权的比重也超过了50%。大规模的不良债权，严重地影响了银行经营效益，拉低了银行的信用等级，从而不可避免地削弱了主银行对企业的救助功能。

（四）部分银行机构破产

"护航制度"的终结，是标志主银行制度作为一种共有信念系统寿终

111　刘昌黎：《论日本的主银行制度及其变化与改革》，载《日本学刊》，2000（4），57页。

112　参见［日］《东洋经济统计月报》，1998（1），29页。

113　刘迎接：《日本主银行制的衰落原因及启示》，载《世界经济》，2005（6），87页。

114　参见［日］《金融杂志》，1997（9），149页。

正寝的重大事件[115]。1997 年，出现了一系列金融机构倒闭事件，比如，一家主要的城市银行破产；两家长期信贷银行被宣布资不抵债；一家证券发行商被取消营业许可，然后被清算。这导致金融体系部门产生了严重的恐慌，并最终触发了影响广泛的信用危机，社会各界要求政府尽快采取稳定金融的举措。最终日本政府决定采取对暂时资不抵债的银行金融机构进行国有化和向困难银行机构大量注入政府资金的措施，这是在经历了艰难的争吵和国际、国内政治过程后的结果。

此次日本银行金融机构大规模的倒闭现象，无法用个别银行经营者管理不善的原因进行解释，某种意义上，这表明日本金融最根本的金融制度本身存在某些方面的缺陷，使其无法适应当时日本经济、金融形势的发展。此时，主银行与企业之间较为密切的关系反而成为一种负担，相互之间千丝万缕的联系导致危机加速传播，原本经营正常的主银行或企业因受到关联方的影响而面临经营困境，日本国内陷入了较为严重的金融危机。

如前所述，主银行制度的兴盛与日本政府"护航舰队"式的保护政策是分不开的，这种金融行政从根本上维持了金融系统的稳定，创造了"银行不倒"的神话。但是，银行机构的相继破产，打破了银行不破产的神话，极大地削弱了主银行的地位，一些作为主银行制度赖以存在基础的默认规则和惯例受到极大冲击，致使主银行制度的兴盛甚至生存都受到严重挑战。

二、主银行制度衰落的原因

（一）20 世纪 70 年代以来日本经济社会发生了巨大变化

1955－1974 年，是日本经济的高速增长时期，日本经济"腾飞"创造了日本经济增长的"神话"。为满足经济高速成长的需要，维持金融体系的稳定，日本政府保持了在经济恢复时期形成的金融管制制度的连贯和

---

115 李凤兰：《制度演进：日本主银行制的演化分析与理论反思》，载《社会科学家》，2004（1），18 页。

一致，这些政策对支撑日本经济高速增长发挥了十分重要的作用[116]。日本投资体制的松动（即资本自由化）是 20 世纪 60 年代以来日本金融体制的最大变化。在此期间，日本所面临的国内外经济金融环境发生了巨大的变化。比如，1963 年日本成为关贸总协定第 11 条成员国；1964 年成为国际货币基金组织（IMF）成员国，同年，日本成为第八条款国和经济合作与发展组织成员国；自 1968 年开始，日本国际收支转为黑字[117]，也就是在这一年，日本 GDP 超过联邦德国，成为仅次于美国的全球第二大经济体[118]。受两次石油危机的冲击，欧美等西方经济体相继陷入经济危机，日本也未能幸免，从 1973 年开始，日本国内爆发了第二次世界大战后第一次经济危机，日本经济自此进入了低速增长时期。与此同时，日本经济增长也面临着新的国际形势，更为激烈的竞争格局逐步形成。为适应不断变化的宏观经济环境，部分日本企业开始进行资产重组、降低债务比重，并减少对银行融资的依赖。为了满足国内建设的大规模资金需求，日本政府希望大量发行国债，为此金融监管当局放松了对债券市场和股票的管制，这促使证券市场不断发展壮大。主银行制度赖以生存的基础开始动摇。

（二）日本银企关系的变化

20 世纪 70 年代中期之后，日本国内的资金供需状况发生逆转，即从严重不足转为相对过剩，两个方面的重要原因在于：一是长期资本积累和连年顺差，日本国内资金的丰盈程度大幅提高；二是日本经济从高速发展转为稳定增长，对资金需求程度相对减弱。与此同时，日本经济运行中的资金循环以及整个社会的资金供需结构都发生了较大变化。在此期间，企业特别是大型企业，其作为传统的最主要资金需求方，已逐步摆脱资金严重不足困境。同时，企业和个人进行了一定的财富积淀之后，开始寻求更为有利的投资标的，因而引致了新的资金需求；地方政府和中央政府等公

116　Vittas, M, Yoon Jecho, Credit Policies：Lesson from Asia, WPS1458, World Bank, 1995.

117　即为贸易顺差。

118　张英军：《日本金融：由管制到自由化的变迁》，载《世界经济文汇》，1996（3），112 页。

共部门的资金相对不足，财政赤字显著增加，政府债务大幅攀升。1975 年后，日本政府大量发行国债，这需要强大的、多层次的资本市场的支撑，因此，财政政策的变化对之前以银行为主导的传统融资模式产生了较大冲击。

除了资金供需形势的逆转外，日本国内金融市场上各种商品票据、存单等新型金融工具的出现，也在一定程度上推动了企业融资由间接融资为主向直接融资为主转变。从外部形势看，金融国际化的发展趋势，以及日本经济体在全球经济体中的重要性日益提高，都有助于日本企业在国际资本市场筹集大规模的资金。一组数据从某种程度上说明了这种形势，1973 年，日本从国际资本市场筹集资金的规模为 182 亿日元，1981 年这一数字则增加到了 1,480 亿日元，占日本企业筹集资金的比重从 0.9% 增长到 2.91%[119]，上升趋势相对显著。1983 年，日本企业通过国内外证券市场直接融资的比重已上升到 18.9%，而 1973 年这一数据仅为 6.8%[120]。与此同时，日本股票市场、国内公司债的发行方式、交易规则等均有了一定程度的调整，企业融资方式逐步多样化。

另外，自 20 世纪 70 年代开始，国际金融市场进入空前活跃期，主要表现为欧洲美元市场的产生和兴盛，以及离岸金融业务的大发展。资本流动的国际化，便利并加速了日本大企业从国际市场筹集资金。在这一背景下，经济"腾飞"时期对日本经济发展起到极大支撑作用的主银行制度遭遇了极大的挑战。

（三）日本金融改革对主银行制度的影响

由于上述提到的一些原因，20 世纪 70 年代中期以后，在日本国内外经济金融形势剧烈变化的大格局下，对日本金融体制的演变产生了巨大的影响。国内方面，为应对日益激烈的竞争形势，日本企业部门特别是金融部门呼吁放宽金融管制、加快金融自由化的要求更加迫切。国际方面，由于长期、大量的贸易顺差，日本与其他国家之间的贸易摩擦，特别是日美之间的贸易不协调，导致美国政府和产业界对日本相对封闭的金融体制非

119　胡坚：《日本金融市场》，73 页，北京，中国大百科全书出版社，1995。
120　[日]铃木淑夫：《日本金融自由化和金融政策》，11 页，北京，中国金融出版社，1987。

议颇多，要求日本政府一定程度地开放国内金融市场，并改革之前的传统制度和做法。

进入20世纪80年代后，在国际环境发生巨大变化，特别是在美国等国家的压力下，日本金融监管当局决定加快金融自由化和国际化改革的步伐[121]。日本向金融自由化、国际化迈进的重要标志之一，是1980年12月日本《外汇法》的修改。该新外汇法的基本要义是："原则自由，例外限制"，规定居民有外汇存款、借款以及证券发行、投资、资本交易的自由[122]。这为日本企业的国际化融资以及国外资本进入日本金融市场提供了必要条件。一个重要事件是，日本于1986年12月设立了"东京离岸金融市场"，促使欧洲日元市场规模快速发展壮大。到了1986年，在欧洲债券市场上日元已成为第二位的、使用最为广泛的计价货币，仅次于美元。日本金融机构也表现出了明显的国际化趋向，至1986年，总计将近500家日本金融机构在国外金融市场设立了分支机构[123]。与此同时，国外筹资者也大量进入日本国内资本市场，从而使日本成为外国筹资者的一个重要融资来源地。1970年至1988年，在日本展业的外国银行从18家增至60家，并且全部可以开展分行业务，日本金融的自由化、国际化的程度显著提高。东京也成为国际上最重要的金融中心之一，日本金融市场的相对封闭状态被彻底打破。

1981年5月日本政府再次对《银行法》进行修订，新银行法于1982年4月起正式实施。修改后的银行法规定，经大藏省批准后，银行部门可以经营新发行债券的窗口，并可从事已发行国债的买卖活动。另外，大藏省还作出决定，允许证券公司自1983年6月起办理国债担保金融业务，从而使银行与证券公司在经营业务上相互渗透。与此同时，短期金融与长期金融以及大银行和小银行的分工界限也逐步被打破。

20世纪90年代初期，日本泡沫经济破灭，致使银行部门积累了大量的不良债权。迫于形势，日本金融监管当局再也无法维持"银行不倒"的

---

121 参见邓一国：《战后日本主银行制度的形成及演变》，苏州大学硕士学位论文，2003。
122 色文：《现代日本经济的发展与对策》，242页，北京，北京大学出版社，1990。
123 左中海：《日本市场经济体制》，112页，兰州，兰州大学出版社，1993。

神话，银行等金融机构之间的合并、重组事件时有发生，比如日本长期信用银行与瑞士银行的资本合作，日本债券信用银行与 Bankers Trust 的资本合作，北海道拓殖银行向北洋银行的业务转让等。最为令人瞩目的则是日本六大企业集团所属的六大都市银行之间的重组合并，比如隶属于三井集团的樱花银行和从属于住友集团的住友银行合并为三井住友银行；芙蓉集团旗下的富士银行与第一劝业集团旗下的第一劝业银行重组为瑞穗金融集团。

　　如前所述，由于主银行制度所建立起来的密切的银企关系加速了危机在两者之间的相互传染，使原本经营正常的主银行或企业受到关联方的影响而陷入经营困境，日本陷入了严重的金融危机泥沼，主银行制度因此而备受诟病，所以对银行体制的改革也势在必行。这些因素共同促成了日本“大爆炸式的金融改革”（Big Bang）。1996 年，桥本龙太郎内阁向大藏省及法务省发布了进行“行政、经济、金融、财政、社会保障和教育”六大改革指示。其中，最先着手的就是金融改革。相对于 20 世纪 80 年代渐进式的金融自由化，这次改革相对而言比较激进，试图彻底把日本由政府导向型的金融市场调整为市场主导型，以建立适应市场化和全球化的现代金融体系。从此以后，日本政府对银行制度进行了多次改革[124]，对主银行制度的发展前景产生了极为深远的影响。主银行制度在金融大改革中受到了新的极大挑战，这次改革所倡导的“发挥市场作用”，实际上就是对主银行制度作为“非市场关系凝聚体”的一种否定。

　　（四）主银行制度自身的局限性

　　尽管外部环境因素是导致主银行制度衰落的重要原因，但不可否认的是，主银行制度自身存在其固有的局限性，是导致其出现不可避免衰落的根本原因。

　　第一，主银行制度运行过程中的低效率问题[125]。有学者对 20 世纪 80 年代日本企业财务数据进行研究后得出结论，交易企业经营业绩的恶化将促使主银行向企业派出更多监察人员。该研究还发现，银行指派员工与企

124　第六章详细论述 20 世纪 90 年代以来的日本金融改革。

125　车维汉：《日本主银行制度研究评述》，载《东北亚论坛》，2006（2），96 页。

业经营方式的调整等无关，而与接待费等非生产性开支的上升明显正相关。但是，与主银行无交易关系的企业并未出现这种状况[126]。另外，在这一时期，主银行对企业的监督能力已有所削弱。根据研究，以股票为抵押的贷款在银行贷款总额中所占的比例从 1984 年的 1.5% 上升到 1987 年的 2.5%，而以土地为抵押的贷款在银行贷款总额中所占的比例从 17% 上升到 20% 以上[127]。其间，股票价格和土地价格大幅飙升，提高了企业以土地资产和股票资产为担保进行更多贷款的申请能力。为数不少的企业因此得到银行贷款后又利用贷款资金继续进行房地产和股票投机，进而推动土地和股票价格持续上涨。如此循环往复，导致了经济泡沫不断被吹大。由此可以看出，主银行对企业行为的事前监督能力下降也是导致泡沫经济产生和破灭的重要因素之一。

Winstein 和 Yafeh 认为[128]，主银行对其交易对象企业融资，确实具有一定的对企业施压、促使其提高效率的效果，在低风险条件下企业有投资扩大的冲动，同时从银行方面看，也存在为获取更多租金利用这种密切关系的倾向。研究结果表明，对主银行制度依赖度较高企业的收益率和增长率一般较低。Winstein 和 Yafeh 研究还提出，企业与主银行的交易关系为其扩大投融资规模以及从外部筹集资金提供了某种优势，同时降低了企业对内部资金要求的程度。但某些学者认为，企业更多地依赖主银行融资，往往是企业自身内部资金积累较慢、产生现金流的能力较弱的表现，这是企业向外界传递的一种不良信号，因而无法增进和保持企业未来长期的价值，甚至在某种意义上还可以说是在损毁其自身的价值。

第二，主银行制度导致银行业的整体竞争力偏弱。主银行制度极大地限制了银行机构之间的竞争，因此长期来看，这损害了日本银行业竞争力的大幅提升。竞争匮乏导致的竞争力低下，使日本银行在面临金融自由化

126　Winstein, D. E. and Y. Yafeh, On the Costs of A Bank-centered Financial System: Evidence from Changing Main Bank Relations in Japan [J]. *Journal of Finance*, 1998, 53 (2).

127　[美] 高柏著，刘耳译：《日本经济的悖论——繁荣与停滞的制度性根源》，229 页，北京，商务印书馆，2004。

128　Morck, R. and M. Nakamura, Banks and Corporate Control in Japan [J]. *Journal of Finance*, 1999, 54 (1).

以及国际化浪潮的冲击时就显得格外脆弱[129]。如之前本文多次提到的那样，大藏省等金融监管部门对银行业实行了特殊保护政策，如禁止混业经营，限制证券业发展，允许"银行租"的存在，对银行业等金融机构提供最后紧急援助等。主银行制度顺利运行实施，政府因而能够借助银行完成其对社会资金的配置，以及对企业某种程度的监管。以至于某些情况下，政府与银行之间的关系密切到在一些职能上无法完全分开，所以政府对银行业进行严格的监管往往不能按规划进行。在这种情况下，由于监管不够严格或者说无效监管的存在，20世纪80年代后期，特别是在1996年日本"大爆炸式的金融改革"的冲击下，日本的银行业整体表现出如下一些特征：一是缺乏风险控制机制的银行机构大量存在。在泡沫经济破灭冲击下，银行自有资本金不足的问题严重，不良资产比例大幅提高，进一步严重侵蚀了银行自有资本，资本金不足的矛盾不断加剧，比如，北海道拓殖银行等一批银行机构因此倒闭、重组。二是竞争力较低。日本银行业的整体盈利能力不高，资产收益率一直徘徊在1.2%左右；而同期美国银行的这一数字达到3.3%~3.5%，是日本银行的3倍左右。三是大银行形成寡头垄断，分业经营限制使整个社会的金融业务分割为完全孤立的几个部分，每一部分都处于一定的垄断状态，导致整个社会福利的巨大损失。

第三，主银行制度致使银行体系严重不透明。如本章第一节所论述的那样，主银行制度是一种"关系凝聚体"。企业、银行与政府之间在长期、密切的交往中建立起特殊的和排他性的关系，这种关系具有隐性、私下以及不透明等特点。在政府支持下，主银行获得超额利润，比如主银行租，政府部门则掌控这种超额利润的分配权。在利益的驱使下，银行与企业之间、银行与政府之间以及政府与企业之间，都滋生了大量的腐败行为。大量的研究结果证明，存在"租"的地方往往是腐败的高发区，特别是当某些政府官员掌握着"租"的分配权时，腐败行为更是很难避免。这种低透明度的银行体系，已经无法满足日本经济结构和产业结构调整对资金的需求，也不能适应20世纪80年代之后不断国际化的金融发展趋势。

129　参见高玉贞：《日本主银行制度：发展、改革与启示》，东北师范大学硕士学位论文，2005。

第四，主银行制度导致了某些企业的僵化。一般来说，主银行并不会对所有出现经营困难的企业进行救助，而是更倾向于救助那些具有发展潜力、暂时处于财务困难的企业。由于受自身声誉、路径依赖、政府支持等一些因素的影响，主银行对企业进行选择性救助并非必然选项，也并非必然得以贯彻执行。在主银行制度下，主银行即使明知贷款企业可能存在偿还能力不足的问题，因为某种原因，主银行仍然可能向该企业提供贷款。特别是20世纪80年代中期日本泡沫经济崩溃后，这种现象明显增多，主银行制度诱发了一种不正常的现象，即"常青现象"（Evergreen）[130]。最典型的例子就是关于Sogo公司在1999年财务恶化时，其主银行仍然联合70多家银行对其进行注资，直至2000年该公司破产倒闭。主银行比企业的第二银行或其他的贷款人更可能向效益不好的企业贷款，并且政府为了经济社会的稳定，也在某种程度上鼓励主银行履行这一职责，因而使陷入困境的企业更加依赖主银行。这种救助行为无疑浪费了有限的资源，阻碍了日本经济效率的进一步提高。

三、主银行制度演化的前景

按照诺斯（1990）的制度变迁理论，一种经济制度，在它建立之初，可能是相对有效率的。但是，随着经济、社会等条件的不断变化，经济制度本身不能有效地适应经济环境的变化而出现某种程度的恶化，变成无效率的。这就是经济制度的适应效率的问题。然而，有时这种无效率的经济制度却长期存在而无法根除。要废除这一由历史性事件的先行发生而形成的经济制度，再去选择一种新的经济制度是非常困难的，经济制度的形成和发展往往具有路径依赖的特征。显然，这一理论同样适用于对主银行制度进行的演化分析。

随着日本经济高速增长时期终结以及资本市场不断发展成熟，主银行制度对于日本经济的重要性已经远不如从前，呈现出相对明显的衰落趋势。但大多数学者也指出，以证券市场为基础的金融体系完全替代以长期

---

130 常青现象是指在经济萧条期，大多数日本的银行在明知道贷款无法收回的情况下，继续向即将破产的企业贷款。

交易关系为基础的金融体系，还需要经历一个较长的时期[131]。一些学者认为，主银行制度有所弱化但仍然广泛存在，并未完全走向衰落，仍是日本重要的金融制度和公司的治理结构[132]，主银行制度还将长期存在，但可能逐渐走向衰落甚至趋于式微。其未来演变趋势可大致归为以下几点。

（一）对于不同类型的企业，主银行制度演变的程度将存在差异

对于不同类型的企业来说，主银行制度的演变程度不一样。具体而言，中小型企业对主银行的融资依赖程度较高，两者之间的关系变动将相对较小。而大企业对主银行的融资依赖度逐步降低，与主银行的关系变化将相对较大。李博（2010）认为，从 20 世纪 80 年代开始，在日本的银企治理关系中，主银行制度朝着两种治理模式并存的方向发展，即对大企业实施市场型债权人治理，对中小企业实施主银行型关系治理[133]。日本中小型企业数量相当庞大，经营机制更为灵活，能够根据市场环境的变化迅速做出调整决策，在日本经济发展中的作用不容小觑。但是中小型企业一般而言规模小、人数少、自有资本比率较低，融资渠道并不顺畅，更加需要主银行的支持。在 2012 年日本中小企业的融资结构中，银行融资仍占一半以上[134]。

（二）主银行制度的某些基本功能可能进一步弱化

如上所述，由于大企业对主银行的融资依赖程度有所降低，两者之间的关系密切程度也随之下降，因此，主银行监督和救助企业的功能也将进一步弱化。以主银行救助企业的功能为例，未来主银行的救助就更多地采用"市场原则"，即主银行会在更多考虑自身利益的基础上，有选择性地对陷入经营困境的企业进行支援、救助，"常青现象"企业出现的概率越来越少。根本原因在于，"护航舰队"政策结束后，主银行获得的固定租金显著下降，使其盈利能力减弱，这同时削弱了主银行对企业救助的动力和能力。但由于路径依赖等因素影响，企业在陷入经营困境时仍希望得到

131　车维汉：《日本主银行制度研究评述》，载《东北亚论坛》，2006（2），98 页。
132　涂菲：《日本主银行制的演化动力、区间及约束条件》，载《金融评论》，2012（2），29 页。
133　李博：《简论日本主银行制的变化》，载《日本学刊》，2010（3），77~90 页。
134　参见杨晓庆：《日本韩国中小企业融资研究》，吉林大学博士学位论文，2013。

主银行的救助，对主银行和企业来说，双方仍然存在谋求建立亲密银企关系的需要。但主银行将更多地采用市场原则，按照自身利润最大化的目标，根据企业业绩恢复的可能性、支援资金规模以及企业恢复后可能获得的利益等因素，决定是否对银行进行救助，而非完全是基于银企之间的主银行关系。

（三）主银行制度体系的透明度将有所增加

主银行制度从默认的管理转为明示化的规则[135]。在对主银行制度概念论述时，本书提出了"主银行制度是指战后特定历史条件下形成的企业、银行、其他金融机构（其他主银行）和监管部门之间一系列非正式的惯例、关系、制度安排和行为在内的公司融资和治理机制"，显然，这些"非正式的惯例、关系、制度安排和行为"处于一种透明度较差的状态。由于证券、保险、信托等业务的发展以及金融国际化的冲击，日本银行业也更多地采用"明示"的市场惯例和做法。比如，银企之间的贷款会明确规定双方的权利和义务，即将主银行制度明示化，其具体形态类似于国际金融领域中的共同融资（如辛迪加贷款），主银行相当于辛迪加贷款中的主干事银行，负责召集组成融资团，以避免出现企业业绩恶化时，其他银行拒绝配合主银行对企业救助的情况。这需要制定明确的融资规则，事先将主银行所能给予的援助以文件的形式进行说明，即运用辛迪加贷款的形式将责任明确化。

（四）主银行制度还将长期存在

如前所述，由于日本大企业实力雄厚，筹资渠道广泛，近年来已逐渐降低了对银行的融资依赖，但是其短期资金的融通、资金的结算等还是需要主银行来提供金融服务。主银行制度的作用由过去监督治理转变为对更多的企业提供风险对冲和金融服务[136]。广田真一考察了500家大公司与其主银行在1973年至2008年35年间的关系变化情况，得出的结论是，双方关系仍相对稳定，仅在持股、贷款和人员派遣方面的联系有所减少，救助

135　参见赵旭梅：《日本企业集团的金融制度研究》，复旦大学博士论文，2004。

136　参见［日］广田真一：《日本的主银行制度：从监督到风险对冲》，日本经济、贸易和产业研究所（RIETI），讨论论文系列，2009，09-J-023。

功能较弱。

与此同时，多数主银行不愿意放弃和企业的股权联系，并表现出对高风险的规避[137]。Patrick McGuire 的经验研究发现[138]，即使是对于不盈利的企业，银行都不愿意放弃对其的股权。在某些情况下，银行被迫减持部分企业股权，也会相对均衡地减持各个行业中企业的股票，而非完全减持某家企业的全部股份。比如，在 2000 – 2001 年监管部门加大审查时，银行减持股票的企业类型都是具有较高市场风险系数的公司。

另外，第二次世界大战后很长一段时期以来，日本政府、产业界以及金融界对企业的监控功能一直统由银行来推动进行，如信托公司、风险投资公司、证券公司等其他金融机构对企业的监控能力严重不足。在主银行制度为适应市场需要进行调整、变革之后，市场特别是其他金融机构就需要大批公司治理方面的人才，以更好地对企业进行必要的监控。因此，从人力资源配置的角度来看，监管人才从银行转向市场也需要较长的时间[139]。

参 考 文 献

［1］李博：《简论日本主银行制的变化》，载《日本学刊》，2010（3），77～90 页。

［2］高玉贞：《日本主银行制度：发展、改革与启示》，东北师范大学硕士学位论文，2005。

［3］戴金平：《主银行制度与日本金融危机》，载《世界经济与政治》，1999（2），58～63 页。

［4］徐小平：《以主银行制度为核心的日本企业融资模式评述》，载《现代管理科学》，2005（5），114～115 页。

---

137 涂菲：《日本主银行制的演化动力、区间及约束条件》，载《金融评论》，2012（2），30 页。

138 Patrick McGuire，"Bank Ties and Firm Performance in Japan: Some Evidence since Fiscal 2002"，Monetary and Economic Studies，Bank of Japan，November 2009，27.

139 车维汉：《日本主银行制度研究评述》，载《东北亚论坛》，2006（2），98 页。

［5］于潇：《日本主银行制度演变的路径分析》，载《现代日本经济》，2003（6），42～46页。

［6］庞德良：《现代日本企业产权制度研究》，北京，中国社会科学出版社，2001。

［7］邓一国：《战后日本主银行制度的形成及演变》，苏州大学硕士学位论文，2003。

［8］龚明华：《关于主银行制度和人为低利率政策——日本高速成长时期的金融制度研究》，载《现代日本经济》，2005（6）。

［9］刘迎新：《日本主银行制衰落及其启示》，载《世界经济研究》，2005（6）。

［10］罗清：《日本金融的繁荣、危机和变革》，北京，中国金融出版社，2000。

［11］阎坤：《日本金融研究》，北京，经济管理出版社，1996。

［12］李扬：《日本主银行制度的兴衰》，载《国际经济评论》，1996（3），45～48页。

［13］冯艾玲：《关于主银行制的考察与思考》，载《财贸经济》，1997（1），22～26页。

［14］刘昌黎：《论日本的主银行制度及其变化与改革》，载《日本学刊》，2000（4），47～63页。

［15］涂菲：《日本主银行制的演化动力、区间及约束条件》，载《金融评论》，2012（2），26～44页。

［16］车维汉：《日本主银行制度研究述评》，载《东北亚论坛》，2006（2），93～99页。

［17］赵旭梅，夏占友：《日本企业集团的金融制度》，北京，对外经济贸易大学出版社，2006。

［18］彭兴韵：《金融发展的路径依赖与金融自由化》，上海，上海人民出版社，2002。

［19］黄泽民：《日本金融制度论》，上海，华东师范大学出版社，2001。

[20] 赵旭梅：《日本企业集团的金融制度研究》，复旦大学博士论文，2004。

[21] 郑秀君：《日本主银行制度研究综述》，载《经济研究导刊》，2009（36），67～71页。

[22] 刘毅：《日本的主银行制与银企关系》，载《日本研究》，2003（4），14～22页。

[23] 刘丹：《日本主银行制度的兴衰》，东北师范大学硕士学位论文，2008。

[24] 冈崎哲二：《经济史上的教训》，15页，北京，新华出版社，2004。

[25] 王冠儒：《日本主银行制度及其对我国银企关系的启示》，东北财经大学硕士学位论文，2010。

[26] 吴宇，王亚飞：《试论战后日本利率政策的特征及其启示》，载《日本学论坛》，2000（1），19～23页。

[27] 尹恒：《银行功能重构与银行业转型》，北京，中国经济出版社，2006。

[28] 李惠波：《日本传统文化对主银行制度影响的路径分析》，载《日本问题研究》，2006（4），28～31页。

[29] 韩璐：《日本主银行制度的演进及其对中国金融制度安排的启示》，吉林大学硕士学位论文，2005。

[30] 罗清：《日本金融的繁荣、危机与变革》，北京，中国金融出版社，2000。

[31] 李文魁：《日本主银行制度的盛衰演变：一个新制度经济学的视角分析》，载《河南金融管理干部学院学报》，2009（2），29～32页。

[32] 童适平：《战后日本金融体制及其变革》，上海，上海财经大学出版社，1998。

[33] 张英军：《日本金融：由管制到自由化的变迁》，载《世界经济文汇》，1996（3），110～114页。

[34] 胡坚：《日本金融市场》，北京，中国大百科全书出版社，1995。

［35］［美］鲁思·本尼迪克特：《菊与刀》，北京，商务出版社，1990。

［36］［美］道格拉斯·C.诺思：《经济史中的结构与变迁》，上海，上海三联书店，1991。

［37］［美］迈克尔·波特，［日］竹内广高，树原鞠子：《日本还有竞争力吗?》，北京，中信出版社，2002。

［38］［日］新渡户稻造：《武士道》，北京，商务出版社，1993。

［39］［日］青木昌彦，休·帕特里克：《日本主银行制度及其与发展中国家经济转轨中的相关性研究》，北京，中国金融出版社，1998。

［40］［日］青木昌彦，奥野正宽：《经济体制的比较制度分析》，北京，中国发展出版社，1999。

［41］［日］青木昌彦：《比较制度分析》，上海，上海远东出版社，2001。

［42］［日］奥村洋彦：《日本泡沫经济与金融改革》，北京，中国金融出版社，2001。

［43］［日］鹿野嘉昭：《日本的金融制度》，北京，中国金融出版社，2003。

［44］［日］竹内宏：《日本现代经济发展史》，北京，中信出版社，1993。

［45］［日］桥本寿朗，长谷川信，宫岛英昭，戴晓芙译：《现代日本经济》，上海，上海财经大学出版社，2001。

［46］［日］小林义一：《日本的金融体系》，东京，东京大学出版会，1992。

［47］［日］铃木淑夫：《金融大爆炸的困境》，东京，东洋经济新报社，1997。

［48］［日］青木昌彦、Hugh Patrick、Sheard Paul. 関係の束としてのメインバンクシステム［C］//伊丹敬之. 日本の企業システム第Ⅱ期第二巻企業とガバナンス. 日本：有斐閣，2005。

［49］［日］崛内昭义：《日本经济与金融危机》，岩波书店，1999。

［50］［日］野口悠纪雄：《1940 体制》，东京，东洋经济新报社，1995。

［51］［日］广田真一：《日本的主银行制度：从监督到风险对冲》，日本经济、贸易和产业研究所（RIETI），讨论论文系列，2009，09－J－023。

［52］深尾光洋. コーポレートガバナンスの多様化と収斂化［C］// 青木昌彦、奥野正寛、岡崎哲二. 市場の役割国家の役割. 日本：東洋経済新報社，1999。

［53］荻野博司. 商法改正とコーポレートガバナンスの10年［C］. // 神田秀樹. コーポレートガバナンスにおける商法の役割. 日本：中央経済社，2005：64。

［54］Akoi, M. , H. Patrick and P. Sheard（1994）, "The Japanese Main Bank System: An Introductory Overview", In Masahiko Aoki and Hugh Patrick, eds. , *The Japanese Main Bank System*, Oxford University Press, p. 150.

［55］Horiuch, iA. , F. Packer, and S. Fukuda, What Role has the Main Bank Played in Japan? ［J］. *Journal of the Japanese and International Economies*, 1998. 2.

［56］Vittas, M, Yoon Jecho, *Credit Policies: Lesson from Asia*. WPS1458, World Bank, 1995.

［57］Morck, R. and M. Nakamura, Banks and Corporate Control in Japan ［J］. *Journal of Finance*, 1999, 54（1）.

［58］Patrick McGuire, "Bank Ties and Firm Performance in Japan: Some Evidence since Fiscal 2002", *Monetary and Economic Studies*, Bank of Japan, November 2009, 27.

［59］Masahiro Kawai, Juro Hashimoto, Shigemi Jzumida. Japanese Firms in Financial Distress and Main Banks: Analyses of Interest-rate Premia ［J］. *Japan and the World Economy*, 1996（8）：175－194.

［60］Masaharu Hanazaki, Akiyoshi Horiuchi. A Review of Japanese Bank Crisis from the Governance Perspective ［J］. *Pacific-Basic Finance Journal*,

196

2003 (11): 305 – 324.

[61] Junyao, Hongbing Ouyang, Dark Side Evidence on Bank-firm Relationship in Japan [J]. *Japan and the World Economy*, 2007 (19): 198 – 213.

[62] Katsumi Matsuura. Disturbances in the Financial System and Corporate Finance [J]. *The Japanese Economy*, 2000 (3): 3 – 31.

[63] Masanobu Konno (2003): "A Historical Inquiry into the Japanese Financial System and Economic Performance", *The Economic Journal of Takasaki City University of Economics*.

[64] Kashyap Anilk (2002): "Sorting out Japan's Financial Crisis", *Economic Perspectives*, Federal Reserve Bank of Chicago.

[65] Shead, Paul (1992): "The Role of the Japanese Main Bank When Borrowing Firms are in Financial Distress", Center for Economic Policy Research, Stanford University. GEPR Publication.

第五章

金融市场与运营机制

日本金融市场最早可追溯到 1620 年"江户时代"的商品期货市场——大阪"定屋米市"的远期合约稻米交易。日本现代金融市场始建于 19 世纪，经过多年发展，特别是经过 20 世纪 70 年代推进利率市场化、80 年代取消外汇管制、90 年代"大爆炸式的金融改革"后，日本已经建立起包括货币市场、外汇市场、股票市场、债券市场、金融衍生品市场、商品期货市场和保险市场等一套完整的金融市场体系，交易产品涵盖了国际上主要的金融工具，在全球金融市场中具有重要的地位。20 世纪 80 年代末，日本已经成为世界第二大经济体，仅次于美国，并发展出世界第二大国债市场，第三大外汇市场和第三大证券市场。作为日本的首都和政治、经济、文化中心，东京也因此成为亚洲金融中心，并与伦敦和纽约并为三大全球性金融中心之一。

第一节　货币市场

货币市场也称为短期金融市场，以 1 年期（含）以内的金融产品为交易标的，而 1 年期以上金融产品的交易场所一般称做"资本市场"。日本的货币市场分为银行间市场和公开市场。银行间市场主要是短期同业拆借市场，参加者仅限于银行等金融机构；公开市场包括国库短期证券市场、回购市场、短期公司债市场、可转让存单市场等，对市场参加者无特别限制，一般事业法人和政府互助组合等非金融部门的经济主体也可自由加入。

一、货币市场的形态

（一）短期同业拆借市场

日本短期同业拆借（Call）市场是银行等金融机构间融通资金的场所，最早可追溯到1902年，包括有担保拆借交易和无担保拆借交易，参与机构包括城市银行、地方银行、第二地方银行、信托银行、长期信用银行、外资银行、信用中央金库和信用金库、农林系统金融机构、证券和证券金融公司、保险公司等（黑田启征、加藤出，2010）。

据日本银行统计，短期同业拆借市场的交易量早在20世纪90年代就超过45万亿日元，但后来受零利率和量化宽松货币政策的影响，交易量大幅下滑，至2000年已跌至20万亿日元左右（见图5.1）。

资料来源：日本银行。

图5.1　日本同业拆借市场交易量

截至2014年6月底，短期同业拆借市场余额为16.15万亿日元，其中有担保拆借交易余额为10.57万亿日元，占65.4%；无担保拆借交易余额为5.59万亿日元。无担保短期同业拆借交易产品包括隔夜、2~7天、1~2周、2~3周、3~4周、1~2个月、2~3个月、3~4个月及4个月以上等九个品种，其中1~2个月期和隔夜交易品种余额最大，分别为1.9万亿日元和1.8万亿日元，占比34%和32%。

（二）国库短期证券市场

日本国库短期证券（T-Bill）是日本政府筹措调剂短期资金的重要手段，也是日本银行开展公开市场操作的重要工具。国库短期证券的前身是"短期贴现国债"（TB）和"政府短期证券"（FB）。短期贴现国债市场形成于 1986 年，以公开招投标方式发行，是在 1975 年国债大量发行后为确保国债的偿还、借换顺利进行而发行的短期"借换债"。政府短期证券市场形成于 1981 年，是政府为弥补国库、特别财政等资金不足而发行的短期"融通国债"。2009 年 2 月，财务省将短期贴现国债和政府短期证券合并，更名为"国库短期证券"并首次发行，偿还期限包括 2 个月、3 个月、6 个月和 1 年期。据日本银行统计，截至 2014 年 6 月，国库短期证券余额为 160.67 万亿日元。

（三）债券回购市场

日本债券回购（Repo）市场建立于 1950 年前后，也是日本银行开展公开市场操作的重要工具。用于回购的债券品种以国债为主，还包括地方债、金融债、公司债等其他债券。债券回购市场对参与主体没有限制，证券公司、信托银行、政策性金融机构、公司法人等均可参加，但由于税金的扣缴与结算须通过日本银行数据通讯系统完成，而一般事业单位及个人不能接入该系统，故无法从事债券回购交易。

根据 JSDA 统计，截至 2014 年 6 月底，债券回购市场余额为 28.5 万亿日元（见图 5.2）。经销商仍然是债券回购市场最大参与者，当月卖出 22.5 万亿日元，主要被外国投资者购买，当月买入总额 19.3 万亿日元，占比 67.7%。

（四）短期公司债市场

短期公司债券是企业在无担保的情况下调配短期资金的措施之一，发行主体包括各类金融机构和非金融企业法人，发行后可进行买卖或回购交易。日本短期公司债券市场创立于 1987 年，最初以"票据短期公司债券"的形式发行，2003 年开始推行"无纸化"并被正式命名为短期公司债券。此后，短期公司债券全部以无纸化方式进行操作，其发行、流通、偿还等均通过电子系统完成。

亿日元

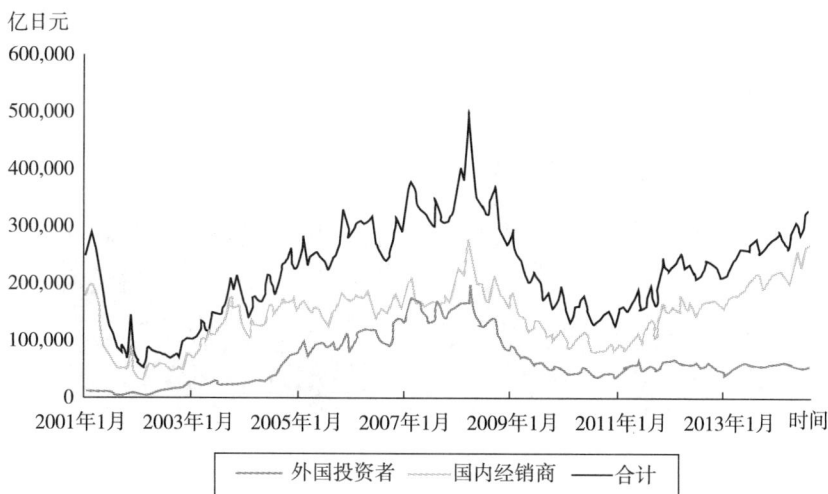

资料来源：日本证券交易商协会（JSDA）[1]。

图5.2　近年债券回购市场交易余额及其结构

短期公司债券发行方主要包括大型事业法人（以电力、煤气、钢铁、商社等为首的企业）、银行间市场参与者（银行、证券和保险公司等）、特别目的公司（SPC）等（黑田启征、加藤出，2010）；购买方必须是在证券保管转账机构开设转账账户的法人，包括经销商、投资信托、金融机构、保险公司、事业法人等。短期公司债券的金额、期限、利息等发行条件由经销商及其他投资者与发行方共同决定。在流通市场，短期公司债券可直接买卖，也可以签订合同开展期货交易。

日本短期公司债券的主要交易品种包括 2 周以内、2 周至 1 个月、1～2 个月、2～3 个月、3～4 个月、4～5 个月、5～6 个月、6～7 个月、7～8 个月、8～9 个月，以及 9 个月以上 1 年以下等 11 种产品。根据 JSDA 统计，日本国内短期公司债券市场 2013 年的交易额为 93.29 万亿日元，其中交易量最大的两种产品是 1～2 个月和 2 周至 1 个月，全年交易量分别为 24.09 万亿日元和 20.94 万亿日元，合计占交易总量的 48.37%。2014 年前 5 个月交易总量为 37.81 万亿日元。

1　JSDA，http://www.jsda.or.jp/shiryo/toukei/shurui/index.html.

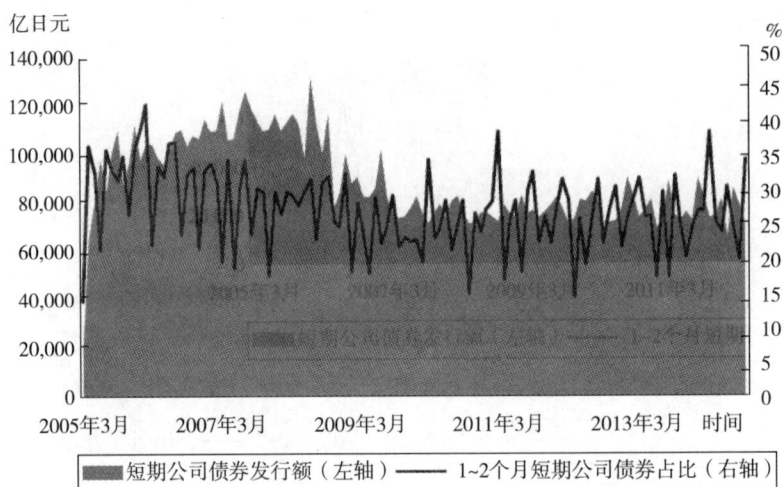

资料来源：JSDA。

图 5.3　近年日本短期公司债券发行额及其结构

（五）可转让存单市场

大额可转让定期存单（CD）是指由受理存款业务的金融机构发行、可通过记名方式进行债权转让的定期存款。日本 CD 是在提高利率自由化程度、金融业务国际化的背景下，于 1979 年 5 月正式推出的短期金融产品，其发行机构主要是城市银行、地方银行、信托银行、长期信用银行、外资银行、信用金库等金融机构（黑田启征、加藤出，2010）。近年来，日本 CD 发行余额平均在 40 万亿日元，其中发行量最大的是都市银行，其次是地方银行。据日本银行统计，截至 2014 年 5 月底，日本 CD 市场余额为 39 万亿日元，其中都市银行发行余额为 18.5 万亿日元，占比47.4%。

此外，东京美元短期拆借市场、欧洲日元市场也是日本货币市场的重要组成部分。

二、货币市场的特点

随着几次金融改革的进行，日本的货币市场最近几十年有了突飞猛进的发展。日本货币市场发展的主要措施有：

其一，鼓励金融创新。金融创新在日本的货币市场构成体系发展中发挥了十分重要的作用。在 20 世纪 70 年代以前，日本的货币市场很不发达，市场交易工具和交易范围都远不如美国。但进入 70 年代以后，伴随着金融创新，货币市场迅速发展。除原来市场更加规范化外，其他市场也不断建立和发育。1970 年货币市场体系中增加了票据市场，1971 年增加了东京美元市场，1979 年增加了日元可转让存单市场，1985 年又增加了日元计价银行承兑汇票市场。市场信用工具不断增加，市场构成体系不断发展。可见，金融创新是一国货币市场构成体系不断完备的重要推动力量。

其二，20 世纪 70 年代末，日本启动了以金融自由化、市场化和国际化为主要内容的金融改革。在金融改革过程中，日本相继建立和发展了拆借市场、票据市场、回购市场、大额定期存单转让市场、银行承兑票据市场等货币市场。

其三，允许货币市场向各类投资者开放。日本的货币市场分为银行间市场和公开市场。银行间市场只有银行可以参加，包括银行同业市场和票据买卖市场，以及从 1987 年起开放的东京美元拆借市场。在公开市场上，个人、企业、政府均可参加，包括债券回购市场、大额可转让存单市场、无担保票据市场、政府短期证券市场、短期国债市场以及以日元计价的银行承兑票据市场。据 1995 年统计资料，日本货币市场交易总额达 107 万亿日元，其中银行同业市场占 36.2%，票据买卖市场占 9.3%，债券回购市场占 10.5%，可转让存单市场占 22.8%，短期国债市场占 11.4%，无担保票据市场占 9.8%。

日本货币市场虽然得到了巨大发展但是日本的货币市场与英美相比，其发达程度和公开程度还存在差距[2]。由于各货币子市场的参与者的差异以及中央银行对其干预程度的不同，日本货币子市场的利率水平不一；中央银行只能依赖部分货币子市场执行货币政策，货币政策的覆盖面和传导途径不如英美国家；英美都有发达的国债市场为中央银行进行公开

2　陈柳钦：《货币市场发展模式的国际比较》，载《济南金融》，2005（11），9 页。

市场操作和调控经济提供条件，而日本虽有类似于英美国库券性质的日本短期政府债券，但其发行方式不是公开招标方式，而是定率公募。由于发行利率限制在低于市场利率水平和日本银行再贴现利率水平之下，使短期政府债券失去吸引力，日本的短期国债市场尚未真正形成。中央银行只能利用短期证券来稳定货币市场的季节性波动，而无法利用它来执行货币政策。

三、货币市场与利率自由化

利率市场化，即金融机构在货币市场经营融资的利率水平由市场供求来决定。利率市场化与利率管制相对应，因此也称做"利率自由化"。金融机构根据自身资金状况和对金融市场动向的判断来自主调节利率水平，最终达到以中央银行基准利率为基础，以货币市场利率为中介的资金最优化配置。日本利率市场化进程属于典型的渐进式改革。1977 年，日本国债可以自由上市流通，并参考流通市场利率来决定国债的发行。以此为起点，日本开始逐步放松对利率的管制。至 1994 年，日本的各项利率基本完成了市场化定价，总共历时 17 年，是发达国家实行利率自由化中用时最长的。

1977 年以前，日本实施严格的金融管制，利率管制纵横交错，几乎涵盖了所有金融市场，但利率管制中起主导作用的是以国债利率为核心的低利率管制机制。在启动利率市场化改革时，日本政府以放松债券利率管制为起点，逐步改革国债发行机制，丰富金融市场上票据市场种类，同时放宽对货币市场利率的管制。到 1984 年，日本政府在债券市场和货币市场完成了对利率的第一阶段改革。1978 年 6 月，改变债券发行机制；1981 年 6 月，允许债券自由流通，债券利率市场化改革完成；1978 年 4 月，日本政府允许短期拆借市场、银行间票据的利率市场化，货币市场利率改革迈出重要一步。

（一）日本利率市场化的背景

日本利率市场化改革始于 20 世纪 70 年代中期，国内经济正处于高速增长转为放缓阶段，其推进力既有内因，又有外因。内因是国内经济转型的需要。一是国债重启需要放松利率管制。1974 年中后期开始，日本经济增速逐步放缓，日本政府不得不依靠扩大财政赤字发行国债来刺激经济增长，国债发行规模的扩大和剧烈的通胀波动使得在国债发行利率和流通方面的严格管制难以为继。此外，庞大的国债二级市场也促进了货币市场和回购市场的逐步形成，从而提供了利率自由化的土壤。二是金融市场分化激发了银行自身对利率自由化改革的需要。进入 20 世纪 80 年代后，日本的企业、个人、机关团体都可以参加货币市场的交易，使得银行存款大量分流。1974－1983 年，日本的间接融资由 94% 下降至 72%，银行发现不放开利率管制，自身竞争力下降，必须要通过利率自由化去挽回存款业务的下降。

外因是日本贸易顺差引发美国对其金融自由化改革的强烈施压。在战后高速发展阶段，日本一直以固定的低汇率向外大量出口，导致美国对日本的巨额贸易逆差；另一方面，日本金融市场严格的利率管制使其国内利率低于国际金融市场利率，加之其封闭的金融市场又抑制了外国对日本的投资，外国资本难以受益于日本的经济增长。同期，美国政府为了重振经济和缓解通货膨胀，采取了紧缩性的货币政策，导致美元的汇率飙升，严重削弱了美国出口的国际竞争能力。美国把矛头转向日本，逼迫其实施金融自由化和国际化的改革。1983 年，美国总统里根访问日本，成立了"日美日元委员会"，并于 1984 年 5 月达成了《日美日元委员会报告书》，其核心是要求日本开放农产品和工业制成品市场和日元升值，并明确提出放开利率管制。

（二）日本利率市场化的进程

日本利率市场化的整体思路是先国债利率、后存贷款利率，先银行同业、后银行与客户，先长期利率、后短期利率，先大额交易、后小额交易。1977－1984 年，实现了债券利率和货币利率的市场化；1985 年至1994 年，改革进入核心利率市场化的深水区，主要涉及银行业存贷款利率的市场化。其改革详细进程[3]见专栏 5.1。

　　3　参见钟伟：《刺破泡沫的达摩克利斯之剑：日本利率市场化对宏观金融环境、资产价格和银行经营的影响》，平安证券公司《证券研究报告》，2012－11－23。

专栏 5.1 日本利率市场化改革

- 1977 年放宽对金融机构所持国债的管制
- 1978 年日本政府以招标方式发行中期国债
- 1978 年允许短期拆借市场、银行间票据的利率市场化
- 1979 年实行可转让定期存款的利率市场化
- 1981 年日本银行允许政府短期债券在市场销售，形成短期债券流通市场
- 1983 年日本"金融制度调查会"宣布"渐进地实现利率市场化"
- 1984 年大藏省发表了《金融自由化与日元国际化的现状及展望》，推出了市场利率联动型存款（MMC）
- 1985 年实行了存款（10 亿日元）利率市场化
- 1986 年大额存款的标准下降到 3 亿日元，1989 年 10 月降到 1,000 万日元，并引入了短期国债
- 1987 年创立了国内的商业票据市场
- 1989 年日本银行采取以银行平均融资利率决定短期优惠贷款利率，改变以前在官定利率上加一个小幅利差形成贷款利率的做法，而改为在筹集资金的基础利率之上加百分之一形成贷款利率的做法。筹资的基础利率是在银行四种资金来源基础上加权平均而得，这四种资金来源是：（1）流动性存款；（2）定期存款；（3）可转让存款；（4）银行间市场拆借资金。由于后两种是自由市场利率资金，所以，贷款资金利率部分实现市场化
- 1991 年以银行平均融资成本决定长期优惠贷款利率，同时日本银行停止了"窗口指导"的实施，至此贷款利率完全市场化
- 1992 年通过《金融制度改革法》，确定了银行、证券、信托三种业态的金融机构可以通过设立子公司的形式实现业务的兼营化。另外，生命保险公司与财产保险公司也可以通过设立子公司的形式进入到对方的经营领域
- 1993 年 6 月撤销定期存款余额下限，实现定期存款利率市场化
- 1993 年 10 月下调流动性存款余额下限，存款利率完全市场化
- 1994 年 10 月实行了除活期存款利率以外的完全利率市场化

存款利率市场化是利率改革的重点，也是进程最长的阶段，先是逐步实现定期存款利率市场化，然后逐步实现流动性存款利率市场化（钟伟，2012）。日本贷款利率市场化建立在存款利率市场化的基础上，先短期利率后长期利率，重点是确定贷款利率的形成机制。

在第二次世界大战后经济腾飞阶段中，日本贷款利率在官方再贴现利率上加一个小幅利差来确定。国债、货币和大额存单利率市场化启动后，日本银行在 1989 年将贷款利率的定价权转交给各大商业银行，采取以银行平均融资利率决定短期优惠贷款利率的新办法，即将银行资金依来源分为四类：流动性存款、定期存款、可转让存款及同业拆借资金，将各自的代表性利率确定为标准利率，根据各类资金的构成比用加权平均法计算出基础利率，在此基础上再加 1% 的银行费用，即为新短期优惠贷款利率。尽管当时流动性存款和定期存款利率管制还未放开，但其他两种利率已实现市场化，从而切断了短期贷款利率与法定利率的直接联动关系。1991 年，日本银行放弃贷款利率窗口指导，长期贷款利率也不再使用过去的长期优惠利率，而是在短期优惠利率基础上根据相应贷款期限或剩余期限加上一定利差，形成新的长期贷款利率，即短期利率联动长期变动利率。至此，日本完成了贷款利率市场化。

（三）日本利率市场化的特点

日本利率市场化改革具有三个方面的特点：一是循序渐进性。这主要体现在利率市场化的进程采取先国债、后其他品种，先银行同业、后银行与客户，先长期、后短期，先大额、后小额的步骤。存款利率市场化大体又分为两个阶段，先是定期存款利率市场化，后是流动性资金存款利率市场化。一是长期性。与德国（历时 3 年）、美国（历时 6 年）的利率市场化相比，日本利率自由化改革历程长达 17 年，居各国之首。三是谨慎性[4]。日本政府在推进利率市场化过程中，十分重视对中小型金融机构的保护。此外，到 1994 年，日本利率还不是完全意义上的市场化，而是继续受到货币管理当局一定的限制。

4　兰健，陈秀丽：《日本利率自由化的特点及效果分析——兼论对我国利率自由化的启示》，载《国际贸易问题》，2002（10），47 页。

在日本的银行类机构中，有专门为支持中小企业发展而建立的中小企业金融机构，主要有相互银行、全国信用金库联合会、信用金库、商工组合中央金库、全国信用协同组合联合会、信用组合、劳动金库联合会和劳动金库等。考虑到这些中小金融机构分布广、数量多，且基础薄弱、自由竞争能力小、难以与大金融机构抗衡，以及中小金融机构对日本经济发展有举足轻重的作用，日本政府在利率市场化推进中，利率放松的实施都能控制在中小金融机构的承受能力范围内，不对其正常的经营产生大的冲击，使其平稳过渡。

日本利率市场化以后，存款利率并不是自由利率，由各金融机构根据市场资金供求状况自主决定，而是继续受到货币管理当局一定的限制，如存款利率决定中，3年期小额MMC利率的确定是以长期国债和名义利率为基准，其余的以可转让存单的加权平均利率为基准，并还有档次规定，明确各金融机构不能独立决定利率，必须按统一的"市场利率"支付利息。以银行平均融资利率决定的短期优惠贷款利率实际上是一种协商利率或卡特尔利率，并不是市场形成的利率。迄今为止，日本的利率实际上仍未能完全放开，与美国、德国、英国等发达国家相比并不是完全的市场化，而是弱化干预限制的市场化（钟伟，2012）。

第二节　国债市场

日本国债（JGB）是日本政府为筹集资金，向投资者发行的、承诺在一定时期内向持有人支付利息并在到期或者赎回时支付本金的一种金融工具，于1965年首次发行。发行国债是日本政府从资本市场募集资金的最主要途径，也是政府债务中最主要的组成部分。2013年6月，日本国债余额超过1,000万亿日元（约10.5万亿美元），是同期GDP的212.8%，全球排名第二，仅次于美国（约15万亿美元）。

第二次世界大战后，日本证券市场实行"市场三原则"[5]：第一，市场

5　中国人民银行网站，http://www.pbc.gov.cn/publish/goujisi/726/1140/11404/11404_.html。

集中原则，所有交易必须在证券交易所进行；第二，按时间优先顺序进行交易原则；第三，禁止开展期货交易原则。这三项原则不仅适用于股票市场，也是债券市场的基本交易原则。在 1985 年取消国债期货交易禁令之前，"市场三原则"起到了规范日本证券市场的作用。但由于受到各种制约，当时的日本国债发行量极为有限。在 1973 年第一次"石油危机"的冲击下，通货膨胀与经济低迷同时存在。为消除通胀，日本政府采取了抑制总需求的政策，在一定程度上控制了通胀，但经济依然没有摆脱严重低迷的局面，财政也因税收的大幅度减少而陷入困境，不得不大量增发公债。此外，为减少国际收支顺差，进一步充实社会资本，日本政府又多次出台"综合经济对策"，以公共建设项目为中心，实施积极的财政政策。日本因此大量发行国债，并逐年增加发行量。

一、国债的类型

日本国债大致可以分为普通国债和财政投融资特别会计国债（财投债），两者一体化发行，从金融商品的角度来看完全一样。普通国债是政府为一般性常用支出而发行的国债，包括建设国债、特例国债（赤字国债）、复兴国债和偿债国债等，2012 财年和 2013 财年还发行了"年金特例国债"，以追加由国库负担的基础年金；财投债主要是为财政贷款基金融资发行的国债。此外，财务省还面向特定机构或对象发行其他国债，包括补贴国债、捐助/贡献国债以及针对日本开发银行、核事故损害等发行的国债[6]。

（一）日本国债类型和存量比例

从发行角度看，日本各类国债的区别主要在使用目的、适用的法律条款、议会授权和赎回保证等方面。例如建设国债是在《公共融资法》的允许下，政府为了公共福利发行的国债，其发行数量需要议会授权，上限不超过一般账户预算，其赎回保证是未来税收；财投债是为财政贷款基金融资而发行的国债，其最大发行量也需要议会授权，国债收入被分配至与一

6　王荆杰：《日本的国债市场》，载《期货日报》，2013 - 01 - 15（B4）。

般账户独立的特殊账户——未来财政贷款基金（FILP），其赎回保障不是未来的政府税收，而是由该基金偿还。

表 5.1　日本国债类型和存量比例　　　　　单位：亿日元

国债类别			2011 年末	2012 年末	2013 年末	占比（%）
普通国债			6,698,674	7,050,072	7,438,676	87.13
（其中复兴债）			106,529	103,283	90,135	1.06
	长期国债（10 年以上）		4,329,577	4,627,718	4,974,520	58.27
	中期国债（2~6 年）		1,950,976	1,955,225	2,047,082	23.98
	短期国债（1 年以下）		418,121	467,129	417,074	4.89
财投债			1,109,122	1,092,607	1,042,104	12.21
	长期国债（10 年以上）		919,068	866,009	805,464	9.43
	中期国债（2~5 年）		190,055	226,598	236,640	2.77
其他国债			85,624	72,062	56,856	0.67
	交付国债		2,826	1,977	1,746	0.02
	捐助/贡献国债		18,742	21,897	25,100	0.29
	日本政策投资银行危机应对国债		13,438	13,247	13,247	0.16
	原子能损害赔偿支援机构国债		43,364	27,687	13,130	0.15
	日本高速公路控股和偿债机构债券转化国债		7,254	7,254	3,633	0.04
合　　计			7,893,420	8,214,741	8,537,636	100

资料来源：日本财务省。

不同类型的国债其发行数量也不同。例如重建债券和偿债国债的发行量与重建特殊税的收入和每年股票销售利润有关，而偿债国债由于不直接导致国债数量的增加，最大发行数量不需要议会批准，因而该类国债的发行效率较高，但当政府提前发行偿债国债以减缓偿债冲击时需要议会的批准（王荆杰，2013）。截至 2013 年末，在不同类型国债存量占所有国债存量比例中，普通国债比例最高，超过 87%，财投债比例次之，约为 12%，而其他国债比例不足 1%。

（二）日本国债的特征

作为全球第二大国债市场，日本国债在期限和利率、持有人比例以及税收与豁免条件等方面具有鲜明的特点。

1. 期限和利率

从期限上看，日本国债可以分为五类：短期国债（6 个月和 1 年期）、中期债券（2 年期和 5 年期）、长期债券（10 年期）、超长期债券（20 年期、30 年期和 40 年期）和面向个人的零售国债（3 年期、5 年期和 10 年期）。其中所有的中期、长期、超长期国债和零售国债中的三年期和五年期国债都是固定利率，用于零售的十年期国债支付浮动利率，这些中长期债券每半年付息一次，到期偿还本金；短期国债都属于贴现债券，以低于面值的价格成交，到期以面值赎回。

据财务省数据，日本 2014 年至 2052 年各年度需偿还普通国债额度及平均利率，平均剩余期限为 7 年零 7 个月，付息国债平均利率为 1.15%。

2. 持有人比例

日本国债的持有人主要包括商业银行、保险和养老基金、其他金融中介、金融附属公司和日本银行等金融机构，政府、家庭、非金融公司等非金融部门以及国外居民和机构三个部分。其中，商业银行、保险和养老基金和中央银行三个部门持有量最多，2013 年末，他们持有国债的比例分别为 36.5%、22.7% 和 20%。

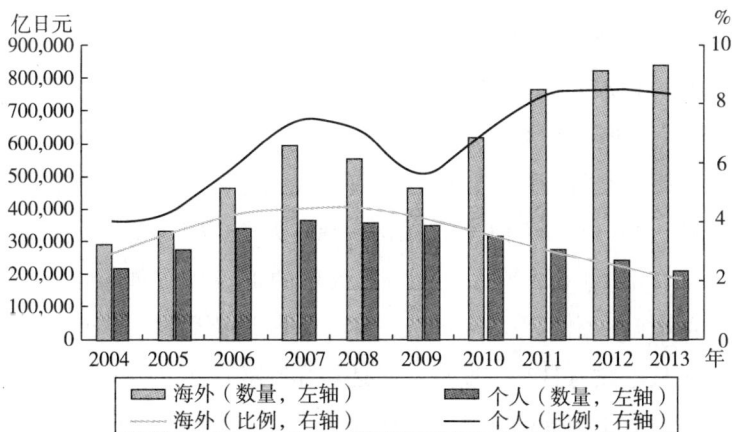

资料来源：日本财务省。

图 5.4　国内个人和海外投资者持有国债数量和比例

为活跃日本国债市场交易，吸引各类投资者参与，日本政府积极采取税收减免等措施。国外投资者持有比例有逐渐上升的趋势，但也不是很高。国内个人投资者持有国债比例在 2% 左右，国外投资者占 8% 左右。

3. 税收与豁免[7]

税收主要针对国债的利息收入、资本利得和杂项收入（主要是到期赎回收益）三部分征税，税率依据国债持有人的身份和国债种类而定，有些情况下可以获得税收豁免。

对付息国债而言，国内投资者利息所得以 20% 的税率征税（2013 年到 2037 年需额外征收 0.315% 的特殊重建所得税[8]），但一些金融机构或者特定国内个人投资者可以享受到一些税收减免；除此之外，仍需对国内机构的资本利得进行征税，而个人投资者无须缴纳。对于持有国债的国外居民和机构征收 15% 的利息收入税（在 2013 年到 2037 年税率为 15.315%），但在实际操作中对在国债账簿划拨系统中的国债有一些税收豁免条件。此外，一些与日本签订租税协定国家的外国投资者可能会享受到税收优惠。

对于贴现国债，主要由国内外的机构持有，按照赎回收益征收所得税。对国内公司而言，通常以公司所得税和地方所得税的形式征收；对于外国机构投资者则以公司所得税形式征收，同时对开设在 QFI 账户中的短期贴现国债有一些税收豁免条款（王荆杰，2013）。另外，在日本没有永久设施的外国公司可以额外豁免公司所得税。

（三）国债发行对日本政府的重要意义

自 20 世纪 90 年代泡沫经济破灭后，日本经济陷入长达 20 余年的萧条期，物价下跌，经济停滞，财政收入减少。此外，日本人口结构老龄化状况日益严峻，2013 年劳动人口已跌破 8,000 万人，65 岁以上人口超过总人口的 25%。0 至 14 岁低龄人口仅占总人口的 12.9%，创历年新低。日本用于养老的财政支出压力越来越大，赤字规模屡创新高。在此背景下，发行国债对于日本政府具有重要意义，是其维持财政支出的重要手段。

日本政府对于国债的依赖度不断攀升并于 2009 年超过 50%。20 世纪 70 年代以后，日本经济进入低速成长期，为刺激经济增长，日本政府实施

7　参见日本财务省，http://www.mof.go.jp/faq/jgbs/04ca.htm。

8　参见日本财务省：《国债的利息等课税制度》，www.mof.go.jp/jgbs/individual/taxation/index.htm。

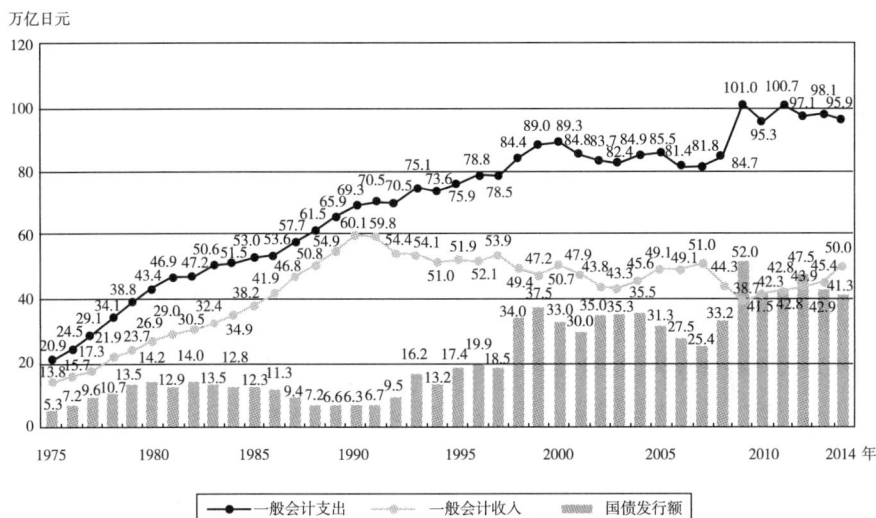

资料来源：日本财务省。

图 5.5　日本财政收支与国债发行情况

扩张性财政政策，并于 1975 年开始大量发行国债，使国债市场得以迅速发展，政府财政对于国债的依赖度也升至 34.7%。但 20 世纪 80 年代后期开始，日本政府主张降低财政对国债的依存度，以期"重建财政"，但是每年的预算仍然要以国债作为财政收入的主要来源。在泡沫经济时期（1987 – 1991 年），日本政府对国债的依存度有所下降，1990 年降至 9.2%。

为刺激经济，日本于 1992 年开始实施扩张性财政政策，这为其后的历届政府所效仿，短短十多年内日本国债年发行额就已高达 140 多万亿日元。日本已经成为仅次于美国的世界第二大国债市场。2003 年末，日本国债余额已经达到 670 万亿日元，占 GDP 的 134%，远超《马斯特里赫特条约》对欧盟国家规定的 60% 的国债负担率警戒线。2004 年以后，国债发行呈减少趋势，至 2007 年日本财政对国债依存度也一度降至 31% 的 10 年最低点。随着 2008 年雷曼兄弟破产导致金融危机在全球蔓延，日本金融市场和实体经济均遭受重创，日经 225 指数半年跌去 50%。日本政府再度实施扩张性财政政策，扩大财政赤字规模，增加国债发行量。截至 2013 年末，日本国债余额超过 1,000 万亿日元，是同期 GDP 的 2 倍以上。

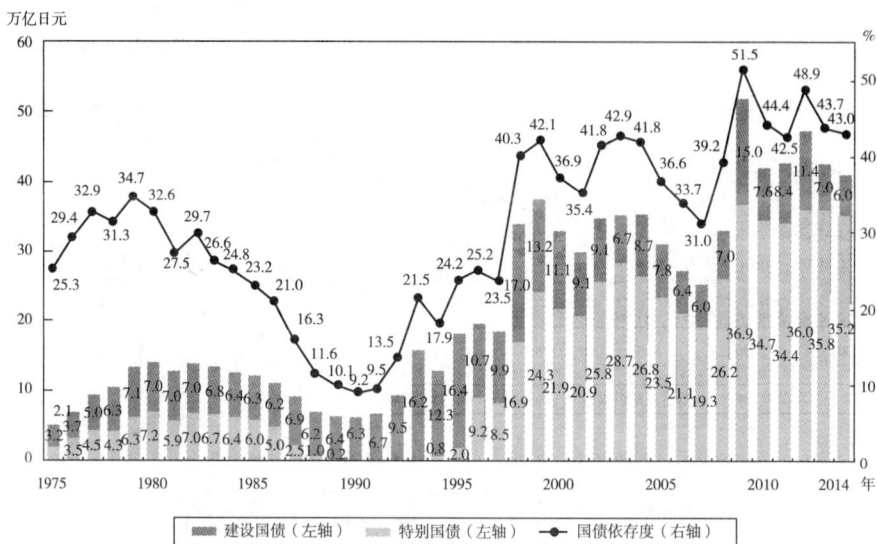

资料来源：日本财务省。

图 5.6　日本国债发行额与国债依存度

二、国债发行机制

日本国债的发行主要由财务省和日本银行负责。其中，财务省负责维持国债的剩余期限或者利率的平衡，使中央政府预算的一般账户和特殊账户具有稳定畅通的融资渠道，最小化中长期融资成本。日本银行接受财务省的委托，登记管理中央政府预算的一般账户和特殊账户的所有收入和支出，并负责整个国债市场的操作，包括接受竞标，通告竞标结果，发行、登记、接受资金，利息和本金的支付和赎回等工作。在实际操作中，主要通过日本银行的金融网络系统（BOJ-NET）连接其他金融机构。BOJ-NET国债服务系统可以完成在线下达拍卖公告、竞标、统计并向财务省报告竞标情况、通告拍卖结果、发行和支付等操作环节。

（一）日本国债发行计划

一般来说，日本政府会在每个自然年度末制订出下一财年的发行计划，在不同年份中不同期限国债的发行数额和频率存在差别。制订发行计划的主要出发点包括市场趋势、投资者需求和整个国债平均偿还期限等，但计划在实施时通常也会有微小差别。在通常情况下，每年的中长期国债发行次数和额度都比较大，基本每月发行一次，超长期30年期和40年期国债发行次数相对较少。此外，为了维持和提高二级市场的流动性，日本政府从2006年4月开始实施流动性增强拍卖计划，对市场上流动性不足的国债进行增发，2014年增发的对象是剩余期还有5~29年的10年期、20年期和30年期国债。

（二）日本国债发行对象和拍卖方式

依据不同发行对象，日本国债的发行可以分为三类：面向市场发行、面向个人投资者发行、面向日本银行发行。其中面向市场发行占每年国债发行量的比重最大，例如在2014财年日本国债发行计划中，面向市场发行167.9万亿日元，占比92.5%，面向个人投资者发行2.5万亿日元，占比1.38%，面向日本银行发行11.1万亿日元，占比6.12%。

1. 面向市场发行

主要有三种不同的拍卖方式：收益率/价格竞争性拍卖、非竞争性拍卖以及非竞争性拍卖I和非竞争性拍卖II（王荆杰，2013）。其中竞争性拍卖是竞拍参与者依照财务省提出的发行条款提交竞拍价格和数量，据此决定发行价格和数量，并分为多重价格拍卖和单一价格拍卖。除了通胀指数债券和40年期债券采用单一价格拍卖外，其余所有债券均采用多重价格拍卖。非竞争性拍卖与竞争性拍卖同时进行，其价格等于竞争性拍卖的加权平均价格，但对拍卖数量有限制。2年期、5年期和10年期国债不仅可以通过竞争性拍卖的方式发行，也可以通过非竞争性拍卖发行，这种拍卖方式主要是针对中小投资者的。非价格竞争拍卖I的价格也等于价格竞争性拍卖的加权平均价格，II的价格等于竞争性价格拍卖的加权平均价或者等于单一收益率竞争性拍卖的最低可接受价格，也对拍卖数量有限制；非价格竞争拍卖I与价格竞争性拍卖同时进行；非价格竞争拍卖II在竞争性拍卖结束后实施，但只有特殊参与者允许采用这两种拍卖方式。

2. 面向个人投资者发行

主要有两种发行方式：直接面向个人投资者发行和OTC发行。前者主要是指将面向个人的重建国债（3年期、5年期固定利率和10年期浮动利率国债）和重建支持国债（10年期浮动利率国债）通过证券公司、银行等中间办理机构出售给个人投资者；后者是专为零售投资者引入的OTC销售系统，增加个人投资者向某些特定期限（2年期、5年期和10年期）国债的投资机会。这两种发行方式适用于不同类型的国债，其发行的要求也不同。

3. 面向日本银行发行

一般情况下日本银行不允许持有政府债券，但依据《财政法》附带条款日本银行可以认购一定数额内偿债国债，并持有到期。这是因为日本银行本身可以通过公开市场操作持有大量的国债，如果日本银行持有的国债到期，财务省就被要求发行偿债国债来募集资金，从而导致私人部门货币短缺，又迫使日本银行通过购买私人部门的偿债国债为其融资。为了避免这种迂回，日本银行可以直接认购一定数量的偿债国债，以此来弥补到期国债。

三、国债交易市场

日本国债的二级市场主要包括交易所市场和场外柜台交易市场（OTC），其中OTC是主要的交易场所。在OTC中，价格通过协商产生，JSDA的一系列交易规则使价格限定在合理范围内。在交易所市场中，价格主要通过拍卖产生，对交易者报出的限价或者市价委托进行撮合成交。在证券交易所交易上市的国债种类有：2年期、5年期、10年期、20年期、30年期和40年期固定利率国债，并分布在东京、大阪和名古屋证券交易所。国债交易价格的信息可以通过大型交易商、经纪人的经纪商或者JSDA等机构获得。

（一）交易结算机制

国债交易结算系统采用日本银行的BOJ-NET系统，该系统负责资金和交易的结算[9]。BOJ-NET在1994年开始采用货银两讫（DVP）的结算方式，并在2001年采用实时全额清算系统（RTGS）。伴随着国债结算数量和实时全额清算工作量的增加，该系统也增加了一些标准流行的处理方式。为了减少对手方风险和结算风险，提高交易效率，日本国债市场一方面在2005

---

9 中国人民银行，www. pbc. gov. cn/publish/goujisi/726/1140/11404/11404_html。

年5月引入了日本政府债券清算中心作为国债市场的中央对手方，另一方面对交割期限做了相关的改进，例如自2012年4月23日起，从拍卖到发行或者购买阶段实行T＋2结算，并在2012下半财政年度开始检验T＋1结算的适用性，计划在2017财政年度开始实施T＋1结算。

BOJ-NET系统运营时间为工作日的9：00～19：00，其中JGB结算时间为9：00～16：30。2014年3月，日本银行发布公告[10]称，拟对BOJ-NET系统进行升级。系统升级拟分两步实施，最终于2016年2月完成全面升级，而升级后的系统运营时间将扩展至8：30～21：00，国债也将实现全时段结算，与系统运营时间同步。此外，升级后的BOJ-NET系统运营时间段将覆盖更多欧洲金融市场运营时间，有利于实现日本国债与欧洲跨境抵押安排的实时结算，提高国债流动性。

（二）主要交易类型

基于日本国债的交易类型和策略主要有现券买卖、回购、现券借贷、证券注册利息和本金分离交易（STRIPS）、预发行交易，以及利率互换、国债期货、国债期权、国债期货期权等衍生交易。

STRIPS是针对付息国债的一种交易形式，将国债的利息和本金分开交易，或者将利息和本金重建为新的证券进行交易，这种交易有助于提高债券市场的套利行为，增加国债市场的有效性。在2003年1月以后发行的付息国债（除15年浮动利率国债、面向个人的国债和10年期通胀指数国债外）均可以采用STRIPS这种形式交易，但只有JGB市场特殊参与者可以提供STRIPS的分离和重建，只有公司（包括信托）可以持有分离证券。

预发行交易是指在拍卖公告日（通常在拍卖前一个星期）和发行日之间的交易。由于发行期交易反映了拍卖前对新发行债券的需求，因此有助于提高可接受竞价的预测值。对发行者而言，这类交易有利于提高筹资资金的活跃度，并加强了一级和二级市场的联系，降低拍卖过程的不确定性。

关于日本国债的利率互换、国债期货、国债期权、国债期货期权等衍生交易，参见本章第三节"证券市场"有关内容。

10　日本银行，http：//www.boj.or.jp/paym/bojnet/new_net/index.htm。

（三）交易市场情况

从二级市场上看，尽管国债交易量自 2008 年金融危机后有所下降，但仍是交易最为活跃的债券品种。在 OTC 市场中，国债交易量占所有债券交易量的 90% 以上，2013 年达到了 98.98%。除了现券买卖外，现券回购市场和借贷市场的交易量也较为活跃。

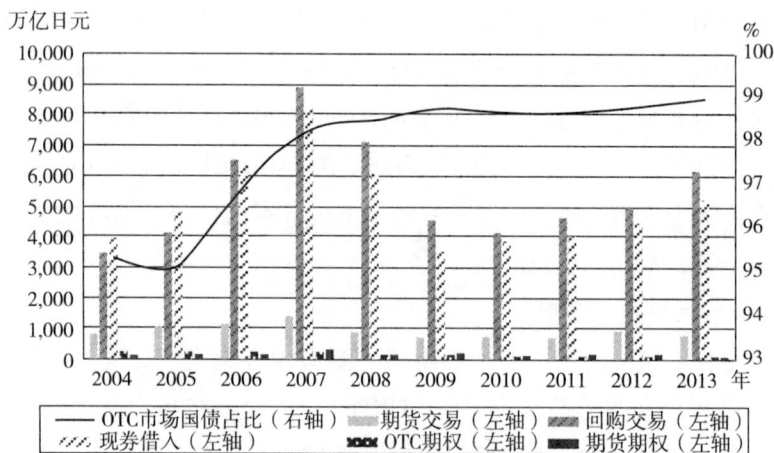

资料来源：JSDA，日本财务省。

图 5.7　OTC 市场国债交易额及占比

从国债交易者结构看，JSDA 公布的 2014 年 7 月国债交易最新统计数据显示，证券交易商占了其中的半壁江山，交易量占全部交易量的 55%；银行和外国投资者分居第二位、第三位，交易量占比分别为 11.4% 和 7%。三类投资者的交易占比达到了 73.4%，是最主要的交易方，保险公司、信托公司和国内个人投资者交易量占比较低。

第三节　证券市场

第二次世界大战后，日本形成了以间接融资为主、直接融资为辅的融资模式。银行贷款长期在企业融资中占有重要地位，证券市场由于受到各种严格管制，未能发挥出应有的作用。只是到了日本"经济低速增长时期"，通过股票、债券直接融资的方式才随着国债的大量发行而逐渐兴起和发展。20 世纪 90 年代以后，在金融自由化和全球化发展浪潮的推动下，日本所处的市场环境发生了巨大变化，投融资体制从间接融资向直接融资转型，在这个过程中，贷款的比重逐步下降，尤其是国债在直接融资中所发挥的作用越来越显著。从日本证券市场交易量来看，国债交易占国内市场交易总量的比重迅速上升，尤其是近十年来一直居于 95% 以上，形成了以国债为主体的发行和流通市场。

日本证券市场诞生于 19 世纪 70 年代，在至今约 140 年的历史中，先后发展出债券市场、股票市场、商品期货市场和金融衍生品市场，是日本资本市场的重要组成部分，为日本经济发展作出了重大贡献。在证券市场诞生之初，日本经济以农业为主，工业并不发达，证券交易主要是公债。1886 年前后，以铁路和纺织业为中心的企业快速发展，催生了股份制公司的大量成立，此后公司和银行股票交易开始活跃起来。但随着第二次世界大战的爆发，证券交易所被迫关闭。

第二次世界大战结束后，日本证券市场随着日本经济逐步恢复，并于 1949 年先后设立东京和大阪证券交易所，标志着日本证券市场进入一个新的时代。此后，证券市场随日本经济迎来了两次高速成长期。1975 年开始日本政府大规模发行国债，证券市场因而得到迅速发展。

在经历两次"石油危机"后，全球证券市场迎来国际化时代，日本证券市场抓住机遇，跨入了世界先进行列。1989 年东京证券交易所的交易额一度超过纽约，位居世界第一，这是日本泡沫经济最后的辉煌。进入 20 世纪 90 年代后，日本经济泡沫迅速破灭，股市大幅下跌，日本经济因此遭受巨大损失并从此进入长达 20 年的通货紧缩。

在充分总结历史经验和教训后，以《金融系统改革法》的修订和实施为标志，日本证券市场进入新的发展期。随着 2001 年"大爆炸式的金融改革"概念的提出，金融自由化和金融创新获得较大发展，证券市场新的金融工具层出不穷，如武士债券、将军债券等先后出现。

2008 年美国雷曼兄弟公司破产，金融危机席卷全球，重创全球主要证券市场，日经 225 指数半年内跌去超过 50%。2012 年末，日本新任首相安倍晋三上台后推行"安倍经济学"，并先后发出"三支箭"，即实施大规模量化宽松货币政策、积极的财政政策，以及推进结构化改革，试图终结长达 20 年的通货紧缩。截至 2013 年末，日元贬值超过 20%，日经 225 指数快速上涨至 16,000 点以上，涨幅超过 1 倍。作为证券市场的支柱，日本实体经济面临人口老龄化、国债发行不可持续、产业竞争力下降并向海外持续转移等诸多结构性问题和风险。此外，2013 年"东日本大震灾"后日本先后关停所有核电站，导致能源结构失衡并进一步限制了经济增长潜力，势必也将影响证券市场的发展前景。

一、股票市场

日本的股票市场最早可以追溯至 140 年前的东京股票交易所和大阪股票交易所，但真正意义上的股票市场开始于第二次世界大战结束之后。1947 - 1948 年，日本修订了《证券交易法》，据此于 1949 年 4 月 12 日同时设立东京、大阪和名古屋三大证券交易所，并于 5 月 16 日开始交易。此后，随着日本经济的高速发展，京都、福冈、札幌、神户、广岛和新泻等地先后设立证券交易所，最多时日本共有 11 家证券交易所。在第二次世界大战后日本的经济复兴和高速增长时期，这些证交所为企业上市、筹资、发展和造就证券投资者作出了重要贡献。

20 世纪 90 年代后，随着日本实施金融体系大改革，金融自由化程度不断提高，信息通信技术的发展已使投资失去了时间和距离的差异，证交所之间的竞争加剧，并先后多次重组。截至 2014 年末，日本共有 5 家证券交易所，分别是东京、大阪、名古屋、福冈和札幌证券交易所。其中，东京证券交易所（TSE）是日本最主要的证券交易市场，其交易额占绝对主导地位。

（一）主要证券交易所

1. 东京证券交易所[11]（Tokyo Stock Exchange，TSE）

东京证券交易所成立于 1949 年 4 月，前身是成立于 1878 年的"东京股票交易所"，现位于东京都中央区日本桥兜町，注册资本 115 亿日元，发行股票 230 万股，截至 2014 年 4 月 1 日共有 361 名员工。营业时间为 8:45 ~

11　东京证券交易所网站，http://www.tse.or.jp/about/history/floor/index.html。

16:45，交易时间分上下两个时段，上午 9:00~11:30，下午 12:30~15:00。

2000 年 3 月，东京证券交易所合并广岛和新泻证券交易所，2013 年 7 月 19 日合并大阪证券交易所的股票市场，同时将金融衍生品市场并入大阪证券交易所。重组后的东京证券交易所下设市场一部、二部、MOTHERS、JASDAQ 和 TOKYO PRO Market 部，截至 2014 年 6 月末，共有 3,430 家上市公司（其中外国企业 12 家），总市值达 468.5 万亿日元（不含外国企业）。

专栏 5.2　JASDAQ[12]

前身为日本证券交易商联合会于 1963 年 2 月建立的 OTC 系统，至今已有逾 50 年历史，1983 年 11 月成为中小风险企业交易市场，1991 年 10 月 JASDAQ 系统正式运行，2004 年 12 月改为现名并取得交易所牌照，2010 年并入大阪证券交易所，2013 年随大阪证券交易所一道与东京证券交易所合并，营业和交易时间与东京证券交易所一致。

JASDAQ 自称是国内最大的新兴市场股票交易所，秉持可靠、创新、兼具国际和区域性特征的经营理念，为新兴产业和中小型企业提供广泛的股权投资基金，支持新兴市场的发展，并为投资者提供有吸引力的投资机会。JASDAQ 分为标准板和成长板，与其他面向新兴市场的交易所有所不同，也吸收一些老牌企业上市，不乏像秩父铁道（1963 年已上市）这样上市超过 50 年的企业。截至 2014 年 6 月末，JASDAQ 上市企业共有 861 家，其中标准板 813 家，总市值 9.28 万亿日元，成长板 48 家，总市值 4,162 亿日元。

---

2. 大阪证券交易所[13]（Osaka Stock Exchange，OSE）

大阪证券交易所成立于 1949 年 4 月，前身是成立于 1878 年的"大阪股票交易所"，现位于大阪市中央区北滨一丁目，在东京都东京证券交易

12　JASDAQ 网站，http://jasdaq. tse. or. jp/jasdaq。

13　参见［日］大阪证券交易所网站，http://www. ose. or. jp/profile/6213。

所设有分部，注册资本47.23亿日元，截至2013年7月16日共有125名员工。营业时间为8:45~16:45，正常交易时间为09:00~15:10，可连续交易，夜场交易时间为16:30至翌日凌晨3:00。

2001年3月，大阪证券交易所合并京都证券交易所，2010年4月合并素有日本纳斯达克之称的JASDAQ证券交易所，2013年1月与东京证券交易所合并，新的证交所名为"日本交易所集团[14]"。两家交易所的股票现货市场从2013年7月起全部交由东京证券交易所运营，而两所的金融衍生品市场将在2014年3月前完成交接由大阪证券交易所运营。合并后的大阪证券交易所负责开展衍生品交易，主要产品包括股指和国债的期货与期权，以及日元与主要货币间的外汇交易。

3. 名古屋证券交易所[15]（Nagoya Stock Exchange，NSE）

名古屋证券交易所成立于1949年4月，前身为1886年设立的名古屋股票交易所，现位于名古屋市中区荣三丁目，注册资本10亿日元，发行股票10.27万股，与东京证券交易所和大阪证券交易所并为日本三大证券交易所。下设市场一部、二部和Centrex部，截至2014年8月共有38家综合交易会员，上市公司299家，总市值140.67万亿日元。

4. 福冈证券交易所[16]（Fokuoka Stock Exchange，FSE）

福冈证券交易所成立于1949年，现位于福冈县福冈市中央区天神二丁目，交易时间为上午9:00~11:00，下午12:30~15:30。近年来大量原先在该证券交易所上市的公司转投东京证券交易所或大阪证券交易所。截至2014年5月，共有23家交易会员，116家上市公司，其中主板市场106家，新兴市场板10家，总市值55.94万亿日元。

5. 札幌证券交易所[17]（Sapporo Stock Exchange，SSE）

札幌证券交易所成立于1949年，现位于北海道札幌市中央区南1条西

14　日本交易所集团还全资拥有东京证券交易所自主规制法人和日本证券结算机构（JSCC），并于2013年1月在东京证券交易所主板市场上市。目前，日本交易所集团已成为亚洲第一、世界第三大证券交易所，仅次于纽约泛欧证券交易所及纳斯达克OMX集团。

15　参见［日］名古屋证券交易所网站，http://www.nse.or.jp/about/outline/。

16　参见［日］福冈证券交易所网站，http://www.fse.or.jp/about/index.php。

17　参见［日］札幌证券交易所网站，http://www.sse.or.jp/about/introduce.html。

5丁目，交易时间为上午 9：00~11：00，下午 12：30~15：30。该证券交易所的上市公司多是北海道本地公司，无论上市公司规模还是交易量都较小。截至 2014 年 5 月，共有上市公司 59 家，其中单独上市公司 15 家，交易会员 19 家。截至 2014 年 6 月底，上市公司总市值 47.71 万亿日元，是日本现存 5 家证券交易所中规模最小的一家。

（二）股票交易与清算机制

日本的股票市场大都是订单驱动市场，使用竞价方式进行交易，包括连续竞价和集合竞价，JASDAQ 于 2008 年 4 月引入流动性提供商计划，使交易方式兼具竞价和做市机制[18]。普通投资者通过各交易所的交易会员参与股票交易，交易方式包括普通交易和保证金交易，保证金交易又可选择标准的或协议的形式进行融资、融券操作。交易所采取特别买卖报价机制、日波幅限制、最小交易单位设置等措施保障股票市场平稳运行，另外还在非竞价时间通过 ToSNET、N-NET 等网络系统开展大额交易、交叉交易、协议交易、一揽子交易、收盘价交易和自有股份回购交易等，以减小对市场的冲击。

交易所通常拥有股票、债券和衍生品等多个交易系统，分别交易相关产品，并采用中央对手方（CCP）机制或清算参与方机制，通过日本证券清算机构（JSCC）实行 T＋3 清算。在 CCP 机制下，JSCC 作为清算对手方为所有交易会员的交易提供清算，通常用于股票和债券交易清算；在清算参与方机制下，部分获得资格的交易会员成为清算参与方，与 JSCC 就有关交易进行清算，其他未获得资格的交易会员需由清算参与方代理清算服务，通常用于衍生品交易清算。券款交割采用货银两讫（Delivery Versus Payment，DVP）方式，证券的交割在 JSCC 和日本证券存管中心（JAS-DEC）的证券账户间完成转移，资金则通过 JSCC 和清算参与方在日本银行或指定资金清算银行的银行账户间划转。JASDEC 通过股息支付银行和股东服务代理银行（都由挂牌的外国企业指定）为外国企业的股东提供保管服务。

18　中国人民银行网站，《日本的金融市场》，http://www.pbc.gov.cn/publish/goujisi/726/1140/11404/11404_.html。

（三）主要股指

日本主要股价指数有两个，一个是日经平均股价指数（NIKKEI），另一个是东证股价指数（TOPIX），都是以东京证券交易所第一部上市股票为基础编制的。

1. 日经平均股价（Nikkei Stock Average）

日经平均股价前身为"东证修正平均股价"，是由日本经济新闻社编制并公布的反映日本股票市场价格变动的股票价格平均数。该指数从 1950 年 9 月 7 日开始计算编制，样本股票为在东京证券交易所内上市的 225 家公司的股票，并以当日为基期，当日的平均股价 176.2 日元为基数，因此又称为日经（NIKKEI）225 指数。NIKKEI225 指数的采样股票覆盖面极广，而各行业中又是选择最有代表性的公司发行的股票作为样本股票。同时，样本股票的代表公司和组成成分随着情况的变化而变化。因此，NIKKEI225 指数被看做日本最有影响和代表性的股价指数，通过它可以了解日本的股市行情变化和经济景气变动状况。

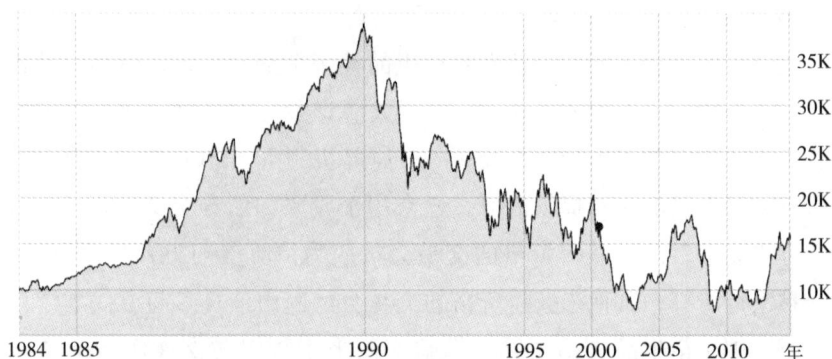

资料来源：日经新闻网。

图 5.8 日经 225 指数走势图

2. 东证股价指数（Tokyo Stock Price Index，TOPIX）

东证股价指数是以在东京证券交易所市场一部上市的所有日本企业普通股票为对象的市价总额型股价指数。TOPIX 将基期 1968 年 1 月 4 日的市价总额定为 100 点，从而计算市价总额的指数。东京证券交易所于 1969 年 7 月 1 日开始计算并公布 TOPIX。

资料来源：日本雅虎新闻网。

图 5.9　TOPIX 指数走势图

（四）日本"泡沫经济"股灾

第二次世界大战结束后，在内外环境因素的共同推动下，日本经济迅速恢复并超过战前水平。到 1968 年，其国内生产总值（GDP）已经发展成为仅次于美国的世界第二，并一直占据世界第二大经济体的位置直到 2010 年被中国超越，长达 42 年。在强大的实体经济支撑下，日本证券市场也迅速成长，并于 1989 年一度超过纽约成为世界最大证券市场。然而，在其 100 多年的历史中，日本也是世界上股灾发生次数最多、最频繁的国家之一。从第二次世界大战后到 1997 年，在近 50 年时间里，日本先后发生了 7 次股灾，其中 20 世纪 80 年代以来就发生了 3 次股灾，最严重的要算 1991 - 1992 年的泡沫经济型股灾。

日本人把 1986 年 12 月开始的经济繁荣称为"平成景气"，经过这次繁荣，日本当时的人均国民生产总值（GNP）超过了美国、德国、法国和英国，日本的 GNP 占世界的比例也由 1970 年的 6.4% 上升到 1990 年的 13.7%，对外纯资产额在 1991 年达到 3,830 亿美元，居世界首位。在经济繁荣的支持下，1986 - 1987 年，日本股市几乎呈单边上扬，日经 225 指数从 1985 年 12 月的 13,113 点上升到 1987 年 9 月的 26,000 点，上涨了近 1 倍。1987 年 10 月爆发世界性股灾，日本不仅未能从美国股市崩溃中吸取教训，反而在经历两个月的短暂回调后再次加速上涨。1988 年末日经 225

指数突破 30,000 点，1989 年 12 月 19 日日经 225 指数再创新高，达到 38,915 点，较 1985 年最低点上涨了 3 倍多，日本股票市值高达 630 兆日元，为当年 GNP 的 1.6 倍。面对经济繁荣和股市狂涨，日本国民纷纷投身股市。然而，日本的经济繁荣却隐含着巨大的泡沫经济风险。

20 世纪 80 年代初，日本推行金融自由化政策并实施宽松的超低利率政策。在经济景气、收入增加的情况下，很多日本人将银行存款转投股市和房地产，并毫不犹豫地向银行借贷进行投机。银行为了扩大业务份额和市场占有率，积极推动人们进行土地、房产和股票投机，从而使土地、房产和股票价格大幅上扬到惊人的高度。但是，泡沫经济是不可能持久的，处于"高烧"状态的股票和房地产市场极大地推高了杠杆率，并让金融体系累积了大量风险。1989 年，日本政府开始推动房地产和股票市场挤压泡沫，降低杠杆率，并先后 5 次提高官方利率，日本股市开始出现高位大幅波动。1990 年，海湾战争爆发，完全依赖石油进口的日本陷入极度恐慌之中，股价大幅下挫。海湾战争结束后日本股市虽有反弹，但无法改变从此一路狂跌的趋势，跌至 1992 年 8 月 18 日的 14,304 点（2003 年 4 月最低跌至 7,607 点），累计跌幅高达 63.24%，从此，日本经济陷入深度的经济危机之中，20 多年后仍无法复苏。

二、债券市场

日本的债券品种很多，按照发行机构的不同属性，可大致分为公共债和民间债，其中公共债包括国债（JGB）、地方债和政府相关机构债，民间债包括金融债、公司（事业）债和外国债券等。投资者涵盖所有参与拆借市场的金融机构以及投资信托、债券经纪商、互助协会、各类公司和国内外居民等。

（一）债券类别

1. 国债（JGB）

国债是国家发行的债券，按照期限的不同大致可分为短期国债（1 年以内）、中期国债（2~5 年）、长期国债（6~10 年）和超长期国债（10 年以上）。2002 年，财务大臣批准发行可拆分记账式国债（2003 年 1 月 27

日后发行的固定利率国债），本金和利息部分相互独立，并开始发行面向个人的 10 年期国债（浮动利率），2003 年起发行本金和利息与消费者物价指数联动的物价联动国债（10 年期），2005 年起发行面向个人的 5 年期固定利率国债，2007 年起发行 40 年期固定利率国债，2010 年又开始发行面向个人的 3 年期固定利率国债。

2. 地方债

地方债的资金来源大致可以分为公共资金和民间资金，前者主要是财政融资资金和地方公共团体金融机构资金，后者主要是通过市场公募资金和银行等承兑资金。其中，市场公募资金还分为全国性市场公募地方债、共同发行市场公募地方债和居民参加型市场公募地方债（也称为"迷你公募债"，日本证券经济研究所，2014）。

3. 政府相关机构债

政府相关机构债是由独立行政法人等政府相关机构发行的债券，其中政府保证支付的债券被称为政府保证债券。其他没有政府担保的债券又细分为通过公募方式发行的财投机购债和特定金融机构直接承办的私募特别债。

以上三种债券统称为公共债券。

4. 金融债

金融债是特定金融机构按照特别法律发行的债券，以 5 年期付息金融债和 1 年期贴现金融债为主。按照日本《金融商品交易法》第二条第一项第三款的规定，"按照特别法律由法人发行的债券"，金融债券和政府相关机构债均被称为"特殊债"。而根据发行主体的不同，金融债又可以进一步细分为金库债和银行债，其中金库债是农林中央金库和信金中央金库发行的债券。

5. 公司债

公司债是由民间企业发行的债券，也被称为事业债。除非金融法人企业外，银行和消费者金融公司也可以发行公司债。在日本，按照发行机构的性质，公司债又可以分为一般债、电力债和其他公司债，其中电力债是由各大电力公司发行的债券，其他公司债主要是全国性电信公司和放送协会如 NTT 和 NHK 等机构发行的债券。

此外，外国债券是由外国政府或企业在日本国内发行的债券，可分别以日元或外币计价，以日元计价和发行的债券称为日元债券。

（二）债券发行情况

据 JSDA 统计数据，2012 财年日本共发行各类债券 204 万亿日元，较上年度增加 3.6%。其中一半以上是国债，发行额为 175 万亿日元，约占当年债券发行总额的 86%。2008 财年以前，随着日本政府财政状况的不断好转，国债发行额出现减少倾向，但 2008 年 9 月雷曼兄弟公司破产引发的金融危机席卷全球，财政状况再次恶化，2009 财年起国债发行额再次增加（见图 5.10）。

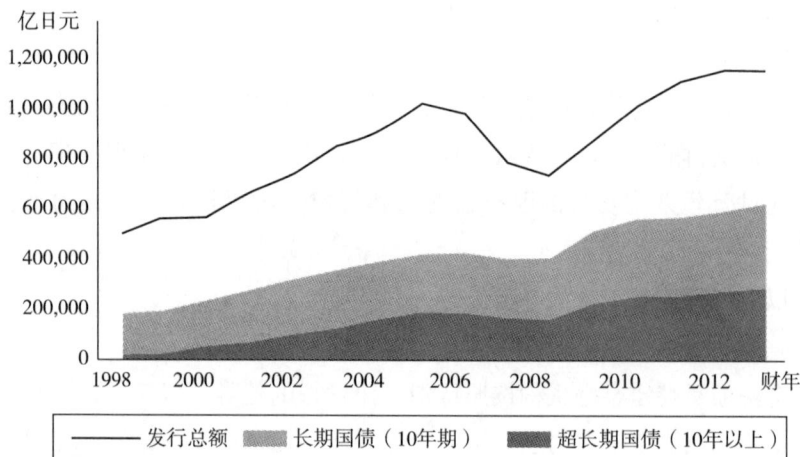

资料来源：JSDA，日本财务省。

图 5.10　近年来日本国债发行情况

2012 财年发行的国债中，超长国债 28 万亿日元，长期国债 32 万亿日元，中期国债 66 万亿日元，短期国债 30 万亿日元，面向个人的付息国债 1.9 万亿日元。另据财务省统计数据，2013 年国债余额首次突破千万亿日元，达到 1,018 万亿日元，是当年 GDP 的 212.8%。

2012 财年，地方债发行额为 6.6 万亿日元，与 1990 年 9,400 亿日元的规模相比，20 年内增加约 7 倍。地方债发行规模快速增加的背景是地方自

亿日元

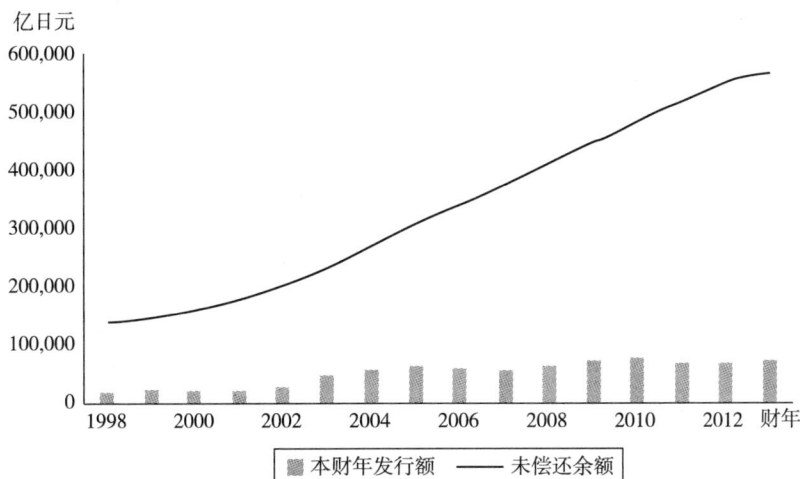

资料来源：JSDA，日本财务省。

图 5.11 地方债发行额及余额

治团体的财政状况不断恶化，因此自 2001 年起发行居民可以购买的市场公募地方债，2003 年起与一般公募地方债共同发行。

2012 财年，政府相关机构债发行额为 10 万亿日元，其中政府担保债券为 4.7 万亿日元，财投机购债 5.3 万亿日元。伴随着日本财政投融资制度改革，财投机购债自 2000 财年首次发行 500 亿日元住宅金融公库债，随后此类债券的发行额显著增加。

与此形成鲜明对比的是，2012 财年金融债发行额只有 3 万亿日元，较 1995 财年发行额 43 万亿日元相比大幅减少（见图 5.12）。其中，贴现金融债 0.3 万亿日元，付息金融债 2.7 万亿日元，尤其是贴现金融债较 1995 财年 30 万亿日元的发行规模大幅减少。主要原因是三菱东京 UFJ 银行的金融债已于 2002 年 3 月发行完毕，瑞穗银行金融债于 2007 年 3 月发行完毕，青空（あおぞら）银行金融债也于 2011 年 9 月发行完毕（日本证券经济研究所，2014）。

公司债方面，2008 年雷曼兄弟公司倒闭后为确保资金流安全，公司债发行量有所增加，达到 10 万亿日元，其后有所减少，2012 财年发行额为 8.2 万亿日元。而外国债券方面，受 2002 年阿根廷国债违约影响，日元债

亿日元

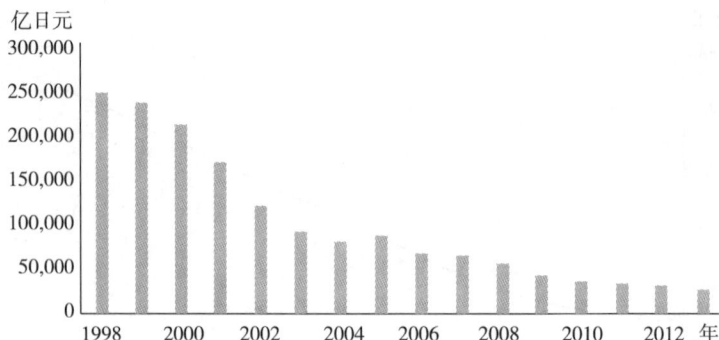

资料来源：JSDA，日本财务省。

图 5.12　各财年金融债发行情况

券发行量有所增加。此外，日本外国债券发行量近年受外汇市场波动等外部因素影响较大，2012 财年发行 1.1 万亿日元。

（三）债券流通市场

近年来，日本债券流通市场交易量呈逐年扩大的趋势。1975 年，日本债券市场交易量为 58 万亿日元，1985 年即达到该规模的 50 倍约 2,672 万亿日元，1995 年进一步扩大至 70 倍，增加至 3,989 万亿日元。进入 20 世纪 90 年代后半期，债券交易规模有所收缩，但整体仍然保持在 3,000 万亿日元以上的规模。2000 年，交易额再次扩大至 4,153 万亿日元关口，2007 年则首次突破 1 万万亿日元，达到 12,535 万亿日元。此后，交易规模未能有所突破，但成交量仍然保持较高水平，近年的成交规模在 8,000 万亿日元左右。

债券交易量不断扩大，主要原因是国债的大量发行，证券公司和金融机构买卖国债的积极性也大大提高，国债交易量在所有债券交易额中也占据压倒性优势。同时，由于日本国债被认为是几乎无风险资产，投资者可通过出售国债轻易变现，日本国债的流动性因此处于较高水平，国库短期证券（T-Bill）成为货币市场的重要内容。

债券交易市场可分为证券交易所市场和证券公司等柜台市场（OTC），但 OTC 市场交易量具有压倒性优势。主要原因包括，一是债券的种类和数量非常多，全部拿到交易所上市交易存在一定困难。二是债券交易的买卖合同由买卖双方自行约定，内容较为复杂，在短时间内寻找交易对手也存在一定困难。三是对债券利息的征税方式对于不同的债券持有者存在一定差异。四是债券交易中法人机构投资者占据较大比重，交易规模较大，而他们持有的债券组合通常较为复杂，交易难度较大。此外，在交易所交易的债券一般集中在东京和名古屋证券交易所交易，但除附新股认股权公司债外，其他债券几乎没有在交易所交易（日本证券经济研究所，2014）。

表5.2　交易所与柜台市场近年债券交易规模[19]

单位：100 亿日元

		国债	附新股认股权公司债	其他
2006 年	交易所	—	102	—
	柜台	956,614	118	24,097
2007 年	交易所	—	48	—
	柜台	1,232,317	62	21,059
2008 年	交易所	—	66	—
	柜台	1,036,073	72	15,042
2009 年	交易所	—	112	—
	柜台	781,286	52	9,175
2010 年	交易所	—	56	—
	柜台	761,950	70	10,175
2011 年	交易所	—	40	—
	柜台	829,983	46	10,773
2012 年	交易所	—	30	—
	柜台	841,743	45	9,759

资料来源：JSDA，各证券交易所。

OTC 市场与交易所市场相对，也是集中满足投资者交易需求的场所，其本质是了各证券公司交易柜台在相互协商的基础上自由交易。由于证券公司柜台就可以充当交易市场，这意味着 OTC 市场的数量非常庞大。只要

19　参见日本证券经济研究所（公益财团法人）：《图说日本证券市场》，85 页，2014。

投资者与证券公司双方协商一致,不管交易内容多么复杂,均可达成交易,而且不仅限于公募债券,非公募债券也可以如此交易。债券的转让方式也可由买卖双方自由协商确定,交易价格也同其他商品一样,由交易双方自行确定。

表5.3 债券市场主要类别及未到期余额 单位:万亿日元

		国债	公募地方债	政府担保债、财投机构债	普通公司债、资产担保型公司债	附新股认股权公司债	金融债
2000年末	种类	266	730	419	2,807	711	2,619
	余额	368	16	26	51	11	48
2005年末	种类	332	1,315	925	2,560	110	2,247
	余额	666	30	53	53	1	26
2007年末	种类	372	1,791	1,108	2,560	84	1,978
	余额	681	37	57	55	1	22
2008年末	种类	395	1,962	1,200	2,486	55	1,838
	余额	677	40	58	57	1	21
2009年末	种类	410	2,163	1,350	2,513	41	1,664
	余额	716	44	61	60	1	19
2010年末	种类	423	2,366	1,474	2,614	32	1,514
	余额	755	48	63	63	1	17
2011年末	种类	449	2,501	1,634	2,684	21	1,272
	余额	781	51	64	63	1	15
2012年末	种类	470	2,643	1,772	2,733	17	1,163
	余额	814	54	66	61	1	14

资料来源:JSDA。

三、期货市场

日本期货市场起源较早,可追溯至1620年"江户时代"大阪"定屋米市"开展的远期合约稻米交易。18 世纪 30 年代德川幕府时期，"堂岛米相场会所"的稻米买卖，通过一年三次稻米现货交割的差价结算交易，成为日本公认的稻米期货市场[20]。为了让期货与证券交易更为制度化，日本早在 1893 年就制定了《交易所法》。

第二次世界大战期间，许多交易所被迫关闭，但商品交易所并未关闭。从 1952 年起，包括橡胶、红豆、砂糖、进口黄豆等在内的商品期货陆续上市。1969 年是红豆行情的全盛时代。1984 年，白银与白金等贵金属期货上市。1995 年，天然橡胶指数期货上市。1999 年，汽油及燃油等能源期货于东京工业品交易所（TOCOM）上市，而全球首创的鸡蛋期货，也于中部商品交易所（C-COM）正式挂牌。随着能源金属等原材料行情不断走高，在 2004 年日本热门期货商品排行榜中，除了东证指数（TOPIX）与大阪日经（NIKKEI225）是属于金融期货外，其余皆为商品期货，包括东京汽油、东京黄金、东京白金、东京燃油与东京橡胶等东京工业品交易所的主力商品，产品线相当完整。

进入 21 世纪后，日本金融市场和商品市场在技术革新化、交易便捷化和产品多样化方面已跟不上国际需求，致使衍生产品市场出现一定程度的萎缩，商品市场规模大幅缩水，资金流失、投资者离市，市场各项指标连续多年出现严重下滑，商品交易所数量也从鼎盛时期的 13 家减少到 2 家。

（一）商品交易所现状

在过去的几十年中，日本的商品期货市场一直居亚洲第一，但 2003 年以来，在世界商品期货市场年均增长 20% 以上，中国商品期货市场年增长超过 50% 的形势下，日本商品期货市场却发生了前所未有的衰落，市场规模大幅缩水，资金流失、投资者离市，市场各项指标连续多年出现严重下滑（郭晓利，2010）。

1. 交易量直线下降

日本商品期货市场在 21 世纪初出现拐点，交易规模迅速下降，从 2003 年的 1.56 亿手降至 2009 年的 0.34 亿手，降幅达 78%，在全球商品

20　郭晓利：《日本商品期货市场近年衰落的原因和思考》，载《证券市场导报》，2010－11－10。

期货市场交易量占比从 2001 年的 30.61% 迅速降至 2009 年的 1.56%。

2. 市场大幅缩水，投资者明显减少

日本商品期货市场保证金水平也在进入 21 世纪后出现下滑，从 2003 - 2009 年跌幅高达 67%，资金大幅退出商品期货市场。同时，日本商品期货市场投资者人数也迅速减少，从 2003 年的 11.82 万人降至 2008 年的 8.72 万人，降幅为 26%。

3. 期货经纪业状况堪忧

日本期货经纪业在近些年出现明显衰落，会员数从 21 世纪初的 100 多家降至 2009 年的 37 家，经纪人数也从 2003 年的 1.45 万人降至 2009 年的 3,500 人，从业人员大量流失。

4. 交易所兼并重组

二十年前，日本商品期货交易所有 13 家，21 世纪初合并为 7 家。近年来，由于交易量大幅下滑，交易所加快兼并重组，只剩下东京商品交易所和大阪堂岛商品交易所 2 家。

(二) 商品期货交易品种

日本商品交易所提供的商品种类较多，整体上可分为四类：农产品、水产品、金属和能源，具体如下：

1. 东京商品交易所[21]（TOCOM）

东京商品交易所包括贵金属（黄金、银、白金、钯金）、铝、天然橡胶 RSS3 号、石油制品（原油、汽油、柴油、煤油）、农产品和砂糖（大米、普通大豆、小豆、玉米、粗糖）。

东京商品交易所原名"东京工业品交易所"，是 1984 年 11 月由东京纤维商品交易所（1951 年 2 月成立）、东京橡胶交易所（1952 年 12 月成立）和东京黄金交易所（1982 年 2 月成立）三家交易所合并组成，1992 年 8 月开设贵金属市场，1997 年 4 月开设铝市场，1999 年 7 月开设石油市场，2004 年 5 月启动黄金期货交易，2006 年 7 月开始公布东京工业品交易所商品指数，2013 年 2 月接收原"东京谷物商品交易所"农产品、砂糖交

---

21 东京商品交易所，http://www.tocom.or.jp/jp/profile/index.html。

234

易，并将机构名称变更为现名。东京商品交易所是日本唯一一家综合性商品交易所，也是全球最有影响力的期货交易所之一，是世界上最大的铂金和橡胶交易所，黄金和汽油的交易量居世界第二位，仅次于纽约商品交易所。

2. 大阪堂岛商品交易所[22]（ODE）

大阪堂岛商品交易所包括农产品（大米、玉米、美国大豆、红小豆）、饲料指数（国际玉米 75 指数）、砂糖（粗糖）、水产品（冻虾）。

大阪堂岛商品交易所原名"关西农产品交易所"，1993 年 10 月由大阪砂糖交易所（1952 年 4 月成立）和神户谷物商品交易所（1952 年 10 月成立）合并而成，1997 年 4 月与神户生丝交易所合并，改名为"关西商品交易所"，1998 年开设农产品、饲料指数（国际玉米 75 指数）交易，2000年开设非转基因大豆交易，2001 年开始公布咖啡指数交易，2002 年在日本首次推出水产品（冻虾）交易，2006 年 12 月与福冈商品交易所合并，2011 年 7 月获农林水产省批准开展大米交易，2013 年 2 月接收原东京谷物商品交易所的大米交易，同时机构名称变更为现名。

（三）期货市场的监管框架

由于历史和政治体制的原因，日本期货市场处在一个较为复杂的法律和监管环境当中，受到多部法律和多家政府主管部门、自律组织的约束及管理。总体来讲，日本证券市场受《证券交易所法》约束，期货市场在《商品交易所法》的框架下运作，金融衍生品则主要受《金融期货交易法》监管，即证券、金融期货、期权由金融厅和证券交易监督委员会监管，商品期货和期权业务由经济产业省和农林水产省监管。另外，日本证券期货市场还成立了相应的行业协调组织，主要自律约束机构有日本证券业协会、日本商品期货交易协会、商品交易受托债务补偿基金协会等。这些行业自律组织的主要作用是保证期货交易正常有序地进行、协调各交易所之间利益、维护投资者利益、保持期货行业的良好信誉。大体上讲，法律与交易所监管机构根据交易标的种类来划分：

22　大阪堂岛商品交易所，http://www.ode.or.jp/annai/outline.html。

表 5.4 日本商品期货市场监管框架

期货商品	主管机关	适用法规	交易所	自律组织
商品期货	农林水产省、经济产业省	《商品交易所法》	东京商品交易所、大阪堂岛商品交易所	1. 商品期货交易协会 2. 商品期货振兴协会 3. 商品交易受托债务补偿基金协会 4. 全国商品交易所联合会
金融衍生品期货	金融厅、证券交易监视委员会	《证券交易所法》	东京证券交易所、大阪证券交易所	日本金融期货协会
		《金融期货交易法》	东京金融期货交易所	

资料来源：JSDA。

在监管主体多元化的体制下，一家经纪公司要从事金融期货、农产品期货和工业品期货的交易，就要同时取得金融厅、农林水产省和经济产业省的许可。在监管权限方面，日本的金融厅和证券交易监督委员会各有分工。证券交易监管委员会是个相对独立的调查机构，它负责对市场日常的监督检查以及违规违法行为的调查，但检查或者调查结束后不具有处罚权，只能将调查结果提交金融厅，由金融厅依法做出行政处罚，或者提起刑事公诉。

第四节　保险市场

日本的保险业发端于"明治维新"时期。19 世纪 60 年代，随着日本口岸不断开放并与外国通商，开始出现海上保险和火灾保险的业务需求。外国保险公司首先开业，而日本最早的本土保险公司"东京海上保险会社"于 1879 年开始营业。但真正意义上的现代保险业则始于第二次世界大战结束后，也是以海上保险、火灾保险为中心发展起来的。进入 20 世纪 50 年代后，由于人口数量的增长和老龄化，日本寿险业（生命保险）也有了飞速发展。

据日本金融厅统计数据，截至 2014 年 6 月底，日本寿险公司共有 43

家，其中外资公司 15 家，外国公司 3 家；损害保险（非寿险）公司 54 家，其中外资公司 6 家，外国公司 22 家。此外，经营再保险的公司共有 2 家，分别是东亚再保险公司和日本地震再保险公司。2013 财年，寿险公司营收合计 40.5 万亿日元（约合 3,970 亿美元），非寿险营收 8.0 万亿日元。2014 年 3 月底日本人口总数 1.3 亿，人均保费约为 37.32 万日元（约合 3,660 美元）。

实际上，日本保险业早在 20 世纪 90 年代初就达到发展高峰。1994 年，瑞士再保险公司的研究报告显示，日本保费收入总数、寿险业务量、保险密度和保险深度指标均为世界第一，保费收入达 6,060 亿美元，首次超过美国，人均保费达 4,849 美元，把长期保持世界第一的瑞士抛于其后，保险深度也第一次称雄世界（王小罡，2007）。此后，虽然经历 1997 年至 2004 年的衰退、合并与重组的波折，且近年来日元汇率大幅贬值，导致保费收入等以美元计价的相关指标显著下滑，但日本仍是世界上保险业最发达的国家之一。2009 年统计数据显示，日本总人口 1.27 亿，占全世界人口比重不到 2%，其寿险保费收入对全世界寿险保费收入的贡献高达 17.4%（菊地浩之，2014）。

一、保险公司及保险业务种类

按照国家出面干预的程度，日本的保险可大体分为纯粹自愿的商业（个人）保险、带有强制性的社会保险以及以产业保护为目的的经济政策保险三大类。其中，商业保险在日本又被称为"个人保险"，主要包括生命保险、损害保险以及所谓的第三领域保险（如癌症、医疗和人身意外伤害保险）。其中，生命保险与损害保险是日本庞大商业保险体系最主要的组成部分，而经营相应保险业务的公司也被称为生命保险公司和损害保险公司。

随着日本社会经济的发展和人们观念的变化，市场对于保险的需求也呈现多样化发展趋势。自 20 世纪 90 年代中期开始，日本推行金融自由化改革和"金融大爆炸"，政府逐渐允许金融机构混业经营，而金融厅也从昔日的大藏省分离出来，独立行使统一的金融监管职责。于是，金融业务与保险业务之间不断发生渗透与交叉。从近年日本保险审议会的研讨动向与结论性的观点可以看出，保险在朝着寿险与非寿险相兼营以及多样化的方向发展。

（一）生命保险（寿险）

生命保险是指以人的死亡或生存作为条件而支付保险金的死亡保险或生存保险。其他险种都是由这两种基本种类加工、变形、组合或派生出来的。生命保险种类的基本形态有死亡保险（包括定期保险与终身保险）、生存保险和生死混合保险。日本主要的生命保险公司包括日本生命保险、明治安田生命保险、住友生命保险、朝日生命保险和富国生命保险等。

日本寿险业虽然起步较欧美稍晚，但经过 100 多年的发展，已经是日本最大的保险业务，19 世纪 80 年代日本已成为世界寿险业最发达的国家。而日本在世界保险市场上的超级地位很大程度上取决于其人寿保险所占的特殊地位。日本生命保险文化中心 2012 年《全国寿险实况调查》结果显示，日本家庭投保率为 90.5%，仍居世界第一，投保件数为 4.1 件，投保金额为 2,763 万日元，年缴保费 41.6 万日元，占年收入的 8.0%。

（二）损害保险（非寿险）

主要险种有：火灾保险（包括普通火灾、储蓄型火灾、地震等）、海上保险、汽车保险、运输保险、航空保险、风灾水灾保险、核能保险、建筑工程保险等。另外，20 世纪 60 年代以来，在日本的非寿险界出现了一种带储蓄性质的长期保险。这种保险是在保费中加进了相当于储蓄部分的储蓄保费，根据运用成果，在保险期满时给投保人支付红利（赵雪松等，2003）。

日本主要的损害保险公司包括东京海上日东火灾保险、损保ジャパン—日本兴亚保险、三井住友海上火灾保险等。其中，损保ジャパン—日本兴亚公司是 2014 年上半年由损保ジャパン和日本兴亚损害保险两家大型损害保险公司合并而成。

同时，日本是个地震和台风多发的国家，而且人多地少，所以日本也十分重视巨灾保险。对于巨灾保险的研究主要集中在地震和农业巨灾损失分担方面，并且形成了独特的巨灾保险发展模式，在近 50 年的运行中不断完善，较好地发挥了经济补偿、稳定生活和恢复经济的作用。特别是在

1995 年"阪神大地震"和 2011 年"东日本大地震"中,其作用得到充分肯定。最近调查结果显示,在"东日本大地震"后,日本民众对加入地震保险的必要性有了新的认识,未加入地震保险者中有 60% 的人有意加入。2014 年,在日本东北三县重灾区岩手、宫城、福岛,地震保险加入率约达50%(孙时联、何德功,2014)。

日本地震保险体系源自 1966 年通过的《地震保险法》,该法规定商业保险公司和政府共同建立地震保险体系。日本地震保险将企业财产与家庭财产分开,对前者因地震而发生的损失,在承保限额内由商业保险公司单独承担赔偿责任;对后者因地震而发生的损失,在规定限额内由商业保险公司和政府共同承担赔偿责任。

(三)再保险

日本专门从事再保险业务的公司有东亚再保险和日本地震再保险两家,其余都是兼营直接保险业务和再保险业务的公司。东亚再保险主要承保非寿险再保险业务,地震再保险仅承保国内地震再保险业务。在非寿险再保险方面,兼用共同保险与再保险两种方式来分散危险;在寿险再保险方面,一般个人保险的再保险都是由国内的寿险公司向协荣生命和海外再保公司分保。团体保险的再保险则采取两国间再保险国际合办的方式。两国间再保险一般以团体定期保险、医疗保险为对象,与美国的保险公司进行再保险交易。而国际合办方式大多是为跨国企业的海外子公司、支店或联络处人员的寿险需求服务。

此外,日本再保险也注重海外市场,主要是对国内地震、台风等巨灾保险进行分散。因取得海外营业执照比较困难,日本保险公司一般通过国外再保险伙伴间的互惠交换业务间接地参加当地保险市场。但总体上,日本的保险市场是一个典型内向集中型的市场,其经营政策一直立足于国内市场。

二、保险中介制度

日本保险业在发展过程中,保险代理人发挥了巨大的作用。日本有世界上第二大的寿险市场,这在很大程度上归功于日本生命保险公司所属的数十万营销人员及其所构筑的庞大营销网络。

（一）保险代理人及其发展情况

日本《保险业法》认可的保险代理人有生命保险营销人和损害保险代理店两种。日本代理人制度是从营销人制度发展而来的。第二次世界大战后，日本率先建立并强化了以女性为中心的生命保险营销体制，采取挨家挨户细心走访、上门推销的方式开展业务，充分发挥女性耐心细致、服务周到的优势。最近，后起的保险公司开始以业务能力和技巧较高的男性营销员为中心推选咨询服务型销售，但女性营销员仍占90%以上。

日本的损害保险代理店起源于19世纪80年代，开始时以承保货运险为主，一般委托银行和贸易公司办理。20世纪后，随着经济发展和保险公司间竞争的加剧，各保险公司纷纷加大了代理店的设立力度。日本现拥有60多万家代理店，其承保业务的保费收入占非寿险的90%以上。由保险公司直接承保的不足10%，且主要围绕合同内容较为特殊、投保人有限的船舶保险展开（赵雪松等，2003）。

（二）保险经纪人及其发展情况

保险经纪人是"从事生命保险营销人或损害保险代理店为其所属保险公司从事保险合同订立中介以外的其他保险合同订立中介的个人或法人"（姚壬元，2007）。日本的经纪人没有寿险经纪人和非寿险经纪人之分，但多限于办理非寿险业务，且主要招揽大企业或大项目业务，对中小企业少有涉及。法律也主要是约束商业性非人寿保险经纪人的行为。

（三）保险公证人及其发展情况

日本公证人制度由日本损害保险协会认定。保险公证人一般是受聘于保险公司的顾问。除了个人公证人之外，日本保险市场上还有一定数额的机构保险公证人，如保险公证事务所。保险公证人应参加资格考试，其级别分为一级、二级和三级。保险公证人的费用体系一般由标准报酬、各项经费、住宿费、日工费等项目构成。为了保护和培育公证人和公证事务所，日本对公证人的报考资格、注册资格、公证费用体系都有相应的规定（姚壬元，2007）。受20世纪90年代"金融大爆炸"的影响，日本开始对原规定进行了修改，公证费用体系也可根据各公司具体情况确定。

三、保险业监管框架

1998 年以前大藏省是日本保险业的监管部门，下设银行局，银行局下设保险部，具体负责保险监管工作。20 世纪 90 年代初，日本经济泡沫破灭，金融机构倒闭频繁。为了消除泡沫经济的消极影响，日本政府进行了一系列金融改革，建立起跨行业的金融监管机制。1998 年 6 月日本成立了金融厅，接管了过去由大藏省对银行、保险和证券的监管工作。金融厅下设保险监管课，具体负责对保险业的监督管理。

法律框架方面，日本涉及保险最重要的两部法律是《保险业法》和《保险法》。其中，《保险业法》主要用来规范保险机构的牌照、业务范围、罚则等有关内容，而《保险法》则主要规范保单合同双方权利和义务关系。此外，由于保单具有消费属性和金融商品属性，保险公司因此还受到《消费者契约法》、《金融商品交易法》以及其他与金融商品销售相关法律的约束（齐田久夫，2011）。总体来看，日本对于保险业的监管政策主要包括四个方面的内容：

一是严格的市场准入制。日本堪称世界上保险监管最严的国家，其保险业长期遵循着严格的市场准入约束。1996 年以前，外国保险公司很难进入日本保险市场，外国保险公司所占的市场份额仅为 3%。虽然 1996 年日本的改革促使保险市场由相对封闭转向相对开放，但由于长期受到严格监管的影响，外国保险公司在日本本土开展保险业务仍然比较困难。截至 2014 年 6 月底，日本保险市场较大的生命保险共有 43 家公司，其中外国公司只有 3 家。

二是放松费率监管。1998 年以前，保险公司只能使用日本费率算定委员会订立的费率标准。1998 年以后，保险公司在费率算定委员会提供的纯费率基础上，可以依据公司的经验数据和管理水平拟定附加费率。如消费者在购买生命保险时，除支付纯保险费之外，还要支付一部分附加保险费，相当于签约费或营业费。

三是实行以偿付能力为中心的监管。1996 年新《保险业法》实施前，日本监管机构采取保驾护航式的监管方式，对有问题的保险公司进行暗中协调，并强制要求其他保险公司接管，所以没有出现保险公司破产事件，偿付能力也未引起足够重视（王小罡，2007）。20 世纪 90 年代后期，日本泡沫经济的崩溃导致保险公司接连倒闭，保险公司的偿付能力逐渐引起有关当局的重视。新《保险业法》实施后，日本仿效美国对保险公司实行以偿付能力为中心的监管，引入早期改善措施，促进有问题的保险公司及时解决问题。日本金融厅公布的数据显示，截至 2014 年 3 月，日本的生命保险全行业平均偿付能力为 870.9%，同比上升 63.4 个百分点；损害保险公司全行业平均偿付能力为 661.3%，同比上升 88.9 个百分点。整体来看，日本保险行业平均偿付能力均处于全球领先水平。

四是实行信息披露制度。新《保险法》要求保险公司应将自己从事的业务内容、财务状况等经济信息资料公开。

四、保险市场的主要特点

日本人口只有 1.3 亿，占世界总人口不到 2%，保险市场尤其是寿险市场却极其强大。这当然与日本生活水平高、购买力强、人口稠密、社会老龄化问题严重等因素有关，但也与日本政府的作用密不可分。

第一，日本政府在保险产业政策方面一直实行"重规模、轻效益，重保护、轻竞争"的指导思想。日本的保险市场是一个典型内向集中型的市场，其经营政策一直立足于国内市场，因而受英美保险经营的影响较小。保险公司数量较少，但规模普遍较大，适合于采取代理销售方式（王小罡，2007）。截至 2014 年 6 月底，日本寿险公司只有 43 家，损害保险公司 54 家，而美国各类保险公司超过 5,000 家。

第二，日本国民保险意识很强，保险业务开展比较顺利。日本政府非常重视保险事业的发展，将保险与民众紧密联系起来。此外，日本生命和损害保险协会也非常重视保险宣传，普及保险知识，使国民把保险视为日常生活中必不可少的一部分。

第三，日本国内保险公司竞争的手段不是靠无限度地降低保险费率，而是千方百计以优质服务取胜。日本国内保险公司均加入保险协会，保险协会内设有保险费事审定委员会，各家保险公司的费率原则上一律采用保险协会制定的统一费率，这样各公司竞争的手段必须依靠热情周到的服务、及时赔款、为客户免费提供各种保险信息、改良或增加保险险种等方法，使保险业的发展形成了有秩序的良性循环。

第四，保险中介和营销体系很有特色。在日本，损害保险公司采用保险代理店营销制度，保险商品主要通过保险代理店销售和提供售后服务。日本生命保险公司所属的数十万营销人员构筑了庞大的营销网络，推动日本成为世界上最大的寿险市场之一。

第五节　东京外汇市场

一、东京外汇市场概述

在 1998 年 4 月《外汇与外贸法》修订后，日本所有的金融机构、企业和个人可以自由买卖外汇。日本的外汇交易主要集中在东京，尤其在 20世纪 80 年代日本政府放开外汇管制后，东京外汇市场交易规模不断扩大，如今已成为全球主要外汇市场之一。与其他外汇市场一样，东京外汇市场也是一个无形市场，交易者通过现代化通讯设施联网交易，交易时间为9:00~15:30。

（一）日元套息交易

就在日本完全放开外汇管制后的第二年，1999 年日本银行实行零利率政策，又于 2001 年推出量化宽松货币政策。针对日元与外币的套息交易和对冲基金获得较大发展。在日元贬值预期下，投资者抛售低利率的日元资产，买入利率更高的外币资产，尤其是利率高达 5% 的澳大利亚元和新西兰元，以套取汇率和利率双重利差[23]。

早在 20 世纪 80 年代，日本的保险公司就曾大量地将日元转换为美元或其他货币，投资于美国和其他国家的国债，可看做是早期的套息交易。时至今日，套息交易不仅是对冲基金和机构投资者的惯用策略，越来越多

23　参见［日］黑田启征、加藤出，《东京货币市场简介》，东短研究株式会社，2010，187 页。

的个人投资者也开始走进外汇市场参与日元与外币的套息交易。但是，随着交易量的不断扩大，日元汇率进一步下跌，息差逐步收窄，达到一定程度后市场会迅速转向，推升日元汇率。分析人士认为，2008年金融危机发生时，日元对欧元和美元等主要货币汇率大幅升值，与日元套息交易不无关系。

（二）外汇交易品种

东京外汇市场的主要参与者包括银行、经纪商、非银行客户和日本银行，交易品种比较单一，主要是日元与美元和欧元的交易。东京外汇市场的外汇交易可分为四种，一是外汇银行与客户之间的交易，二是本国银行之间的交易，三是本国银行与外国银行之间的交易，四是本国银行与日本银行间的交易。按照交割期限的不同，又可分为即期交易、远期交易、掉期交易和期权。

东京外汇市场上，银行同业间的外汇交易可以通过外汇经纪人进行，也可以直接进行。企业和个人外汇交易一般通过银行进行。外汇买卖的汇率有两种，一是挂牌汇率，即银行柜台汇率，包括利率风险、手续费等的汇率。每个营业日上午10点左右，各家银行以银行间市场的实际汇率为基准各自挂牌，原则上同一营业日中不更改挂牌汇率。二是市场联动汇率，以银行间市场的实际汇率为基准标价。

（三）外汇交易规模

国际清算银行（BIS）每三年发布一次的中央银行调查报告，是有关全球外汇和场外（OTC）衍生品交易规模与结构等信息的权威来源。该报告于1989年首次发表，最近一次发布于2013年4月。本次报告共有全球53家中央银行与监管当局参与调查，涵盖了1,300家银行和经纪商的报告数据。报告显示，2013年4月，全球外汇市场日均交易额达5.3万亿美元，与2010年4万亿美元和2007年3.3万亿美元相比涨幅明显。其中，最主要的外汇交易产品是掉期和即期外汇交易，2013年4月的日均交易额分别为2.2万亿美元和2.0万亿美元。

近年来，全球外汇市场交易活动越来越明显地集中于少数几个全球性金融中心。2013年4月，全球性金融中心中，伦敦、纽约、新加坡、东京和中国香港在外汇交易中的市场份额分别为41%、19%、5.7%、5.6%和4.1%，合计75.4%。从交易币种来看，美元仍然是最重要的转换货币，2013年4月有87%的外汇交易一方为美元；欧元是第二大交易货币，但所占份额从2010年4月的39%下降至33%；日元是主要货币中涨幅最大的货币，较2010年4月上涨63%，其中对美元交易增长了约70%全球份额也增长至23%。

从历史数据来看，日本外汇市场交易额稳步增长，但全球份额自2001年以来持续下滑（见图5.13）。具体来看，2013年4月日本外汇市场日均交易额约为3,740亿美元，较2010年4月增加620亿美元；全球份额为5.6%，较三年前下跌0.6个百分点。

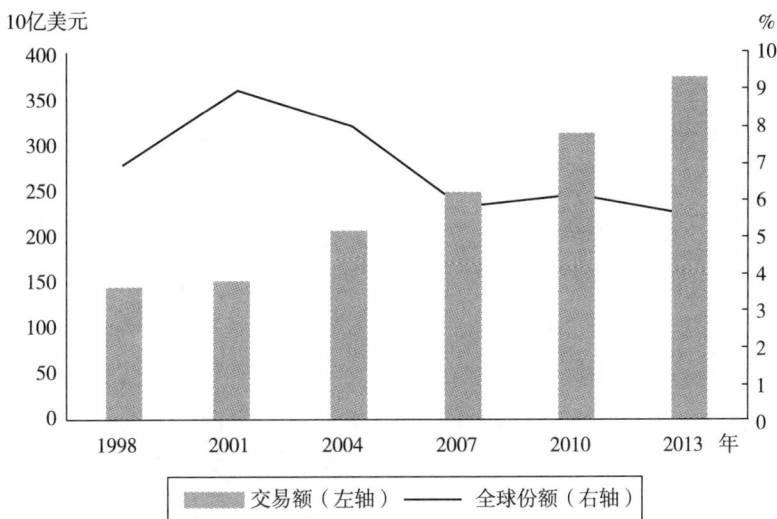

资料来源：BIS。

图5.13　东京外汇市场日均交易额与全球份额

从交易产品来看，全球范围内针对日元的日均交易额为12,310亿美元，其中即期交易6,120亿美元，调期3,320亿美元，期权1,530亿美元，远期1,230亿美元，货币互换110亿美元。据东京外汇交易委员会解释，日元交易增长主要发生于2012年10月至2013年4月，期间市场预期日本银行将大幅调整货币政策，并于2013年4月兑现。

另据东京外汇交易委员会发布的 2013 年 10 月交易数据[24]，日本外汇市场日均交易额 3,727 亿美元，其中掉期交易 2,120 亿美元，占比 56.9%；即期交易 1,251 亿美元，占比 33.6%；远期交易 305 亿美元，占比 8.2%；外汇期权交易 51 亿美元，占比 1.4%。从交易对手来看，金融机构外汇交易 2,716 亿美元，占比 72.9%；非金融机构外汇交易 1,011 亿美元，占比 27.1%。交易对手位于日本的交易 1,682 亿美元，占比 45.1%；跨境交易总额 2,045 亿美元，占比 54.9%。从交易币种来看，日元对美元交易总额 2,131 亿美元，占比 57.2%；日元对欧元交易总额 253 亿美元，占比 6.8%；美元兑欧元交易 450 亿美元，占比 12.1%。

二、东京与伦敦、纽约外汇市场比较

伦敦、纽约和东京虽同为国际金融中心，均拥有发达的债券、股票与商品市场，也都是全球性外汇交易中心，但三地外汇市场也各有特色。从 BIS 公布的 2013 年 4 月交易数据来看，伦敦日均外汇交易量占全球的 41%，纽约占 19%，东京占 5.6%。

第一，伦敦作为迄今为止最重要的"欧洲货币"中心，其国际性是其他金融中心无可比拟的。1998 年 4 月，伦敦日均外汇交易量为 6,580 亿美元，占全球日均外汇交易额的 32.6%，是全球最重要的金融中心。至今，伦敦外汇交易规模和权重仍然高居榜首。2013 年 4 月，伦敦日均外汇交易规模达到 2.7 万亿美元，全球占比高达 41%。一方面，从大英帝国时期进行贸易融资开始，伦敦就一直是金融投资的热点。另一方面，英国金融业经历了 20 世纪 80 年代改革后，更为开放、高效。英格兰银行不要求"欧洲美元"缴纳存款准备金，对外资银行也没有最低资本要求。由于在伦敦交易的货币 90% 以上是美元，3 个月期美元的伦敦银行间拆借利率（LIBOR）就成了国际融资最重要的参考利率。

第二，由于美元的全球储备货币地位，以及美国的经济规模及其对全球的影响，纽约外汇市场的重要性不言而喻。一直以来，美元都是全球外汇交易的最主要货币，就连伦敦外汇市场也有 92% 的交易货币是美元。全

24　东京外汇交易委员会，http://www.fxcomtky.com/survey/index.html。

球所有金融中心交易的美元，最终也将回流到美元的清算中心——纽约。此外，芝加哥商品交易所（CME）更是全球货币期货及期权的交易中心，有"暗示"未来行情的作用，加上美国的短期利率和重要数据的发布向来就是全球金融市场的风向标。所以，纽约外汇交易量虽低于伦敦，但仍处于全球外汇市场定价中心的地位。

第三，东京以其巨大的交易量主导外汇市场亚洲时段的行情，它代表了亚洲市场参与者的主流观点。日元的国际地位有四方面的支持：（1）日本的对外贸易规模；（2）伦敦"欧洲日元"融资和发债成本低于国内；（3）日本政府一贯支持日元国际化，支持对外投资；（4）日元一直保持最低利率，是套息交易的主要货币。但近年来，随着中国香港和新加坡的日益崛起，东京作为亚洲金融中心的地位不断受到挑战。2013年4月，新加坡和中国香港日均外汇交易额分别为3,830亿美元和2,750亿美元，全球所占比重分别为5.7%和4.1%。尤其是新加坡，其外汇交易规模已经赶上并超过东京。随着亚洲在全球经济的份额不断上升，以及人民币在国际贸易和投融资结算中使用比例不断上升，预计中国香港和新加坡外汇交易规模和全球所占比重还将进一步上升。

第四，与伦敦和纽约相比，在东京外汇市场上，日本商业银行的客户能够对市场趋势产生较大影响。东京外汇交易委员会统计数据显示，2013年10月东京外汇市场非金融机构日均外汇交易额1,011亿美元，占比高达27.1%。因此，银行或其他机构投资者在设置展望目标值之前，必须考虑客户的买卖行为。

此外，虽然日元对美元汇率与日经225指数走势关联性较强（呈负相关），但与欧美外汇市场易受宏观经济指标、股价指数，以及重要人物讲话影响的情况相比，东京外汇市场日元对美元汇率受日本经济指标和股票价格指数的影响程度较小。

三、东京外汇市场的主要参与者

20世纪80年代末90年代初，日本人均GDP超过美国，家庭财富总额逾1,500万亿日元（约17万亿美元），其中超过55%为现金及银行存款，被认为是世界上最大的可投资资产[25]。但自 1996 年以来，日本银行基准利率从未高于 0.5%，日本家庭开始对实际上的零利率甚至负利率忍无可忍，于是开始把目光转向利率较高的外汇、外国债券和其他海外资产。而在日本，很多女性在婚后都会选择专心做家庭主妇，负责家庭的衣食起居和子女教育。事实上，这些家庭主妇通常掌握着家中的财政大权，丈夫们大多将收入交给太太管理。为了避免丈夫辛苦赚来的钱存在银行里毫无收益，这些太太们纷纷杀入外汇市场，几乎一夜之间成为国际外汇市场上的一支重要力量。由于"渡边"是日本常见的姓氏之一，"渡边太太"就成了这些投资外汇资产的日本个人投资者群体的代称，并于 2007 年流行于欧美。

在经历了 20 世纪 80 年代中后期的经济高速增长，以及 90 年代的泡沫经济，日本人的投资心态日趋成熟。而日本的主妇们在理财投资方面有着惊人的天赋和头脑。如今，"安倍经济学"使得日元急速贬值，日本 10 年期国债收益率也跌至 0.5% 的全球最低水平，这让"渡边太太"再现投资界。日本银行《资金循环表》[26]显示，2013 年末日本的本外币综合结算投资信托余额为 126 万亿日元。其中，家庭投资达到 79 万亿日元，占比 63%，远超金融机构的 39 万亿日元。此外，日本银行数据还显示，截至 2013 年 11 月，在日本的外资银行向其属国总部发放的贷款额连续上升，达到 8.3 万亿日元，创下 5 年最高水平，该数据一直被用来衡量借用低息日元购买高收益资产融资需求的指标。

数据显示，在 2013 年第四季度，日元兑韩圆套利交易取得 10.4% 的回报，兑其他多种主要货币套利交易的回报率也达到或超过 6%，"渡边太太"当然不会错过赚钱机会。彭博和野村控股资料显示，日本各银行 2013 年 12 月合计承销 3.5 亿美元的巴西雷亚尔债券，在日本新兴市场货币债券市场发行量高居榜首[27]。财务省发布的数据还显示，截至 2013 年 11 月，日本投资者增持外国债券数量创下近 3 年来新高。

25　赵亚赟：《中国大妈与渡边太太》，http://www.fortunechina.com/column/c/2013–05/14/content_156155.htm，2013–05–14。

26　日本银行网站，http://www.boj.or.jp/statistics/sj/index.htm/。

27　杨可瞻：《"渡边太太"再出山：抄底墨西哥后狂买巴西债券》，载《每日经济新闻》，2014–01–10。

第六节　离岸金融市场

1985 年 3 月，日本在讨论日元国际化时首次提出设立离岸金融市场。1986 年 12 月 1 日，东京离岸金融市场正式设立，成为日本金融市场国际化的一个重要象征。

一、离岸金融市场的形成

20 世纪 70 年代前，日本金融市场监管较为严格，证券市场不发达，存贷款利率受严格管控，社会融资以间接融资为主，国际资本流动同样受到严格监督。随着经济的不断发展，旧的金融体制与日本经济的发展模式、经济结构及其在世界中的地位越来越不适应。

首先，国债的大量发行推动金融市场自由化。日本从 1965 年开始发行国债，且发行额越来越高，财政对国债的依存度也不断提高[28]。据日本财务省有关统计数据，1975 年日本财政对国债的依存度为 25.3%，1979 年升至 34.7%，1985 年的国债余额达到 GDP 的 50%。在日本，国债主要由银行承销，而当时日本政府为使国债发行不影响到利率管制，对国债发行和流通市场实施了严格管理。金融机构以低于市场的利率承销国债，严重影响了流动性和收益性，因此"威胁"政府，若不允许以市场利率发行或买卖国债，将不再承销国债。压力之下，日本政府开始逐步放开国债利率管制，并走向了通往利率市场化和金融市场自由化的道路。

其次，20 世纪 80 年代的日本已经成长为世界第二大经济体，并进入了低速增长阶段，不得不改变其经济结构。1985 年的 GDP 为 1.33 万亿美元，贸易顺差 560 亿美元，是世界上最大的贸易顺差国，也是世界最大债权国。由于经济增长速度减缓，剩余资本难以在实体领域牟利，进而逐渐走向金融市场。但是，严格管控的金融体制限制了银行证券投资和金融业竞争，导致商业银行与政府的矛盾激化[29]。面对经济结构改革压力，政府

28　黄泽民：《东京离岸金融市场初析》，载《日本学刊》，1987（6），22 页。
29　鲁洪刚：《东京离岸金融市场简介》，载《天津金融月刊》，1987（5），43 页。

最终向金融界妥协，并于 1985 年 6 月允许银行自由买卖债券。国内金融割据随之被打破，并逐渐形成统一的自由资本市场，日本过剩资本也开始向海外输出。对日本来说，在东京建立国际金融市场是输出资本的最好方法之一。

再次，日本政府支持民间金融机构积极拓展海外市场，迅速扩张。在欧美国家，银行可以自由经营证券业务而不受限制，证券公司也可以经营银行业务而不受限制。但是，外国金融机构在日本却受到专业和利率等诸多方面的限制，因而难以开展业务或者无利可图。来自其他国家要求日本开放金融市场的国际压力日益增大，最具代表性的事件是 1984 年 5 月日美签署"关于日本金融自由化、国际化及日元国际化"的双边协议（黄泽民，1987）。以此为转机，日本金融的自由化和国际化加快了步伐。

总之，日本经济的发展及其与传统金融体制的矛盾，日本经济在国际上的地位提升与其保守金融的严重不协调，加上美国的强大压力，促使日本加快了金融自由化改革的步伐，作为金融国际化重要一环的东京离岸市场就是在这样的背景下诞生的。

二、离岸金融市场的特点

在日本经济不断成长并发展成为世界第二大经济体的背景下，东京离岸市场的设立肩负着日元国际化和东京金融市场国际化的重任。近 30 年来，日本和世界经济均发生了较大变化。一方面，日本泡沫经济破灭后金融市场遭到严重打击，实体经济也进入低速增长期；另一方面，以中国为代表的新兴市场整体实力不断崛起，拉动中国香港和新加坡等周边区域性金融中心快速成长，对东京亚洲金融中心的地位不断发起有力挑战。在此背景下，东京离岸金融市场表现出以下特点：

（一）出台优惠措施，扩大吸引力

离岸市场的存款利率不受日本银行的管制，由市场根据资金供求关系自行决定利率水平。离岸账户的存款可不参加存款保险。离岸市场废除法定准备金制度，各离岸银行无须向日本银行交纳准备金。但是，从离岸账户向非离岸账户转账时，转账总额要按规定的比例交纳准备金。这意味着，离岸银行在东京离岸市场上创造信用的能力远远超过日本国内金融市场上的银行。此外，东京离岸市场免除存款利息税，并减免离岸银行的法人税，但保留了地方税和印花税，且法人税率高于其他离岸市场（黄泽民，1987）。

（二）限制仍然过多，偏向保守

首先，参加者只能是经财务大臣批准的指定外汇银行[30]，证券公司等金融企业、个人和日本非金融企业（如商社）等均被排斥在市场之外。因而，原则上能够同银行离岸账户交易的只能是非居民。

其次，交易账户受限[31]。离岸业务必须通过财务大臣批准设立的"特别国际金融账户"进行。"特别国际金融账户"之间的资金交易虽不需要缴纳存款准备金，但是由于东京离岸市场内外分离的性质，"特别国际金融账户"的资金向国内市场划转则必须经过日本银行设立的"资金划拨相关账户"并缴纳存款准备金。因此，"资金划拨相关账户"成为连接日本离岸市场与在岸市场的纽带：一方面，监管当局可以通过监控"资金划拨相关账户"以掌握离岸市场资金与在岸市场的交易情况；另一方面，日本银行可以调整"资金划拨相关账户"的存款准备金率对离岸资金向在岸的渗透量进行调控。

在东京离岸市场设立之初的 1986 年 12 月，日本存款准备金率为25%，到1991年10月，存款准备金率下调到15%。"资金划拨相关账户"的存款准备金率的设置为日本银行调控离岸与在岸的渗透提供了一个特别的工具。在特殊情况下，如果日本国内流动性过剩，当局不希望离岸资金渗透到在岸市场，可以对"资金划拨相关账户"征收100%的准备金来达到目的。

再次，存贷款的交易范围受限[32]。存款方面，离岸银行可以向非居民和其他离岸银行借款，也可以吸收非居民和其他离岸银行的存款。但是，

30　中央短资株式会社，http://www.central-tanshi.com/ccminar/16_01.html。

31　参见朱琳：《日本离岸金融市场发展经验及其对中国的启示》，复旦大学硕士学位论文，2012。

32　左连村，王洪良：《国际离岸金融市场理论与实践》，123～124 页，广州，中山大学出版社，2002。

仅限于外国政府、国际机构、外国企业和离岸银行的海外分行。此外，对于存款还有三个条件：（1）存款时限。除金融机构外，外国企业的存款至少在两天以上，其他非居民至少隔夜以上。（2）提款条件。非居民提取其在离岸银行的活期存款时必须提前一天通知。（3）存款的最低限额。除金融机构之外的外国企业的存款金额，至少在 1 亿日元以上或等值外币。贷款方面，离岸银行可以对非居民及其他离岸银行进行贷款和存款业务。但是，贷出的资金不得回流到日本国内。因此，离岸银行在放款时，必须确认贷款的离岸性，并从借款人处取得资金用于日本境外的证明书。

最后，交易形态受限。东京离岸市场初创阶段，只允许进行资本筹措和运用这两大业务，不得经营包括可转让存单和银行承兑票据等证券业务。但是，东京离岸市场不规定交易币种，为推进日元国际化，允许欧洲美元、欧洲日元以及其他欧洲货币交易。

（三）资产负债以银行间账户余额和有价证券为主

传统的商业银行大部分资产与负债是存贷款，而东京离岸金融市场中银行的资产与负债主要是银行间账户余额，存贷款只有很少一部分。此外，随着 20 世纪 90 年代末日本解禁银行间国债和金融衍生品交易，2000年以后银行资产中有价证券的比重逐年上升。

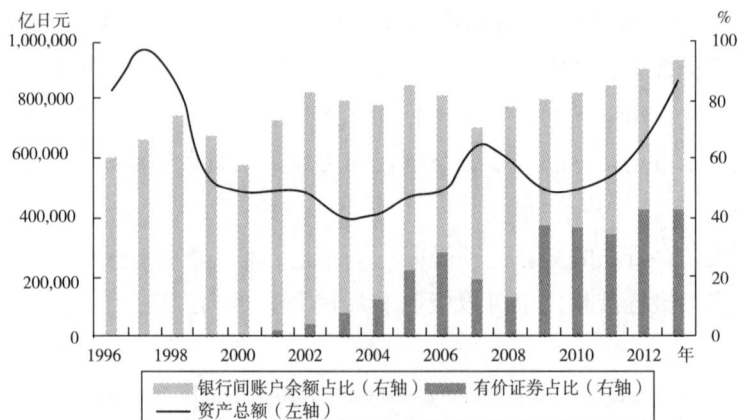

资料来源：日本财务省。

图 5.14　东京离岸市场资产结构

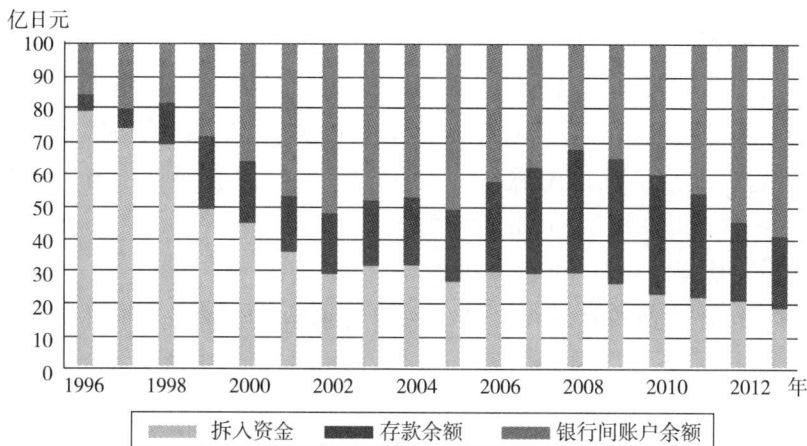

资料来源：日本财务省。

图 5.15　东京离岸市场负债结构

2013 年末，东京离岸市场资产总额为 86.25 万亿日元，其中银行间账户余额 43.6 万亿日元，有价证券余额 37 万亿日元，两者合计超过 80 万亿日元，占比超过 93%。与此同时，银行贷款和拆出资金余额仅为 5.6 万亿日元，在资产总额占比不足 6.5%；银行存款和拆入资金余额为 11.2 万亿日元，在负债总额占比也只有 30%。

三、离岸金融市场的运行状况

1986 年 12 月 1 日开业时，东京离岸市场共有 181 家银行获准开展离岸业务，其中包括 69 家外资银行，首日营业额 480 亿～500 亿美元，比纽约 IBF 市场开业初期的 460 亿美元略高[33]。到 1988 年 12 月，参与者已增加到 187 家，其中包括 73 家外国银行。为促进离岸金融市场的发展，日本政府于 1989 年 4 月进一步放松了对该市场的一些限制性规定。如放松对离岸金融市场和国内市场间资金转移的限制，放宽对市场参与资格的确认程序，放宽关于资金必须由交易对方使用的确认程序。此外，日本还于 1994

33　文栽：《东京的离岸金融市场》，载《广东金融》，1987（1），41 页。

年 10 月解禁远期利率协议[34]交易，相关衍生品交易的显著发展，并进一步推动日本离岸市场的发展。

日本离岸市场自开设后发展迅速，随着大量欧洲日元交易回流本土，到 1988 年末的余额已达到 4,142 亿美元，东京离岸市场规模超过了中国香港、新加坡、纽约，成为仅次于伦敦的世界第二大离岸金融市场。总体来看，日本离岸市场的发展可分为三个阶段[35]：

（一）快速发展期（1986－1995 年）

该阶段处于政策红利期，日本离岸市场的总资产规模从 1986 年的 88.7 亿美元迅速发展到 1995 年的 667.7 亿美元，年均增长速度达 25%。1986 年，日元资产占日本离岸市场总规模的 21%，外币资产高达 79%。随着离岸账户中欧洲日元交易的迅速增长，日元比重上升较快，到 1995 年，日本离岸市场中日元资产占比已达 68%，而外币资产则下降到 32%。

（二）逐步下滑期（1995－2006 年）

日本离岸市场总资产规模从 1995 年的高位一路下滑至 2006 年的 386.5 亿美元，资产总规模减少了四成。同时，日元资产占比逐年下降，2006 年降至 36%，外币资产占比上升到 64%。

（三）恢复发展期（2006 年至今）

2007 年以后，受国际金融危机影响，资金回流日本，日本离岸市场总资产规模又逐步恢复到 20 世纪 90 年代中后期水平，2013 年资产规模达到 86.25 万亿日元。但是日元资产占比却降至日本离岸市场设立初期的水平，为 21.7%，外币资产占比恢复到 78.3%。

日本财务省公布的最新统计数据显示，截至 2014 年 6 月末，东京离岸市场资产总规模为 79.6 万亿日元，其中外币资产为 65.75 万亿日元，占比为 82.6%；总负债为 30.78 万亿日元，其中外币负债为 26.1 万亿日元，占比为 84.8%。从资产结构看，东京离岸市场以银行间账户余额和有价证

---

34 远期利率协议，即 FRA，是一种远期合约，买卖双方约定未来某一时间的协定利率和参考利率，在清算日根据约定的期限和名义本金金额，由交易的一方向另一方支付协议利率和参考利率利息差额的现值。为锁定未来借款的远期利率成本，投资者可以买入远期利率协议。

35 杨承亮：《日本离岸金融市场发展对上海自贸区的启示》，载《中国外汇》，2013（10），62 页。

券为主，截至 2014 年 6 月末两项资产总额分别为 42.2 万亿日元和 32 万亿日元，占比合计超过 80%（见表 5.5）。

表 5.5　东京离岸市场资产余额表　　单位：亿日元、%

类别	资产					
	总余额		外币余额		日元余额	
		对非居民		对非居民		对非居民
存款/拆借	37,973	31,722	23,880	21,149	14,093	10,573
有价证券	319,594	319,594	312,903	312,903	6,691	6,691
贷款	16,125	16,125	14,373	14,373	1,752	1,752
银行间账户	422,245	422,245	306,138	306,138	116,107	116,107
资产合计	796,108	789,855	657,464	654,731	138,644	135,124
比上月变化率	0.1	0.1	0.5	0.5	-1.9	-2.0

资料来源：日本财务省。

四、面临的问题和挑战

（一）资产负债不匹配

日本财务省公布的统计数据显示，自 1996 年以来，东京离岸市场一直存在银行资产与负债不匹配的情况。截至 2014 年 6 月，东京离岸市场银行资产总额 79.6 万亿日元，负债总额 30.8 万亿日元，资产与负债比超过 2.5 倍，存在严重的错配。

具体来看，资产项下有价证券总额约为 32 万亿日元，资产项下和负债项下银行间账户余额相差 27.7 万亿日元，两者对同期资产负债差额的贡献度分别为 65.6% 和 56.8%。

（二）日元资产比重下降

东京离岸市场自设立以来，近 30 年的发展在一定程度上推动了日元的国际化。但纵观近年来离岸市场资产负债和交易情况，虽然资产总额和交易量在上升，但日元资产所占比重却在下降。离岸市场设立之初，欧洲日元快速回流，导致日元资产占比较高，1996 年日元资产所占比重超过 70%。但此后日元资产占比一路下降，截至 2014 年 6 月末这一比值已降至 17.4%，预计还将随着日元贬值进一步下跌。

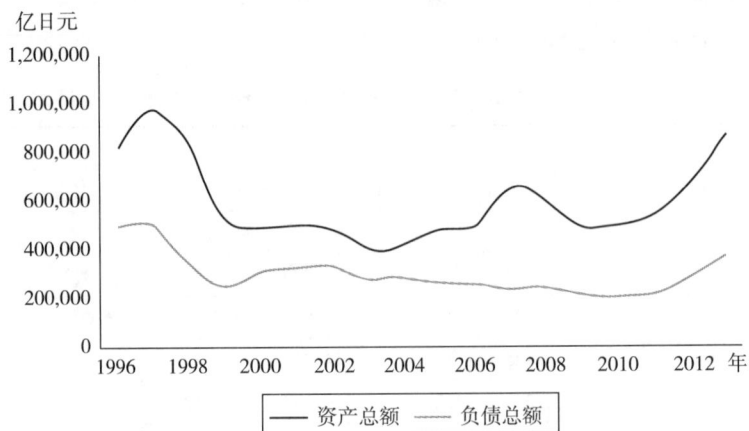

资料来源：日本财务省。

图 5.16　东京离岸市场资产负债总额

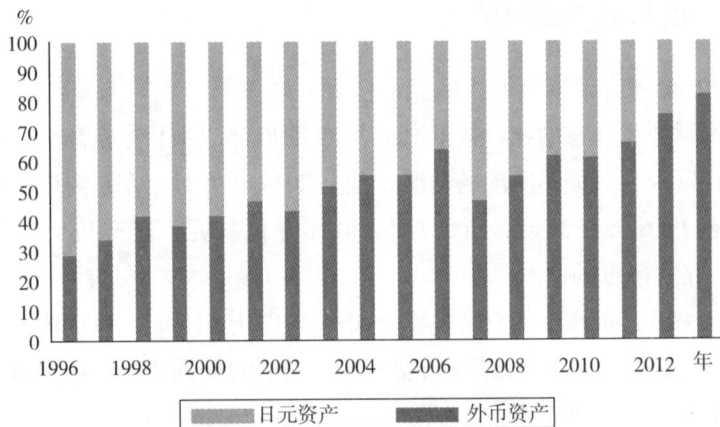

资料来源：日本财务省。

图 5.17　东京离岸市场本外币资产结构图

　　日元资产所占比重不断下降，既受日本国内宏观经济低迷的影响，也是国际竞争加剧的结果。一方面，随着 20 世纪 90 年代初泡沫经济的破灭，日本经济增长速度放缓，进入 21 世纪后甚至出现停滞和通货紧缩，经济上"失落的 20 年"使得东京离岸市场对国际投资者渐渐失去了吸引力。另一方面，随着世界范围内金融市场的不断开放，各国金融市场流动性和竞争力增加，中国香港和新加坡等区域性金融中心近年来快速崛起，也使得亚洲地区离岸金融业务竞争激烈。此外，随着人民币国际化进程的不断推进，国际贸易和投资使用人民币计价和结算的比例不断上升，还将进一步削弱日元的国际地位。

第七节　新型金融工具

新型金融工具是在原生金融工具诸如即期交易的商品和约、债券、股票、外汇等基础上派生出来的，也称为衍生金融工具（Deriative Financial Instruments）、派生金融工具、金融衍生产品等，包括期货合约、期权合约以及信用衍生品。

日本衍生品市场以期货交易的历史最为悠久，最早可追溯至江户时代大阪"定屋米市"开展的远期合约稻米交易。但农业经济远不足以支撑衍生品市场的发展，甚至在第二次世界大战结束后的很长一段时间里由于《证券交易法》的规定，日本国内证券期货被禁止交易。自进入 20 世纪 80 年代之后，随着日本经济日益成熟，以及金融市场的自由化和国际化，日本政府开始意识到创设证券期货交易市场的迫切性。20 世纪 80 年代末，日本借助其强大的经济背景曾一度使其金融衍生品市场在短时间内迅速发展成为世界最大的交易中心之一。

由于金融衍生品交易合约标准化水平较低，合约内容由交易双方自行商定，其主要交易场所集中在各银行或证券公司的柜台（OTC），只有少部分衍生品交易合约提交至交易所交易。2013 年以前，日本金融衍生品交易主要集中在东京、大阪证券交易所和东京金融交易所。2013 年 1 月，东京和大阪证券交易所合并，两家交易所的金融衍生品转移至合并后的大阪证券交易所交易。根据日本银行 2014 年 3 月公布的《衍生品市场定期统计概览》，日本金融衍生品市场以 OTC 交易为主，主要合约是短期利率互换。统计结果显示，截至 2013 年末，日本 OTC 无本金交割金融衍生品合约余额为 50.7 万亿美元，较 6 月底时增加 3.8%，其中利率互换产品占比

73.6%；同期，通过交易所开展的无本金交割金融衍生品合约余额为3.3万亿美元，较6月底时减少14.1%，其中利率互换产品占比77.4%。此外，信用衍生品合约余额为0.9万亿美元，以信用违约互换（CDS）为主。

专栏5.3　东京金融交易所

东京金融交易所（Tokyo Financial Exchange，TFX），成立于1989年4月，注册资本金58.45亿日元，位于东京都千代田区丸之内2丁目，截至2014年3月共有106名员工，是一家综合性的金融交易所。截至2014年5月，共有利率衍生品交易清算会员31家、交易非清算会员2家，外汇保证金交易清算会员22家，股价指数保证金交易清算会员11家。会员类型包括内外资银行、内外资证券公司、中央合作金融机构、信贷协会、保险公司、商品经纪商等。交易会员应在日本拥有固定的营业场所、一定的金融期货交易人员配备和良好的财务状况；清算会员应有清算操作的人员配备，需要取得金融厅的金融期货经纪业务资格，可与TFX直接完成清算，也可为非清算会员提供清算服务。交易清算方式采用前述证券交易所的清算参与方机制，下设金融期货清算所提供清算服务。TFX交易的产品主要有三个月欧洲日元利率期货、三个月欧洲日元利率期货期权、隔夜拆借利率期货、即期/次日回购利率期货以及七种主要货币对日元的外汇保证金交易等。

一、期货

第二次世界大战前，日本股票市场开始在证券交易所以清算交易的形式开展股票期货交易。第二次世界大战后，在远东司令部（GHQ）的指导下，日本政府为抑制投机而全面禁止了清算交易，但面向个人投资者的股票期货以信用交易的形式活跃起来。1972年芝加哥商品交易所（CME）开始货币期货交易，1974年又开始债券期货交易，1982年堪萨斯商品交易所开始以股价指数为标的的期货交易，随后金融商品期货传播至全世界，日本随后也引入以证券为对象的期货交易。

1985 年，东京证券交易所上市长期国债期货，是日本最早的金融期货交易，1988 年大阪证券交易所推出日经 225 股指期货，东京证券交易所推出 TOPIX 期货，次年东京金融期货交易所又先后推出日元、美元短期利率期货，以及日元对美元汇率期货。1989 年东京金融交易所引入欧元—日元短期利率期货交易，2006 年引入外汇保证金交易。2008 年大阪证券交易所开始日经 225MINI 期货交易。

1. 国债期货

1974 年，美国开始以政府国民抵押协会（GNMA）发行的债券为对象开展期货交易，掀起了以有价证券为对象的期货交易浪潮。在日本，受国债大量发行的影响，东京证券交易所于 1985 年开始以长期国债（10 年期）为对象的国债期货交易。随后，于 1988 年推出超长期国债期货交易，次年又推出了以美国长期国债（T-Bond）为对象的期货产品。1996 年，东京证券交易所又推出以 5 年期国债为对象的中期国债期货交易（日本证券经济研究所，2014）。

表 5.6 日本国债期货摘要

	中期	长期	超长期
交易对象	5 年期，贴现 3%	10 年期，贴现 6%	20 年期，贴现 6%
交割对象	4 年以上，5 年零 3 个月以下 5 年期国债	7 年以上，11 年以下 10 年期国债	15 年以上，21 年以下 20 年期国债
交割月	3 月、6 月、9 月和 12 月		
交割期限	9 个月		
最后交易日	交割日前第 7 个营业日		
交易时间	8:45～11:02 12:30～15:02 15:30～23:30		
交易单位	1 亿日元面额		
要价	每 100 日元面额 1 分钱		
差价限制	一次差价：基价±1.0 日元 二次差价：基价±2.0 日元 最大差价：基价±3.0 日元	次差价：基价±1.5 日元 二次差价：基价±3.0 日元 最大差价：基价±4.5 日元	

资料来源：大阪证券交易所。

259

日本债券期货交易的特点之一就是其最小交易单位为 1 亿日元，与其他国家相比至少扩大了 10 倍（新加坡商品交易所的 T-Bond 期货最小交易单位是 10 万美元）。在日本债券现货交易市场中，交易金额低于 1 亿日元的债券被称做"端债"。此外，日本国债期货市场的另一特征就是交易集中于长期国债期货，这是因为国债现货发行市场以 10 年期国债居多，现货市场交易也偏向于 10 年期。

2. 股指期货

以股价指数为对象开展期货交易最早于 1982 年始于美国，日本关于股指期货交易则开始于 5 年后的 1987 年，以大阪证券交易所 50 家上市公司股票价格为交易标的，但以股价指数为对象的期货交易则始于 1988 年，大阪和东京证券交易所分别开展日经 225 股指期货和 TOPIX 股指期货交易。此后，大阪和东京证券交易所先后推出多种行业和综合股价指数期货以及多种混合型指数期货，主要包括日经 225MINI 指数期货、日经 225 指数期货和 TOPIX 指数期货，其中以日经 225 指数期货交易最为活跃。

表 5.7　股指期货交易情况　　　　　　　　单位：笔

年份	日经 225MINI 期货		日经 225 期货		TOPIX 期货	
	交易数	未平仓	交易数	未平仓	交易数	未平仓
2009	104, 738, 309	303, 508	25, 368, 919	330, 664	15, 190, 781	338, 228
2010	125, 113, 769	357, 736	22, 483, 722	378, 651	14, 902, 519	368, 395
2011	117, 905, 210	474, 854	19, 294, 064	304, 054	14, 608, 165	366, 543
2012	130, 443, 680	688, 044	19, 523, 347	378, 804	15, 192, 439	427, 564
2013	233, 860, 478	673, 736	30, 907, 691	420, 037	22, 714, 121	594, 299

资料来源：大阪证券交易所。

日经 225MINI 指数期货交易单位是日经平均股价的 100 倍，保证金为 5 万日元，要价单位为 5 日元；日经 225 指数期货交易单位是日经平均股价的 1,000 倍，保证金为 50 万日元，要价单位为 10 日元；TOPIX 指数期货交易单位是东证股价指数的 10,000 倍，保证金为 50 万日元，要价单位为 0.5 个百分点。关于股指期货合约的清算，自 1989 年 6 月起，日本股指期货交易规则改为与美国相同，将到期日前最后 1 个营业日作为最后交易日，以交易日当天各相关构成股票的开盘价为基础所计算出的值决定期货合约最终清算价格。

3. 外汇期货

美国最早于 1972 年开始以货币为对象的期货交易。1982 年，美国又开始进行以银行间欧元和美元短期市场利率为对象的外汇期货交易。日本最早于 1989 年在东京金融期货交易所同时推出日元短期利率期货、美元短期利率期货以及日元对美元外汇期货交易。此后，东京金融交易所先后于 1991 年推出美元对日元外汇期货，1992 年推出 1 年期日元利率期货（1998 年废止），1999 年推出日元 LIBOR 利率期货，2003 年推出 5 年期和 10 年期日元利率互换期货（2007 年废止），2005 年推出美元、欧元、英镑和澳元为对象的交易所外汇保证金交易，2009 年推出无担保隔夜拆借利率期货，2010 年推出日经平均股价、FTSE100、DAX 保证金交易（日本证券经济研究所，2014）。

表 5.8　外汇期货交易情况　　　　　　　　　单位：笔

年份	欧元/日元 3 个月利率		美元/日元保证金交易		澳元/日元保证金交易	
	交易数	未平仓	交易数	未平仓	交易数	未平仓
2009	13,066,020	962,534	20,198,781	216,080	17,793,787	109,895
2010	11,274,925	1,174,991	27,551,634	287,035	34,272,436	179,005
2011	7,201,901	533,328	31,441,164	228,004	41,589,199	246,374
2012	4,734,503	393,954	9,212,876	162,674	16,500,368	126,604
2013	5,044,236	410,310	20,120,943	161,213	10,256,158	136,975

资料来源：东京金融交易所。

美国最先开始在商品交易所开展以金融商品为对象的期货、期货期权交易，随后英国、法国、德国等欧洲诸国也开始设立以金融商品为对象的金融期货交易所，而日本以债权和股票等证券为对象的期货、期权交易一般在证券交易所交易，以银行间利率和外汇等以银行为主要交易对象的期货、期权交易主要在由银行和部分证券公司发起设立的东京金融交易所交易。

东京金融交易所设立之初，主要开展日元短期利率期货产品交易，几乎没有其他产品。自 1990 年起推出美元短期利率期货和日元对美元外汇期货并引入做市商制度，1991 年起引入美元对日元外汇期货，1992 年推出日元短期利率期货期权并引入做市商制度。

二、期权

期权[36]是指在未来一定时期可以买卖的权利，是买方向卖方支付一定数量的金额（指权利金）后拥有的在未来一段时间内（指美式期权）或未来某一特定日期（指欧式期权）以事先规定好的价格（指履约价格）向卖方购买（指看涨期权）或出售（指看跌期权）一定数量的特定标的物的权利，但不负有必须买进或卖出的义务。期权交易事实上就是这种权利的交易。买方有执行的权利也有不执行的权利，完全可以灵活选择。

期权交易的历史也较为悠久，但现在意义上的期权交易市场始于 1973 年芝加哥期权交易所（CBOE）。此外，CBOE 还推出了其他期权交易品种，1982 年推出外汇期权、债券期权、债券期货期权，1983 年推出股价指数期权、股价指数期货期权，1984 年推出外汇期货期权。此后，期权开始在世界范围内兴起。日本则于 1989 年 4 月将债券期权引入 OTC 市场，6 月大阪证券交易所推出日经 225 期权，10 月东京证券交易所推出 TOPIX 期权，1990 年东京证券交易所又推出长期国债期货期权，1991 年东京金融期货交易所继而推出日元短期利率期货期权。此外，1994 年大阪证券交易所推出日经 300 期权，又于 1997 年与东京证券交易所几乎同时推出个别股票的期权。

（一）国债期权

美国芝加哥期权交易所早在 1982 年就开始以债权为对象的期权交易，而以债权期货为对象的期货期权交易也是由芝加哥期权交易所于同一年推出。日本债券期货于 1989 年以"债券选择权买卖交易"的名称最早出现在 OTC 市场。随后，东京证券交易所于 1990 年开始推出以长期国债期货为对象的长期国债期货期权，2000 年推出中期国债期货期权（日本证券经济研究所，2014）。

36　上海联通期货，http://www.tlqh.com.cn/Investor_show.aspx? SID = 377。

债券 OTC 市场期权交易不同于使用标准物品作为交易对象的债券期货交易，债券期权是以国债、公司债、外国债等单个债券为交易对象的，而与交易所上市的期权有所不同的是，OTC 市场交易的期权合约不可向第三者转手，因为交易标的大部分都是国债。此外，国债期权交易与期货交易的交易单位都是 1 亿日元，长期国债期货最长为 9 个月，而长期国债期货期权最长 6 个月。

表5.9　国债期权交易状况　　　　　　单位：亿日元

年份	OTC 债券期权		长期国债期货期权		中期国债期货期权	
	交易数	未平仓	交易数	未平仓	交易数	未平仓
2009	2,523,151	33,493	2,433,217	3,338	—	—
2010	2,660,826	40,044	1,999,282	3,779	—	—
2011	2,848,750	38,086	1,853,672	12,455	—	—
2012	1,821,819	39,372	2,283,839	15,954	—	—
2013	1,872,723	37,841	1,692,752	13,415	—	—

资料来源：大阪证券交易所，JSDA。

（二）股指期权

以股票为对象的期权交易最早于 1973 年美国 CME 上市，该所又于 1983 年推出了最早的股指期权（S&P100 期权），但最早的股指期货期权分别是芝加哥期权交易所 S&P500 期货期权和纽约期货交易所 NYSE 综合股指期货期权。日本最早的股指期权是 1989 年 6 月由大阪证交所推出的日经 225 期权，同年 9 月东交所推出 TOPIX 期权。此后，1994 年大阪证券交易所又推出日经 300 期权，1998 年推出高科 40、金融 25 和消费 40 三种行业股票指数期权，2001 年东京证券交易所推出 S&P/TOPIX150 期权。此外，SIMEX（即 SGX-DT，新加坡国际金融交易所）自 1992 年起推出以日经平均期货为对象的股指期货期权（日本证券经济研究所，2014）。

日本交易所最为活跃的期权产品为日经 225 指数期权。其他股价指数期权交易量较少，这一点与股指期货交易存在较大差异。SGX 日经平均期货期权交易的流动性也比 SGX 日经平均期货交易的低很多。此外，日经 225、TOPIX 和 SGX 日经平均相比，三者均为日本国内股价指数期权，日经 225 与 SGX 日经平均在长期期权方面存在差异，但两者交易方法和交易单位均与股价指数期货相同。

表 5.10　股价指数期权交易情况　　　　单位：亿日元

年份	日经 225 股指期权		TOPIX 期权	
	交易数	未平仓数	交易数	未平仓数
2009	34,986,005	1,590,726	52,523	17,608
2010	43,791,001	1,762,715	120,004	9,677
2011	46,192,519	2,031,140	21,342	2,704
2012	48,763,723	3,179,067	22,683	5,267
2013	57,269,727	3,212,114	386,231	40,406

资料来源：大阪证券交易所。

三、信用衍生品

信用衍生品交易是将债权或债券的信用风险以互换或期权的形式进行交易的统称，传统的衍生品交易对象是市场风险，与之相对，信用衍生品交易对象是信用风险。信用风险的交易可以说是保证型交易，根据衍生品交易的形态，不仅可以将保证不履行债务作为交易对象，也可以将由于业绩恶化而导致信用下降等情况作为交易对象，并随之衍生出多种信用交易产品。信用衍生交易主要包括信用违约互换（CDS）、总收益互换（TRS）和信用连结债券（CLN）三种形态。

表 5.11　日本信用衍生品交易　　　　单位：百万美元

时间	OTC 交易合计	CDS 交易合计	TRS 交易合计	债权价差产品	CLN 交易合计	其他
2003 年 6 月	22,914	21,727	377	21	734	55
2003 年 12 月	24,592	23,540	11	31	955	55
2004 年 6 月	30,478	28,922	3	23	1,470	60
2004 年 12 月	46,701	45,101	3	24	1,512	60
2005 年 6 月	80,266	78,762	3	26	1,415	60
2005 年 12 月	99,165	97,980	3	16	1,162	4

时间	OTC 交易合计	CDS 交易合计	TRS 交易合计	债权价差产品	CLN 交易合计	其他
2006 年 6 月	144,617	143,423	91	14	1,085	4
2006 年 12 月	184,879	183,215	43	0	1,605	13
2007 年 6 月	275,229	271,386	814	0	3,004	24
2007 年 12 月	389,231	381,949	820	0	6,427	35
2008 年 6 月	562,222	554,208	631	0	7,342	42
2008 年 12 月	390,160	382,395	349	0	7,201	215
2009 年 6 月	894,196	887,258	384	0	5,662	890
2009 年 12 月	1,029,791	1,022,920	522	0	5,661	689
2010 年 6 月	1,116,517	1,110,429	207	0	5,344	537
2010 年 12 月	1,144,710	1,137,087	2,001	0	5,215	407
2011 年 6 月	1,157,661	1,151,536	278	0	5,642	204
2011 年 12 月	1,116,847	1,111,618	195	0	4,649	386
2012 年 6 月	1,105,391	1,098,892	209	0	6,038	252
2012 年 12 月	1,047,913	1,040,913	473	0	6,302	226
2013 年 6 月	1,061,005	1,055,263	542	130	4,868	203

资料来源：日本银行。

据日本银行公布的数据（见表 5.11），日本无本金交割信用衍生品交易余额自 2003 年以来有逐年扩大的趋势，2011 年 6 月末余额较 2002 年 12 月末扩大了 83 倍。另据 BIS 发布的数据显示，截至 2013 年 6 月末，全球无本金交割信用衍生品交易余额为 24.8 万亿美元，其中日本为 1.1 万亿日元，占比达 4.4%。

第八节　支付和结算体系

日本的银行间支付结算体系主要包括四个系统，其中三个由私人部门运营，分别是汇票和支票清算系统（BCCS），用于对提交到同城清算所的汇票和支票进行清算；全银数据通信系统（Zengin System），用于零售贷记转账交易的清算；以及外汇日元清算系统（FXYCS），用于外汇交易中日元部分的清算。另一个是由日本银行负责运营的日本银行金融网络系统（BOJ-NET），主要用于结算银行债务，包括私营清算系统清算后产生的净债务。2001 年 BOJ-NET 系统由传统的定时清算系统（DNS）升级为实时全额结算系统（RTGS）。2011 年 11 月再次升级为"次世代实时全额结算系统"（RTGS-XG），显著提升大额资金结算的安全性和结算效率。

证券结算方面，不同类型的证券在不同的机构存管，但均采用银货两讫（DVP）的结算方式。日本银行作为日本政府债券（JGB）的中央证券存管机构参与证券结算系统的运行；日本证券存管中心（JASDEC）是股票的中央证券存管机构。其他类型的债券没有中央证券存管机构，它们与为数众多的证券登记机构和日本债券结算网络（JB Net）一起组成了公司债券和其他证券的结算系统。零售支付方面，小额支付大量使用现金。企业和个人则广泛使用电子转账服务，这类支付方式包括直接借记和直接贷记。虽然电子货币和借记卡的使用非常有限，但信用卡的使用非常普遍。由政府经营的邮政局提供的邮政储蓄账户和邮政转账服务也被公众广泛使用。同时，零售支付服务渠道出现多样化趋势，新的支付手段如互联网和移动电话，和传统支付渠道如银行窗口和自动柜员机等并存。便利店也已经成为缴纳公有事业费最常用的地点。

一、制度框架

日本没有统一的或综合性的法律来管理支付和证券的结算，而是由很多法规综合在一起形成了支付和证券结算的法律基础。支付方面的法律包括《预付卡法》、《资本金认定法》、《银行法》、《邮政储蓄法》、《邮政资金转账法》和《邮政汇票法》；证券结算方面的法律包括《公司债务证券转账法》；支付轧差安排方面，由《金融机构参与的特定金融交易的抛售轧差法》进行约束。

日本大多数管理金融活动的法律都规定日本首相是负责处理金融方面各种问题的行政主管，但首相实际上把行政主管的权力委托给了金融厅。此外，财务大臣负责日本国债的相关事务，法务大臣负责管理证券簿记转账相关事务。

《日本银行法》规定，日本银行作为日本的中央银行，其目标是"对纸币、通货和货币进行控制、确保银行和其他金融机构间的支付结算顺利进行、维护有序的金融体系"。因此日本银行对私营支付结算系统进行监督，"确保银行和其他金融机构间的资金结算能顺利进行，从而为维护一个有秩序的金融体系作出贡献"。此外，日本银行还可以根据首相和财务大臣的授权，在完成经常性业务的同时，从事有助于资金顺利结算的业务，包括运营 FXYCS 和 JGB 簿记系统。

二、银行间支付结算系统

日本的银行间支付系统由四个主要系统组成：BOJ-NET 资金转账系统、汇票和支票清算系统、全银数据通信系统，以及外汇日元清算系统。后三个系统的运营和管理由私营部门负责，参与机构在日本银行开设往来账户，用于结算彼此间支付净头寸。

（一）日本银行金融网络系统

BOJ-NET 资金转账系统于 1988 年建成，它是一个联机的电子大额资金转账系统，也是日本支付结算系统的核心。BOJ-NET 由两个子系统组成：一个是用于资金转账的 BOJ-NET 资金转账系统；另一个是用于 JGB 结算的 BOJ-NET JGB 服务系统。虽然 BOJ-NET 资金转账系统从建成起就为资金的结算提供了两种结算方式，即定时净额结算和实时全额结算（RTCS），但在 2001 年初日本银行废除了定时净额结算，使得 RTGS 成为 BOJ-NET 系统唯一可用的结算模式。

日本银行提供的大多数支付服务都可以通过 BOJ-NET 资金转账系统处理，它们包括：同业拆借市场和证券交易所引起的金融机构之间的资金转账；在同一金融机构的不同账户之间的资金转账；私营清算系统产生净头寸的结算；以及金融机构和日本银行之间的资金转账，包括在公开市场操作的交易。通过 BOJ-NET 资金转账系统进行的大多数资金转账都是贷记转账，但机构内的资金划拨，也可以通过借记转账来进行。

截至 2010 年末，加入 BOJ-NET 资金转账系统的金融机构共有 347 家，其中包括 142 家银行、52 家外国银行在日分支机构、91 家信用金库、5 家合作社的中央机构、39 家证券公司、3 家货币市场经纪商和 13 家其他金融机构，如中央交易对手方。2010 年，BOJ-NET 系统资金日均清算交易 5.1 万笔，金额达到 100 万亿日元。

（二）汇票和支票清算系统

汇票和支票清算系统（BCCS）主要为同一地区的金融机构提供汇票和支票的交换清算服务。据日本银行 2012 年发布的《日本支付、清算和结算体系（红皮书）》，截至 2011 年 1 月日本共有 243 家汇票支票清算所。其中，东京清算所的票据交换清算金额占全国的 70%，2010 年日均结算金额约为 1.1 万亿日元。

大中型金融机构包括银行和外国银行在日分支机构，都是 BCCS 系统直接参与机构。小型金融机构通过直接参与机构间接加入系统进行清算。据《红皮书》记载，截至 2010 年 12 月，加入东京清算所的金融机构为 323 家，其中 105 家为直接参与机构。日本清算所主要由各地银行家协会管理（如东京清算所由东京银行家协会运营）。

（三）全银数据通信系统

全银数据通信系统（Zengin）是一个日本国内银行间资金转账的小额清算系统，于 1973 年开始运行。另外，很多小型金融机构，如信用金库、信用合作社、劳工信用协会、农业使用合作社以及区域性银行团体都有自己的银行间清算系统，结构与 Zengin 相似。

银行以及外国银行在日本的分支机构等金融机构直接参与 Zengin 的清算。小型金融机构参加 Zengin 则是分别通过它们各自与 Zengin 连接的清算系统来实现。2010 年末，加入 Zengin 的金融机构共有 1,372 家，其中 141 家是直接参与机构。最终用户还包括企业和个人。2010 年，Zengin 系统日均处理 560 万笔交易，日均交易金额 10 万亿日元。同 BCCS 系统一样，Zengin 系统也交由东京银行家协会负责运营。

（四）外汇日元清算系统

外汇日元清算系统（FXYCS）是于 1980 年建成的大额支付系统，以简化跨境金融交易日元支付的清算过程，包括外汇交易、日元证券交易和进出口贸易的支付。最初，系统的运转建立在处理纸质单据的基础上。为适应外汇交易量快速增长，1989 年东京银行家协会对该系统进行了改造，实现了系统的自动化，并把经营权委托给日本银行。从此，外汇交易的日元清算就通过日本银行 BOJ-NET 系统进行。

2010 年末，参加 FXYCS 系统的金融机构共有 207 家，包括 58 家外国银行在日分支机构，其中 28 家是 BOJ-NET 直接参与者，其余 178 家是间接参与者，他们要通过直接参与者加入 FXYCS 系统。2010 年 FXYCS 日均处理 2.6 万笔交易，交易额达到 12 万亿日元。

另外，持续联结清算银行（CLS）于 2002 年进入日本，在日元外汇结算中也起到重要作用，负责多边货币的支付清算。

三、非银行间支付手段

银行存款是在日本进行零售支付中最广泛使用的支付媒介，在小额支付中则经常使用现金。此外，邮政储蓄也普遍地被用于支付。就指令性支付工具而言，主要的支付工具是基于银行账户的各种存款支付工具，如直接借记、贷记转账，以及信用卡和借记卡等无纸化媒介。汇票和支票的使用一直在减少。此外，支付渠道在近年来发生了显著变化。除了 ATM 和公司银行服务外，新的支付渠道如互联网银行、手机银行、便利店银行等提供的服务一直在平稳发展。

1. 现金和存款

与其他发达国家相比，日本的现金使用更加广泛。2010 年日本现金流通量相当于名义 GDP 的 18%，在支付结算体系委员会（CPSS）中排名最高。2010 年末，流通中纸币总额 82 万亿日元，硬币 4.5 万亿日元。日本发行四种面值的纸币：1,000 日元、2,000 日元、5,000 日元和 10,000 日元，以及 6 种面值的硬币：1 日元、5 日元、10 日元、50 日元、100 日元和 500 日元。

银行存款作为指令性支付工具的一种，在日常支付中的使用一直在增加。这表明包括 ATM、互联网银行、手机银行以及便利店银行在内的多种支付渠道快速发展。

2. 电子货币

1997 年以来，一些基于信息卡的产品已经开始了商业使用。2001 年 Mondex 向一些企业提供电子货币服务，在雇员的 ID 卡上加入电子货币功能，这种卡只能在办公大楼里使用。2001 年 11 月，包括乐天银行在内的部分金融机构推出一种被称为 Edy 的嵌入感应式智能卡，这种卡可以在网上商场、少数办公大楼、购物中心和便利商店进行支付。

3. 预付卡

预付卡是一种持卡人在购买该卡时即预存现金的电子卡，可用于发卡商提供的特定消费服务，在使用时读卡机通常会显示所剩余额。1989 年生效的《预付卡法》强制要求发卡商将已发行的卡里未使用金额的一半存入法务省，以保护持卡人的利益。

4. 直接借记

预先安排的直接借记是一种银行间资金转账安排，被广泛地运用在大范围的经常性支付中。这项服务的首次应用是在 1955 年支付电话费账单。从 20 世纪 60 年代初开始直接借记服务得到了迅速的扩展，已经被广泛地运用在公共事业费、信用卡账单、税款、学费、保险费和贷款偿还等各项费用的支付中。

5. 贷记转账

向异地的收款人汇款，或是需要支付大笔资金时，最常用的付款方式是贷记转账。大多数贷记转账是使用电子资金转账系统进行银行间或银行内支付。银行间贷记转账一般通过私营清算系统，如 Zengin 系统进行处理，有时也会直接通过 BOJ-NET 的资金转账系统进行。

6. 借记卡

1984 年日本的银行开始提供名为"Bank POS"的金融服务，与借记卡相同。日本借记卡促进委员会于 1999 年 1 月开始提供"J-Debit"借记卡，并在 2001 年 3 月扩展到全国。

7. 汇票和支票

汇票用于商业部门的支付并能够在银行贴现。支票在政府机构和企业中被广泛地使用，但很少用来支付工资，而且个人也很少使用支票来支付账单，包括信用卡账单和公共事业费账单的支付。托收后的汇票和支票通过同城清算所在银行间进行交换。近年来，使用纸质票据支付工具的交易量一直在下降。

8. ATM

自动柜员机（ATM）于1969年由几家城市银行首先引入，联网计算机系统的运用使得ATM得到迅速推广。ATM既能接受纸币也能接受硬币，既提供取款服务，也提供存款服务，并能处理信用转账和贷款。日本有9个主要的ATM联机网络，同一类型的金融机构通常用同一个网络服务。作为9个网络系统的中转中心，多功能集成提款服务（MICS）系统于1990年建成，负责全国范围的ATM数据传送，并提供清算服务。使用ATM网络而引起的行间贷方和借方头寸在每个交易日结束后进行计算，通过Zengin或金融团体自己的清算系统再一次进行清算，最后通过在日本银行或在金融团体的中央机构开设的账户进行结算。

9. 公司银行业务

公司银行业务是公司客户在他们的办公场所就可以使用的联机银行业务服务。使用FB服务的企业通常通过电子请求自动应答网络系统或现金管理服务中心与他们的银行相连。ANSER是NTT（日本电报电话公司）的数据公司从1981年开始提供的一个连接企业和银行的数据传输系统。共享CMS中心于1987年开始运行，它可以使公司通过一次访问就可以和多家银行进行联系。

10. 家庭银行业务

家庭银行业务允许个人在家中联机处理他们的银行业务，主要有电话银行业务、手机银行业务和电视银行业务。

11. 便利店银行业务

便利店代替公共事业服务公司和电信公司接收消费者清偿账单的支付，然后通过贷记转账将相应的款项转交给收款公司。这种支付接收服务始于 1987 年，而且它的使用一直在增长。1999 年后，便利店也在店内安装了 ATM，消费者可获得多家银行的 ATM 服务，包括在某些情况下银行提供的消费者融资服务。

四、证券市场的支付和结算

日本银行和日本证券存管中心（JASDEC）分别是 JGB 和股票的中央证券存管机构。金融机构之间 JGB 交易通过 BOJ-NET 的 JGB 服务系统以 DVP 方式进行实时结算。存放在 JASDEC 的股票交易以簿记登录的方式进行结算，在证券交易所进行的股票交易则采用 DVP 方式进行结算。公司债券和其他债券（如政府担保债券和市政债券）在证券登记商的账簿上进行登记和转账。从 2003 年开始，在新的法律框架下，商业票据交易使用 JASDEC 开发的簿记系统，用 DVP 方式进行结算。

证券的类型不同，其结算周期也不同。对于企业债券、市政债券、股票和 JGB 来讲，一般采用 T + 3 滚动结算。但对于公开市场操作 JGB，其结算周期会根据情况不同分别为 T + 1、T + 2 和 T + 3。企业债券的结算为 T + 1 或 T + 2。

（一）国债和票据的支付和结算

长期以来，日本在场外交易（OTC）市场中没有处理 JGB 的交易确认系统或清算系统。2001 年，由 36 家券商和交易所发起组建日本国债清算机构（JGBCC），2005 年 5 月开始正式运行。作为 JGB 市场的中央交易对手，日本 JGB 清算机构负责撮合交易并最终在 BOJ-NET 系统中完成清算和支付。另外，日本有两种不用进行证券实物交割的 JGB 结算安排：JGB 登记系统和 JGB 簿记登录系统。证券凭证的实物交割尽管是可行的，但很少使用。

根据《政府债券法》，JGB 登记系统于 1906 年建成，日本银行是该系统中的债券登记机构。在这个系统中，登记是由登记机构以簿记方式进行的，因此 JGB 的转账不需要进行债券的实物交割。该系统的参与者不局限于金融机构，任何 JGB 的持有者都能够使用这个系统。

在引入滚动结算前，JGB 的结算按市场惯例一般在每个月的 5 日、10

日、20 日、25 日和最后一个工作日进行，从交易到结算的平均间隔约为 7 天。从 1997 年起，JGB 交易的结算周期改为 T + 3。从 2003 年 1 月 27 日起，新的 JGB 簿记登录系统实现了 JGB、短期贴现国债（TB）和短期政府债券（FB）的无纸化，但结算基本机制没有改变。

（二）公司债券和其他债券的支付和结算

与 JGB 相同，公司债券和其他债券，要在 OTC 市场上进行交易，如政府担保债券、市政债券、金融债券和日元外国债券。

根据《公司债券和其他债券登记法》，多数未清偿的公司债券和其他债券均以登记证券的形式在登记商处存管，并以无纸化的形式进行登记，并通过日本债券结算网络（JB NET）以 DVP 方式进行结算。债券的发行单位不同，登记商也不同，约有 160 家银行是不同债券的登记机构。

（三）商业票据的支付和结算

商业票据（CP）市场始于 1987 年。1998 年管制政策的放松使得银行可以发行 CP，公司也可以直接面向最终投资者发行 CP，这极大地促进了 CP 市场的发展。

在日本没有保管 CP 的中央存管机构。通常，CP 的发行都没有标明融资人的名称（即未署名债券），它们主要在二级市场上进行交易。在回购交易中，CP 的交割通常是通过转让卖方准备的存放凭证而实现，CP 证书在兑现之前一直以实物的形式存放在交易商处。大多数 CP 交易的结算周期都是 T + 1 或 T + 2。

根据《公司债务证券转账法》，从 2003 年 3 月开始，使用无纸化发行并通过 JASDEC 簿记登录系统等级的 CP，按 DVP 方式进行结算。

（四）股票与可转换债券的支付和结算

在日本，所有证券交易所的股票交易，都通过 JASDEC 簿记登录系统进行结算。但由于 JASDAQ 市场是由 JSDA 根据《证券和交易所法》设立和管理的 OTC 交易市场。在这个市场中，股票交易的处理和价格信息的提供都通过 JASDAQ 系统进行。

1. 在证券交易所进行的交易

证券交易所为在交易所内进行的交易提供结算前的预处理服务，如交易的确认和轧差。对于在东京证券交易所、大阪证券交易所和名古屋证券交易所进行的股票交易来讲，证券交易所自己就是场内交易的中央对手方（CCP）。对它们所代表参与者的双边债务进行冲销，从而实现市场参与者之间的多边轧差。在这个处理过程中，股票交割的轧差分品种进行，而资金转账的轧差则包括所有的发行品种。

2. 在 JASDAQ 市场进行的交易

在 JASDAQ 进行的股票交易由 JSDA 自动报价市场公司进行确认，该公司是 JASDAQ 市场的运营者和中央对手方。

2003 年前，证券和资金的转账都按全额的方式进行但还没有实现 DVP 结算。卖方交付给买方的股票，通过 JSDA 自动报价市场公司在 JASDEC 开设的账户进行交割。买方支付给卖方的资金，通过该公司在指定结算银行开设的账户进行转账。从 2003 年 1 月起，所有证券交易所和 JASDAQ 市场的股票交易都通过日本证券清算公司以 DVP 方式进行结算。日本证券清算公司是一家新建的清算服务公司，它作为统一的中央对手方（CCP）提供的服务与东京证券交易所相似。

3. 其他交易

为对机构投资者的股票交易进行确认，JASDEC 开发了一个结算前撮合系统，并于 2001 年 9 月投入使用。该系统的用户包括投资信托/咨询公司、信托银行、托管银行、寿险/非寿险保险公司以及证券公司。除了处理国内机构投资商进行的股票交易外，系统还于 2002 年 2 月开始处理跨国证券交易与可转换债券的交易。

参 考 文 献

［1］陈柳钦：《货币市场发展模式的国际比较》，载《济南金融》，2005（11）。

［2］黄泽民：《东京离岸金融市场初析》，载《日本学刊》，1987（6）。

［3］郭晓利：《日本商品期货市场近年衰落的原因和思考》，载《证券市场导报》，2010 - 11 - 10。

［4］兰健，陈秀丽：《日本利率自由化的特点及效果分析——兼论对我国利率自由化的启示》，载《国际贸易问题》，2002（10）。

［5］鲁洪刚：《东京离岸金融市场简介》，载《天津金融月刊》，1987（5）。

［6］沈思玮，俞自由：《日本保险业的发展概况》，载《保险研究》，1997（8）。

［7］孙时联，何德功：《日本地震保险体系缓冲巨灾损失》，载《经济参考报》，2014-01-09。

［8］田帆：《日本银保市场发展历程及其监管启示》，载《中国保险》，2013（4）。

［9］王春燕：《日本人寿保险及其启示》，载《云南财贸学院学报（经济管理版）》，2001，15（6）。

［10］王绍曾：《日本保险法概述》，载《知识经济》，2009（8）。

［11］王小罡：《为何日本家庭投保率世界第一?》，载《投资快报》，2007-09-21。

［12］姚壬元：《日本保险中介市场发展分析及经验借鉴》，载《现代管理科学》，2007（6）。

［13］张亦春，甘少浩：《英、美、日保险市场的比较》，载《福建论坛（经济社会版)》，2001（9）。

［14］赵雪松，蔡华，李蜀晖：《日本保险制度现状与特点》，载《经济师》，2003（4）。

［15］BIS：*Triennial Central Bank Survey of Foreign Exchange and Derivatives Market Activity in 2013*，www. bis. org/publ/rpfx13. htm.

［16］［日］北村岁治：《图说日本的生命保险》，财经详报社，1992。

［17］［日］黑田启征，加藤出：《东京货币市场简介》（*Introduction to the Tokyo Money Market*），东短研究株式会社，2010。

［18］［日］黑田启征，加藤出：《东京货币市场》（東京マネーマーケット）第7版，东短研究株式会社，2013。

［19］［日］菊地浩之：《图解损害保险体系的基础知识》，保险每日新闻社，2014（1）。

275

［20］［日］齐田久夫：《概说日本的生命保险》，日本经济新闻出版社，2011。

［21］［日］日本银行金融研究所：《わが国の金融制度》，日本信用调查株式会社出版部，1995。

［22］［日］西川聪：《图说日本损害保险》，财经详报社，1992。

第六章

日元国际化

第二次世界大战之后，日本经济迅速恢复并崛起，1955－1973年日本经济年均增长率高达9.8%，创造了"日本经济奇迹"。20世纪70年代初，日本一跃发展成为世界第二经济大国，自此日元也开始了其漫长的国际化进程。本币国际化是一个复杂的系统工程。在过去30年的时间里，日元国际化程度如何？在日元国际化进程中，日本取得了哪些经验教训？本章将对日元国际化的背景、动因以及历程等问题进行回顾，评价日元国际化的现状，总结影响日元国际化的一些因素，以期对人民币国际化进程有所借鉴。

第一节　日元国际化概述

一、日元国际化的定义

对于本币国际化的含义，目前学术界已进行了大量的研究。一般而言，货币国际化是指一国货币随着本国商品贸易和服务贸易在国外市场扩展，在本币职能基础上，通过经常项目、资本项目和境外货币自由兑换等方式流出国境，在境外逐步担当流通手段、支付手段、储藏手段和价值尺度，从而由国家货币走向区域货币、再走向世界货币的过程[1]。在IMF的有关定义中，货币国际化是指某国货币越过该国国界，在世界范围内自由兑换、交易和流通，最终成为国际货币的一个过程，具体包括两点：第

---

[1]　陈晖：《日元国际化的经验与教训》，20页，北京，社会科学文献出版社，2011。

一，在国际往来支付中被广泛使用；第二，在主要外汇市场中被广泛交易。

相对而言，货币基本功能划分为货币国际化提供了一个较为完整的理论框架。Chinn 和 Frankel（2005）编制了国际化货币所具备的国际功能的一份清单（见表 6.1）。根据这份清单，一种国际化货币能为居民或非居民提供价值尺度、交易媒介和价值储藏的功能。具体而言，国际化货币应能行使的功能包括：标价货币、计价货币、结算货币、载体货币、替代货币、投资货币、锚定货币、干预货币和储备货币等。这些功能并非完全割裂的，恰恰相反，它们是不可分割且相互促进的。一旦某种货币被广泛地用于"记账单位"执行交易媒介的功能时，往往也会提高其价值储存的功能。

表 6.1　国际化货币的基本功能

货币功能	官方用途	私人用途
价值尺度	盯住的锚货币	贸易和金融交易计价
交易媒介	外汇干预载体货币	贸易和金融交易结算
价值储藏	国际储备	货币替代（私人美元化）和投资

资料来源：根据 Chinn and Frankel（2005）和 Kenen（1983）整理。

具体到日元国际化，根据 1985 年 3 月日本大藏省公布的报告，"日元国际化"被定义为"在国际交易中提高日元的使用或持有比例"[2]。1999 年 4 月，日本大藏省外汇审议会又将日元国际化的定义具体化，即"提高日元在日本跨境交易及海外交易中的使用比例，提高非居民资产存量中的日元计价比例，具体指提升日元在国际货币体系中的作用以及提升日元在经常交易、资本交易和外汇储备中的比重"[3]。

二、日元国际化的背景

1984 年 5 月，日本大藏省发表了题为《关于金融自由化及日元国际化

2　参见大藏省外国為替等审议全答申？円の国際化について？、1985 年 3 月 5 日。

3　参见大藏省外国為替等审议全答申？21 世纪に向けた円の国際化—世界の泾・金融情勢の化と日本の庥—？1999 年 4 月 20 日。

的现状与展望》的报告，提出"金融自由化"和"日元国际化"的构想，自此正式拉开了日元国际化的序幕。在此之前，日本经济实力的快速增强、对外贸易持续大额顺差，以及日元快速升值是日元国际化的基本背景及动因所在。

（一）日本经济持续增长，快速崛起为全球第二大经济体

Chinn 和 Frankel（2005）的研究结果表明，主要国际货币发行国在全球总产值中所占的比重每提高 1%，短期来看会相应地导致该国货币在其他各国中央银行的外汇储备中所占比重提高约 0.1%，长期来看则会提高 2.2%。由于储备货币是货币国际化的最高形式，以经济规模对于较低形式的货币国际化，比如计价结算、记账单位等，也会产生类似的影响[4]。这表明，一国强大的经济实力是该国货币国际化的坚实基础和必要条件。

日元国际化的首要背景正是其快速增长的经济实力。如前所述，第二次世界大战后，日本经济快速恢复并崛起。1955 年之前，日本国民生产总值为 240 亿美元，仅相当于美国的 6.0%。1967 年，日本国民生产总值超过了英国和法国，1968 年又超过了联邦德国，成为仅次于美国的全球第二经济大国。1973 年，日本国民生产总值达到了 4,170 亿美元，是 1950 年的 7.7 倍（见表 6.2）；同时分别相当于联邦德国的 1.21 倍、英国的 2.30 倍，相当于同期美国经济总量的 31.9%。1973 年的第一次石油危机之后，1974 年日本出现了战后第一次经济负增长，但 1975 - 1980 年，日本经济增长速度均维持在 5% 左右。尽管这一增长速度与之前高速增长时期 9.8% 的年均增长速度相比有所下滑，但与美欧其他发达国家平均 3% 的增长速度相比，日本的经济实际增长率仍然是相对较高的。

表 6.2 日元国际化背景：与中国的比较

指标	中国	日本
经济增长模式	出口导向型经济，1997 年 GDP 和出口总额同时扣除加工贸易额，出口依存度仍然高达 9.8%	经济严重依赖制造业，属于出口拉动型经济，日本 1970 年的出口依存度为 9.48%

---

4 参见刘莹：《日元国际化与人民币国际化比较研究》，天津财经大学硕士学位论文，2011。

续表

指标	中国	日本
经济增长	1978 - 2010 年 GDP 平均增长率高达 9.89%，2010 年 GDP 相当于 1978 年的 20.57 倍	1950 - 1973 年日本 GDP 平均增长率高达 9.8%，1973 年 GDP 相当于 1950 年的 7.7 倍
贸易差额	从 1993 年起，中国对美国开始出现贸易顺差，1993 年为 62.7 亿美元，2000 年增长为 297.4 亿美元，2013 年增长为 2,597.5 亿美元	从 20 世纪 60 年代中期日本对美国贸易开始出现贸易顺差，1965 年日本贸易顺差仅为 4.4 亿美元，1987 年已经高达 598 亿美元
外汇储备	1994 年，中国的外汇储备为 516.2 亿美元，2006 年突破 1 万亿美元，2013 年外汇储备为 3.82 万亿美元	20 世纪 70 年代初，日本的外汇储备达到 35 亿美元，到 2000 年末，日本外汇储备上升至 3,616 亿美元，大幅高于同期其他发达国家的外汇储备规模
汇率制度	1981 - 1993 年实行双轨制汇率制度，1994 - 2005 年实行以市场供求为基础的、单一的、有管理的浮动汇率制，2005 年以来实行以市场供求为基础、参考一篮子货币进行调节、有管理的浮动汇率制度	1949 - 1973 年实行固定汇率制，1973 - 1985 年实行有管理的浮动汇率制，1985 年开始实行自由浮动汇率制
储蓄率	在中国经济高速增长阶段，国内储蓄率稳步提高，1980 年为 31%、1990 年为 37%、1992 年突破 40% 后增长缓慢，最高峰在 44%～46%	在日本经济高速增长阶段，日本国内储蓄率也稳步提高，1960 年的储蓄率为 17.4%，1970 年为 20.3%
货币升值	自 2005 年汇率改革开始，至 2010 年末，人民币升值幅度超过 25%	大规模的贸易顺差使得日本面临巨大本币升值压力，1985 年"广场协议"后，日元兑美元汇率升值 109.4%

资料来源：转引自杨国强：《日元国际化对日本货币政策的影响研究及启示》，南京师范大学硕士学位论文，2013。

（二）对外贸易规模巨大，贸易顺差显著增加

Rasul Shams 于 2002 年提出"世界货币理论"，该理论从贸易数量角度

出发，指出在世界贸易额中占更大份额国家的货币有较多承担国际货币职能的机会。因此，在某种意义上，可以认为一国货币能否成为国际货币，与该国对外贸易的影响力、对外贸易结构的高级化密切相关。

20世纪50年代始，日本就确立了"贸易立国"的基本方针，推行"奖出限入"的对外贸易政策，促使了本国主要制成品的出口。1969年开始，日本逐步推行贸易自由化政策，渐次开放国内商品市场，先后放宽了对一些传统工业品、高附加值产品的进口限制。至1970年，日本出口在全球出口总额中所占的比重为6.2%，进口在全球进口总额中所占的比重为5.7%，一跃成为全球第四大贸易国。20世纪70年代中后期，鉴于日本经济和企业实力的显著提高，日本政府为改变其在国际经济社会中的被动局面，决定进一步放宽贸易限制。1980年，日本对外贸易额为2,703.4亿美元，居全球第三位。20世纪60年代中期，日本对美国贸易首次开始出现贸易顺差，1965年日本贸易顺差仅为2亿美元（见表6.3），1987年已经高达598亿美元。

表6.3　日本对外贸易情况　　　　　　单位：亿美元

年份	出口		进口		贸易总额		贸易差额	
	美国	日本	美国	日本	美国	日本	美国	日本
1955	148	20	123	25	271	45	25	-5
1960	196	41	164	45	360	86	32	-4
1965	270	84	232	82	502	166	38	2
1970	432	193	424	189	856	382	8	4
1975	1,089	557	1,059	579	2,148	1,136	30	-22
1980	2,256	1,297	2,570	1,411	4,826	2,780	-314	-114

资料来源：参见［日］内阁府：《2007年秋世界经济新潮流》，2007。

（三）日本金融实力增强，金融自由化[5]和国际化进程加快

随着日本经济实力的快速增强，以及"布雷顿森林体系"崩塌之后日

5　所谓金融自由化，就是放宽或废除不再适合交易形态的管制，促进市场上的自由竞争，通过价格机制提高资金使用的效率性及所得分配的公正性，同时维持交易的安全性。简而言之，就是政府放松对本国金融体制的管制。

元不断升值，日本金融的国内外形势发生了巨大变化。这些变化为日本改变以"管制"、"封闭"为特点的传统金融体制创造了有利条件，自此日本金融开始其自由化和国际化的进程（见表6.4），而"日元国际化"正是日本金融国际化的一种具体和主要表现形式。日本金融自由化和国际化的有利条件主要体现在如下几个方面：

表6.4　日本金融自由化进程

年份	事件
1977	放松对金融机构所持国债的管制
1978	短期拆借市场利率、票据利率自由化
1979	引入大额可转让定期存单（CD）
1980	允许证券公司以中期国债为中心出售中期国债基金
1983	金融制度调查会：决定要"渐进地实现利率自由化"；提出建立"金融中心"的构想
1985	大额存款（10亿日元）利率自由化
1986	离岸金融市场
1987	引入CP，允许银行、证券参与CP市场
1989	开设金融期货交易所
1993	放松对设立营业网点的管制；银行、证券、信托业的子公司开始进行混业经营
1994	实现存款利率自由化
1997	撤销全国银行协会制定的"比较信息管制"；撤销对居民欧洲日元债券回流制度的管制；银行等参与投资信托业务
1998	实现股票手续费的完全自由化；三菱商事参与证券业务

资料来源：［日］奥村洋彦：《日本"泡沫经济"与金融改革》（中译本），78页，北京，中国金融出版社，2000。

　　一是日本成为全球最大的资本输出国。随着日本经济的持续稳步发展，不仅国民资产猛增，而且其国际资产、国际贷款、海外资产也有了大幅增长。截至1987年末，日本持有的国际资产总额已达1.4万亿美元，国际贷款5,090亿美元。另外，1985年末日本海外资产净额为1,298亿美元，超过英国和沙特阿拉伯，一跃成为世界上最大的债权国[6]。日本强大的

6　参见禹明哲：《试论日本金融国际化对我国金融改革的启示》，延边大学硕士学位论文，2000。

金融实力，奠定了日本金融自由化的有利国际环境和条件。

二是日本国民资产[7]跃居全球首位。截至 1988 年末，日本国民资产高达 5,393 万亿日元，账面人均资产总额是同期美国人均额的 3 倍。但在 20 世纪 70 年代之前，日本的国民资产远不及美国或者西欧国家。就这一综合衡量一国金融实力的指标而言，日本已超过全球金融最强大的美国，这是其金融自由化发展的物质基础。

三是东京金融市场日益成为最为重要的国际金融中心之一。随着日本金融实力的迅速扩张及日元的急剧升值，20 世纪 80 年代东京金融市场日益成为全球最大的外汇市场和股票交易市场之一。1988 年末东京金融市场对外总资产余额达 32,012 亿美元，超过了美国同类市场——国际银行业务机构的对外总资产余额。自 1987 年起日本的国际债券发行量超过了美国，居全球首位[8]。此外，日元在国际结算、国际储备和国际投资等领域发挥的作用愈来愈大，并部分地取代了美元，促进了东京金融市场上交易商品的多样化，加快了日本企业资金筹措和运用的灵活性和自由化。

四是日本金融机构实力大幅提高。日本经济实力的不断增强，使日本金融机构的资产以及地位也有了显著的提高。据统计，1989 年末以资产总额计算，全球最大的 25 家商业银行中大多数为日本的银行，到 1995 年，在全球 5 大银行中日本仍占 4 家；并且在 1989 年全球最大的 5 家人寿保险公司中占有 3 家，到 1995 年增至 4 家。此外，1987 年 9 月末，日本银行业资产总额已占全球银行业资产总额的 40.4%，而美国仅占 13.7%。

三、日元国际化的动因

总体来看，"日元国际化"的动因主要可以分为两个方面：一是内部动因，二是外部动因。从"日元国际化"的历程来看，内部动因和外部动因均对日元国际化发挥着巨大的影响，起到了实际上的推动或阻碍作用。

---

7 国民资产是指一国政府和居民所掌握的各种资产的总和，它分为金融资产和实物资产两种。国民资产是衡量一国金融实力的综合指标。

8 杨栋梁，薛敬孝，谷云，刘玉操：《日本经济现状研究》，177 页，北京，中国社会科学出版社，1998。

（一）内部动因

一是"日元国际化"是日本成为全球金融大国，发挥大国作用的需要。日本作为世界第二大经济体和全球最大的债权国，日元的国际地位与其经济实力极不相称。1984年，日本的国内生产总值占全球的比重为16%，但日元在全球外汇储备和贸易结算中所占的比例仅分别为7.1%和5.0%，远低于马克和美元。日元在国际货币体系中所处的落后状态使作为核心债权国、以间接投资为主的日本因外汇汇率的波动而损失惨重。"日本所拥有的世界最大规模的对外净资产基本上都是美元资产，因此其价值结构是随着日元环境的低落而大幅度贬值的[9]。"在金融已成为现代经济的核心、货币力量充分体现一国实力的时代，推动"日元国际化"、建立以日本为核心的"日元圈"已成为日本保护其巨额的对外净资产、维持其经济健康发展的必然选择和逐步扩大日本政治影响的一条主要途径。

二是日本希望借"日元国际化"推动国内金融改革。第二次世界大战后，日本在独特的金融体系下实行金融锁国，在国内市场和国际市场之间设置壁垒，把两者严格地分开。直到20世纪70年代中期，日本金融仍表现出严重的封闭性和限制性特点。比如，实行对利率的限制。自1947年12月制定《临时利率调整法》开始直到1992年，大藏省主要是通过行政手段压低利率的上限。但是，20世纪70年代末至80年代初，英、德、美、法等国先后采取了旨在放松金融管制和推动金融自由化的一系列措施。这种变革激发了本国金融市场的活力，推动了本国金融业的迅猛发展，从而使本国货币在国际金融体系中的地位得到加强。国际形势的变化迫使日本对本国的金融系统做出相应的变革。因此，把"日元国际化"与日本国内金融改革并举，成为日本顺利实现振兴本国金融的现实选择。

此外，"日元国际化"也是当时日本政治的需要。20世纪80年代竹下内阁上台后，开始致力于谋求与日本经济实力相适应的政治地位。在这种背景下，推动"日元国际化"进程，提高日元在国际上的地位便成为实现其对外战略的重要环节。

---

9 Asia Perspective（April 1999），Japan and Globalization，p. 187.

（二）外部动因

一是严重的外部经济失衡与布雷顿森林体系解体。20 世纪 70 年代初期，全球经济面临严重的外部经济失衡问题。美国作为超级大国，当时面临黄金储备减少、通货膨胀加剧以及收支逆差持续加大等问题。美国经济显露衰退迹象，再次出现巨额双赤字，美元本位的国际货币体系也遭到质疑。1971 年 7 月第七次美元危机爆发，尼克松政府于 8 月 15 日宣布实行"新经济政策"，停止履行外国政府或中央银行可用美元向美国兑换黄金的义务。这意味着美元与黄金脱钩，支撑国际货币制度的两大支柱有一根已倒塌。1973 年 3 月，西欧又出现抛售美元，抢购黄金和马克的风潮。3 月 16 日，欧洲共同市场 9 国在巴黎举行会议并达成协议，联邦德国、法国等国家对美元实行"联合浮动"，彼此之间实行固定汇率。英国、意大利、爱尔兰实行单独浮动，暂不参加共同浮动。此外，其他主要西方货币也都实行了对美元的浮动汇率。至此，战后支撑国际货币制度的另一支柱，即固定汇率制度也完全垮台。这宣告了布雷顿森林制度的最终解体。20 世纪 80 年代，美国的经济衰退和里根的强势美元政策迫使美国转变战略，要求日本采取措施以使日元协助美元在国际货币体系中发挥更大的作用。也就是说，美国对外政策的转变也是促使日元国际化的外部因素之一。

二是日美经济摩擦导致日元大幅升值，迫使日本加速"日元国际化"进程。随着日本经济实力的不断增强，日本与欧美等国家的贸易摩擦加剧，后者要求日本放开其金融管制，并迫使日元升值。自 20 世纪 70 年代初《史密森协定》[10]（Smithsonian Agreement）开始，整体上日元呈现出升值态势。1971 年美元兑日元的比值为 1:360，到 1985 年 9 月 21 日[11]，这一比值上升到 1 美元兑 238 日元，也就是说，在此期间日元的名义汇率已经升值了 33.89%。进入 20 世纪 80 年代以后，为促进本国经济发展，日本

10　《史密森协定》指 1971 年 12 月，布雷顿森林体系解体后西方十国所达成的新的国际货币制度的协定，由于该会议在史密森尼学会召开而得名。该次会议试图在布雷顿森林体系崩溃后，调整美元价格，在相对宽松的情况下建立一个新的布雷顿森林体系。

11　广场协议签订前一天。

政府一直以宽松货币政策保持低利率，大量资本流向高利率的美国，导致更大的美元升值压力，同时也恶化了美国的贸易条件。在这种压力下，美国寄希望于美元的相对贬值来解决美日贸易失衡问题。于是，1985年召开"广场会议"，日元随后开始大幅升值。

三是"石油危机"在某种意义上助推了"日元国际化"进程。1973年10月，以第四次中东战争为导火索，部分阿拉伯产油国采取了减产提价、限制出口等措施，这导致原油价格短期内从每桶不到3美元上升了4倍以上，这即是所谓的"第一次石油危机"。由于石油价格暴涨，日本经济因自身资源贫乏，受到的冲击更为严重。当时日本物价暴涨，生产萎缩，1974年消费者物价指数一度达到24.5%，经济增速也从过去十年年均9.8%的增长速度下滑到-1.4%。为应对高油价对日本经济的冲击，日本政府和企业采取了一系列应对措施。比如，为抑制物价的大幅飙升，实行财政、金融双紧缩政策，动员社会尽最大可能节约能源，同时，投入大量人力、财力开发节能产品，并转变过分依赖重化工业的经济结构。特别是在20世纪80年代初的第二次石油危机之后，日本提出并实施了"技术立国"的构想，通过立足于技术开发，确保新商品的造型、质量和性能以及充分提供各种服务以扩大海外市场等方式，使经济保持了稳定增长，并成功地转向"高效率"、"节能型"和"出口主导型"经济发展模式。从某种意义上说，石油危机推动了日本经济的技术进步，使其国际竞争力大幅提高。并且，得益于日本经济的转型、经济结构调整以及经济效率的提高，日本金融和"日元国际化"步伐逐步加快。

第二节　日元国际化的进程

一般认为，日元国际化先后经历了消极阶段、中立阶段和积极阶段等三个时期。但由于日元国际化的过程相对曲折，学者对于日元国际化划分的具体时间段有所不同。按照日本学者[12]对日元国际化的观点，这里将日

12　菊地悠二著，陈建译：《日元国际化——进程与展望》，21页，北京，中国人民大学出版社，2002。

元国际化划分为三个阶段[13]：第一阶段（1945－1980 年）：日本政府消极应对日元国际化阶段；第二阶段（1980－1997 年）：日本政府审慎把握日元国际化阶段；第三阶段（1997 年至今）：日本政府积极推进日元国际化的阶段。日元国际化的路径具有比较明显的阶段性特点，国际化的每一阶段都与日本当时面临的内外经济环境密切相关[14]。并且，在每个阶段，日本政府对日元国际化的态度都存在显著差异。

一、消极应对阶段

（一）本阶段日元国际化的演进

第二次世界大战结束后，联合国制定了新的金融框架，即"布雷顿森林体系"。日元作为战败国货币，在此期间日元的汇率没有统一。1948 年，约瑟夫·道奇被任命为日本的经济顾问，他提出了"道奇路线"来解决日本的总预算平衡问题。在该路线的政策中，有关规定明确了日元按照 1 美元兑 360 日元回归到外汇市场。这是第二次世界大战后日本汇率政策的起点，一定程度上保证了日本的价格稳定、推动了日本走上资本积累的经济道路[15]。但这也意味着日本不能再以国际收支恶化为理由进行汇兑交易限制。

随着 1958 年末西欧各国陆续恢复了货币的可兑换性，日本政府也于 1960 年 7 月制订非居民日元存款自由结算制度，实现了日元的可兑换性。但直到 1964 年日本成为 IMF 第八条款国后，日元在国际贸易中的使用才逐渐得以实现[16]。日本成为 IMF 第八条款国，一直被学者认为是日元国际化的重要时间点。随着布雷顿森林体系的崩溃，1973 年日本政府对汇率制度进行了改革，"固定汇率制"转变成为"浮动汇率制"。同期，在日元国

13　在日元国际化的发展历程中，布雷顿森林体系的崩溃以及 1997 年的东南亚金融危机是其发展历程中两个重要的时间节点，这也是本文将日元国际化历程划分为三个阶段的部分重要原因。

14　陈虹：《日元国际化之路》，载《世界经济》，2004（5），65 页。

15　参见刘琳：《日元国际化的经验教训》，东北财经大学硕士学位论文，2012。

16　梁锶，关权：《日元国际化的制约因素及其启示》，载《外国问题研究》，2012（4），69 页。

际货币职能推进的同时，日本金融市场也开始了其与国际金融市场逐步接轨的进程。重要的事件主要包括：1970 年，日本政府决定放开日元外债发行权，欧洲日元市场逐渐形成；1972 年，日本废除民间不能持有外汇的规定，允许非居民在日本国内发行以外币计价的债券，并于 1979 年 12 月实现日元资本项目的开放[17]。1980 年日本全面修改了《外汇及对外贸易管理法》，自此，日本实现了经常项目的可兑换，取消了本国居民向国外提供日元贷款和外汇不能自由兑换成日元的限制，日元国际化步入了正式发展的阶段，这成为日元国际化发展的一个重要标志[18]。

（二）日本政府对待日元国际化的态度

日本政府认为日元国际化并不是日本当前急需解决的问题，维持日元兑美元汇率的稳定，以及扩大日本的对外贸易规模和市场份额才是日本经济政策关注的重点。当时的日本政府认为，日元过快或过早国际化将带来两个方面的问题：一是日元的国际化会影响日本银行通过金融手段来刺激经济的效果，削弱央行对货币供给的控制力，从而会削弱日本货币政策的有效性；二是巨额资金的频繁流入和流出将加剧外汇市场动荡。尽管当时的日本政府开始提倡日元作为日本的结算货币，但长期回避日元作为储备货币，甚至将这两种机能严格地分割开来，以避免其国内外汇市场遭受冲击。因此，在这一阶段，日本政府对日元国际化整体持否定态度，消极推进日元国际化进程，甚至进行阻碍。

（三）日元国际化的发展与主要表现

在早期阶段，日元国际化基本处于萌芽状态，进展主要表现在如下三个方面：

一是少部分国际贸易使用日元计价。这一时期，日本经济实力显著上升，日元在国际交易中的使用需求增加，并且由于日元维持兑美元汇率为 360 日元兑换 1 美元，稳定的汇率使日元在国际经济交易中被广泛使用，

---

17 张国庆，刘俊民：《日元国际化：历史、教训与启示》，载《上海金融》，2009（8），57 页。

18 ［日］菊地悠二著，陈建译：《日元国际化——进程与展望》，北京，中国人民大学出版社，2000。

部分贸易开始采用日元计价。特别是在 1973 年的国际石油危机之后，日本成套设备的出口以日元计价的交易明显增多。

二是部分债券发行以日元标价。1973 年，日本发行了以日元计价的"世界银行债券"，1975 年又先后发行了以日元计价的"芬兰国债"和"新西兰国债"。但从整体上看，这一时期日元债券的发行规模仍然较小。

三是部分国家将日元纳入国际储备。尼日利亚是最先将日元纳入其国际储备的国家，随后其他一些国家也陆续跟进，比如沙特、马来西亚等国。

二、审慎把握阶段

（一）本阶段日元国际化的主要进展

1978 年 12 月，日本大藏省提出了"正视日元国际化，使日元和西德马克一起发挥国际通货部分补充机能"的方针，并采取了"大幅度放松欧洲日元债发行方面的限制"和"促进日元在太平洋地区流通"等政策措施[19]。尽管早在 20 世纪 70 年代初期"日元国际化"就已经起步，但其正式成为日本对外经济发展战略或者说日本经济国际化、全球化战略的重要一环，却是在 20 世纪 80 年代中期前后。当时的一个十分重要的事件是，在"日元—美元委员会"的谈判中美国强烈要求日元国际化，这成为"日元国际化"的契机或正式发端。

20 世纪 80 年代初，美元持续升值使得美国的贸易赤字不断扩大，美国贸易赤字由 1980 年的 150 亿美元增长到 1986 年的 2,636 亿美元；相反，日本长期贸易盈余并保持增长状态。这使美国将本国的贸易赤字归咎于日本的贸易盈余，美日之间的贸易摩擦加剧。美国政府认为，其对日本贸易赤字的原因在于日本市场的封闭及日元被严重低估，因此美国政府要求日本开放市场并实现金融自由化。

1984 年"日元—美元委员会"的设立是日本政府对日元国际化由"消极应对"转为"审慎把握"的重要标志。"日元—美元委员会"随后

19　参见许祥云：《日元国际化及其对人民币的启示》，复旦大学博士学位论文，2011。

发表了《日元—美元委员会报告书》（见表6.5）；其后，大藏省也发表了《关于金融自由化与日元国际化的现状与展望》，这两份报告进一步整理并完成了日元国际化的具体措施，形成了体系化的政策方案，被视为日元国际化正式开始的标志。在美国的压力下，日本不得不进一步开放国内市场并将"日元国际化"作为一项重要的政策目标正式提出。1985年日本政府允许银行间外汇直接交易；同年，"广场协议"的签订使日元大幅升值，这显著促进了日本对外直接投资的增加，扩大了日元的国际影响力。1985年3月，大藏大臣咨询委员会提出了日元国际化的具体措施，包括在贸易领域扩大日元用于交易结算的比例、实行金融自由化、实行欧洲日元市场自由化和开设东京离岸市场等。

表6.5　《日元—美元委员会报告书》概要及实施情况

一、拓展欧洲日元市场	实施时间
1. 非居民发行欧洲日元债券	
（1）允许外国的民间企业参与	1984年12月
（2）放宽发债标准	1985年4月
2. 放松居民欧洲日元债的指导准则	1984年4月
3. 开放外资金融机构承销欧洲日元债	1984年12月
4. 非居民欧洲日元债利息收入征收预扣税问题	1985年4月取消预扣税
5. 允许发行欧洲日元CD	1984年12月
6. 欧洲日元贷款	1983年6月
（1）面向非居民发放的短期贷款实现自由化	1983年6月
（2）面向居民发放的短期贷款实现自由化	
（3）中长期贷款实现自由化	非居民1985年4月；居民1989年7月
二、金融自由化与资本市场自由化	实施时间
1. 撤销定期存款利率的上限	
（1）下调CD的发行门槛（3亿~1亿日元）	
（2）缩短CD的发行期限（3~1个月）	
（3）允许办理与市场利率联动的新型大额存款	1985年4月之前
（4）放松并废除对大额存款利率的管制	
（5）探讨小额存款利率的自由化问题	

二、金融自由化与资本市场自由化	实施时间
2. 外资银行开始办理国债经纪人业务	1984 年 10 月后,允许外资银行开办
3. 创设以日元计价的银行承兑票据(BA)市场	1985 年 6 月市场设立
4. 撤销日元汇兑管制措施	1984 年 6 月
5. 提高日元计价外债的发行、运营规则灵活性	1984 年 7 月
6. 撤销对日元计价海外贷款的管制	1984 年 4 月
三、外资金融机构进入日本市场	实施时间
1. 参与信托业务	1985 年 6 月,9 家银行获准进入
2. 对东京证券交易所会员实施放开政策	1985 年 12 月,对 6 家外资证券公司放开

资料来源:鹿野嘉昭著,余熳宁译:《日本的金融制度》,112 页,北京,中国金融出版社,2003。

20 世纪 90 年代,制约日元国际化的政策条件得以继续放宽,这与当时日本国内的金融体制改革[20]是相呼应的。这一点在欧洲日元市场上表现得最为突出。表 6.6 概述了 20 世纪 90 年代日元国际化的部分举措,主要集中在对非居民欧洲日元债券交易的标准放宽,这个阶段仍然是 20 世纪 80 年代日本金融自由化政策的延续。由此可见,日元国际化重点仍然主要集中在欧洲日元市场,并且其政策深化仅限于金融领域内,在贸易领域内的发展并不明显。

表 6.6　20 世纪 90 年代日元国际化的主要举措

时间	举　措
1993 年 7 月	废止非居民欧洲日元债券发行标准
1994 年 7 月	放宽日元外债的合格债券标准
1995 年 4 月	简化非居民欧洲日元债券、非居民国内债券的手续
1995 年 8 月	撤销非居民欧洲日元债券回流限制
1996 年 1 月	废止非居民国内债券的合格债券标准,缩短居民欧洲日元债券的回流限制
1996 年 4 月	废止欧洲日元 CP 的发行规则

20　如 1996 年日本版的"大爆炸式的金融改革"等。

续表

时间	举 措
1998 年 4 月	实施新的《外汇法》，废除居民欧洲日元债券的回流限制
1998 年 12 月	实施金融体制改革法
1999 年 4 月	开始发行市场公开招标的 FB；免征满足一定条件 TB、FB 的所得税，外国法人原则上免税；对非居民满足一定条件后免征利息所得税；废除有价证券交易税和交易所得税

资料来源：参见［日］中条诚一：《亚洲的日元国际化》，原载于日本《经济学论丛（中央大学）》，2002（2）。

田瑜：《日元国际化的进程及影响因素探析》，天津财经大学硕士学位论文，2010。

（二）20 世纪 80 年代日元国际化的发展与表现

受美国等外部压力，以及日本国内希望建设强大的金融体系的内在驱动，相对而言，日元国际化在 20 世纪 80 年代较前一阶段而言取得了重要进展。主要表现在如下几个方面：

一是日元作为贸易计价货币比重得以提高。日元在日本的出口贸易计价货币中的比例从 1980 年的 29.4% 提高到 1988 年的 34.3%；在进口计价货币中日元比例由 1980 年的 2.4% 上升到 1988 年的 13.3%（见表 6.7）。船舶出口几乎都用日元计价，成套设备出口日元计价显著增加，向中东产油国的出口汽车以日元计价。

表6.7　各主要发达国家进出口贸易中本币计价的比例　单位：%

年份 国别	出口			进口		
	1980	1995	1999	1980	1995	1999
日本	29.4	36	—	2.4	22.7	—
美国	97	92	—	85	80.7	—
英国	76	—	51.9	38	—	39.9
德国	82.3	74.8	—	43	51.5	—
法国	62.5	—	49.6	33.1	—	47.7
意大利	36	—	41.7	18	—	40

资料来源：根据相关资料整理。

二是日元在国际金融交易中的地位有所提升。1985－1990年，以日元计价的国际市场债券发行额由3.1万亿日元增长为5.4万亿日元，占当期国际债券发行市场的比重由7.7%提高到13.4%（见表6.8）。日本中长期对外贷款余额由1983年的44,910亿日元扩大为1990年的150,900亿日元[21]。从全球外汇交易的币种结构看，1982年日元所占比重为5.8%，至1989年上升为13.5%，与德国马克基本持平，仅次于美国的45%[22]。

表6.8 各主要货币在国际债券市场中计价所占的比重　单位：%

货币＼年份	1980	1984	1985	1986	1987	1988	1989	1990
美元	42.7	63.6	60.6	55.0	36.2	37.3	49.6	34.8
日元	4.8	5.6	7.7	10.4	14.8	10.0	9.3	13.4
英镑	3.0	5.1	4.2	4.8	8.3	10.6	7.7	9.2
瑞士法郎	19.5	12.0	8.9	10.2	13.4	11.6	7.3	10.1
西德马克	21.9	6.1	6.7	7.5	8.3	10.4	6.4	8.0
ECU	—	2.6	4.1	3.1	4.1	4.9	4.9	7.8
其他	8.1	5.0	7.8	8.9	14.9	15.3	14.7	16.7
合计	100.0	100.0	100.0	100.0	100.0	100.0	100.0	100.0

注：表中为国际债券和外国债券的发行额合计，不包括特别发行债券。

资料来源：OECD, Financial Market Trends Report, 1984－1990。

三是日元作为储备货币的比重整体上升。世界范围内，日元在国际储备资产中的占比1980年为4.4%，远低于美元的68.6%和西德马克的14.9%。在推进日元国际化之后，即在1985－1990年期间，国际储备资产中日元所占比重略有提升，由8.0%上升到9.1%（见表6.9）。

21 高晓雁：《亚洲金融危机与日元国际化》，载《日本问题研究》，2002（2），43页。
22 刘昌黎：《日元国际化的发展及其政策课题》，载《世界经济研究》，2002（4），17页。

表 6.9　日元在全球外汇储备所占的比重　　单位：%，SDR

货币＼年份	1984	1985	1986	1987	1988	1989	1990
美元	70.1	65.0	67.1	67.9	64.7	60.3	56.4
英镑	2.9	3.0	2.6	2.4	2.8	2.7	3.2
西德马克	12.6	15.2	14.6	14.5	15.7	19.1	19.7
法国法郎	0.8	0.9	0.8	0.8	1.0	1.4	2.1
瑞士法郎	2.0	2.3	2.0	2.0	1.9	1.5	1.5
荷兰盾	0.7	1.0	1.1	1.1	1.1	1.2	1.2
日元	5.8	8.0	7.9	7.9	7.7	7.8	9.1
其他	5.1	4.6	3.9	3.9	5.1	6.0	6.8
合计	100.0	100.0	100.0	100.0	100.0	100.0	100.0

注：表中以美元为保证发行的 ECU 计入美元，以黄金为保证发行的 ECU 排除在外。

资料来源：IMF，*Annual Report*，1991。

（三）日本政府对待日元国际化的态度

总体而言，大藏省对日元国际化的基本姿态是积极的、阶段性的，稳妥和自主性的，但从另外的某个视角来看，大藏省对迅速的日元国际化一直持抵制立场[23]。"日元国际化将使日元汇率走高"成为一种固定观念。造成这种状况的可能原因，一是人们错误地理解了一些理论，二是政策当局故意不清楚地加以解释，以便拖延日元国际化的进程[24]。迫于美国施加的压力，大藏省逐步推进了日元国际化，但考虑到日元国际化给国内经济带来的冲击和负面影响，又持有保守态度[25]。因此，日本政府在对国内金融市场进行改革的同时仍然秉持着较为保守的态度，日元国际化随之陷入困

23　［日］上川孝夫，今松英悦：《日元的政治经济学——亚洲与世界体系》，117 页，同文馆，1997。

24　菊地悠二（陈建译）等：《日元国际化——进程与展望》，21 页，北京，中国人民大学出版社，2002。

25　参见田瑜：《日元国际化的进程及影响因素探析》，天津财经大学硕士学位论文，2010。

境[26]。这种困境最为明显的表现在于，20 世纪 90 年代日元国际化相对于
20 世纪 80 年代出现了一定程度的倒退。

一是从日元作为国际贸易计价货币的情况来看，1992 年，国际贸易中
的日元计价所占比重为 5% 左右，虽然到 1997 年这一比重提高到 7%，但
仍比美元和其他欧洲货币低得多，与日本经济规模占全球经济规模的占比
相比有很大差距[27]。按照"格拉斯曼法则"[28]（Grassmans Law），发达国家
的出口一般是以出口国的货币计价的，但在日本与其他国家的出口中，以
日元计价出口的比例之低却是违反这一法则的少数案例。并且，从 20 世纪
80 年代到 90 年代，日元计价的比重呈下降趋势（见表 6.10）。从对全球
的出口来看，日元计价占比从 1992 年的 40.1% 下降到 2002 年的 35.8%。

表 6.10　1992－2002 年日本对主要出口对象出口贸易货币计价结构

单位：%

年份	美国		欧盟		东南亚		全球	
	日元	美元	日元	美元	日元	美元	日元	美元
1992	16.6	83.2	40.3	11.1	52.3	41.6	40.1	46.6
1993	16.5	83.3	41	7.5	52.5	44.3	39.9	48.4
1994	19	80	36.6	9	49	47.9	39.7	48.3
1995	17	82.9	34.9	12.2	44.3	53.4	36	52.5
1996	14.5	85.4	33.3	12.4	46.3	51.3	35.2	53.3
1997	15.3	54.5	34.2	12.3	47	50.2	35.8	52.1
1998	15.7	84.1	34.9	13.2	48.4	48.7	36	51.2
2001	13.2	86.7	33.5	13	50	48.2	36.1	52.4
2002	11.9		28.5	—	49.8	—	35.8	—

资料来源：通产省《进出口结算货币动向调查》，转引自益田安良（1998）。日本财务省《日
元国际化推进研究会 2003 年报告》。

26　梁锶，关权：《日元国际化的制约因素及其启示》，载《外国问题研究》，2012（4），
70 页。

27　李晓：《"日元国际化"的困境及其战略调整》，载《世界经济》，2005（6），4 页。

28　Grassmans 于 1976 年提出，发达国家的对外贸易大多是以出口国的货币计价。

二是日元在国际金融交易中的地位有所下降。20 世纪 80 年代末，日元在全球外汇交易中的所占比例曾一度达到 13.5%，然而进入 20 世纪 90 年代，日元在国际金融交易中的地位出现一定幅度的下降，1998 年下滑为 10.1%（见表 6.11）。

表 6.11　国际外汇交易的各币种比重结构　　　　　单位：%

币种/年份	1989	1992	1995	1998	2001
美元	45.0	41.0	41.6	43.6	45.2
欧元区货币	16.5	27.6	29.9	26.3	18.8
英镑	7.5	6.8	4.7	5.5	6.6
日元	13.5	11.7	12.0	10.1	11.4
其他	17.5	12.9	11.8	14.5	18.0

资料来源：BIS，*Triennial Central Bank Survey of Foreign Exchange and Derivatives Market Activity*。

欧洲市场一度是日元国际化的重点所在，尽管 20 世纪 90 年代日本政府进一步放宽了日元在欧洲市场上的政策限制，但日元国际化进程仍然遭受一定挫折。从欧洲债券市场来看，1990 年日元计价债券所占比重为 13%，然而到 1997 年，这一比重仅为 5%，出现了明显的下滑（见表 6.12）。

表 6.12　日元在欧洲货币与债券市场上计价所占的比重

单位：亿美元，%

年份	市场	美元	马克	日元	其他	合计
1990	货币市场	25,200(54)	6,974(15)	2,399(5)	11,842(26)	43,699(100)
	债券市场	700.2(39)	183.3(10)	228.5(13)	689.3(38)	1,801.3(100)
1992	货币市场	23,219(52)	7,019(16)	1,933(4)	12,874(28)	45,045(100)
	债券市场	1,031.7(37)	338.1(12)	337.1(12)	1,053.9(39)	2,760.8(100)
1995	货币市场	25,073(46)	9,020(16)	2,952(5)	18,019(33)	55,037(100)
	债券市场	1,444.1(39)	726.9(20)	645.4(17)	896.8(24)	3,713.2(100)
1997	货币市场	29,460(49)	7,884(13)	3,852(6)	19,479(32)	60,675(100)
	债券市场	3,616.8(49)	1,302.1(18)	284.3(4)	2,147.8(29)	7,351.3(100)

资料来源：转引自李晓：《"日元国际化"的困境及其战略调整》，载《世界经济》，2005 (6)，6 页。

三是日元作为国际储备资产的功能明显弱化。20 世纪 90 年代初在各国储备资产构成中曾以 8% 的比例位居美元、德国马克之后第三，随后便节节下降，1999 年，日元在发达国家储备资产中的比例只有 5.8%，远低于美元的 68.3% 和欧元的 11%，在发展中国家储备资产中的比重更低至 4.5%，远低于美元的 64.6% 和马克的 13.6%。

三、积极推进阶段

正如菊地（2000）和李晓（2005）等所指出的那样，在 1997 年之前"日元国际化"始终是一个被动的过程，直到 1997 年东亚金融危机的爆发和 1999 年欧元的启动，迫使日本政府开始反省之前的"日元国际化"策略和进程，促使其更加积极地探讨"日元国际化"的新战略，即以亚洲区域金融合作为基础的"日元国际化"新战略。自此，"日元国际化"战略开始发生新的重大转变[29]。

1997 年"亚洲金融危机"爆发之后，在"日元国际化"问题上日本政府采取了十分积极主动的态度。作为"日元国际化"的行政指导，日本政府在财政部内部设立了"日元国际化"的专门审议会制度，长期追踪研究"日元国际化"的各种理论及实务动向，为政府政策决策提供理论和实证分析。与此同时，日本政府还任命了部分研究水平处于国际领先地位的学者担任财政部副财务官，以保证各种"日元国际化"设想不断由具有学者和官员双重身份的人士提出，力争实现"日元国际化设想"学术性和政策性的统一。这从政府行政制度上，为学术理念向政策措施的顺利转化提供了保证[30]。同时，日本十分重视把区域经济活动中的具体合作项目与"日元国际化"研究紧密结合起来，比如，"自由贸易区（FTA）与日元国际化问题"、"亚洲各经济体货币与日元直接交易的可能性"等问题均是其研究的对象。总之，这一时期日本政府为深入推进"日元国际化"的理论

29　李晓：《"日元国际化"的困境及其战略调整》，载《世界经济》，2005（6），11 页。

30　20 世纪 90 年代以来，先后出任日本财政部副财务官职务者均为日本国内一流学者，同时又在世界银行等国际机构任职经历，他们任期满二年后重返日本国内著名大学，是日本"日元国际化构想"的设计者和推行者。例如，伊藤隆敏、河合正弘系东京大学教授，黑田昌彦系一桥大学教授。

研究和实践活动，在"行政指导"、"官僚制度"和"学术研究"三个方面做出了大量扎实的工作[31]。

亚洲金融危机及欧元区启动两大事件后，日本相继推出了多项促进"日元国际化"的举措（见表6.13）。大藏省于1999年9月设立了专门研讨"日元国际化"政策的"日元国际化推进研究会"。该研究会于2000年6月提出的《中间论点整理》中就把"亚洲区域内合作的强化"作为推进"日元国际化"的一个重要途径，其中强调了"构筑区域内货币相对安定、代替实质上美元盯住制的汇率体系"，建议"加强东亚货币与日元的联动性"，并"通过共同的货币篮子制度来联结各国之间的汇率"。

2001年6月，该研究会又提出了《日元国际化推进研究会报告书》，该研究报告中明确提出五条推进日元国际化的措施：第一，扩大内需，增加以日元计价商品的进口；第二，为了提高日元使用的便利性，对金融、资本市场进行改革，并准备创设日元与亚洲货币直接交换市场的各项条件；第三，改变传统的制度或惯例；第四，推进与亚洲各国之间货币、金融领域的协作；第五，为构筑新的经济、金融体制，加强与亚洲区域各经济体的联系。与此同时，"日元国际化推进研究会"还委托国际通货研究所开展了"对亚洲的外汇管制与亚洲货币"、"日元直接交易的可能性"、"货币篮子制度实施国及国内进口关联业者的实地调查"等多项研究。

表6.13 亚洲金融危机后日本促进"日元国际化"的政策措施

时间	重要事件及举措
1997年10月	日本政府提出了以日本为中心组建向危机国家和地区提供金融援助的"亚洲货币基金"（AMF）构想
1997年12月	在美日21世纪委员会第三次会议上通过了《美日21世纪委员会关于东亚金融形势的声明》，指出应促进日元作为一种储备货币和国际交易手段的国际化
1998年5月	在加拿大举行的APEC财长会议上，前大藏大臣松永在发言中提出了"采取紧急措施，进一步促进日元国际性运用"问题

31 陈虹：《日元国际化之路》，载《世界经济与政治》，2004（5），66页。

时间	重要事件及举措
1998 年 10 月	大藏省提出了《关于推进日元国际化的政策措施》，日元国际化再次成了日本政府的政策课题
1998 年 10 月	日本政府发表了向危机国家和地区提供 300 亿美元资金援助的"新宫泽构想"，旨在扩大日本和日元在区域内的影响
1999 年 1 月	1999 年欧元诞生后，进一步激发了日本强烈的危机感。日本前首相小渊惠三出访欧洲时向全世界公开宣称：日本希望在国际货币体系中发挥更大的作用
1999 年 4 月	大藏省发表《面向 21 世纪的日元国际化：世界经济、金融形势与日本的对应》，强调推进日元国际化是今日的课题，标志着日本官方在有关方面的立场已发生了从被动到主动的重大转变。该报告强调如果日元发挥更重要的国际货币职能，不但有助于国际货币体系的稳定，而且还会给亚洲国家及日本本身带来利益
1999 年 5 月	大藏省通过日本银行界和企业界两个权威机构团体——全国银行协会和经济团体联合会，向日本金融界和企业界提出了要求，即改变过分依赖美元进行结算，研究更多地使用日元作为国际结算手段的具体促进措施
1999 年 9 月	设立了专门研讨日元国际化政策的"日元国际化推进研究会"
2001 年 6 月	"日元国际化推进研究会"提出《日元国际化推进研究会报告书》，该研究会还委托国际通货研究所开展了对亚洲的外汇管制与亚洲货币、日元直接交易的可能性，货币篮子制度实施国及国内进口关联业者的实地调查等多项研究

资料来源：根据相关历史事件整理。

第三节　日元国际化的路径

一、日元国际化的战略

从实现的战略路径来看，在 20 世纪 90 年代中后期，日元国际化战略发生了重大转向，即由"面向全球的战略路径"转变为"以区域化为重点的战略路径"。

（一）面向全球的"日元国际化"战略路径

20 世纪 90 年代中期之前，日元国际化战略及其政策举措是以"日本对世界"为出发点，直接追求日元作为国际货币，谋求在全球范围内实现日元作为贸易和资本交易计价货币的地位，以及作为外国中央银行储备资产的功能[32]。由此可以看出，早期的日元国际化战略路径中，日元试图挑战美元的地位直接成为国际货币[33]。实际上，日元国际化走的是一条深化改革和发展的道路，通过实行贸易自由化、经常账户自由化、资本流动自由化、金融自由化改革，其目的是使日元直接成为国际经济活动中普遍接受和使用的货币[34]。但事实证明，在国内金融资本市场开放度十分欠缺的情况下，挑战"原有主导货币的霸权"，企图一步到位地实现本币的直接国际化，其结果只能是失败的。日元不得不退回亚洲，谋求在亚洲地区成为主导货币。因此，相较于直接与美元抗衡，首先实现日元在亚洲区域的区域化，不失为一条切实可行的路径。目前，"日元国际化"的区域性战略取代了之前面向全球的战略，即日元国际化要着重于日元使用及其国际货币功能在亚洲地区的扩大（关志雄，2003）。自此，"日元国际化"战略开始发生新的重大转变。

（二）转向亚洲区域的"日元国际化"战略路径

"日元国际化"战略路径的转向是在一系列复杂的国际和国内背景下做出的，其中有多种因素推动了这次战略大转向。主要包括：

第一，"亚洲金融危机"之前日本的经济困局。进入 20 世纪 90 年代时，发达资本主义国家先后触发了最新一轮的周期性经济危机或衰退[35]。1992 - 1995 年，日本经济的平均增长速度跌到了 1% 以下；投资率前 3 年连续下降，1995 年则几乎是零增长。日本经济面临"失去的十年"的困局。

第二，亚洲金融危机及其对日本经济金融的巨大冲击。1997 年亚洲金

---

32 李晓：《"日元国际化"的困境及其战略调整》，载《世界经济》，2005（6），11 页。

33 梁锶，关权：《日元国际化的制约因素及其启示》，载《外国问题研究》，2012（4），72 页。

34 参见邱晟晏：《人民币国际化路径设计及政策建议》，东北师范大学博士学位论文，2014。

35 欧洲的经济学者们把 20 世纪 90 年代的这种独特的现象称为"增长衰退"，并得到不少美国的经济学者们所认同。

融危机开始于泰国，泰国货币不断受到国际投机者的冲击，导致泰铢汇率异常波动。1997 年 11 月中旬，东亚的韩国也爆发金融风暴。韩圆危机也冲击了在韩国有大量投资的日本金融业。1997 年下半年日本的一系列银行和证券公司相继破产，日本经济遭受重创。东南亚金融风暴也由此演变为亚洲金融危机。

第三，"亚洲金融危机"各国谋求推进强化区域金融合作。"亚洲金融危机"爆发及其灾难性的后果，促使亚洲各国对危机进行反思。所以，亚洲金融危机后，东亚各国在汇率机制和货币合作新秩序方面进行了积极探讨和有益尝试，并开展了多种初级形势的区域货币合作。

第四，欧元区启动对日本的刺激。1999 年 1 月 1 日，欧洲统一货币"欧元"正式启动。欧元的横空出世，不仅将对在国际金融体系中处于支配地位的美元产生挑战，还将对"日元国际化"进程产生一定的影响。当时的形势是，美元与欧元相对强势，日元处于弱势，"两强一弱"的国际货币格局必将引起日元趋贬，引起的恶性循环对日本经济是致命打击。因此，日本前首相小渊惠三说，"日本急需稳定日元，从而使日元能够在一个新的全球金融体系中与美元、欧元平起平坐，以三种主要货币进一步分散汇率风险"。

第五，"日元国际化"受挫促使日本政府对该战略进行彻底反思。日本反思之前"日元国际化"面向全球的战略失误，开始学习借鉴马克区域性道路所取得的成功经验。与日本具有相似经济发展历程和影响力的联邦德国，在货币区域化方面成绩优异，1979 年 1 月，马克成为欧洲货币体系的核心货币。

（三）"日元亚洲化"战略推进的主要举措

日本政府希望仿效德国马克和欧元，力图通过建立亚洲"日元圈"的方式来推进"日元国际化"。具体的推进策略主要包括：

一是继续强化与东亚各经济体的经贸合作，提升日元在该地区的影响力。从历史来看，日本并不是只在东亚金融危机后才重视东亚地区[36]。"日

36　参见许祥云：《日元国际化及其对人民币的启示》，复旦大学博士学位论文，2011。

元国际化"战略转向之后，日本进一步加强了其与东亚的区域经贸合作，希望不断提升日元的影响力。日本政府也不再固守"向WTO一边倒"的对外贸易战略，不断努力扩大日本与东亚的区域经济合作，加强区域经贸联系，扩大双边贸易规模，不断推动东亚自由贸易区（FTA）的建设[37]。在2003年《日本国际化推进会报告》中更明确地提出了"在通过缔结区域贸易协定强化日本与亚洲各国关系的过程中，有必要积极听取亚洲各国对日元国际化的意见"。

二是推动亚洲国家债务的日元化，促进"日元亚洲化"发展。1997年和1998年亚洲金融危机爆发后，日本加强了对亚洲地区的贷款援助。1998年10月，面对亚洲金融危机的挑战，"新宫泽构想"浮出水面，包括倡议建立总额300亿美元的亚洲基金。其中，150亿美元用于满足遭受危机国家中长期资金需求，150亿美元用于满足短期资金需求。2000年2月，日本按照"新宫泽构想"为印度尼西亚、韩国、马来西亚和菲律宾提供了210亿美元资金，其中135亿美元为中长期贷款，75亿元为短期贷款；同时还为马来西亚、菲律宾和泰国提供了22.6亿美元的贷款担保。这些援助资金，绝大多数为日元贷款（王平，2003）。

三是推进亚洲金融合作，提高日元在亚洲区域的"渗透力"。迄今为止，关于建立亚洲货币互换系统、亚洲货币基金以及亚洲债券市场的构想和倡议，最初均出自日本。尽管许多建议曾受到美国的强烈反对，具体实施又面临重重困难，但日本仍然乐此不疲[38]。日本有关亚洲区域金融合作的倡议主要包括：

东亚汇率合作[39]。对于东南亚金融危机爆发的原因，众多日本学者[40]

---

37 以2002年制定的"日本FTA战略"为标志，把建立东亚自由贸易区和东亚共同体、推进东亚经济一体化作为重要途径。

38 陈虹：《日元国际化之路》，载《世界经济》，2004（5），69页。

39 日本所提议的东亚汇率合作的方式，主要是东亚国家改变原来主要盯住美元的固定汇率制或"准固定汇率制"，而采取包括日元在内的"一篮子货币制度"，并随着时间的推移，逐渐提高日元在货币篮子中的比重。

40 参见［日］小川英治，アジア通貨バスケット制の課題［N］.朝日新聞，1999-10-30夕刊。其他学者包括关志雄（1998，2003）、伊藤隆敏（2000）等。

认为盯住美元的汇率制度是问题的根本[41]。时任大藏大臣的宫泽喜一提议亚洲国家放弃盯住美元的固定汇率制度而转向"盯住一篮子"的有管理的浮动汇率制度。并且强调，为了防止金融危机的再次爆发，构建由美元、日元、欧元组成的"一篮子货币制度"对东南亚国家来说是明智之举。日本希望借此加强亚洲各个经济体货币与日元的联动，并成为亚洲经济体汇率制度改革的选择之一。在此基础上，逐步培育区域货币单位，例如亚洲货币单位（ACU），最终使其发展成为类似于欧元的"共同货币协定"。

培育亚洲债券市场。日本方面建议发行亚洲货币篮子组合计值的资产担保债券和信托受益证券，降低信用风险和货币变动风险，如果能够培育出篮子货币计价的债券市场，就有可能发行亚洲货币单位（ACU）计值的债券。

构建"亚洲货币区"。1999 年 11 月 28 日，东盟（ASEAN）与中、日、韩三国首脑非正式高峰会议在菲律宾首都马尼拉举行，会议发表的联合声明指出，在东亚地区缔造共同市场及单一货币（"亚元"）是有可能的。次年 5 月，东盟十国与中、日、韩三国的财政部长在泰国清迈举行会议，就东亚地区的货币金融合作等问题，进行了广泛磋商并达成共识。自此，东亚区域货币合作进程有了突破性进展[42]。

二、货币输出战略

20 世纪 70 年代以来，日本政府通过加快工业化进程和实施出口导向战略，推动了贸易顺差的持续扩大，比如，1985 年、1986 年和 1987 年，日本贸易顺差分别达到 370 亿美元、880 亿美元和 964 亿美元，呈持续快速扩大趋势。因此，在日元国际化进程中，日本无法依赖贸易赤字的形式大规模输出日元货币，而只能通过金融资本渠道进行货币输出。这也是日

41　日本学者认为，1997 年亚洲金融危机爆发的重要原因之一，在于亚洲实际上采用的是盯住美元的汇率制度，亚洲危机国家的货币一般是与美元挂钩的，而贸易结构则倚重日本，两者是不相匹配的。

42　李晓：《"日元国际化"的困境及其战略调整》，载《世界经济》，2005（6），11 页。

元国际化成效不佳的重要原因之一。在现实中，日元的国际化的货币输出路径是在持续巨额贸易顺差的大背景下，由日本政府通过各种形式输出金融资本，继而带动产业资本输出，在全球范围内优化配置生产资源，从而强化日元在国际贸易、结算及储备等方面的作用，形成日元的境外自我循环，从而最终实现国际化[43]。日元货币的输出主要通过两种途径，即日元对外直接投资以及日元贷款。

（一）对外直接投资

有关数据显示，1972—1982年，日本对"东盟五国"[44]的直接投资总计高达101.66亿美元。沈联涛在《十年轮回——从亚洲到全球的金融危机》一书中指出，1985—1997年，日本对亚洲各国的直接投资金额从14亿美元增加到111亿美元，增加幅度接近8倍。日本成为这一时期亚洲新兴经济体中唯一最大的对外直接投资来源国。日本大规模直接投资于亚洲国家，使该地区变成日本的全球供应链体系中重要生产基地。例如，泰国被称为"亚洲的底特律"，因为日本汽车制造商和零部件供应商聚集到泰国建立地区性汽车生产中心。1997年日元国际化战略方向转变之后，日本进一步加大了对亚洲国家直接投资的力度，1997年日本在亚洲的现地法人数为6,231，2009年上升到11,217，年均增长率达到5%，占海外法人总数的比例也由47.3%上升到61.6%[45]。

（二）日元贷款

观察日元国际化的进程，按照日元货币输出路径的不同，日元贷款主要分为两种形式，即"日本国际协力银行"贷款和"黑字还流计划"贷款。尽管这两种形式的贷款被赋予不同的定位和目的，但在实际效果上，它们共同推动了日元国际化进程。

第一，日本国际协力银行贷款。日本国际协力银行（Japan Bank for International Cooperation，JBIC），成立于1999年10月，是日本对外实施

43　陈明亮，李建军，周胜胜，叶银龙：《日元国际化模式的比较研究及对人民币的启示》，载《浙江金融》，2011（9），21页。

44　"东盟五国"是指印度尼西亚、马来西亚、菲律宾、泰国和新加坡。

45　日本经济产业省，经济产业省企业活动基本调查［R/OL］.日本经济产业省ウェブ. http://www.meti.go.jp/statatistics/tokyo/kikatu/result－2html。

政府开发援助（ODA）的主要执行机构之一，其前身是成立于 1952 年的"日本输出入银行"和成立于 1961 年的"海外经济协力基金（OECF）"。1999 年，海外经济协力基金与日本输出入银行正式合并为日本国际协力银行。该机构成立的目的是通过提供贷款和其他金融手段支持日本经济和国际经济的发展，促进日本的进出口业务和日本的海外经济活动；稳定国际金融；促进发展中地区的社会发展和经济稳定；不与商业金融机构竞争。

从日本国际协力银行的产生发展过程看，其在每一个历史阶段的业务演变都充分体现并配合了日本经济和政治发展的需要，既集出口信贷和开发援助为一体，又集支持进口和海外投资为一身。日本国际协力银行及其前身适应了战后各个历史阶段日本国民经济发展和国内外政策的需要，配合政府的经济发展战略，充分体现了"政府的银行"的特色。在成立之初，主要是通过财政资金为船舶、车辆、成套设备等出口项目提供长期信贷。当时，由于资金紧张，主要对日本国内的出口产品在生产期间所需资金提供"生产性出口融资"，以后随着出口商品在装船后分期付款方式的流行，银行业务逐渐转向以"延付性出口融资"为主。后来，日本的经济重点逐步由单纯出口导向转向海外投资，日本政府综合采用出口信贷与对外发展援助相协调的方式，为日本培植海外市场。尤其在亚洲金融危机期间，日本政府与 IMF 相配合，通过国际协力银行大量增加向泰国、马来西亚等受金融风暴冲击较大的东南亚国家提供不附加条件贷款，以稳定亚太国家的金融体系和经济状况，从而减轻了对日本经济造成的冲击。

第二，"黑字还流计划"贷款。日本"黑字还流计划"（Capital Recycling Program）是 20 世纪 80 年代中期日本政府为缓解国际压力，采取的一项旨在将国际贸易盈余、外汇储备和国内私人资本，通过政府发展援助和商业贷款等渠道重新流回发展中国家，从而达到削减国际收支顺差，促进日本对外投资，改善日本对外关系等目标的金融政策[46]。

46　刘肯：《日本"黑字还流计划"探析》，载《中国金融》，2012（1），13 页。

1978 年，日本大藏省提出"正视日元国际化，使日元和西德马克一起发挥国际通货部分补充职能"的方针，开始以政府意志推动日元国际化进程[47]。1987 年，日本政府制订了"黑字还流计划"贷款。"黑字还流计划"贷款是在特定国际背景下产生的特别贷款，其资金来源于日本的国际贸易顺差。1987 年，日本首相中曾根康弘在威尼斯七国首脑会议上明确提出，在未来三年内从外贸顺差安排 200 亿美元，作为优惠贷款提供给亚太地区发展中国家。

"黑字还流计划"的目的是，通过日本输出入银行、日本协力银行、亚洲开发银行等金融机构及政府组织，为亚太地区发展中国家提供大量的日元贷款，以扩大日元在国际贸易市场的流通。该计划于 1987 - 1991 年日本财政年度施行，合计总额约为 650 亿美元，计划主要包括三期。"黑字还流计划"以亚太地区发展中国家的能源原材料出口企业为主要对象，具体投向受援国的石油、天然气、煤炭、钢铁、锡、铜、木材、橡胶等资源的出口产品基地建设，涉及纺织、轻工、机电、农牧渔、原材料等 300 多个项目。受援国项目投产后将产品出口到日本，并以出口贸易获取的日元收入偿还贷款。

三、货币职能战略

纵观日元国际化的历史进程，可以发现，日元在执行国际货币职能方面具有自身的独特之处，即日元作为一种相对重要的国际货币，其主要充当国际投资、金融计价货币，执行价值储藏职能，但其贸易结算功能发展相对滞后。

（一）日元的贸易结算功能较弱

日元国际化进程起步于 20 世纪 70 年代前后，随着日本对外贸易规模的不断扩大，带动了日元在国际贸易结算中的使用。日本政府也有意通过提高在对外贸易中日元结算的比重，来推动促进日元在相关国家和地区间

47　陈明亮，李建军，周胜胜，叶银龙：《日元国际化模式的比较研究及对人民币的启示》，载《浙江金融》，2011（9），23 页。

的流通，以此来加速日元国际化[48]。尽管日本政府为此做出了一定的努力，但在实际效果方面并不尽如人意，日元在国际进口、出口贸易结算中的比重显著低于同期欧美主要国家货币。具体原因在于前文提到的日本贸易结构等问题。

（二）日元主要充当国际投资、金融计价货币

20 世纪 80 年代，日本政府主要选择在金融领域对日元国际化进程进行积极推动，这显著促进了日元国际投资和金融计价货币职能的发展。具体措施包括：一是在国外发行日元债券。20 世纪 80 年代中期，日本债券市场已发展到能够与欧美债券市场相比较的程度。二是解禁资本项目管制。这使日元在国际外汇市场的交易规模迅速增加，1989 年的国际外汇交易市场中，日元的交易比重为 13.5%，已与德国马克基本持平，仅次于美国的 45%。三是扩大日元计价金融资产的提供。比如，大力发展日元离岸市场，允许国际投资者进入日本的股票市场，同时以存款单的形式向世界各地的投资者提供新型股票[49]。这些措施明显加速了日元国际化进程，国际货币体系甚至一度出现了美元、日元和德国马克的"三极"趋势。

（三）日元执行价值储藏职能

如前文所述，1971 年之后，日元快速大幅升值。比如，1971 年美元兑日元的比值为 1:360，到 1985 年 9 月 21 日，这一比值上升到 1 美元兑 238 日元，在此期间日元的名义汇率已经升值了 33.89%。1985 年召开"广场会议"之后，日元进一步大幅升值。这一因素在一定程度上推动了日元作为储藏货币的职能。自 20 世纪 70 年代尼日利亚首先把日元作为储备资产以来，在日本政府推动将日元纳入外汇储备的举措下，更多国家把日元作为储备资产使用。1984 年日本采取重要的金融自由化措施后，日元已成为美元、马克之后第三重要的国际储备货币。

---

48 参见邱晟晏：《人民币国际化路径设计及政策建议》，东北师范大学博士学位论文，2014。
49 殷剑峰：《人民币国际化"贸易结算+离岸市场"还是"资本输出+跨国企业"？——以日元国际化的教训为例》，载《国际经济评论》，2011（7），55 页。

第四节　日元国际化的效果

日本政府把"日元国际化"视为走向经济大国的重要标志，积极推进其发展，但时至今日并没有取得预期进展[50]。尽管自 1984 年以来，日本历届政府都力图提升日元在全球特别是在亚洲地区的地位，但通过对国际货币三种功能层面上的分析，"日元国际化"的进展较为迟缓，长期来看，有陷入困境之虞。衡量一国货币国际化程度的指标主要有三种：一是对外贸易中作为计价货币的比率；二是国际金融交易中作为计值货币的比率；三是国际储备货币中的比率。我们将采用以上三类指标在内的多种指标对日元国际化的现状进行评述。

一、对外贸易中作为结算货币

日本作为全球出口大国，以日元结算的国际贸易比重应该比较高，但实际上情况却并非如此。日本对外贸易以日元结算的比重一度明显增长：从 1970 年出口和进口分别仅占 0.9% 和 0.3% 迅速提升至 1980 年的 29.4% 和 2.4%，1990 年进一步增至 37.5% 和 14.5%。但 20 世纪 90 年代中期之后，日元结算比重止步不前。从横向比较来看，这一时期日本本币的结算比重，甚至低于经济规模远逊于自身的英国、法国和意大利等国家[51]（见表 6.14）。2006 年，美国、德国、英国、法国和意大利以本币结算的出口贸易分别占出口贸易总额的 95%、61%、51%、53% 和 60%，但日本仅为40%。从进口贸易的商品结构看，日元更难成为其进口贸易的计价和结算货币。日本进口贸易以初级品、原料以及矿物燃料为主，超过进口总量的一半。原材料市场属于卖方市场，价格因素难以控制，在国际商品市场上大多以美元计价和结算。2006 年，以日元结算的日本进口贸易占进口贸易总额的 24%，并且近 20 年来这一数字长期徘徊在 20% 左右。

50　刘瑞：《日元国际化困境的深层次原因》，载《日本学刊》，2012（3），97 页。
51　管涛，陈之平：《日元国际化对人民币"走出去"的启示》，载《国际金融》，2014（8），37 页。

表 6.14 各国进出口贸易中以本币结算的比率 单位：%

年份	出口贸易				进口贸易			
	1980	1988	1996	2006	1980	1988	1996	2006
美国	97	96	98	95	85	85	88	85
德国	82	79	76	61	43	53	53	53
英国	76	57	62	51	38	40	52	33
法国	63	59	52	53	34	49	48	45
意大利	36	38	40	60	18	27	27	45
日本	29	34	36	40	2	13	21	24

注：德国、法国和意大利的 2006 年数据中，本币为欧元。

资料来源：Goldberg and Tille（2005），Kamps（2006），日本经济产业省。

另外，即使在亚洲区域范围内，亚洲国家进出口贸易使用日元进行结算的比例也非常低。以对外贸易规模较大的韩国为例，2014 年 10 月 22 日，韩国银行（中央银行）发布的"今年第三季度以各类货币结算的进出口情况"数据显示，2014 年 7－9 月，韩国进口货款中日元结算比重仅为 4.8%。这是自 1992 年开始进行相关统计以来的最低值，此前的最低纪录为 2014 年第一季度的 4.9%。相对而言，美元结算比重呈现上升态势。从历年第三季度来看，韩国进口货款中日元结算比重不断下降，2010 年为 10.5%，2011 年为 7.9%，2012 年为 6.6%，2013 年为 6.0%。2014 年第三季度韩国出口货款中日元结算比重为 3.1%，与创历史新低的第二季度持平。

二、国际金融交易中作为计价货币

（一）国际债券市场日元债券发行量

在国际债券市场，日元作为标价货币的作用或许能更好地说明其国际化地位的变化[52]。从纵向来看，国际市场发行的日元债券[53]未偿付余额从

---

52 王应贵，姚静，邱慧娟：《基于在岸金融市场的日元国际化进程与启示》，载《现代日本经济》，2012（5），2 页。

53 非居民发行的债券，包括居民在境外发行以及非居民在境内发行的债券。

1993 年末的 2,652 亿美元增长至 1995 年 6 月的 4,807 亿美元后，长期在
4,000 亿美元至 5,000 亿美元之间徘徊，日元的市场份额从 1995 年 6 月末
的 19% 下降至 2013 年 9 月末的 2%，并且仍没有回升迹象。从横向比较来
看，欧元之诞生之后其地位就迅速飙升，欧元计价的国际债券规模迅速扩
张，2004 年前后超越美元成为全球霸主。以英镑标价的国际债券市值于
2001 年 6 月首次超过了日元国际债券市值，之后逐年拉开了与日元的距
离。2001 年英镑标价的国际债券市值为 4,574 亿美元，略高于日元的
4,553 亿美元。尽管双方反复争夺排名，但日元始终处被动地位，到 2011
年 6 月末，英镑标价的国际债券市值已飙升至 2.1 万亿美元，而日元仅为
7,400 亿美元（见表 6.15）。

表 6.15　以计价货币分类国际债券市场发行量

单位：10 亿美元

年份	1999	2001	2003	2005	2007	2009	2011
美元	1,992	3,117	4,131	5,021	6,704	8,572	10,766
欧元	1,129	1,870	3,610	6,232	8,802	10,680	12,719
英镑	336	454	622	1,007	1,518	1,777	2,131
日元	455	456	438	519	500	686	740

注：1999 年和 2011 年为当年第二季度数据，其余为年末数据。

资料来源：国际清算银行（BIS）季度回顾（Quarterly Review）。

（二）日元在国际外汇市场的交易量

根据 2013 年 4 月全球外汇交易统计数据[54]，近年来全球外汇市场交易
量呈现显著快速增长态势。日均交易量从 2007 年 4 月的 3.3 万亿美元上升
至 2010 年 4 月的 4.0 万亿美元，2013 年 4 月达到了 5.3 万亿美元的历史新

54　数据来源于 2013 年 9 月国际清算银行（BIS）发布的《三年一度中央银行调查报告——
2013 年 4 月全球外汇交易统计初步结果》（Triennial Central Bank Survey—Foreign Exchange Turnover
in April 2013: Preliminary Global Results），这是 BIS 自 1989 年以来第 9 次开展同类调研。调研涵盖
全球 53 个主要国家和地区，收集了来自 1,300 家银行和各类交易商数据，旨在向政策制定者和市
场参与者提供全面的全球外汇交易与场外衍生品市场统计数据，以期进一步提升市场透明度，为
政策部门提供市场监管与决策参考。

高。根据 2013 年 4 月数据，日元在全球外汇交易总量中排名第 3 位。过去三年，在世界主要货币中，日元的交易量增幅最大。2013 年较 2010 年增长 63%，其中仅日元/美元交易量就激增了 70%。2013 年日元的全球外汇交易日均交易量占比由 2010 年的 19% 上升至 23%（见表 6.16），增幅为 4个百分点，超过美元、欧元等其他主要货币的增幅。这意味着日元总体上还是保持了国际外汇市场上第三大货币的地位，与其经济规模基本是相称的。

表 6.16　各主要货币在外汇市场上的日均成交量占比　　单位：%

年份	1998	2001	2004	2007	2010	2013
美元	86.8	89.9	88	85.6	84.9	87
欧元	—	37.9	37.4	37	39.1	33.4
日元	21.7	23.5	20.8	17.2	19	23
英镑	11	13	16.5	14.9	12.9	11.8
澳大利亚元	3	4.3	6	6.6	7.6	8.6

注：在全球外汇市场交易中涉及交易双方，因此总比例为 200%。

资料来源：国际清算银行：《中央银行三年一度调查报告：2013 年外汇市场活动》，http://www.bis.org。

但根据 2010 年的数据，在国际外汇市场上，涉及日元的外汇交易中近40% 是在日本本土完成，而涉及美元、英镑、瑞士法郎、加元和澳大利亚元的本土交易份额分别为 18.19%、36.61%、23.58%、16.43% 以及21.96%[55]。由此可见，日元在国际经济往来中的使用范围不是很广，国际化效果有待进一步提高[56]。另外，2013 年的有关国际外汇交易中心的数据也能够部分印证这种观点。从地域看，2013 年调查数据表明，全球外汇交易已呈现出向多个金融中心聚集的趋势，并主要通过五大金融中心的交易中介来完成。这五大中心包括：英国（41%）、美国（19%）、新加坡

55　详见国际清算银行：《中央银行三年一度调查报告：2010 年外汇市场活动》，2010 - 12 - 01，http://www.bis.org。

56　王应贵，姚静，邱慧娟：《基于在岸金融市场的日元国际化进程与启示》，载《现代日本经济》，2012（5），4 页。

（5.7%）、日本（5.6%）和中国香港（4.1%）。值得注意的是，新加坡在2013年超过了日本，成为全球第三大外汇交易中心。这在一定程度上折射出全球外汇交易中心地区之间的激烈竞争与地位更迭，同时也部分反映了日本作为全球外汇交易中心的竞争力有所下滑。

（三）银行对境外资产负债方面[57]

1985年"广场协议"之后，日本银行业对国外贷款大量增加（见图6.1），到1995年，日元资产占全球银行对外资产的比重曾一度达11%。1996年前后，日本爆发了银行金融机构倒闭风潮，日本银行业对外贷款迅速回落。2002年3月，全球银行业对外资产中，日元资产为3,251亿美元，较1995年6月7,016亿美元的高点下降了54%。

10亿美元

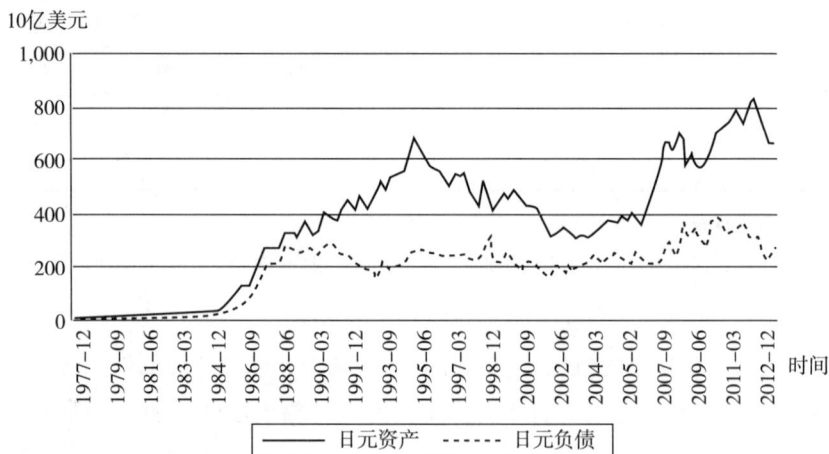

资料来源：转引自管涛，陈之平：《日元国际化对人民币"走出去"的启示》，载《国际金融》，2014（8），37页。

图6.1　日元计价的银行对外资产负债状况

三、作为国际储备货币

虽然目前日元仍是全球最主要的官方外汇储备货币之一，但其明显已

57　管涛，陈之平：《日元国际化对人民币"走出去"的启示》，载《国际金融》，2014（8），37页。

处于相对边缘地位。自 1999 年欧元诞生以来，全球官方外汇储备货币结构发生了较大的改变，总体呈现出此消彼长的态势。欧元对美元的霸主地位发起了强有力的挑战，与此同时，欧元的强势崛起也部分挤压了日元的发展空间。根据 2014 年 7 月 IMF 发布的报告，显示截至 2013 年 12 月 31 日全球外汇储备总额 11.69 万亿美元。其中，"已分配外汇储备"（Allocated Reserves）约为 6.22 万亿美元，占比 53.3%；全球"未分配外汇储备"（Unallocated Reserves）约为 5.46 万亿美元，占比 46.7%。"已分配外汇储备"中，美元占比 60.93%，欧元占比 24.45%，日元占比 3.85%，英镑占比 4.0%（见表 6.17）。从此组数据可以看出，欧元诞生之后，日元在全球外汇储备货币中的地位整体下滑，部分年份甚至被英镑超越，与其全球经济地位不符。

表 6.17 2000 – 2013 年年末官方外汇储备的货币构成　单位：%

年份	2000	2006	2010	2011	2012	2013
美元	71.13	65.08	61.84	62.36	61.31	60.93
欧元	18.29	24.95	26.00	24.66	24.23	24.45
日元	6.06	3.47	3.66	3.61	4.09	3.85
英镑	2.75	4.52	3.94	3.83	4.04	4.00
其他	1.76	1.98	4.57	5.53	6.33	6.77

注：表中数据按照"已分配外汇储备"（Allocated Reserves）计算。

资料来源：IMF, Currency Composition of Official Foreign Exchange Reserves（COFER）。

四、其他

（一）日元从未发挥"锚货币"功能

一般而言，主要的国际货币都有一定的汇率设定基准功能，即作为"锚货币"。比如，美元、英镑和法郎等都被一些国家和地区作为"锚货币"；尽管德国马克也没有作为传统意义上的"锚货币"，但是自从 1979 年欧洲汇率机制（ERM）实施以来，马克就是欧共体的"关键货币"，在区域内实质上发挥着类似"锚货币"的功能。截至 2013 年 4 月末,日元从未作为"锚货币"与其他任何国家或地区的货币相挂钩(见表6.18);对于某些采取"一篮子货币"制度的国家和地区来说,日元在"篮子"中的比重一般都很低,甚至可以忽略不计[58]。

表 6.18　主要盯住货币的经济体数量　　　　　单位:个

美元	欧元	综合货币篮子	其他	日元
43	26	12	8	0

注:数据截至 2013 年 4 月 30 日。

资料来源:IMF《汇率安排和汇兑限制 2014 年报》(*Annual Report on Exchange Arrangement and Exchange Restrictions 2014*)。

(二) 日元在特别提款权(SDR)[59]中所占比率被多次下调

2010 年 11 月 15 日,IMF 发表了特别提款权(SDR)的构成比例的变更信息。日元将从 2011 年 1 月开始由 2006 – 2010 年所占比例的 11% 下调至 9.4%。这是继 1996 年 IMF 把日元在特别提款权中所占比例由 18% 下调至 15% 后的第三次下调。目前,日元继美元、欧元以及英镑之后排在第 4 位,而 2006 – 2010 年日元一直与英镑并列排在第 3 位。根据 IMF 调整特别提款权的规则,其构成比例主要根据货币发行国或地区的出口额以及其他国家作为外汇储备而保有的份额为基础进行换算的。此次日元的比例下调体现出了日元与其他主要通用货币相比,其存在感相对降低,同时也反映了日本的经济地位开始出现下滑。而其他三种通用货币所占比例中,美元将由现在的 44% 下调为 41.9%,欧元将由 34% 上调为 37.4%,英镑则由 11% 上调至 11.3%(见表 6.19)。

58　李继民:《日元国际化历程及受阻原因分析》,载《技术经济与管理研究》,2014 (1),84 页。

59　特别提款权(Special Drawing Right,SDR)是 IMF 创设的一种储备资产和记账单位,也称为"纸黄金"(Paper Gold)。它是 IMF 分配给会员国的一种使用资金的权利。随着布雷顿森林体系的瓦解,特别提款权现在已作为"一篮子"货币的计价单位。特别提款权最初由 15 种货币组成,经过多年的调整,目前以美元、欧元、日元和英镑四种货币综合成为一个"一篮子"计价单位,每 5 年进行一次调整。

表 6.19　1991–2015 年 SDR 货币篮子构成　　　　单位：%

年份	1991–1995	1996–2000	2001–2005	2006–2010	2011–2015
美元	40	39	45	44	41.9
欧元	(32)	(32)	29	34	37.4
德国马克	21	21	—	—	—
法国法郎	11	11	—	–17	—
日元	17	18	15	11	9.4
英镑	11	11	11	11	11.3

注：1991–2000 年欧元数据为德国马克与法国法郎的加总。

资料来源：日本产经新闻网，2010 年 11 月 16 日。

第五节　日元国际化的制约因素及前景

近年来由日本政府和日本银行所主导和推动的"日元国际化"战略整体上并不成功，甚至在某种意义上来说，"日元国际化"战略整体是失败的。那么，究竟有哪些因素阻碍了"日元国际化"战略的实现？是日本国内自身经济结构缺陷还是日本政府的政策失误所致？"日元国际化"的主要经验教训有哪些？"日元国际化"的前景如何？也许，这是目前更值得我们关注和思考的问题。

一、对日元国际化的评价

观察日元在国际贸易结算中所占比重、在国际债券市场日元债券发行量所占比重以及在国际储备货币中所占的比重等数据，可以看到近年来"日元国际化"整体是不成功的，甚至在多个方面是不进反退的。

从战略层面来看，20 世纪 90 年代"日元国际化"战略正式转向，从之前的直接面向世界的国际化战略，转向以亚洲作为日元国际化的突破口，将其近期目标锁定在了"日元亚洲化"上，但日本具有压倒性经济实力的 20 世纪 90 年代前半期，这是"日元亚洲化"战略推进的最佳时期。但以亚洲金融危机为起点，亚洲的经济盟主地位逐步开始由日本向中国转移。因此，日本经济界有观点认为，日本已经错过了实施"日元亚洲化"

的最好时机，"日元国际化"可以说已成为非现实的目标[60]。

实际上，日本国内各界也已经认识到"日元国际化"战略的失败。2003年之后，以财务省为代表、由日本政府积极推动的日元国际化战略基本落下帷幕，日本在政策层面上不再明确坚持"推进日元国际化"[61]。进入2004年以后，面对日元国际化进程的长期停滞，受日本国内金融监管体制改革等多方面因素影响，日本政府认为"必须对是否值得将促进日元的跨境使用作为一个政策目标来推动进行反思"[62]。日本经济新闻网络版于2005年12月19日发表了一篇题为《跌落为"二流货币"——日元"国际化"失败》的文章，该文章指出，IMF自2006年1月开始把日元在特别提款权（SDR）中所占的比重下调了4个百分点，即从15%降到了11%（见表6.19），因而使日元完全丧失了作为美元补充的准关键货币的地位，公开承认了以往日本政府和日本银行长期追求的所谓"日元国际化"失败了"[63]。

二、日元国际化的制约因素

日本政府曾指出，日元国际化进展缓慢，主要是受20世纪90年代以来日本经济长期停滞、日元信用降低等因素的影响，加上贸易、资本等国际交易中进行货币选择的制度、惯例等因素的作用，国际社会对日元使用的需求很低[64]。

（一）对外贸易结构存在缺陷

货币国际化首先表现在国际贸易中的使用比例上。尽管自20世纪70年代中期以来，日本的对外贸易就已实现持续顺差，但是由于日本的对外贸易结构不合理以及对外贸易环境不佳等方面的原因，日元未能成为主要的国际计价和结算货币，从而整体上迟滞了"日元国际化"的进程。

60　日本经济新闻网络版，http://www.nikkei.eo.jp/neteyes/ota/index.htm。

61　刘瑞：《日元国际化困境的深层次原因》，载《日本学刊》，2012（3），97页。

62　王佐罡，刘肯：《日本金融体系开放与日元国际化》，载《中国金融》，2013（4），79页。

63　参见田瑜：《日元国际化的进程及影响因素探析》，天津财经大学硕士学位论文，2010。

64　参见［日］财务省「円の国際化の推進—円の国際化推進研究会座長とりまとめ—」，2003－01－23。

日本对外贸易的结构问题及其对"日元国际化"的影响。日本的对外贸易结构不合理。从 20 世纪 50 年代开始，日本就确立了"贸易立国"的基本方针，推行"奖出限入"的对外贸易政策，促使了本国主要制成品的出口。之后，日本政府更确立"出口导向战略"，日本的对外贸易规模迅速扩大，跃居全球第二位。理论上，日本巨大的对外贸易的规模将对"日元国际化"进程起到正面的推动作用，但实际上，由于日本贸易结构的不合理，削弱了日本巨额对外贸易规模对"日元国际化"应有的积极意义。从进口方面来看，受国土地理条件限制，日本国内能源、矿产等匮乏，故其在进口产品中，能源、矿产等初级原材料占较大比例。但在国际市场上，石油、铁矿石等大宗初级产品贸易，大多以美元结算（McKinnon，1993），日元计价和结算的比重很低。从出口方面看，日本主要出口工业制成品，出口市场主要是美国，欧盟等，美元和欧元相对于日元更为强势，比如美国进口商品的 80% 以上是采用美元计价和结算。另外，与欧美企业重视利益不同，日本企业更重视市场份额，因此，在日本企业出口过程中为了确保市场份额，更倾向于使用当地的货币标价来稳定价格，故日元很难成为结算货币。

日本的区域贸易环境对"日元国际化"的影响。亚洲特别是东亚地区是"日元区域化"战略的重点地区，然而即使是在这个区域内，使用日元计价和结算的贸易环境也非常不利。20 世纪 90 年代以来，日本与东亚国家和地区间的贸易占其对外贸易的比重迅速提高，但使用日元进行计价和结算的比例并未相应增加。主要原因在于，东亚国家和地区特殊的经济发展模式制约着日元在双边或多边贸易中的使用。东亚国家和地区的经济模式的特点包括两个方面，一是外需拉动经济增长，二是出口价格稳定，尤其是对美元的名义汇率稳定对这些国家十分重要。从某种程度上看，从"市场提供"到汇率稳定，东亚各经济体必须持有美元并支撑"美元体制"[65]因此，规模巨大的东亚内部贸易自然也多以美元计价，即使对日本的贸易也主要是用美元、日元两种货币计价。数据表明，日本自东亚国家和

65　参见刘琳：《日元国际化的经验教训》，东北财经大学硕士学位论文，2012。

地区的进口中以日元计价结算的比重在25%左右，而以美元计价结算的比重在70%以上，日本对东亚国家和地区的出口中以日元计价结算的比重约为50%。日元作为第三国货币被使用的可能性极小，日元的使用基本上局限于其他国家同日本的交易[66]。

（二）金融市场发展不足

Hartmann（1998）指出，私人用途的货币国际化不仅仅体现在贸易领域，同时也体现在金融领域，主要包括国内金融市场以及跨越国境的国际金融市场。对于"日元国际化"而言，国内金融市场和国际金融市场某些方面的特征均在一定程度上影响了"日元国际化"的进程。

跨国金融市场。以欧洲日元市场[67]为例，它与东京离岸市场一道，构成居民和非居民获得及使用日元资产的重要场所，是与"日元国际化"具有密切联系的国际金融市场。由于日元的使用范围仍相当有限，很多国家和地区的货币无法直接与日元进行交易或交易成本较高，因此欧洲日元市场成为很多外国日元持有者和日本海外企业进行日元使用的重要场所，故对于推动"日元国际化"具有十分重要的积极意义。由于欧洲日元市场远离日本本土，对日本的金融系统和货币政策实施的影响较小，因此欧洲日元市场自由化时间较早，在1998年"日元国际化"战略转向并开始积极推动"日元国际化"之前已基本完成[68]（见表6.20）。

表6.20 欧洲日元市场自由化的主要进程

时间	事　件
1977 年 5 月	非居民第一次发行欧洲日元债券
1981 年 7 月	允许日本银行的海外机构使用 1 年期或低于 1 年期的欧洲日元对日本企业进行贸易融资

66　高圣智：《汲取"日元国际化"的教训　推进人民币国际化》，载《西部金融》，2007（12），11 页。

67　欧洲日元市场是 20 世纪 70 年代之后随着日元国际地位的提高而出现的新型金融市场，是欧洲市场的一部分，其地理范围较广，在伦敦、纽约、中国香港、新加坡等地都有交易，但其中以伦敦最为重要，约占全部市场份额的 60%。

68　参见许祥云：《日元国际化及其对人民币的启示》，复旦大学博士学位论文，2011。

时间	事　　件
1984 年 4 月	居民进行的欧洲日元债券发行自由化，放松对居民发行欧洲日元普通债券（Euro-yen Straight Bond）和可转换欧洲日元债券（Convertible Bond）的限制
1984 年 6 月	短期欧洲日元不指定用处贷款（Euro-yen Impact Loan）自由化
1984 年 12 月	日本和外国银行以及证券公司的海外机构的短期欧洲日元 CD 发行获准[1]； 外国私人企业、国家或地区政府以及政府机构获准发行欧洲日元债券
1985 年 4 月	废除居民发行的欧洲日元债券支付给非居民的利息所得税； 面向非居民的中长期欧洲日元贷款自由化； 非居民发行的欧洲日元债券的发行标准放松
1985 年 7 月	非居民发行的欧洲日元债券类型可以多样化
1985 年 11 月	发行第一份欧洲日元普通债券
1986 年 4 月	欧洲日元债券转售往日本市场的等待期由之前的 180 天下调为 90 天 居民发行的欧洲日元债券类型多样化，引入浮动利率票据和货币转换债券； 欧洲日元 CD 的最大发行期限延长至 1 年； 非居民发行的欧洲日元债券的评级机构数量增加； 发行标准转为评级标准
1986 年 6 月	外国银行发行的欧洲日元债券获批准
1986 年 10 月	日本银行下属的外国证券公司参与欧洲日元商业票据（CP）获批准
1986 年 10 月	日本银行海外分支机构参与欧洲日元商业票据获批准； 居民发行欧洲日元债券的发行标准放松，引入评级标准
1987 年 2 月	非居民获准发行欧洲日元商业票据
1989 年 5 月	欧洲日元贷款自由化[2]
1989 年 6 月	非居民发行欧洲日元债券的发行标准放松，评级排名标准被废止； 解禁非居民发行不满四年期的欧洲日元债券
1993 年 4 月	废除三局指导[3]，采取 5 年期的变化缓和措施
1993 年 7 月	废止非居民发行的欧洲日元债券发行标准要求
1995 年 8 月	废除非居民欧洲日元债券的回流限制
1995 年 10 月	欧洲日元 CP 的 2 周回流限制废除

续表

时间	事　件
1998 年 4 月	居民欧洲日元债券的回流限制从 90 天缩短为 40 天，废除欧洲日元 CP 的发行限制，并实质上撤废国内持有限制

注：1. 期限在 6 个月以内，不准售往日本。

2. 主要指面向居民的中长期贷款。

3. 三局指导是指在承销由日本企业所发行的海外债券时需要经过日本大藏省的证券局、银行局和国际金融局的行政指导。

资料来源：根据相关资料整理。

20 世纪 90 年代后期欧洲日元市场自由化之前，欧洲日元市场的交易规模迅速扩大，但贷款业务主要以居民的交易为主，非居民并非业务扩张的主要对象。从发行规模来看，1990 – 1997 年，每年非居民发行的欧洲日元债券规模仅相当于居民发行额的 10% 左右（见表 6.21）。从欧洲日元债务的结构来看，日元计价的债务规模不仅远低于美元计价的债务规模，在 1995 年之后还低于马克计价的债务规模。这意味着尽管欧洲日元市场规模较大，但是外国企业或机构并不能通过该市场获得或者交易大量的日元资产，即欧洲日元市场并没有成为提高外国企业获取和使用日元资产的有效途径，故削弱了其对 "日元国际化" 进程的推动作用。

表 6.21　欧洲日元贷款、欧洲日元债务和以日元计价的外债

年份	1987	1990	1995	1997
欧洲日元贷款				
非居民	32,530	31,210	22,250	24,340
居民	51,800	228,640	345,800	336,290
欧洲日元债务				
美元	581	700	1,444	3,617
日元	226	293	645	284
马克	150	164	727	1,302
总规模	1,405	1,819	3,713	7,351

资料来源：转引自李晓：《 "日元国际化" 的困境及其战略调整》，载《世界经济》，2005 (6)，4 页。

国内金融市场。与此同时，一国国内金融市场的发展也是影响一国货币的国际化的重要基础条件。对于"日元国际化"而言，尽管日本国内金融市场相对于亚洲国家和地区较为发达，但仍远落后于欧美等主要发达国家。主要表现在如下两个方面：

一是日本国内金融市场的各种规则与国际化标准存在一定差异。尽管早在20世纪70年代末80年代初，日本政府就着手进行金融体制改革，但由于大藏省等日本政策当局主观上对传统金融体制的保护，早期的金融体制改革仅集中在利率自由化以及放宽金融业务限制两个方面，导致日本在市场开放以及运行方面与国际化标准差异显著，同时，这种内外分断的金融改革措施致使日元国际化进程受到严重影响[69]。1997年亚洲金融危机爆发之后，日本才深刻认识到落后的国内金融体制是日元国际化的主要掣肘之一。尽管其后的"大爆炸式的金融改革"（Big Bang）方案，一定程度上推动了日本国内金融市场规则的国际化，但由于主银行制度等的长期存在及其惯性优势，日本国内金融市场的运行规则仍存在一定弊端。以至于有学者认为，日本国债市场长期以来没有起到金融、资本市场基准点的作用（村濑哲司，2000）。

二是日本国内金融国际化程度不高。以日本国债市场为例，日本的国债市场余额仅次于美国位居世界第二，在国内金融、资本市场中国债的信用也是最高的，以其交易比率（交易额/发行余额）所测定的市场流动性也比其他债券高许多。但是非居民的持有比率仅为10%左右，在发达国家中是最低的[70]。这也在一定程度上制约了"日元国际化"进程的推进。

（三）汇率波动幅度大

货币价值的稳定性是货币成为国际货币的前提和保证[71]。货币价值不

---

69 梁锶，关权：《日元国际化的制约因素及其启示》，载《外国问题研究》，2012（4），72页。

70 如美国为近40%，德国近30%。

71 货币的公信力来自于货币价值的稳定和预期未来稳定的信心。一方面，一种货币若币值不稳定，以货币保值和增值为目的持有国际货币的官方机构和私人机构必然会通过币种多样化来分散该种货币的风险，从而降低了对该种货币的持有；另一方面，币值稳定的国际货币是外国中央银行选择货币锚的前提。

稳定容易造成人们对货币信心的紊乱，不利于一国货币的国际化进程。因此，币值稳定是一国货币发展和维持国际地位的重要先决条件。对比日元与德国马克国际化的进程，两者国际化的背景大致相同，但德国马克在退出流通前的国际地位明显超越了日元[72]。除经济发展状况外，币值稳定性是导致这种差异的重要原因之一。1971 - 1994 年，德国月均通货膨胀率仅为 2.2%，而日本则高达 4.9%；与此同时，在此期间德国马克汇率波动的幅度也明显小于日元。

第二次世界大战后至 20 世纪 70 年代之前，日元兑美元汇率长期保持在 360:1 的水平。但 20 世纪 70 年代后，日元开启升值步伐（见表 6.22），1975 年，日元兑美元汇率为 296.8:1。"广场协议"签署之后，日元兑美元汇率由 1985 年的 239:1 上升到 1992 年的 128:1 的水平，升值幅度接近 1 倍。此后，日元继续升值，1995 年之后，日元兑美元汇率波动的剧烈程度更是惊人。在 1998 年 10 月 7 日至 9 日的两天内，日元兑美元汇率曾暴涨 15% 以上；在 1999 年初达到 1 美元兑 102 日元后便开始了大幅度下跌；2001 年末 2002 年初跌至 1 美元兑 130 日元左右后，又开始大幅升值；2004 年尽管日本政府动用了 20 多亿日元资金来干预汇市，但日元兑美元汇率还是升值了近 30%[73]。自 1970 年以来的 40 多年时间里，日元年均汇率波动超过 10% 的年份超过 30 年，汇率波动超过 20% 的年份有将近三分之一，在 1978 年一年内，日元汇率波动幅度更是高达 31.2%（冉生欣，2006），这在同期主要发达国家中汇率波动幅度是最高的[74]。

表 6.22　日元兑美元汇率

年份	1970	1972	1975	1980	1985	1992	1995	1998
汇率	360.00	303.08	296.84	226.45	239	128	80	147

资料来源：根据 IMF 相关资料整理。

72　管涛、陈之平：《日元国际化对人民币"走出去"的启示》，载《国际金融》，2014（8），39 页。

73　高圣智：《汲取"日元国际化"的教训　推进人民币国际化》，载《西部金融》，2007（12），12 页。

74　李继民：《日元国际化历程及受阻原因分析》，载《技术经济与管理研究》，2014（1），85 页。

日元汇率频繁、大幅地波动，加大了日元使用者的汇兑风险，显著影响了"日元国际化"的进程。第一，日元币值的不稳定使得日元在国际贸易结算中被用作计价的比例较低。以日本国内企业为例，为防范汇率波动风险，为数相当多的日本企业在海外经营的过程中都建立了以美元为核心的集中式外汇风险管理体制。具体而言，在日本的对外贸易中，具有很大影响力的综合商社通过外汇收支抵消，能够相对有效地回避汇率风险。这就意味着，即使是在日本企业中，日元结算的交易方式也很少被采用。第二，在国际投资及国际信贷中日元被使用的比例也会有所降低，原因在于投资者不会选择币值不够稳定的货币用于投资及信贷活动。第三，各国外汇储备货币中日元的比例也会因日元币值的稳定性而降低。各国在选择外汇储备货币时，货币币值的稳定性是首要考虑的因素。

（四）日本政府的决策存在一定失误

针对"日元国际化"问题，日本政府的部分决策失误主要表现在如下几个方面：

错失了"日元国际化"的最佳时机。1973年，"布雷顿森林体系"崩溃后，美元衰落，为包括日元、马克在内的潜力货币提供了较大的国际化空间。当时，日本经济处于迅猛腾飞的阶段，在某种意义上说是日元国际化的较好时机。但根据前文对于"日元国际化"进程的论述，1980年之前，日本政府对于"日元国际化"进程总体持否定态度，消极推进日元国际化进程，甚至加以限制。即使是在20世纪80年代之后至90年代中期之前，仍然属于日本政府审慎把握"日元国际化"阶段。在20世纪90年代，由于日本政府对国内金融市场改革持保守态度，"日元国际化"在这一时期甚至出现了一定程度的倒退。直到亚洲金融危机爆发、欧元区成立，日本才开始积极推动"日元国际化"，但此时日本经济出现了严重的问题，正在经历"失去的十年"，并且在亚洲范围内，日本经济正逐步被中国赶超。因此，尽管当时的日本政府尽力推动"日元国际化"战略转向，积极推进日元在亚洲地区的使用，但收效甚微。

日本政府未能为"日元国际化"制订合适的国际协调战略。日本在经济崛起时未能较好地适应自身在国际新秩序中的定位，从而影响了"日元国际化"的推进速度和效果。作为一个发达国家，日本经济规模长期位居全球第二的位置，然而日元却远远未获得与日本经济相称的国际地位。日本曾多次迫于美国的压力而调整日元汇率，导致日元多次大幅度波动。最典型的例子就是 1985 年的"广场协议"，日元被迫大幅升值，引发了 20 世纪 90 年代日本银行业大规模的倒闭危机，同时也导致日本经济自此一蹶不振，"日元国际化"进程更加曲折，日元的国际化程度甚至一度出现了倒退。

日本政府在区域经济协调方面出现一定失误。一国货币的国际化进程，如果脱离与之密切关联的经贸与投资网络是不可能存在的。"日元亚洲化"战略不成功的一个重要原因在于，日本政府在区域经济协调方面出现一定失误。突出表现在：第一，日本经济的注意力长期以面向欧美发达国家为主。1999 年，日本在亚洲贸易中的比重为 15.1%，不如美国的 15.6%，仅略高于欧盟的 13.9%；在亚洲国家和地区吸收的直接投资中，来自日本的资金仅占 9.0%，远低于美国的 19.0% 和欧盟的 16.0%[75]。由此可见，当时的日本并未获得亚洲地区经济上的主导地位，相对薄弱的区域一体化战略，拖累了"日元国际化"进程。第二，在历史问题上，日本未取得亚洲多数国家的谅解。第二次世界大战后，日本政府一直没能很好地反思其第二次世界大战期间的罪责，在历史教科书、"慰安妇"与战时劳工、参拜靖国神社等问题上不断与亚洲国家尖锐对立。第三，在关乎自身利益的现实问题上，日本做出了错误的选择。1998 年亚洲金融危机期间，日本政府采取竞争性贬值措施，没能承担地区性金融稳定的责任，让东亚各国对日元币值稳定失去了信心，严重打击了"日元区域化"战略的推进与实施。因此，尽管日本政府最早提出并推动建立"亚洲货币互换系统"、"亚洲货币基金"以及"亚洲篮子货币"等，试图通过建立以日元为中心的亚洲货区，但这些努力不仅遭到美国的强烈反对，也没能得到亚洲国家和地区的积极响应。

75　管涛，陈之平：《日元国际化对人民币"走出去"的启示》，载《国际金融》，2014（8），40 页。

三、日元国际化的前景

如前文所述，尽管在 2003 年之后，以财务省为代表、由日本政府积极推动的"日元国际化"战略已基本上告一段落，日本政府在政策层面上不再明确坚持推进"日元国际化"，但实际上，日本政府并未完全放弃"日元国际化"的努力。近年来，日本政府在对内和对外两个方面做出努力，比如对内致力于摆脱经济萧条、力争走出长期通货紧缩的阴影，代表性政策包括"安倍经济学"等；对外则进一步强化与亚洲国家和地区的经贸与金融合作，加大对这一地区的直接投资力度等。因此，虽然表面上看日本似乎不再以追求日元国际化作为主要目标，转而重点解决日本经济中存在的深层矛盾和长期问题，但其实施内外经济政策的结果，从长期来看应该是为其进一步推进"日元国际化"创造良好的基础条件[76]。

从当前来看，"日元国际化"仍然面临众多的不利因素，一些原有的阻碍因素也并未完全消除，比如日本经济不景气问题长期存在，经济规模不仅远落后于美国、欧盟，近年来还被中国大幅反超；国内金融改革效果不明显，日本金融市场无论是在规模，还是流动性、可靠性方面与美欧相比均相去甚远；与东亚周边国家和地区的关系未见实质性改善，部分区域经贸合作协议迟迟无法达成。从长期来看，"日元国际化"的程度将取决于日本国内的经济发展、金融改革以及日本政府推进的力度等，对外则主要受美元、欧元等当前主要国际货币的竞争，未来还将面对人民币在亚洲区域甚至全球的竞争压力。

综合来看，"日元先生"[77]的观点具有较强的代表性，即"日元成为基轴货币（中心货币）的可能性很小，日元国际化的作用最终只能是发挥对美元和欧元的补充作用"。

---

76 刘瑞：《日元国际化困境的深层次原因》，载《日本学刊》，2012（3），98 页。

77 "日元先生"指前日本大藏大臣神原英姿（Eisuke Sakakibara）。他在 20 世纪 90 年代担任日本大藏大臣时强力主张通过干预节制日元汇率，在货币市场上呼风唤雨，所以人们称他为"日元先生"。

参 考 文 献

［1］殷剑峰：《人民币国际化"贸易结算＋离岸市场"还是"资本输出＋跨国企业"？——以日元国际化的教训为例》，载《国际经济评论》，2011（7）。

［2］管涛，陈之平：《日元国际化对人民币"走出去"的启示》，载《国际金融》，2014（8）。

［3］李晓：《"日元国际化"的困境及其战略调整》，载《世界经济》，2005（6）。

［4］陈晖：《日元国际化的经验与教训》，北京，社会科学文献出版社，2011。

［5］杨栋梁，薛敬孝，谷云，刘玉操：《日本经济现状研究》，北京，中国社会科学出版社。1998。

［6］陈虹：《日元国际化之路》，载《世界经济与政治》，2004（5）。

［7］梁锶，关权：《日元国际化的制约因素及其启示》，载《外国问题研究》，2012（4）。

［8］张国庆，刘俊民：《日元国际化：历史、教训与启示》，载《上海金融》，2009（8）。

［9］刘昌黎：《日元国际化的发展及其政策课题》，载《世界经济研究》，2002（4）。

［10］高晓雁：《亚洲金融危机与日元国际化》，载《日本问题研究》，2002（2）。

［11］刘琳：《日元国际化的经验教训》，东北财经大学硕士学位论文，2012。

［12］禹明哲：《试论日本金融国际化对我国金融改革的启示》，延边大学硕士学位论文，2000。

［13］许祥云：《日元国际化及其对人民币的启示》，复旦大学博士学位论文，2011。

［14］田瑜：《日元国际化的进程及影响因素探析》，天津财经大学硕士学位论文，2010。

［15］关志雄，陈虹：《日元贬值对亚洲经济及日本经济的影响——兼驳斥中经济威胁论》，载《国际经济评论》，2002（4）。

［16］刘翔峰：《日本 EPA 战略及"10＋6"推进计划》，载《当代亚太》，2007（5）。

［17］杨国强：《日元国际化对日本货币政策的影响研究及启示》，南京师范大学硕士学位论文，2013。

［18］刘瑞：《日元国际化困境的深层次原因》，载《日本学刊》，2012（3）。

［19］李继民：《日元国际化历程及受阻原因分析》，载《技术经济与管理研究》，2014（1）。

［20］王佐罡，刘肯：《日本金融体系开放与日元国际化》，载《中国金融》，2013（4）。

［21］刘莹：《日元国际化与人民币国际化比较研究》，天津财经大学硕士学位论文，2011。

［22］王应贵，姚静，邱慧娟：《基于在岸金融市场的日元国际化进程与启示》，载《现代日本经济》，2012（5）。

［23］高圣智：《汲取"日元国际化"的教训　推进人民币国际化》，载《西部金融》，2007（12）。

［24］孙海霞，斯琴图雅：《日元国际化进程和对人民币国际化的启示》，载《亚太经济》，2010（1）。

［25］尹栾玉：《日元国际化道路对人民币国际化的启示》，载《学术交流》，2010（6）。

［26］张瑞德，查胜举：《日元国际化和东亚货币格局》，载《世界经济文汇》，2000（6）。

［27］李维刚：《日元与国际化：进程、动因、问题》，载《日本学刊》，2001（2）。

［28］侯裙然：《日元国际化的历史、现状及前景》，载《日本问题研

究》，1999（3）。

［29］陆国忠：《日元国际化的前景及其影响》，载《和平与发展》季刊，1999（3）。

［30］王合军：《日元国际化前景分析》，载《国际经济合作》，1999（11）。

［31］王晓明：《论日元国际化及其前景》，载《现代日本经济》，1996（2）。

［32］［日］米谷達哉，寺西幹雄．円が国際的に利用される条件：試論［M］．日本銀行金融市場局ワーキングペーパー シリーズ，2000（6）：8－16。

［33］［日］日本经济产业省：《日本通商白皮书》，2003年版，第183～202页，http：//www.meti.go.jp/report/whitepaper/index.html。

［34］［日］菊地悠二著，陈建译：《日元国际化——进程与展望》，北京，中国人民大学出版社，2002。

［35］［日］奥村洋彦：《日本"泡沫经济"与金融改革》，北京，中国金融出版社，2000。

［36］［日］财务省「円の国際化の推進—円の国際化推进研究全座长とりまとめ—」2003年1月23日。

［37］［日］小川英治，アジア通貨バスケット制の課題［N］．朝日新聞，1999－10－30夕刊。

［38］［日］上川孝夫，今松英悦：《日元的政治经济学——亚洲与世界体系》，同文馆，1997。

［39］IMF，*Currency Composition of Official Foreign Exchange Reserves*（COFER）．

［40］BIS，*Triennial Central Bank Survey—Foreign exchange turnover in April 2013：preliminary global results*.

［41］Asia Perspective（April 1999），"Japan and Globalization"，p.187.

第七章

日本汇率制度

汇率作为一国对外经济联系的重要纽带，对国际贸易收支有着重要影响，而汇率制度作为经济制度的一部分，对经济的持续健康发展更有着不容忽视的影响。汇率制度的变化是国内经济社会发展动力和国际经济政治压力综合作用的结果。第二次世界大战以来，日本的汇率制度安排相继经历了固定汇率制（1949－1973 年）和自由浮动汇率制（1973 年至今）。考察日元汇率政策自第二次世界大战以来的演变历程及其中的经验教训，对我国汇率政策的安排具有重要的参考价值。

第一节　汇率制度框架

一、汇率管理体制

日本的汇率管理体制是第二次世界大战以后通过颁布一系列的法规，一步步转变演化而最终成型的。

第二次世界大战结束后，日本经济已经崩溃，经济秩序混乱、物质匮乏、生产衰退、通胀严重。在这种特殊时期，为了迅速恢复生产，日本仍然实行了战时的经济统制，对物资、物价、资金、劳动等实行严格的管制，推行倾斜生产方式，由政府主导甚至直接从事生产活动。在此期间，日本政府采取严格的外汇管制措施，实行"输入外汇配额制"，由政府统一集中管理外汇，海外自由贸易事实上被禁止。1945 年到 1948 年间，日本进口额 15.14 亿美元，出口额 5.35 亿美元，进出口赤字为 9.79 亿美元，这一巨额亏空是靠美国对日本援助弥补的。但是，倾斜生产方式[1]以及严格的"政府统制"对经济产生了严重的不良影响，导致了原料匮乏、经济封闭、经济低效率以及通货膨胀的持续发展。

1949 年，美国为抵制共产主义势力的"浸透"，在日本推行旨在稳定经济、解除贸易限制、统一汇率，使日本重新回归国际社会的"道奇计划"。在"道奇计划"下，日本政府成立了外汇管理委员会。1949 年 10 月 28 日，日本政府宣布日本民间贸易进口于 1949 年 12 月 1 日、出口于 1950 年 1 月 1 日全面放开。1949 年 12 月 1 日，日本政府颁布了《外汇及外国贸易管理法》（外汇法）、《外汇管理委员会设置法》、《外汇特别会计法》、《阁僚审议会令》以及后来的《出口贸易管理令》、《出口贸易及对外支付管理令》（1950 年 1 月）、《外资法》（1950 年 6 月）和《外汇管理令》（1950 年 6 月），重开对外贸易，形成了以"外汇资金特别会计"为代表的汇率管理体制[2]。

（一）汇率制度和外汇制度

日元实行单一汇率制。日元汇率是由市场供求决定的浮动汇率，必要时日本政府会采取措施以稳定汇率。政府在外汇市场进行操作的主要货币是美元和日元。外汇和贸易管制主要由财务省、经济产业省负责。日本银行是政府在外汇市场操作的代理机构。经济产业省负责进出口统计。

从 1973 年开始，日本已由原来的固定汇率制（盯住美元）转变为浮动汇率。1998 年 4 月日本修改并实施了《外汇和外贸法》，规定日本经常项目和资本项目下基本完全开放，日元汇率由市场决定。

---

1 倾斜生产方式：日本在战后恢复阶段（1945－1955 年），在资金和原料严重不足的情况下，集中一切力量恢复和发展煤炭生产，用生产出来的煤炭重点供应钢铁业，再用增产的钢铁加强煤炭业。目的是努力造成煤和钢铁扩大再生产的能力，并以此为杠杆，带动整个经济的恢复和发展。这是日本政府在生产原料匮乏、工业生产面临无米之炊的困境中，被迫采取了以开发国内资源为重点的倾斜生产方式。日本学者香西泰认为，这是一种"因贸易封锁而被迫实施的进口替代政策"。

2 本部分参考了中国人民银行网站：《日本的汇率制度与外汇制度》，2008－01－16，http:// www.pbc.gov.cn/publish/guojisi/726/1125/11253/11253_. html。

（二）汇率管理决策和执行机构

自 1998 年之后，日本对外汇的管制已基本全部取消，但是日本政府会适当干预日元的汇率，以保持日元的稳定。日本汇率管理机构主要有两家：财务省和日本银行。

财务省是日本汇率管理的决策机构，财务大臣负责制定和执行日本的国际货币和金融政策，包括开展外汇市场操作以维持汇率的稳定。《外汇和对外贸易法》规定，"财务省应当努力通过买卖外汇和其他措施来稳定日元的对外价值"（第 40 条第 2 款）。财务省下设"外汇平准基金专项账户"，并委托日本银行专门用于开展外汇市场操作。

日本银行，作为日本的中央银行，是日本汇率管理的执行机构。根据《日本银行法》（第 6 条第 1 款），日本银行如使用自有资金买卖外汇，或者作为外国央行或国际机构的代理人买卖外汇，需要取得财务省的同意。日本银行无权自主进行外汇市场干预操作。日本银行下设国际局外汇处，负责监测全球外汇市场的动态，并每日向财务省外汇局汇报。一旦财务省认为有必要干预，财务省立即向日本银行下达委托干预的指示。日本银行国际局计划与协调处与外汇市场的金融机构达成协议，具体完成日元或美元的买卖。

（三）汇率管理的主要法规

日本汇率管理的主要法规包括《外汇及对外贸易法》（以下简称《外汇法》、《外汇资金特别会计法》和《日本银行法》等。

《外汇法》是针对外汇兑换、对外贸易以及其他对外交易活动的法律，是日本对外交易活动的基本法律。《外汇法》原为《外汇及对外贸易管理法》，于 1949 年制定，但当时原则上是禁止一切对外贸易活动的，此后于 1980 年经过修订，确立了对外交易活动自由的原则。1998 年再次修订，原则上废除了事前许可和申请制度、外汇兑换公认银行制度以及兑换商制度，实现民间外汇交易完全市场化。2002 年 5 月，针对美国"9·11"等恐怖事件的发生，外汇法加入了"金融机构要求顾客本人确认的义务化"等内容。2004 年 2 月，根据近年来国际形势的变化，为了维护日本的和平与安全，又加入了"依据内阁决议实施对应措施"的内容。《外汇法》[3]的目的是以外汇兑换、对外贸易及其他对外交易活动自由为前提，通过对对外贸易活动的最小限度的管理和调整，谋求对外贸易活动的正常发展，维持日本及国际社会的安全与和平，确保货币稳定和国际收支平衡，从而实现国家经济的健全和发展。

《外汇资金特别会计法》的前身为 1949 年制定的《外国兑换特别会计》，1951 年改为《外汇资金特别会计法》，为了确保政府的外汇兑换等买卖活动顺利进行，设立外汇兑换资金账户，并明晰外汇兑换、收入运用等状况。其主要内容是在"卖出外汇买入日元"操作中，卖出外币表示的债券，筹集外汇资金，在外汇市场上卖出外汇、买入日元，所得日元用来赎回政府的短期债券（兑换债券）。实施相反操作时，通过发行政府短期债券（兑换债券）筹措日元资金，在外汇市场上买入外汇、卖出日元，实施干预。通过干预所得的外汇，用来购买用外币表示的债券。由于上述操作而产生的外汇的收入和支出，计入外汇资金特别会计年度报表，并将收支相抵后的盈余计入一般会计，以实现特别会计的收支平衡。

现行的《日本银行法》是 1997 年制定的，并于 1998 年 4 月 1 日起实施的。由总则、政策委员会、担当和职员、国会报告、会计、业务、日本银行券、违法行为改正、罚则、其他等十章共计六十六条以及附则部分构成。其中第四十条第 2 项规定：日本银行作为国家事务的执行者之一，可以通过买卖外汇，来维护本国货币在外汇市场上的汇率稳定。

（四）汇率管理的具体操作

第一，汇率管理的原则。日本财务省于 2005 年 4 月指出，日本汇率管

---

3 《外汇法》主要内容如下：（1）外汇兑换业务。银行以外的机构或人员也可以自由经营外汇兑换业务。关于具体兑换等业务需要另外遵守银行法等法律。（2）内外资本交易。企业和个人可以自由同海外的企业或个人进行资本的交易和结算。（3）国际请求的对应。为了维护世界和平，履行国际条约，在必要的时候，财务大臣以及经济产业大臣可以通过内阁决议采取经济制裁措施。（4）携带资金申报制度。携带现金、支票以及有价证券等合计超过 100 万日元或者携带 90% 纯度的黄金超过 1 公斤出入境者，需要向海关书面申报。（5）事后报告制度。对于一定金额以上的国际支付、资本交易、外汇兑换等业务，需提供事后报告，以便于政府统计国际收支，把握市场动向。（6）外汇业务报告制度。经营外汇兑换业务者，当月交易总额超过 100 万日元时，需要提交事后报告，注明买入卖出的金额和件数，以及超过相当 200 万日元的交易数。

理的原则是：以维持日元汇率稳定为主要目标，有效消除外汇市场上的不良波动，必要时与国外货币当局紧密合作；在保持外汇资产安全性和流动性的基础上，追求可能的盈利性；采取覆盖信用风险、操作风险和市场风险的全面风险管理体系。简言之，就是首先保证日元稳定（主要是对美元汇率的稳定），以利于对外出口和经济发展。在达到以上目标并满足了安全性、流动性等一系列前提下，适当追求盈利性。

第二，设置外汇平准基金和外汇平准基金专项账户。日本通过外汇平准基金干预日元汇率，外汇平准基金买卖的利差不计入基金的损益。另外，财务省下设"外汇平准基金专项账户"，此账户系统记录买卖外汇产生的损益以及融资与投资的收入与支出。财务省在使用外汇平准基金专项账户的资金进行外汇操作时，委托日本银行执行。

第三，外汇市场的干预。日本银行代理财务省对外汇市场进行干预通常是在东京外汇市场进行的。但是每天下午5时东京外汇市场收市之后，伦敦和纽约的交易仍然在进行。为了做到保证日元汇率在全球范围内全天候的稳定，日本财务省会委托外国中央银行代理干预日元，这种干预被称为"委托干预"。委托干预的数量、币种及手段由财务大臣决策。干预所需的货币由外汇平准基金专项账户提供。

第四，外汇平准基金专项账户的资金来源。外汇平准基金专项账户包括日元账户和美元账户。日元主要通过在债券市场上发行"外汇平准基金融资券"来筹集。而美元来自日本货币升值期间积累起来的庞大的外汇储备。财务省负责管理储备，通常投资于工业化国家的国债等安全性、流动性高的债券。

第五，汇率干预的披露。财务省定期通过公告披露外汇干预的情况，包括干预的时间、市场、次数以及买卖（美元/日元）的数量。

二、外汇储备现状

日本的外汇储备[4]主要由两部分构成，分别为日本政府持有的外汇资产

4　外汇储备又称为外汇存底，是指一国政府所持有的国际储备资产中的外汇部分，即一国政府所保有的以外币表示的债权资产，是一个国家货币当局所有持有的并可以随时兑换成外国货币的资产。广义上讲，外汇储备包括现钞、黄金、国外有价证券等在内的以外汇计价的资产；狭义而言，仅仅指的是一个国家的外汇积累。

和日本银行持有的外汇资产[5]。截至 2014 年 11 月末，日本的外汇储备大约为 12,691 亿美元，绝大部分为日本政府所持有。日本外汇储备构成以有价证券的形式为主，占 94% 以上，其他依次为黄金约 2.3%、特别提款权（SDR）近 1.5%、外币存款 1.06%、IMF 头寸 1.01% 等。外汇储备不仅是一个国家国际清偿能力的重要组成部分，同时对于一国平衡国际收支、稳定汇率也有极其重要的意义。本节将介绍日本外汇储备的现状和成因[6]。

20 世纪 80 年代前，日本外汇储备处于逐渐增加的状态，进入 90 年代后日本外汇储备加速增长。1993 年末，日本外汇储备达 956 亿美元，首次超过美国居世界第一位。自 1999 年 10 月以来，日本一直是世界最大的外汇储备国，到 2006 年才被中国取代。虽然近年来日本外汇储备增长波动较大，但增长的态势并没有改变，日本外汇储备在 1999 - 2010 年增加了 2.8 倍。日本外汇储备的形成可以分为以下几个阶段：

（一）1985 年以前，规模小、增长速度快

20 世纪五六十年代，日本外汇储备的规模很小，1960 年末仅为 18.24 亿美元，外汇不足制约了日本的经济增长。直到 20 世纪 70 年代，随着对外贸易的迅速发展、贸易收支顺差的逐渐增加，日本外汇不足的局面才逐渐扭转。1970 - 1980 年，日本外汇储备由 44 亿美元增加到 252 亿美元，增加了 4.73 倍。20 世纪 80 年代前期，日本外汇储备基本上没有增加，1985 年末为 265 亿美元，只比 1980 年末增加 5.1%。此时日本外汇储备的规模很小，远不能和欧美各国相比。

（二）1985 - 2004 年，规模大、增长速度快

从 20 世纪 80 年代后期开始，日本的贸易顺差和经常项目收支顺差均居世界第一，其外汇储备迅速增加，1990 年末，一举成为世界第二外汇储备国。进入 20 世纪 90 年代以后，日本外汇储备快速增长势头不减，1995 年末增至 1,828.20 亿美元，2000 年末达到 3,616.38 亿美元，2004 年末增加到 8,445.43 亿美元，相当于 1985 年末的 32 倍。1993 年末，

5　日本银行作为日本的中央银行，虽然采取了公司合营的股份制形式，但是其持有的外汇资产仍属于官方外汇储备的一部分。

6　范德胜：《日本外汇储备的形成和管理及对我国的启示》，载《经济研究参考》，2013（43）。

日本外汇储备超过美国，此后直到 2006 年 1 月，一直是世界第一外汇储备大国。2005 年末，日本外汇储备为 8,468.97 亿美元，占全球外汇储备总额的 19.6%。

（三）2005 年以后，增长缓慢

从 2005 年起，日本外汇储备增长徘徊不前，2005 年末外汇储备只比 2004 年末增加 0.3%。其后，日本外汇储备增加缓慢，2012 年末达到 12,681.25 亿美元，比 2004 年末增加 50.2%。从 2006 年 2 月中国超越日本成为世界第一外汇储备大国以来，日本和中国的外汇储备的差距越来越大，其占全球外汇储备总额的比重也越来越小。2013 年末，中国的外汇储备达到 38,213 亿美元，全球外汇储备（不含黄金、SDR 及在 IMF 的储备头寸）总额为 121,276 亿美元，而日本的外汇储备还不到中国的一半（33.2%），只占全球总额的 10.4%。

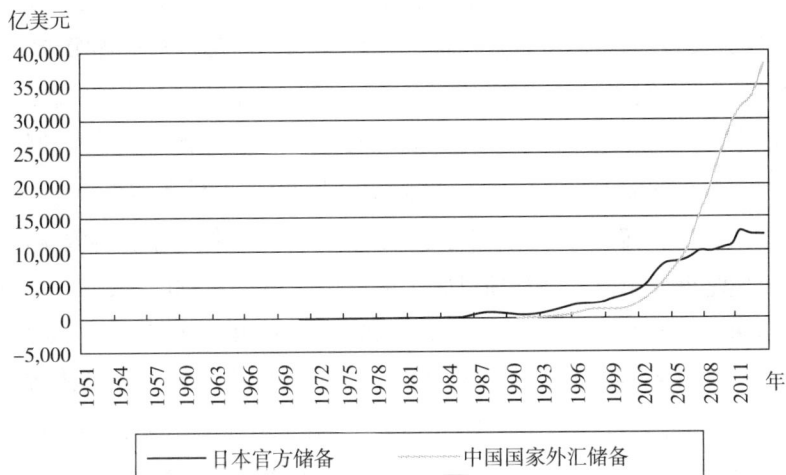

资料来源：Wind 数据库。

图 7.1　日本和中国的外汇储备

日本外汇储备形成有其特殊的原因：贸易顺差变化，日本为了防止日元升值进行外汇基金特别账户操作以及日元国际化的不成功增加了日本政府持有大量外汇储备的需求等。

1. 贸易收支

第二次世界大战后初期，外汇不足影响了日本的经济增长，日本采取了外汇集中的政策：政府规定企业对外贸易赚取的外汇必须先卖给银行，然后再由银行卖给中央银行，由国家统一掌管运用，这是当时日本外汇储备迅速增加的直接原因。20 世纪 60 年代，贸易自由化和资本自由化后，日本逐渐放松了外汇集中的政策，民间持有外汇的比重迅速提高。但是，由于 20 世纪 70 年代连续爆发两次石油危机，国际原油大幅度涨价，使日本贸易顺差减小，国际收支急剧恶化。在第一次石油危机爆发后的 1974 年、1975 年，以及第二次石油危机爆发后的 1979 年、1980 年，日本都出现了经常项目收支赤字，迫使日本政府不得不动用此前积累的外汇储备，以支付石油进口的迫切需要。在此情况下，日本政府为保证不时之需，就继续从民间收购外汇，从而导致外汇储备的增加。

从 20 世纪 80 年代后期开始，日本的贸易顺差和经常项目收支顺差均居世界第一，其外汇储备迅速增加，1990 年末，一举成为世界第二外汇储备国。在 20 世纪 90 年代以后相当长的时期里，日本外汇储备的增长主要源于经常账户的顺差。但是，在同期日元汇率浮动和资本自由流动的情况下，经常账户的顺差只是带来了少量、相对较温和的储备增长。

进入 21 世纪以来，日本贸易顺差虽然减少了，但由于所得收支增加较快，仍然是世界第一的经常项目收支顺差国。2002 - 2004 年，日本的储备资产经历了快速增长，增长了 3,748 亿美元。在 2005 年后增速相对较为平缓，2012 年还出现负增长。从贸易顺差来看，2008 年贸易顺差出现 20 世纪 80 年代以来的首次负值，从 2011 年开始，2011 年、2012 年、2013 年都是贸易逆差，2013 年贸易逆差达到 13,072 亿日元，制约了日本外汇储备的增长。

2. 外汇市场干预

1985 年 9 月 "广场协议" 以后，在美国的压力下日元大幅度升值，这重创了日本出口产业，使日本以出口为导向的经济增长遭受打击。特别是 20 世纪 90 年代初泡沫经济崩溃以后，日本经济陷入长期停滞。为此，遏制日元升值并确保出口增长从而确保经济增长，就成为日本政府的首要任务。

亿日元

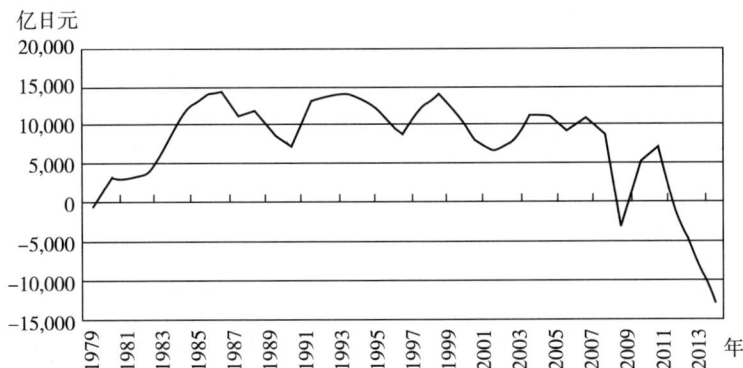

资料来源：Wind 数据库。

图7.2　日本的贸易顺差

由于在布雷顿森林体系崩溃后日元汇率转向了浮动汇率制，汇率随其价值和外汇市场的供求关系而不断变化。日本政府从 1991 年开始，就采取了干预外汇市场、进行外汇平衡操作的做法，来调节日元、美元的供求关系，遏制日元升值。在此之后，由于日本政府干预外汇市场的力度越来越大，并且基本上是抛售日元、买入美元的单向操作，这导致外汇储备的迅速增加。

3. 日元国际化

第二次世界大战结束以后，日本经济濒临崩溃的边缘，但在美国资金与技术的大力支持下，日本的经济迅速复苏并保持着极高的增长率。根据联合国的统计数据，在 20 世纪 60 年代起到"广场协议"签订前的二十多年间，日本的经济增长速度基本保持在 10% 以上的水平。经过二十年的高速发展，到 1985 年，日本的国民生产总值已经达到美国国民生产总值的三分之一，超过了 1.3 万亿美元，外汇储备也不断增加，达到了 265 亿美元。

作为当时仅次于美国的世界第二大经济体，日本开始了日元国际化的步伐，日本政府逐步出台了一系列关于日元国际化的官方文件。但随后签订的"广场协议"给了日本经济致命的打击，经济发展出现严重滑坡，资产泡沫破裂，经济一度陷入困境，进入了为期十年的经济萧条时期。日本经济发展的突变，严重影响了日元国际化的进程与效果，在世界官方外汇储备总额中，日元所占的比例很低，与其经济发展水平很不相符，经济发展水平与日元储备占世界官方储备严重失衡。

日本在本币国际化方面相对于其他发达国家并不成功，因此使得日元在国际结算等诸多方面的使用受到限制，这在一定程度上要求日本政府持有大量的外汇储备，以满足日常国际收支等的需求。

三、外汇自由化改革

日本的外汇自由化改革，可简单划分为管制时期和自由化时期。管制时期又可分为战后初期"政府统制"时期、经济起飞阶段的全面集中管制时期、管制有所松动时期和灵活应变时期四个阶段，自由化时期又可分为原则自由化时期和完全自由化时期。

日本外汇管理自由化改革带来日本资本项目的开放，日本资本项目的开放过程中采取的顺序是先资本流入，后资本流出。开放资本项目流入过程中，日本首先开放外商直接投资。在开放 FDI 后日本开始逐步允许国外资本自由投资国内各行业，在行业对外开放的过程中，日本分五步达到自由化阶段，以减少开放过快而产生的风险。对内间接投资则是先允许国内机构进行国外借款，其次在国外发行债券，最后允许国内企业国外发行股票。开放资本项目流出时间晚于资本项目流入，首先开放对外直接投资，然后允许间接投资的资本流出。间接投资中，先允许非居民在日本境内发行债券，然后允许国内企业进行国外间接投资。在开放国外间接投资过程中参与者授权方面，日本开放的顺序是先开放债券信托机构的国外投资，再开放一般金融机构和个人投资者的对外证券投资，最后实现证券公司的对外开放。

（一）战后经济恢复初期的"政府统制"时期（1945 - 1949 年）

1945 年 10 月，日本大藏省颁布实施第 88 号令《关于取缔金、银和有价证券等金融交易的通知》，规定贸易由国家统一经营，禁止民间一切形式的资本交易。最初实行多重汇率制度，1949 年 4 月以后改为 1 美元兑360 日元的单一固定汇率制度。外汇及外贸的主管机构开始是 GHQ（驻日盟军总司令），1949 年 3 月转至新成立的外汇管理委员会。1952 年 8 月外汇管理委员会撤销，职能移交大藏省下设的外汇局。

（二）经济起飞阶段的全面集中管制时期（1949－1964 年）

1949 年日本制定了《外汇与外贸管理法》，提出外汇管理的基本方针是"原则禁止，例外批准"，不仅资本项目的交易几乎处于停顿状态，经常项目的交易也都列入严格管制范围。实行的主要制度包括：第一，外汇指定银行制度。日本居民和企业在进行外汇交易时必须到外汇指定银行办理。第二，外汇集中制度。刚开始实行的是全面集中制，居民所有外汇收入必须按官方汇价卖给外汇指定银行，随后全部卖给日本银行。1952 年 4 月改为外汇头寸集中制，允许外汇指定银行持有一定额度的外汇，超额部分必须卖出。3. 外汇预算制度。政府根据外汇余额，编制外汇预算，将外汇使用权按进口物资品种进行统一分配。

（三）管制松动时期（1964－1973 年）

随着经济实力的逐步增强，日本以成为 IMF 第八条款国和加入经济合作与发展组织（OECD）为契机，从 1964 年起逐渐放松外汇管制。经常项下，当年 4 月取消外汇预算制，1972 年 5 月废除外汇头寸集中制；资本项下，放松对内投资和促进对外投资，逐步扩大投资审批限额。此外，1964 年 6 月大藏省外汇局改名为"国际金融局"，大量外汇管理的直接审批权由大藏省下放给日本银行和各外汇指定银行。

具体地，1964 年 4 月，日本修改了《外资法》，开放外商对日本直接投资，开始了资本项目开放的进程。日本政府从 1967 年到 1976 年，先后出台了 5 个开放方案，逐步地取消了外商直接投资的行业限制。1967 年 6 月的第一阶段共开放了 50 个行业，接下来，开放行业逐步增加到 204 个、524 个和 781 个。到了 1973 年 5 月的第五阶段后，96% 的行业实现对外资开放。开放对日本经济未造成严重的冲击，因为正式的资本管制虽然已经逐步取消，但是实际投资流入量依然不多。1981 年，外商直接投资只有 43 亿美元，东南亚金融危机之前，一直在 1 万亿日元以下。这是因为日本国内存在太多规制措施，限制了外商投资的积极性，加上日本的雇佣政策、土地成本等问题，使得外资对日本望而却步。

1968 年，日本经济规模跃居世界第二，经常收支也由赤字转为顺差，外汇储备上升为 29 亿美元，日本政府进一步放松了对外投资的限制。1970

年4月和1971年1月，日本政府分别允许国内信托投资公司和保险公司在1亿美元限额以内投资外国证券，并于1971年8月取消上述两大机构投资者对外国证券的投资上限。

1971年布雷顿森林体系趋于崩溃，日本实行浮动汇率制，大量外资流入日本，日元汇率一路上涨。日本的外汇管理也由过去的防止资本输出转为促进资本输出。1972年初，日本相继批准信托银行和外汇指定银行投资外国证券。在逐步开放外国证券市场的同时，也开始放松国内投资者对海外不动产的投资。

1972年4月，日本设立东京外汇短期拆借市场，同时取消外汇集中制，准许一般居民和非居民在外汇指定银行自由存入外汇，同年7月完全取消居民对外国不动产的投资限制，同时，禁止外国投资者购买日本政府发行的短期证券。尽管在限制资本流入的同时，放松了对外直接投资、日元贷款以及出口融资等资本流出。但由于美元持续疲软和对外投资风险增大，日本的对外证券投资和短期资本流出未明显扩大。

（四）灵活应变时期（1973—1979年）

进入20世纪70年代，受国际经济金融体系动荡和石油危机影响，日本于1973年暂时关闭了东京外汇市场，随后又被迫实行浮动汇率制度。为避免国内金融体系剧烈动荡，外汇自由化步伐暂时放慢。整个20世纪70年代日本实行灵活的外汇管理政策，即外汇收支形势恶化则实行紧缩政策，鼓励资本流入，限制资本流出；外汇收支形势好转则采取相反策略。政策变动非常频繁，有些措施实际执行期只有两三个月甚至更短。

1973年，第一次石油危机爆发，导致日本国内物价骤涨，国际收支不断恶化，日元开始贬值。日本不得不调整经济政策，由奖出限入，转向限出奖入：1973年11月向外国投资者开放日本股票市场；1973年12月取消外国投资者对日本债券的投资限额；1974年禁止国内居民购买外国短期证券；1974年规定银行、证券公司、投资信托公司以及保险公司的对外证券投资余额必须保持零增长以内，即不得增加对外证券投资，同年8月，完全取消外国投资者对日本短期证券的投资限制，至此日本证券市场对外完全开放。

经过三年多的努力，到 1977 年，日本经常收支终于出现顺差，日元重新开始升值，为日本最终开放资本市场奠定了基础。1975 年 6 月，日本取消国内证券公司、投资信托公司以及保险公司对外证券投资限额，但对银行部门的对外证券投资仍加以比较严格的限制；1977 年 6 月，允许居民购买外国短期证券，同时对非居民投资日本股票及债券采用自动许可制；1978 年 3 月，允许外国投资者购买日元债券。同年 4 月，解除对外证券投资期货交易禁令；1979 年，解除外国投资者购买日元债券的限制。

（五）原则自由化时期（1980 年至 1998 年 4 月）

日本政府对资本项目的管制逐渐放松，但自由化速度缓慢，原来的《外汇和外贸管理法》没有根本改变，所有的对管制的缓和都是通过政府的政令以修修补补的方式实施，政府的行政裁量余地很大，因此日本的外汇管理被国际社会指责为非关税贸易壁垒，来自国际特别是美国的压力越来越大。在此背景下，1980 年日本国会通过了《外汇与外贸管理法》修正案，经常项目基本实现自由化，境内外的资本流动由"原则禁止"改为"原则自由"，主要内容包括：（1）经常项目方面，允许采用特殊结算方式，取消了对贵金属进出口的限制。（2）资本项目方面，允许居民和非居民通过指定证券公司进行国内外证券投资，对内直接投资、技术引进等从许可制改为申请制。居民对其所持有的对非居民债权不再负有回收义务，可自由选择是否放弃债权。（3）保留了"发生异常情况可实施管制"的条款，这些异常情况包括：国际收支平衡难以为继、日元汇率急剧波动、资金流动对日本金融市场带来不良影响等。（4）保留了对外汇指定银行的外汇头寸额度管理。日本资本项目开放由直接投资扩大到间接投资方面，标志着日本基本实现了资本项目开放。

此后整个 20 世纪 80 年代，尤其是 1984 年制定了"金融自由化发展战略"后，日本政府相继采取了许多自由化措施。其中，涉及外汇管理的内容主要是：1984 年 4 月，取消外汇期货交易中的实需原则[7]，6 月撤销 1968 年开始实行的日元汇兑业务管制（结汇管制）；1986 年 12 月设立东京离岸

---

[7]　外汇指定银行在办理与个人和公司法人之间的远期、期货外汇交易时，必须以进出口等实际需要为基础。

市场；1987 年，完全取消金融机构对国外金融期货交易的限制；1989 年，建立金融期货交易所。到 80 年代末东京外汇市场已经成为与伦敦、纽约并驾齐驱的国际三大外汇市场之一。

（六）完全自由化时期（1998 年 4 月以后）

资本项目开放以及 1985 年开始的日元大升值，极大地促进了日本的资本流动，特别是对外投资的发展。日本的国内资本纷纷增加向海外的投资，主要流向了东南亚等国家。但日本大规模的资本流出，造成了国内需求不足和经济衰退，迫使日本当局在 1985 – 1989 年采取扩张性货币政策维持经济增长，这也为后来的经济泡沫埋下了伏笔。20 世纪 90 年代，日本泡沫经济破裂，经济陷入了长期的不景气，产业空洞化现象不断加剧，制造业外移趋势日趋明显。日本政府认识到如果继续执行"金融锁国"的政策，日本金融市场将有丧失活力和空洞化的危险。

1996 年 1 月，日本政府宣布进行名为"金融大爆炸"的金融体制全面改革，以实现经济的自由化、公正化和国际化。1997 年 5 月，日本修改了《外汇与外贸管理法》，并更名为《外汇与外贸法》，自 1998 年 4 月 1 日起正式实施。这标志着日本的外汇管理进入了一个新的时期，即由之前的"原则自由化时期"转变为"完全自由化时期"。新法的出台旨在实现外汇交易与国际接轨，通过实现外汇业务的自由化，进一步活跃日本国内金融资本市场，从而带动日本经济的发展。新法的主要特点是取消法律名称中的"管理"一词，彻底废除了外汇银行制度，取消了绝大部分资本交易方面的事前许可和事前申请制度（个别项目除外），改为实行事后报告制度。

第一，取消旧法中的外汇指定银行、指定证券公司和指定货币交易商制度。银行经营外汇业务和证券公司办理外汇证券投资不再需事先经大藏省批准和取得相应的资格，货币兑换商开展外汇兑换业务也不需经过批准；今后维持汇率的稳定主要依靠国际合作和中央银行市场干预；对银行的管理主要是日本《银行法》及其他国际惯例规则；取消外汇指定银行即期和远期外汇敞口头寸限制，银行可以自行决定其承受的风险水平；日本居民之间的外汇支付全面放开，商社、旅游代理店、连锁商店也可办理外币兑换业务；企业进出口资金结算可以通过商社的网络系统实行净额结算，只要通过银行支付差额即可；取消对特殊结算方式的管制，采用特殊结算方法无须事前审核，仅需事后报告。

第二，资本交易方面取消许可制和事先申请制，改为事后汇报。包括居民与非居民之间的存款、信托交易、借贷、债务担保、证券发行、买卖以及对外直接投资、对内直接投资等，日本的个人和企业可以自由到国外存款，也可以利用在国外的账户进行日本股票的买卖，商社等可自由参加外汇期货、期权的买卖。

第三，完善事后报告制度。为及时了解市场动向、完成国际收支统计和对外资产负债统计，给投资者和国际机构提供信息，对原有的有关报表进行整合，简化报告程序，推行无纸化报告制度；对金融机构实行合并报告和定期报告制度。加强对交易主体的告知义务，创造便利化申报环境，加大对违规的处罚力度。

第四，加大反洗钱力度。金融机构必须确认每笔外汇汇款的客户身份，通过携带现金或旅行支票等方式支付进出口交易时必须向海关进行申报。1998 年以前携带 500 万日元以上现金出入境需经大藏省许可。《外汇与外贸法》规定，个人携带超过 100 万日元的现金、支票或有价证券出入日本时需向海关进行申报，向海外汇款超过 200 万日元时，金融机构须要求汇款人亲自确认。

第五，保留经济制裁的国际惯例和国内经济状况发生急剧变化时采取紧急限制措施的机制，与实行经济制裁的对象（国家、地区、组织或个人）之间的所有跨境交易必须得到管理当局的许可。

第二节　各时期汇率政策的重点及效果

自 19 世纪后期至今，国际货币制度随着世界政治经济格局的变化及国际贸易金融的发展，先后经历了国际金本位制、布雷顿森林体系及牙买加体系，国际汇率制度也经历了固定汇率制度、可调整的或外生的固定汇率制度和混合汇率制度。牙买加协议的重要内容是确立了浮动汇率制度的合法地位，同时赋予了各会员国在汇率制度选择上的自由。

回顾日本的汇率政策,第二次世界大战以来,日本政府的汇率政策经历了四个阶段:固定汇率制度阶段(1949 – 1971 年)、汇率浮动日元逐渐升值阶段(1971 – 1985 年)、"广场协议"后日元快速升值阶段(1985 – 1998 年)、资本项目自由化后的浮动汇率阶段(1998 年至今)。

一、固定汇率制度阶段

(一)背景

第二次世界大战后,日本政府提出了贸易立国的口号,稳定的汇率是不可缺少的;战后不久,美国国家安全保障会议决定将日本经济恢复作为美国的主要目标之一。

(二)内容

1948 年 10 月,美国国家安全保障会议提出了包括设置固定汇率在内的"稳定日本经济九原则"和"道奇计划"。经过美国占领当局和日本方面的研究,决定自 1949 年 4 月 25 日开始,实行 1 美元兑 360 日元、浮动范围为 0.5% 的固定汇率政策,这个固定汇率一直保持了 22 年,一直到 1971 年 12 月才正式改变。

(三)经济效应

持续保持 22 年的 1 美元兑 360 日元的固定汇率,极大地促进了日本经济的发展,使得日本企业能够在二十多年的时期内,不必理会汇率的变化,集中力量在提高劳动生产率、提高产品质量、新产品开发、扩大产品出口等方面。从 20 世纪 50 年代后期开始,日本经济增速明显加快,特别是 60 年代的"经济增长倍增计划"期间,日本经济的年均增长速度在 10% 以上。经过长达近 22 年的固定汇率制度期间的潜心发展,到 1968 年日本成为仅次于美国的世界第二大经济体。从出口方面来看,日本产品也开始跃居世界前列,比如,在 1965 年日本的汽车出口只是德国的 13%,而到了 1974 年日本就已经超过德国成为世界最大的汽车出口国。

二、汇率浮动日元逐渐升值阶段

(一)背景

一是美国等西方国家的压力。随着 20 世纪五六十年代日本经济实力的增强，对美出口、贸易顺差的增长，长期以来一直扶持日本发展的美国，开始对日本企业的产品出口产生不满，从50年代后期开始，日美之间的贸易摩擦不断。最初的日美贸易摩擦主要集中在棉纺织等轻工产品方面，60年代后期开始，日美贸易摩擦开始向几乎所有重要工业产品领域扩展。美国等方面对日本的压力开始增大，要求日本将日元升值。二是布雷顿森林体系的瓦解。美国政府于1971年8月单方面宣布以放弃美元兑换黄金、对进口货物强制性征收10%进口关税等为主要内容的紧急经济政策，从根本上动摇了布雷顿森林体系，日元积蓄的升值力量终于爆发出来，日元汇率开始上升。日本政府为维护360日元兑1美元的汇率水平，多次入市干预，抛出日元、购买美元，但这些措施都无济于事，日元汇率仍在升值。尽管如此，欧美国家仍在不断批评日元汇率升值幅度不够。

（二）内容

1971年12月，西方十国财政部长在华盛顿史密森博物馆召开会议，决定将美元兑换黄金的比率下调7.89%，其他国家货币与美元的兑换比率也进行相应的调整，即将日元汇率升值16.8%达1美元兑308日元，并以此作为标准，可上下浮动2.25%，同时，当时的西德政府也同意将马克对美元汇率升值13.8%，这就是史密森协定的主要内容。但是，由于美国的贸易逆差继续扩大，美元汇率仍在继续下滑，1973年2月13日，美国财长宣布美元对黄金贬值10%，在此情况下，日本也只好让日元向浮动汇率制过渡。

（三）日元逐渐升值

日本汇率从固定汇率制过渡到浮动汇率制，经历了漫长的时期，是在日本成为世界第二大经济休之后才实现的。到了20世纪70年代，日本产业已经达到国际先进水平，这是日本有条件允许日元升值的强大物质基础。

从实际情况来看，从1971年开始到1985年之间，日元汇率的升值过程还是比较平稳的，但在1973－1975年的石油危机期间和1978－1985年，日元呈贬值趋势。以日元兑美元的月平均汇率来看，1972年、1978年和1985年美元兑日元的汇率分别为1美元兑308日元、1美元兑207.87日元和 1 美元兑 235.07 日元。

1973－1975 年的石油危机对日本经济产生了严重打击尤其是进出口，这段时期汇率出现一定程度的波动，但随着石油危机的结束，日元又回归升值趋势。

1978－1985 年，日元呈现贬值趋势。这是由于石油危机的冲击，导致日本通货膨胀，日本政府随后实行了财政紧缩的政策，导致日本经济增长放缓，低于市场预期，从而使得市场对日元产生贬值的预期，再加上日本政府为了促进出口，以达到刺激经济的目的，放任国际资本对日元的攻击，这进一步导致了日元的贬值，使得市场对日元贬值的预期更加强烈，做空日元的投机攻击更加猖獗。因此产生了"贬值预期—投机攻击—放任投机攻击—进一步的贬值预期"的连锁反应，日元保持了较长时间的贬值。

（四）"尼克松冲击"

20 世纪 60 年代后期，在德国和日本经济快速增长、竞争力大幅提高的同时，美国却因为越南战争而陷入失业、长期的通货膨胀、国际收支赤字的困境。在布雷顿森林体系下，美国无法通过提高黄金的官方定价而使美元贬值。因此，它只能对德国和日本政府施加压力，要求它们重估自己的货币。但是，美国并没有取得预期的成功，德国马克仅小幅升值，日本政府则没有采取任何行动。20 世纪 60 年代末日本出现了经济过热和经常项目巨额顺差，日本政府并没有对日元汇率进行调整。于是发生了尼克松冲击。尼克松冲击发生于 1971 年 8 月 15 日，当时的尼克松政府单方面宣布：美国将对进口征收 10% 的附加费，并且终止美元对黄金的自由兑换[8]。

"尼克松冲击"之后，日本起初准备拒绝日元升值，但不久就放弃了这种努力，日元汇率从 1 美元兑换 360 日元升值到 315 日元。为避免日元升值所带来的通货紧缩压力，日本政府开始实行扩张性的财政政策和货币政策。1971 年 12 月 18 日，《史密森协定》之后，日元再次升值 16.88%，达到 1 美元兑 308 日元。从 1972 年开始，日元兑换美元的汇率一直保持在

---

8 目的是为了避免美国国际收支继续恶化，减缓美元暴跌、大量黄金外流的危机。

308 日元，但由于 J 曲线效应[9]，日元大幅升值之后，日本经常项目顺差仍在继续扩大。为了加快复苏进程，日本银行将贴现率降低至 4.25%；与此同时，日本政府还大幅增加了财政预算[10]。

　　1973 年初，在扩张性政策作用下，日本通货膨胀率迅速上升，日本银行被迫将贴现率提高至 6%，但为时已晚。此时日本消费物价指数已经迅速上升至两位数，1973 年 9 月达到石油危机之前的最高点 14%。石油危机使日本通货膨胀率进一步上升，1974 年，日本消费物价指数高达 24%[11]。但石油危机后，日本政府立即由扩张性财政货币政策转向紧缩政策，造成日本经济增长急剧减速，1974 年，日本经济出现了第二次世界大战后的首次负增长。

三、"广场协议"后日元快速升值阶段

（一）背景

　　一是日元升值面临外在压力和内在压力。20 世纪 80 年代，美国经济面临着贸易赤字和财政赤字的双重困扰，1985 年贸易逆差已高达 1,219 亿美元，其中对日本的贸易逆差约占 38%，为此，美国许多制造业大企业、国会议员等相关利益集团强烈要求政府干预外汇市场，促使日元升值，以挽救日益萧条的美国制造业。另外，此时日本已成为世界第二大经济体，日元已成为世界第三大储备货币，各国外汇储备中日元所占比重达到 8%，日本对外贸易的大量顺差和日元资产需求的不断上升，客观上对日元升值形成内在压力。二是"广场协议"后日元汇率的急剧升值，既是日本政府

　　9　J 曲线效应：本国货币贬值后，最初发生的情况往往正好相反，经常项目收支状况反而会比原先恶化，进口增加而出口减少，这一变化被称为"J 曲线效应"。其原因在于最初的一段时期内由于消费和生产行为的"粘性作用"，进口和出口的贸易量并不会发生明显的变化，但由于汇率的改变，以外国货币计价的出口收入相对减少，以本国货币计价的进口支出相对增加，从而造成经常项目收支逆差增加或是顺差减少。经过一段时间后，这一状况开始发生改变，进口商品逐渐减少，出口商品逐渐增加，使经常项目收支向有利的方向发展，先是抵消原先的不利影响，然后使经常项目收支状况得到根本性的改善。

　　10　这是个致命的错误，因为此时货币供应量增长已经超过 20%，可日本政府仍继续实行极度扩张的货币政策和财政政策。

　　11　1969－1972 年日本政府长期实行抑止汇率浮动政策的最终结果，引发了 1973－1974 年的恶性通货膨胀。

试图以此缓和日美贸易摩擦，避免两国关系恶化的举措，也与日本政府想借此机会提高日元国际地位，进而提高日本在世界上的地位有关。当时，有些日本人认为，日元升值意味着日本不但在制造业方面领先于美国，而且在货币领域，日元地位也大幅提高。

（二）内容

1985 年 9 月，美国、日本、英国、法国、德国财长和央行行长在纽约的广场饭店举行会议，达成促使日元、德国马克对美元升值的一揽子协议，使美元对主要货币有秩序地下调。

（三）对日元汇率和日本经济的影响

一是"广场协议"拉开了日元迅速升值的序幕，在协议生效后不到 3 个月的时间里，日元由 1 美元兑 240 日元快速升值到 1 美元兑 200 日元附近，升值达 16.7%，日元进入了长达十年的升值周期，到 1995 年，日元曾一度达到 1 美元兑 80 日元的水平。而 1995 年到 1998 年，日本仍处于"失去的十年"当中，而美国信息技术高速发展，日本的 GDP 增长率比美国低很多。日本处于通货紧缩中，而美国的通胀率处于 4% 以下的正常水平。因此，1995 - 1998 年日元相对美元贬值。在这一阶段，日元汇率在 1 美元兑 100 ~ 150 日元波动。

二是日元的急剧升值，对日本经济最大的影响是促进了日本企业的对外投资。早在 20 世纪 60 年代中期，日本企业就掀起了一轮对外投资的热潮。20 世纪 80 年代中期以后日本企业的海外投资，主要是传统的制造业企业，在日元升值的情况下，为降低成本、占领海外市场，而被迫进行的海外投资。此时的日本尽管已经是世界第二经济大国，但其在国际上具有竞争力的行业仍然主要集中在汽车、钢铁、家电、造船等传统产业方面，在以信息产业、生化等为代表的高科技方面还没有发展到成规模的产业的地步。因此，传统的企业大量到海外投资，导致日本出现了所谓的国内产业空洞化现象，破坏了日本经济结构的顺利转型。大批企业到国外投资，必然使国内就业人数下降，导致内需不足。内需不足反过来又影响企业在日本国内的投资需求，最终形成恶性循环，是致使日本经济长期陷入通货紧缩的重要原因之一。

（四）"广场协议"

20世纪80年代早期，美国经济出现了巨额财政赤字和经常项目赤字，双赤字导致美国国内保护主义抬头，美国政府相继颁布了诸如"超级301条款"和"综合贸易法"等一系列保护性条款。80年代中期，西方国家开始担心美国的双赤字和贸易保护主义倾向。在此背景下，1985年9月22日，美国、日本、英国、法国、德国五国财长和央行行长在纽约的广场饭店召开会议，认为美元被严重高估，同意以联合干预外汇市场的方式促使美元贬值，这就是著名的"广场协议"。

"广场协议"签署后，美元对日元汇率迅速下降，在协议生效后不到三个月的时间里，由1美元兑240日元下跌到1美元兑200日元，1986年继续跌至160日元。此时，日本经济因日元升值受挫，日本政府不得不实施了一系列旨在刺激经济增长的扩张性政策，但没有明显效果。迫于国内压力，日本政府开始与美国谈判，要求停止美元的进一步贬值。最后，西方七国于1987年2月22日在巴黎卢浮宫签订了卢浮宫协议[12]。卢浮宫协议后，美元汇率的跌势、日元汇率的升值并没有得到改变，美元对日元的汇率始终维持在1美元兑130~150日元的水平上。

1986年，日本银行不得不连续4次降低贴现率。到1987年2月，日本贴现率已下降到2.5%。在扩张性货币政策刺激下，1987年，日本经济开始强劲复苏，但市场价格却相当稳定，物价水平甚至比1986年末和1987年初还要低[13]。

1987年秋，日本经济已经出现了过热迹象，贸易盈余快速下降，包括股票价格和房地产价格等在内的资产价格急剧攀升[14]。日本商业银行贷款，

---

12 卢浮宫协议：1987年2月，七大主要工业国国家财长和央行行长在巴黎的卢浮宫达成协议，一致同意G7国家要在国内宏观政策和外汇市场干预两方面加强"紧密协调合作"，采取联合措施制止美元的跌势，保持美元汇率在当时水平上的基本稳定。该协议的主要约定是：日本和西德等实施刺激内需计划，美国进一步削减财政赤字；G7国家加强外汇市场"干预协调"，秘密保持美元对日元和马克汇率的非正式浮动区，如果汇率波动超出预期目标5%，各国要加强合作干预。

13 这是日元升值的后果。

14 由于自动稳定器的作用，日本的财政政策和货币政策开始自动收缩。但1987年10月19日，美国"黑色星期一"的股市灾难，使日本银行收缩货币供给、提高贴现率的计划失败。

特别是对房地产和建筑业的贷款继续大幅增加,货币供应量提高了 12%。一直到 1989 年 3 月,日本银行才开始调高贴现率,但此时泡沫经济已经形成。

从 1989 年 3 月至 1990 年 8 月,日本银行连续五次提高贴现率。急剧收紧的货币政策加速了资产价格破灭,1990 年股票市场崩溃,1991 年房地产价格狂跌。1991 年,日本经济进入衰退。从 1991 年 7 月起,日本政府不得不重新实行扩张性的财政政策和货币政策,再次大幅调低贴现率。但是,日本金融机构巨额不良资产所带来的资产贬值以及日本经济严重衰退的趋势已不可逆转。日本政府为了消除 1985 – 1989 年日元升值带来的通货紧缩压力,制造了大量的资产泡沫,经济泡沫破灭引发了 1990 – 2000 年日本经济的长期停滞。

四、资本项目开放后汇率浮动阶段

(一)背景

"广场协议"后,为了减轻日元升值对经济的冲击,日本银行实行了扩张性的货币政策,过多的流动资金流入房地产和股票市场,制造了大量的资产泡沫。1989 – 1990 年,面对通胀压力和愈演愈烈的投机之风,日本宏观调控部门相继采取了一系列紧缩措施,导致极度膨胀的资产泡沫破裂,引发了 1990 – 2000 年日本经济的长期停滞。日本政府也终于意识到在条件不成熟的时候,让本国货币过度升值的危害,因此转而采取了阻止日元升值、稳定日元汇率的政策。

(二)内容

从 20 世纪 90 年代中期后,美国政府也开始采取了强势美元的政策,美元汇率逐渐走强。1997 – 1998 年亚洲金融危机时,美元兑日元汇率一度升到 1 美元兑 140 日元左右的水平。但进入 21 世纪以来,特别是 "9·11" 事件后,由于美国经济进入衰退边缘,再加上美国国内有不少人士认为美元币值被高估了 10% ~ 20%,美国政府又开始调整汇率政策,实际上采取了促使美元贬值的政策。

对于美国政府的这种政策变化,日本方面非常不安,想方设法不让日元汇率升值。1997－2004 年，日本政府频繁入市干预汇市，购买美元和欧元，阻止日元汇率升值（见表 7.1）。从 2004 年至 2007 年，日元兑美元之间呈现波动状态，但这种波动界限比较明确，始终处于 1 美元兑 100～130 日元。

日本政府从 2004 年 3 月取消对汇率常规干预以来，采取了"放任市场"的应对策略，让市场决定汇率的高低。从 2004 年 3 月至 2010 年 9 月，日本财务省在超过五年的时间里一直没有再正式宣布过干预行动。2007 年末，日元突破 1 美元兑 100 日元呈现下行趋势，日元持续升值。主要原因是 2007 年末爆发的美国次贷危机，随后扩散为全球性的金融危机，但是美国是危机的中心，受害最甚，日本所受影响较小。此时，日元呈现出避险功能，成为分散美元风险的主力货币。尤其自 2010 年 8 月开始日元汇率屡创十五年来的新高。2010 年 9 月 15 日早，当日元升至 1 美元兑 82.88 日元时，财务大臣野田佳彦突然下达指令，日本官方随即开始大举抛售日元，以 120 亿美元干预汇市以抑制日元的升势，成为数年来第一个干预外汇市场的大型发达经济体。2012 年末，日本第 96 届首相安倍上台后提出一系列的刺激经济政策，最引人注目的就是货币宽松政策，日元汇率开始持续贬值。

表 7.1　日本政府和央行干预汇市的时期、金额及内容

单位：亿日元

实施时间	实施金额	实施内容	实施时间	实施金额	实施内容
1997 年 10～12 月	11,282	(3)	2000 年 7～9 月	1,435	(1)
1998 年 4～6 月	30,470	(2)	2001 年 7～9 月	32,107	(1)
1999 年 1～3 月	6,563	(1)	2002 年 4～6 月	40,162	(1)
1999 年 4～6 月	3,392	(1)	2003 年 1～3 月	23,867	(1)
1999 年 7～9 月	23,876	(1)	2003 年 4～6 月	46,116	(1)
1999 年 10～12 月	15,580	(1)	2003 年 7～9 月	75,512	(1)
2000 年 1～3 月	16,443	(1)	2003 年 10～12 月	58,755	(1)
2000 年 4～6 月	13,854	(1)	2004 年 1～3 月	148,314	(1)

注：实施内容：（1）卖出日元、买进美元；（2）卖出美元、买进日元；（3）卖出美元、买进印尼卢比或日元。

资料来源：日本财务省《外国为替平衡操作的实施状况》。

（三）日本经济需要结构调整

日本政府干预汇市的目的，就是为了保证企业产品的出口，以外需来弥补因长期萧条带来的内需不足。另外，在通货紧缩环境下，让日元汇率贬值，还能起到缓和通货紧缩的效应。特别是从 2001 年开始，日本小泉政府放弃过去长期使用的扩大政府支出的财政政策和宽松的货币政策，在不顾邻国和美国反对的情况下，改为以日元贬值的汇率政策来提升出口竞争力，以期实现经济复苏的目的，而日本的经济似乎并没有因为日元贬值而有所起色，一直到 2004 年日本经济才稍有复苏。2008 年全球金融危机中，较之欧美等发达国家，日本受到的冲击相对较小，即便如此，作为世界上重要的经济体，日本在全球经济低迷和资本市场暴跌的影响下也出现了明显的衰退迹象。此次经济衰退也暴露出日本出口主导型经济增长的局限，给今后日本经济的成长战略调整提出了新的挑战。如何减少经济增长的外需依存，提振内需，改善脆弱的发展模式，是日本政府当前制定战略时的主要目标。

第三节　美日博弈下的汇率政策调整

第二次世界大战后，日本经济迅速崛起，对美出口快速增加导致日美贸易顺差不断扩大，"广场协议"之前的 1979－1984 年，日本 GDP 达到美国的 34%～41%，日本货物进出口贸易额达到美国的 52%～57%[15]。日本是非储备货币发行国，与其贸易顺差不断增加相伴随的，是其不断崛起的过程，其经济实力达到改变旧有国际经济格局的程度，美日所爆发的贸易战、汇率战，是日本经济崛起所引发的国际经济关系尤其是日美之间经济关系不断再调整的具体表现。

20 世纪 80 年代，日本对美国的出口进一步加强，美对日贸易逆差不断扩大，美日贸易摩擦进一步激化和深刻化。美日贸易摩擦这一贸易领域的问题进一步扩展到日本的外汇政策、产业政策、宏观政策及经济体制等

15　王松奇，史文胜：《论汇率的决定机制、波动区间与政策搭配》，载《财贸经济》，2007（4）。

领域，迫使日本进一步开放国内市场，改变经济增长方式，这是美日两国博弈的结果，显示了两个发达国家在国际经济领域中力量对比的变化，也反映出浮动汇率制的缺陷及非基础货币国家为维持汇率稳定必须承担更多的成本[16]。

一、美国的对日政策

面对美日贸易不平衡的扩大，美国的对日政策首先从贸易领域扩展到金融领域，要求日本进一步实施金融的自由化和国际化，迫使日元大幅度升值；然后，涉及日本的贸易政策和产业政策领域，要求日本进一步开放国内市场，从各方面强化竞争政策；进而，又深入到日本的宏观政策及其他国内政策领域，要求日本通过扩大内需来减少贸易顺差，并要求日本改变企业制度及交易方式，改善市场准入和促进对日直接投资。美国的上述对日政策主要是通过以下三种方式展开的。

（一）美元—日元委员会

美国政府认为日元汇率偏低是日本对美贸易顺差的主要原因，必须通过资本流动的自由化及日元的国际化来纠正。为此，1983 年里根总统把限于贸易领域的要求日本开放市场的谈判扩大到金融领域，作为谈判的形式，成立了"美元—日元委员会"。

该委员会关于日本的讨论主要涉及金融及资本市场开放、改善市场准入条件、实现欧洲日元市场的开放、促进直接投资四个方面。关于金融及资本市场的自由化，该委员会要求日本实现利率自由化、取消日元转换（外汇指定银行卖出从国外借入的外汇以筹集日元资金）的限制及日元对外贷款等的限制；关于市场准入，该委员会要求日本给予外国证券公司东京证券交易所会员资格、允许外国银行参与信托等。关于美国的讨论，该委员会提出了要允许外国银行设立当地法人以实现洲际业务自由化的要求。

经过一年的谈判，该委员会于1984 年5 月发表了《美元—日元委员会

16　陈建安：《日本的外汇制度与汇率政策调整中的美日博弈》，载《日本学刊》，2006（4）。

报告》[17]。与此相应，日本大藏省则发表了《关于金融自由化及日元国际化的现状和展望》的报告。此外，1985 年 3 月，作为大藏大臣咨询机构的"外汇审议会"又在此基础上发表了《关于日元国际化》的咨询报告，在相当程度上接受了美国的观点。

"美元—日元委员会"的各种谈判一直延续到 1991 年，中断一段时间后，1993 年又重新开始，后阶段的谈判主要围绕相互间的市场准入问题。美国所关心的是日本的资产运用、承销公司债、金融衍生产品、国际融资等问题；日本所关心的是美国的外国银行当地法人洲际业务的自由化等。通过谈判，日本金融自由化和相互间市场准入取得一定进展，但作为谈判前提的"增加在国际交易中日元的使用比率"及资金在国际自由流动的目标问题并未根本实现，日元国际化本身也没有太大进展。尽管日本政府对日元国际化采取了积极的态度，但基本意图是想通过形式上的日元国际化，来延续国内原有的金融和财税体制。

（二）"广场协议"（1985 年）

日本进一步实施资本流动的自由化后，对美国的投资迅速增加，即通过购买美国国债的方式，使日本经常收支的巨额顺差回流到美国，增加了对作为投资货币美元的需求，因而使美元继续大幅度升值。这是美国政府所始料未及的。尽管为了纠正日元汇率过度下跌，日本政府从 1982 年至 1983 年对机构投资者对外证券投资的增长设置了上限，但未能从根本上抑制日元汇率的下跌。

另一方面，美国政府为了治理严重的通货膨胀，实施紧缩的货币政策，连续多次提高官方利率。高利率吸引大量的海外资金流入美国，导致美元汇率飙升，从 1979 年末到 1984 年末，美元汇率上升超过 40%，美元对主要发达国家货币的汇率超过了布雷顿森林体系瓦解前的水平。美元的大幅度升值导致美国 1984 年的经常项目逆差创新高，达到 1,090 亿美元。为阻止美元进一步升值，1985 年 9 月，美国、日本、德国、法国和英国的

---

17 两国虽然都参与讨论日本资本项目开放的措施，但双方的真实意图都不在于此。美国主要关心的是东京市场的开放以及美国银行如何大规模进入日本的问题，而日本将更多注意力集中于资本项目开放下，如何维持旧的国内金融秩序和税收体系。

财长及央行行长在纽约广场饭店举行会议，达成了"广场协议"。五国政府决定联合干预外汇市场，使美元对主要货币有秩序地下调，以解决美国巨额的贸易赤字。"广场协议"签订后，五国联合抛售美元，导致美元持续大幅度贬值，其中日元兑美元的升值幅度最大。如美元兑日元的汇率从1985年8月的237日元降为1987年1月的150日元，即在不到两年的时间里，日元兑美元升值58%。

（三）日美结构问题谈判

由于日元升值使日本的进口原材料价格下降，加上企业采取各种合理化措施，日本制造业中的出口部门尤其是机械行业的劳动生产率迅速提高，国际竞争力大大增强，导致对美国的贸易顺差不但没有减少，反而进一步扩大。美国就把矛头指向日本的产业政策，认为"日本对新兴产业进行保护、扶植，使之避免与进口竞争，同时促进其出口，直到新兴产业成长到具有打入国际市场的能力时，才撤销贸易壁垒，允许其展开竞争"，是"不公正"的贸易竞争。于是，美国打出了"公平贸易"的旗帜，将谈判重点从原来的"机会平等"转向"结果平等"，对日政策的焦点进一步集中到日本的市场准入及保证扩大进口等方面，即从相互主义的观点出发，保证美国产品在日本有一定的市场占有率。

为了从根本上纠正美日贸易不平衡，两国于1985年开始进行"个别市场协议"（MOSS协议）谈判，就木材、电器、通信、药品及医疗器械四个领域的贸易障碍和开放市场问题进行协商。作为这个协议的延续，1989年9月到1990年6月美日举行了结构问题谈判[18]，谈判内容涉及两国的宏观经济政策、竞争政策及贸易政策等诸多方面，两国从各自的立场出发，最终都做了相应的承诺。日本方面承诺的主要内容有：扩大公共投资和民间消费；扩大住宅及宅地的供应；改善流通体系；强化反垄断法的运用，

18　"结构问题谈判"即 Structural Impediments Initiative（SII），Initiative 即谈判首先是由美国发起倡议的，是由美国掌握主动，向日本展开的先发制人的攻势，而 Impediments 即问题主要是日本方面存在的、有碍于美日经济关系发展的结构性问题，而绝不是把美国方面存在的结构性问题作为第一问题。因此，尽管美日结构谈判在表面上是双方对等、互相指出对方的结构问题，各自提出措施加以改进，而实际上并非对等，主要是美国要找出日本方面的问题，由日本针对这些问题提出措施加以改进。

纠正排他性的商业习惯；限制系列交易；缩小内外价格差。美国方面承诺的主要内容有：削减财政赤字，增加民间储蓄；加强企业的竞争能力；纠正企业的投资行为；减少政府管制；促进研究开发；增加鼓励出口的预算；加强对劳动力的教育和训练。然而，美国对日本的批评，不仅停留在日本的贸易政策、经济政策，而是要求日本按照美国的价值观、市场观，对其经济社会的结构、制度、惯例实行全面的改造，更进一步说，美国发起的结构谈判实质上是美国为阻止对日贸易赤字增大所反映的美国经济霸权的衰退而展开的一种外交战略[19]。

二、外汇制度改革和宏观政策调整

面对日益激化的对外贸易摩擦和日元大幅度升值的压力，日本进行了制度改革和政策调整，通过修改《外汇及外国贸易管理法》，进一步推进贸易和资本的自由化，促进金融的国际化，并着手进行经济结构的调整。

（一）推进贸易和资本的自由化

有步骤地推进贸易和资本的自由化，承诺开放国内市场来缓解对外贸易摩擦，并以此来避免日元大幅度升值，这是日本政府应对贸易摩擦和日元升值的主要策略。如日本从 1973 年 5 月起实施第五次资本自由化，除农林水产业、矿业、石油业、皮革及其产品制造业和零售业五个行业外，其他行业原则上实现了 100% 的资本自由化。其后，电子计算机、集成电路、信息处理及零售等行业也相继实现了资本自由化。此外，1973 年至 1974 年，日本开放国内的债券和股票市场。1975 年至 1979 年，日本放宽了居民对外直接投资及对外证券投资的限制。对于资本项目自由化的具体内容，请参见本章第二节"外汇自由化改革"。

（二）修改《外汇及外国贸易管理法》

1980 年 12 月生效的新的《外汇及外国贸易管理法》（以下简称《外汇法》），把旧法中关于"原则禁止"资本交易改为"原则自由、例外管理"，并把《外资法》并入《外汇法》。《外汇法》坚持进一步扩大贸易和

19　参见冯昭奎：《美日经济摩擦及其在亚洲的争夺》，中国社会科学院日本研究所。

资本自由化，简化进口手续，改善市场准入。

尽管新的《外汇法》将资本交易从"原则禁止"改为"原则自由"，但是，通过许可制、申报制、外汇指定银行等制度以及授予大藏大臣过大的裁决权，日本依然把资本交易置于政府严格的控制之下，并没有从本质上放松对外汇的管理。同时，大藏省和央行通过外汇平衡操作，频繁地干预外汇市场，其目的并非是将发挥外汇市场的自动调节作用以及国内需求管理政策作为汇率政策的主要方向。

（三）调整经济结构

"广场协议"后，日元大幅度升值并没有使日本的经常收支顺差减少，相反，由于J曲线效应，日本的贸易收支和经常收支顺差继续增加。1986年，日本的经常收支顺差相当于国民生产总值的4.2%，这无论是从日本经济运行的角度，还是从国际经济协调发展的角度来看，均存在一定的风险。

为此，日本于1986年及1987年两次提出了经济结构调整的设想，认为日本必须从以下几方面进行经济结构的调整：第一，将经济增长方式转变为内需主导型，从本质上提高国民的生活水平；第二，调整产业结构，以适应国际分工的发展；第三，进一步开放市场，促进制成品进口；第四，促进国际货币的稳定与金融的自由化和国际化；第五，改革财政及金融体制。1998年日本政府又制订了《与世界共存的日本——经济运行五年计划》，更具体地提出了经济结构调整的内容、政策运行的基本方向、实现重点目标的对策以及经济计划实施的程序等。

（四）促进金融国际化

迫于国内外的各种压力，日本在1985年再度修改《外汇法》，允许外资银行进入，并可经营日本的政府债券。此外，根据《日元—美元委员会报告》的精神，于1986年12月开设了东京离岸金融市场，在日外国金融机构的国际业务迅速扩大，非居民筹集和运用日元资金的机会进一步增加。另外，尽管日本早在1977年就引进了欧洲日元债券[20]，但由于日本货

20　欧洲日元债券指在日本境外发行的以日元为计价货币的债券。

币当局过于重视与国内市场的平衡，更多考虑的是能在多大程度上控制欧洲日元市场，于是设置了发行体必须事先获得许可等附加条件，使欧洲债券市场难以顺利扩大。为此，1987年日本进一步放宽欧洲日元债券的发行条件，允许非居民参与本国的日元债券及现、期货交易等。

三、外汇制度与汇率政策的成本

（一）浮动汇率制的缺陷

日本实施浮动汇率制的经验表明：浮动汇率制并未达到抑制外汇投机、稳定汇率的效果，反而使汇率波动更大；通过汇率变动实现经常收支调整的作用不能充分发挥，实际上这种过程需要相当长的时间（如 J 曲线效应）；金融政策的独立性也未能得到充分的保证，各国被迫将金融政策用于实现汇率稳定及恢复对外平衡；并未能实现外汇市场波动与货币政策相隔离的效果，实际上通过实体经济，汇率波动及各国货币政策的影响反而在国际迅速传播；在政策实施方面，各国很难有效地影响拥有基础货币的美国的政策选择；各国为维持汇率稳定所承担的成本存在着很大的非对称性。

（二）日元国际化的难点

尽管日本就推进日元国际化提出了较详尽战略，但其积极性多半只停留在政府层面，民间出于对自身利益的考虑缺乏相应的积极性。因为第一，为了规避外汇风险及维持进出口结算的便利，日本企业自身偏好使用美元结算，尤其在日元看涨时，企业更是选用美元进行进口结算；第二，尽管1998年实施新的《外汇法》后日本的国际金融业务有了较大拓展，但日元资产的运用仍缺乏便利性，所以交易双方都不愿意拥有更多的日元资产；第三，日本在东亚地区推崇篮子货币汇率制，但东亚其他国家或地区反应冷淡，因为它们首先关心的并非日元的国际化，而是如何建立区域内汇率稳定机制及如何促进东亚区域内贸易和投资。因此，在国际经济活动中日元的国际化自2002年以来基本无进展。有关日元国际化的更多内容，请参见第六章"日元国际化"。

（三）政策成本的增大

正因为浮动汇率制存在上述缺陷，所以，日本为了维持日元汇率的稳定，必须支付较大的政策成本。为了使日元升值不至于在很大程度上影响出口及经济增长，日本政府及央行会择时干预汇市，由此将增大政府的财政负担；由于"J曲线效应"的存在，在通过汇率变动调整经常收支时会出现较长的时滞，在逆差国（主要是美国）的压力下，将会出现汇率超调，从而加剧日元汇率的不稳定；经常收支顺差的扩大对日本投资者来说意味着外汇资产风险的增加，假如国外的实际利率不能相应地提高，那么投资者会选择卖出美元、买进日元，结果将使日元进一步升值；随着金融市场国际化和全球化的发展，美日两国的利率差成为决定日元兑美元汇率的重要因素之一，因而使日本为了维持日元汇率的相对稳定，不得不被动地调整国内利率；在经济全球化的条件下，汇率波动与各国宏观经济政策之间的相互影响将进一步加强，从而使汇率政策的国际协调不可或缺，但由于日本经济结构对汇率波动有较强的敏感度，所以日本将比美欧发达国家承担更大的国际协调成本。

第四节　汇率政策调整中的教训和启示

第二次世界大战后日元汇率波动和日本的经济走势、宏观政策以及国际政治经济博弈交织在一起，互相影响、互为因果，其中不乏值得借鉴的经验和汲取的教训。

（一）汇率剧烈波动有损经济发展

在1961 – 1969年的9年时间内，日本经济年均实际增长率为10.4%，其中1961 – 1965年为9.4%，1965 – 1969年为11.8%，呈现出不断提高的态势，并最终超过西欧各国，成为仅次于美国的世界第二大经济体。20世纪70年代以后，日元汇率虽然出现波动，但日元呈逐渐升值趋势，一般认为这是日元汇率长期贬值的修正，是日元价值的正常回归。这一时期，日本经济虽然结束了高增长，但在1971 – 1985年依然实现了GDP年均4.4%的增长，高于同期欧美各国GDP的年均增长率。

20世纪80年代和90年代，日元汇率的剧烈波动有损日本经济。1987 – 1991年，日本GDP年均实际增长率达到了4.5%，而1992 – 1999

年，GDP 年均实际增长率则下降到 0.7%，跌幅明显。

（二）日元大幅升值中存在宏观政策失误

日本在尼克松冲击和"广场协议"以后，为应对日元升值而采取的过度扩张的货币政策和财政政策导致了严重的通胀（1973 - 1974 年）和资产泡沫（1988 - 1990 年），以及随后的紧缩政策又导致经济负增长（1974 年）和泡沫经济破灭（1991 年）。

尼克松冲击中，当时日元汇率调整已经不可避免，但日本政府坚持汇率水平不变，同时为应对日元升值所带来的通货紧缩压力，实行扩张性的财政政策和货币政策，为 1973 - 1974 年的恶性通货膨胀埋下了祸根。1974 年，日本政府由扩张政策转向紧缩政策，同年石油危机爆发，造成日本经济出现第二次世界大战后的首次负增长。"广场协议"中，日本政府为了消除日元升值带来的通缩压力，选择了极度扩张的财政政策和货币政策来刺激经济，造成了 20 世纪 80 年代后期巨大的资产泡沫。如果 1987 年和 1988 年日本银行及时收缩货币供给而不是继续实行扩张政策，日本的资产泡沫不至于如此膨胀。

（三）国家战略和国际货币体系影响汇率走势

第一，国家战略往往会带来汇率的主动波动。20 世纪 80 年代开始，相对欧美老牌资本主义强国来说，日本经济发展的速度明显提高了。1985 年，日本在和美国、西德的主要经济指标比较中，处于绝对的领先地位。随着日本经济逐渐强大，1982 年时任日本首相的中曾根康弘提出了"政治大国"和"国际国家"的政治口号，这标志着日本新的国家战略在这一时期开始形成。新的国家战略在日本签订"广场协议"的过程中发挥了重要作用。尽管从表面上看，"广场协议"要求日元大幅升值是欧美各国向日本施压的结果，也是日本自己想要参与这种协调的结果。日本政府之所以这样做，乃是因为日本自己想成为世界性的经济和金融强国。

第二，现行国际货币体系往往引起汇率的被动波动。现行的国际货币体系具有典型的"美元本位制"特征。因此，如果美国经济的衰退和困难达到一定程度，基础性通货美元丧失信用，世界经济就会陷入极大的混乱。为了世界经济秩序的稳定，所有处于这种关系中的国家就都不得不协助美国。在美元本位制下，汇率变动的主要决策权大都掌握在美国手中，日元对美元汇率的变化往往和美国政策的变化有关，日本政府通过汇率调节经济的能力十分有限。

（四）日元汇率波动加快产业结构调整

在日元汇率长期波动中，日本政府制定和实施了一系列的产业政策，这些政策帮助日本企业实现产业结构的优化和升级。在浮动汇率初期，日本政府就明确提出了产业结构调整政策，以应对日元升值对产业造成的不利影响。产业结构调整的核心是改变20世纪60年代以重化工业品为中心的出口结构，降低较多消耗资源的钢铁和化工产品比重，提高知识与技术密集型的机械产品比重。为了促进产业结构调整升级，日本政府采取了延期资本自由化以及"官产学"相结合的保护和干预政策，特别是在科技研发上加大了投入，对半导体、集成电路、电子计算机等核心产业进行重点扶持。

对于不适应日元升值的衰退产业，日本政府则采取了成立萧条卡特尔、缩小生产规模、停产转产、鼓励海外投资等方式予以消化。以海外投资为例，20世纪70年代以来，日本对亚洲的直接投资一直沿着日本—新兴工业经济体（NIES）—东盟（ASEAN）—中国沿海地区的垂直梯度展开，先后将失去比较优势的纺织纤维、钢铁、造船和石油化工等产业通过投资和技术转移的方式，向东亚和东南亚的各个国家和地区转移。20世纪80年代中期以后，日本政府又加大了汽车及零部件、电气机器和电子行业产品的对外投资。结果，日本不仅成功地克服了日元升值对经济发展的不利影响，而且促进了产业结构升级，实现了在日元长期波动下的经济增长。

（五）压制汇率不能完全依靠资本管制

在资本管制的情况下，也有可能受到投机性冲击。日本20世纪70年代初的经历表明，即使在资本项目没有开放的情况下，仍然存在受投机性冲击的可能性。1971年"尼克松冲击"发生后，尽管当时日本对资本项目进行着严格的管制，东京外汇市场上日元升值的压力仍急骤增加。对日元的投机活动以增持日元债权和美元债务的方法进行，而这种增持日元债权和美元债务又是通过经常项目交易来实现的，比如贸易项下"提前或滞后"付款,多开或少开贸易发票金额等。只要投机者认为某种货币低估并预期这种货币将会升值,就会想方设法多持有这种货币头寸,此时维持固定汇率的成本很高,就需要调整汇率水平,或者实施更具灵活性的汇率制度,资本管制对抑制汇价投机活动并不是完全有效的。

参 考 文 献

[1] 陈建安:《日本的外汇制度与汇率政策调整中的美日博弈》,载《日本学刊》,2006 (4)。

[2] 王允贵:《"广场协议"对日本经济的影响及启示》,载《国际经济评论》,2004 (1-2)。

[3] [日] 黑田东彦:《日本汇率政策失败所带来的教训——以"尼克松冲击"和"广场协议"为例》,载《国际经济评论》,2004 (1-2)。

[4] [日] 河合正弘:《日本汇率政策对人民币的经验与教训》,载《国际金融研究》,2004 (10)。

[5] 林东海:《论汇率制度:历史发展、理论分析与实证研究》,博士论文,2002。

[6] 车松虎,李建军:《从日元汇率的历史走势得到的经验、教训和启示》,载《国际金融》,2010 (1)。

[7] 张艳:《日本资本市场开放:动因、过程与经验研究》,载《现代日本经济》,2007 (2)。

[8] 袁跃东:《日本政府汇率政策的变化及其启示》,载《日本研究》,2004 (3)。

[9] 黄继炜:《日本资本项目开放与汇率政策研究》,载《现代日本经济》,2010 (2)。

[10] 张静,汪寿阳:《汇率制度的研究》,载《国际技术经济研究》,2004 (1)。

[11] 孙继军,孙伯银,刘晓兵:《日本的国际化历程与启示》,载《国际金融研究》,2013 (6),14~23 页。

［12］陈永康：《人民币汇率制度研究》，硕士毕业论文，2007。

［13］王松奇，史文胜：《论汇率的决定机制、波动区间与政策搭配》，载《财贸经济》，2007（4）。

［14］成思危：《日本汇率改革的经验与教训》，载 http：//www. sina. com. cn，2014 - 02 - 13。

［15］花长春：《汇率失调与经济泡沫：日本汇率、财政和货币政策对中国的借鉴》，中国人民大学硕士毕业论文，2004。

［16］范德胜：《日本外汇储备的形成和管理及对我国的启示》，载《经济研究参考》，2013（43）。

［17］王晖：《日本的外汇储备体制及其特点》，载《经济师》，2010（12）。

第八章

金融危机应对机制

自资本主义制度诞生以来，就从未摆脱过金融危机[1]的阴影。2008 年 9 月，规模空前的国际金融危机的爆发使得金融危机问题再度成为学术界研究的热点。这场危机也使更多人相信，在现代金融体系下仅仅依靠事前的预防已无法完全消除金融危机爆发的可能，因此有必要研究如何才能把金融危机的冲击和破坏性降到最低，如何提高危机爆发时政府的应急救助能力，以及采取何种救市举措能够使经济更快地从金融危机中复苏等。

20 世纪 90 年代初至今，日本经历了两次大规模的金融危机，即泡沫经济破灭后银行等金融机构破产潮导致的国内金融危机[2]，以及 2008 年因美国次贷危机引发的国际金融危机。从 20 世纪 90 年代初起，日本投入巨额公共资金、在经济上付出长期低迷的惨重代价后，在如何应对金融机构破产问题以及金融危机处置和应对方面，积累了较为丰富的经验教训。回顾和审视日本政府应对金融危机的举措，借鉴日本金融危机应对留下的宝贵经验，能够促使我们更好地思考金融危机应对政策的成本和效果。

1　有关金融危机，在学术界得到广泛认可并接受的是《新帕尔格雷夫经济学大辞典》（*The New Palgrave：A Dictionary of Economics*）对金融危机的解释。它释义为全部或大部分金融指标（如短期利率、货币资产、证券、房地产、土地价格、商业破产数和金融机构倒闭数）的急剧、短暂和超周期的恶化。由于金融与实体经济的密不可分，所以在金融危机爆发中后期，往往还会出现企业倒闭潮，失业率飙升等经济萧条的动荡局面，而人们的悲观预期及投资者信心的快速下降和恐慌也将蔓延。

2　根据 IMF 于 1998 年出版的《世界经济展望》报告，其将金融危机划分为四类，即货币危机、银行业危机、外债危机、系统性金融危机。按照此划分标准，日本泡沫经济破灭后的国内金融危机更多的是一种银行业危机。

第一节　金融危机应对机制的演变

为应对国内和国际两次金融危机，日本政府的应对措施在不断"试错"中逐步得以检验、调整，并经历了从出台特例措施应对金融危机事件，到制定和完善法律、法规，出台常规和非常规货币政策、产业政策等举措，以使金融危机应对走向制度化的过程。从演变的过程来看，日本金融危机应对机制的形成大体经历了以出台特例措施应对金融机构个别破产事件阶段、金融危机应对机制初建阶段和构建综合性金融危机应对机制阶段。

一、以特例措施应对个别机构破产事件

第二次世界大战以来，日本金融监管体制历经多次变革。20 世纪 70 年代中期之前，日本实行了严格的金融管制。比如，市场准入管制减少了金融业新进入者的数量，在一定程度上有利于维护金融秩序的稳定，却阻碍了金融机构的有序退出，优胜劣汰机制运行不畅，无法形成良好的竞争环境。这一时期，在"护航舰队"政策下，日本金融机构的破产案例十分稀少，甚至一度创造了"银行不倒"的神话。银行业作为日本整个金融体系的核心，其稳定运行一定程度上代表了日本金融整个系统运转相对良好。这一时期，日本很少存在金融危机的困扰。直到 1971 年，日本才设立起简单的存款保险制度作为金融机构破产处理措施[3]。

20 世纪 70 年代中期以后，美欧等发达国家在不同程度上进行了金融监管体制变革，与此同时，日本的经济金融环境也发生了重大变化，为顺应国际国内形势的发展，金融监管当局改变了传统的监管理念，开始进行金融监管体制改革，即"金融自由化改革"。同时，为推进金融机构转让营业资产与重组、合并，引入了"资金援助"作为金融机构破产的备选处置手段。

3　胡文涛：《金融危机的应对：以日本银行业金融机构破产处理法律为例》，载《河北法学》，2012（1），163 页。

　　进入 20 世纪 90 年代，日本泡沫经济破灭，资产价格下跌，不良债权问题致使金融业特别是银行业经营困难，一些规模较小的银行开始出现倒闭现象。比如，1992 年日本存款保险机构决定向伊予银行提供 80 亿日元的优惠贷款，实施资金援助，以帮助其吸收合并东邦相互银行。这是 1986 年确立的资金援助措施首次得以应用[4]。1992 年 4 月，大阪东洋信用金库因经营问题陷入破产困境，经大藏省与债权人磋商，决定将其解体，不动产和经营权卖掉后充当偿还债务的资金，对救济者三和银行赠送 200 亿日元。1993 年 5 月，岩手县釜石信用金库因大量不良债权暴露陷入经营危机，釜石信用金库的业务被分割转让给东北银行、岩手银行、北日本银行等机构，其不良债权则由存款保险机构拿出 260 亿日元、全国信用金库联合会等拿出 65 亿日元予以消化处置。1993 年 11 月 1 日，大阪府民信用组合结束了其 42 年的经营历史，在存款保险机构向大阪弘容信用组合赠送 199 亿日元资金的条件下，被后者合并。这些小型金融机构的破产、重组对日本金融信用的冲击相对较小，但对金融界的心理冲击很大，它宣告了日本"银行不倒"神话逐步开始破灭。

　　面对这场危机，日本政府对于危机性质的判断、对于危机严重性的认识都存在重大失误，这也暴露出日本金融体系基础性制度上的缺失[5]。这种缺失主要表现在[6]：

　　第一，日本金融监管部门对于巨额不良债权对宏观经济影响的严重程度认识滞后。泡沫经济破灭后，金融监管部门认识到不动产价格的下跌将对金融机构经营产生一定的影响，但对资产价格缩水影响金融机构继而对宏观经济产生什么样的影响，认识相当滞后。第二，会计和信息披露制度上的缺失。这导致的结果是，金融机构提前处置不良债权的机制难以发挥

4　[日]預金保険機構：平成金融危機への対応，36～41 页，东京，金融财政事情研究会，2007。

5　参见日本银行总裁白川方明：《应对金融危机：日本的经验与现在的全球金融危机》，日本银行主页，2009 - 02 - 25。

6　陈虹：《金融危机的风险监管：日本的经验》，载《日本研究》，2009（1），19 页。

作用。第三，除了政府反应不及时、被动应对金融危机外，救市政策单一也是导致 20 世纪 90 年代日本国内金融危机损失惨重的重要原因之一[7]。日本股市在 1989－1992 年累积下跌 60%，房地产价格呈现年均 20% 的下跌幅度[8]。面临此种困境，当时的日本银行采取的措施是，将利率降低到几乎为零的水平以期刺激投资来恢复经济活力，但由于日本当局低估了当时金融危机的巨大破坏性，救市行动迟缓、救市政策过于单一且力度不足，实际上当时的日本经济已经陷入衰退。

二、初步构建金融危机应对机制

20 世纪 90 年代初期至 90 年代中后期。20 世纪 90 年代初期，对于金融机构破产处置的程序主要包括：大藏省对问题金融机构进行救济合并、分割转让；日本存款保险机构通过贷款、赠款等方式向需要救助的金融机构提供资金支持。但随着破产金融机构规模的扩大和金融危机程度不断恶化，破产处置的程序更趋复杂化[9]。

1994 年 4 月，日本政府成立了全国性的回收处理公司（Resolution and Collection Corporation，RCC），回收处理公司不仅要接收破产银行与住宅金融机构发生的不良债权，还要向正常金融机构购买不良债权，以求以最快速度恢复金融市场的秩序。值得注意的是，RCC 在获得不良资产后，并没有将不良资产打包证券化进行出售，而是以追讨和催收为主，因此它的平均回收时间都比较长，在一定程度上也限制其作用的发挥。

1994 年 12 月，东京协和信用合作社和安全信用合作社倒闭，日本由此进入了必须对金融机构进行真正破产处理的时期[10]。在此之前，金融机

7　在 1996 年之前，日本应对国内金融危机主要依赖货币政策，银行利率降低到几乎为零的水平以期刺激投资。

8　王艳萍：《金融危机以及政府救市行为的对比分析——以瑞典和日本为例》，载《生产力研究》，2010（4），106～108 页。

9　参见刘海龙：《日本银行业不良债权问题研究》，华东师范大学博士学位论文，2005。

10　胡文涛：《金融危机的应对：以日本银行业金融机构破产处理法律为例》，载《河北法学》，2012（1），163 页。

构的破产处理都是通过救济合并或分割转让等形式进行的，但此次日本当局决定设立破产机构的接收银行，即东京共同银行。这在一定程度上代表大藏省已部分吸取了美国 20 世纪 80 年代金融危机时的破产处理经验，希望通过设立接收银行来专门处理越来越多的破产金融机构[11]。另外，在此之前的破产处理中，存款保险机构都向救济方或接受方提供赠款，只有伊予银行是低息贷款，这次两家信用合作社的处理中，日本银行通过特别融资机构向东京共同银行出资 200 亿日元，这开启了动用公款来接济私人金融机构的先河[12]。

1995 年之前，日本大藏省主要按照传统的危机处理方式被动解决金融机构出现的问题。以当时日本银行业的不良债权为例，日本泡沫经济破灭后，房地产价格暴跌，金融机构的不良债权高达数万亿日元。然而，20 世纪 90 年代初期日本金融机构对不良债权采取遮掩回避态度，希望随着经济形势的好转，不良债权问题能够自我消化。由于银行长期不处理不良债权，加上股价和地价短期内难以回升，银行不良债权越来越多[13]。但此后，日本的地区金融机构破产问题继续发生，特别是 1995 年住宅金融专门公司（简称"住专问题"）[14]背负巨额不良债权事实的暴露（见表 8.1），显示不良债权问题的尽早处理日益紧迫。在信用金库、信用组合、地方银行、住宅金融专门公司等金融机构接连破产、重组的冲击下，日本金融危机越来越严重，信用不安全笼罩整个金融市场。

11　1998 年，日本政府设立整理回收机构，并将东京共同银行等吸收合并，形成一个专门接收性的组织，可以看做是东京共同银行模式的扩展和延伸。

12　［日］伊藤真：金融機関の倒産処理法制［A］，高木新二郎，伊藤真。倒産の法システム（第 4 卷）［C］，东京：日本評論社，2006，256 – 257。

13　1998 年 9 月，日本所有银行金融机构对各自的不良债权进行了审核，总额高达 73 万亿日元。

14　1995 年 6 月，以提供个人住房贷款和不动产商企业融资为主的 7 家住宅金融专门公司（以下简称"住专"）破产。由于"住专"几乎完全依赖于银行融资，为了减少其破产对银行经营的严重影响，维护金融体系稳定，日本政府最终动用了 6,850 亿日元公共资金进行处理"住专问题"。

表 8.1 20 世纪 90 年代日本"住专问题"概况

住专公司	成立时间	资本金（亿日元）	贷款余额（亿日元）	不良债权（亿日元）
日本住宅金融公司	1971.06	312.5	1.93	1.44
住宅贷款服务公司	1971.09	54.0	1.42	1.08
住总公司	1971.10	30.0	1.61	1.29
综合住宅金融公司	1972.07	24.7	1.12	0.96
第一住宅金融公司	1975.12	221.3	1.51	0.99
地方银行生命保险住宅贷款公司	1976.06	26.2	0.88	0.69
日本住宅建筑贷款公司	1976.06	127.4	2.26	1.67

资料来源：陶涛：《论日本的金融行政》，75 页，北京，北京大学出版社，2000。

从 20 世纪 90 年代中期开始，日本政府对"金融危机"的认识逐步深入，危机应对措施也逐步法制化、多样化，并初步建立起了适应自身需要的金融危机应对机制。1996 年，日本政府通过"金融三法"[15]与"住专特别处理法"[16]，主要包括完善破产信用组合处理制度、暂时实行存款全额保护、成立专门处理"住专问题"债权的住宅金融债权管理机构等内容。但此时金融机构破产处理仅限于信用合作社，普通商业银行破产处理制度尚未建立[17]。修订后的《存款保险法》从短期和中长期的观点出发，改善了以存款保险机构为中心的破产处理制度[18]。长期性制度的改进方面，主要是创设了存款等债权的购买制度、强化了存款保险机构的组织体系、改善了保险金给付制度。时限性措施的设立方面，一是针对以信用合作社为首的金融机构破产处理，导入了特别资金援助制度，规定以后 5 年暂时冻结给付保险金制度，由存款保险机构在存款全额保护下提供特别资金援助，以保证向救济金融机构成功转让营业；二是创设了协定银行制度，即规定

15　"金融三法"指《存款保险修订法》、《为确保金融机构稳健运营完善相关法律的法案》和《金融机构重组特别法》。

16　即《关于促进住专金融专门公司进行债权债务处理的特别措施法》。

17　参见刘瑞：《金融危机下的日本金融政策：困境与挑战》，41 页，北京，世界知识出版社，2010。

18　胡文涛：《金融危机的应对：以日本银行业金融机构破产处理法律为例》，载《河北法学》，163～165 页。

在信用合作社破产而没有救济金融机构时，由与存款保险机构签订协议的协定银行，负责受让破产信用社的营业资产，根据该规定，1996 年 9 月，存款保险机构将东京共同银行改组为重组回收银行，作为破产信用社不良债权的购买和回收机构。

1996 年制定和修改上述法律的目的主要在于推进信用社和"住专问题"的破产处置，《存款保险法》设立的特别资金援助制度为存款全额保护下的资金援助提供了一定的制度保障；协定银行制度通过立法得以确认并在信用社破产处理过程中发挥了重要作用。因此，通过上述法律及信用社的破产处理，在一定程度上推进了金融机构破产处理措施的完备，显示出日本政府在制订金融机构破产处置方案时，开始重视保证破产银行继续开展营业。

1997 年，日产生命、三一证券、北海道拓殖银行和日本长期信用银行等大型金融机构先后破产，致使金融机构的破产潮愈演愈烈。这意味着"银行不倒"神话彻底破灭，也标志着日本金融业陷入了第二次世界大战后最为严重的国内金融危机。与此同时，受 1998 年亚洲金融危机影响，日本金融体系出现整体崩盘的可能，日本政府才最终改变了其消极态度[19]，开始认真应对金融机构的危机处理。

1998 年 2 月，日本政府通过了《金融机能安定化紧急措施法》，显示在金融机构破产处理措施中，已开始认识到提前预防的必要性。日本政府希望通过投入公共资金来增强金融机构的资本，该法的颁布初次建立了资本注入的框架。但面对系统性金融危机时，《金融机能安定化紧急措施法》依然无能为力。随着问题金融机构的增多，以往金融机构破产处理措施的不足也逐步暴露出来。比如，对于银行的破产案件的处理，缺乏在法院外迅速处理的框架；另外，由破产金融机构的原经营人员负责破产处置的做法也受到"放任责任追究"、"拖延破产处理"等强烈批评。另外，日本于 1998 年 10 月制定了以《金融机能再生紧急措施法》（以下简称《金融再

---

19 1998 年日本《银行法》修改后，作为金融机构义务，信息披露制度重要性得以确立。2002 年 10 月"金融再生计划"的出台，日本主要银行才开始客观进行资产评估，为减少不良债权比率而努力。

生法》）和《金融机能早期健全化法》为中心的"金融再生关联八法"[20]，以降低银行系统的不良资产，并清理倒闭的金融机构。

"金融关联法案"为财政资金注入金融机构大开绿灯[21]。1998年，金融再生委员会对长银、日债银等大银行和许多中小银行进行破产处置，共用去近10万亿日元的资金。1999年，金融再生委员会再次决定向15家大银行注入财政资金，不仅如此，在此之后的几年中，日本政府又先后向10余家银行注入公共资金（见表8.2），以增强其自有资本的比率，从而提高其处置不良债权的能力。

表8.2　1998年以来日本公共资金注入的银行数量及金额

日期	1998年 3月末	1999年 3月末	2000年 3月末	2001年 3月末	2001年 9月末	2002年 3月末	2003年 9月末
注入资金数额（亿日元）	3,210	62,903	68,571	71,492	72,212	72,212	90,212
资金注入的银行数量（家）	4	15	20	25	26	26	27

资料来源：[日]深尾光洋等：《验证银行危机》，日本经济新闻社，2003。刘海龙：《日本银行业不良债权问题研究》，华东师范大学博士学位论文，2005。

《金融再生法》作为一种新设法律制度，其主要使命是，在对金融系统的稳定具有重大影响的金融法规失效、在特定地区发挥重要作用的金融

20　1998年10月12日，"金融再生关联八法"，即金融再生关联法在日本参议院获得通过。分别是：（1）《债权管理回收业法》，把过去只允许律师从事的业务向民间公司放开；（2）《拍卖手续顺畅化法》，法院强制拍卖担保不动产的拍卖手续简单化；（3）《特定拍卖手续临时措施法》，在拍卖手续中可以利用住宅金融债权管理机构收集的担保物价评价资料；（4）《附带抵押的债权转让顺畅化法》，附带抵押的不良债权可以比较容易地卖给共同债权买取机构；（5）《金融机能再生紧急措施法》，为了实现金融机能的安定和再生，明确金融机构破产处理的原则，创设金融整顿管财人管理金融机构的制度和破产金融机构特别政府管理制度，借此维持金融信用秩序，保护存款者；（6）《金融再生委员会设置法》，设立金融再生委员会，专门处理金融机构的破产等；（7）《改正存款保险法》，设立整理回收机构，及日本版RTC（Resolution Trust Corporation，资产重组托管公司），专门接收破产金融机构的业务，回收债权；（8）《与金融再生委员会设置法实施相配套的有关法律的整备法》，如总理府设置法等有关法律。
21　参见刘海龙：《日本银行业不良债权问题研究》，华东师范大学博士学位论文，2005。

机构破产时，运用公共资金对债权人予以全面保护的同时，追究破产金融机构原股东和经营管理人员的相应责任[22]。为了在金融机构濒临破产时，确保能够维持信用秩序、保护存款人，《金融再生法》创设了金融整顿管财人[23]、国有化、桥银行以及金融机构的资产购买等时限性措施；设立了金融再生委员会，并仿照美国设立重组回收机构，这些措施的出台，使日本金融机构破产处理方式发生了根本性改变。在某种意义上，《金融再生法》的颁布，标志着日本金融机构破产处理制度框架基本确立[24]。

三、向综合性金融危机应对机制迈进

20 世纪 90 年代后期以来。从 20 世纪 90 年代后期开始，为应对国内金融危机，日本政府加快了构建综合性金融危机应对机制的步伐。在这一时期，日本根据国内外形势的发展变化，以及处置国内金融危机的需要，对现有的《存款保险法》再度进行了修订和完善，并确立了金融机构破产处理的永久性措施。经过十多年的努力，日本的金融危机应对机制发生了较大的变化，而这些变化归结到一点，就是使日本从原来以出台特例措施应对金融机构个别破产事件阶段演变为能够应对大规模内外部冲击和各种金融紧急事态的综合性金融危机应对机制阶段。

（一）大规模的危机救助逐步成为常态

为应对金融危机，走出经济低迷的泥沼，1998 年 11 月小渊惠三内阁实施了当时历史上最大规模的 23.9 万亿日元[25]的"紧急经济对策"，用于加强金融机构体制建设，如破产金融机构的重建、向银行注资等。同时还

22　株式会社整理回収機構債権回収と企業再生［M］，东京：金融财政事情研究会，2007，発刊の言葉。

23　金融整顿管财人制度为《金融再生法》所首创，被 2000 年修订的《存款保险法》恒久化的一项金融机构破产处理措施，是在破产金融机构满足一定条件时，内阁总理大臣选任金融整顿管财人并派遣至破产金融机构以代替原经营管理人员的破产处理措施。采用该措施时，金融机构的法人资格继续存在，营业也能继续进行，因而金融机能得以维持。

24　胡文涛：《金融危机的应对：以日本银行业金融机构破产处理法律为例》，载《河北法学》，165 页。胡文涛认为，尽管《金融再生法》的颁布带有临时性色彩，但其实施标志着日本金融机构破产处理制度框架基本确立。同时，通过处理破产金融机构、向金融机构投入公共资金和实行扩张性经济政策，日本也度过了金融系统崩溃的危机。

25　其中包含了 6 万亿日元的永久性减税。

进行减税、增加公共财政支出以及进行土地、就业、中小企业融资、增加科研经费和发展信息技术产业等方面的对策调整。为了抵消扩张性财政政策引发的"挤出效应"影响，日本银行于 1999 年 2 月将银行间同业无担保隔夜拆借利率诱导目标设定为 0.15%；同年 3 月继续下调至 0.04%，扣除中间费用，名义利率实际上已经为零，日本进入了"零利率时代"。

2002 年，日本政府连续四次出台应对危机的措施，通过"尽快应对通货紧缩对策"、"推动当前搞活经济对策"、"加速改革的综合对应政策"和"加速改革计划"等，并设定了不良债权处置的时间表。2005 年 3 月末，日本金融机构不良债权问题基本处置完毕，出口和设备投资增加，经济开始缓慢复苏。

面对 2008 年的国际金融危机，2008 年 4 月至 2010 年 9 月，日本政府先后八次出台了经济刺激计划，累计金额高达 188 万亿日元。尤其是日本 2009 年 4 月推出的总额高达 56.8 万亿日元的经济刺激计划，这是有史以来最大规模的经济刺激计划，其规模是当时日本 GDP 的 3% 左右。从资金支出的构成上来看，以 2009 年 4 月的计划为例，56.8 万亿日元中有 41.8 万亿日元用于金融稳定政策，几乎占整个计划的四分之三。

（二）审慎性监管政策在应对金融危机中的作用日益凸显

随着金融危机的进一步深化，日本出台了多项法律，逐步完善了存款保险制度，建立健全了金融机构破产处理和公共注资制度，有效提升了审慎监管政策效果。金融危机时期，日本财政现实日益严峻，超宽松货币政策有效性受到制约，中央银行最后贷款人功能、增加资本充足率等审慎监管政策作用日益凸显[26]。

2002 年 10 月，为了构筑稳固的金融体系，日本政府出台了"金融再生计划"（见表 8.3）。该计划由新金融体系框架、新企业再生框架和新金融行政框架三大核心内容组成。其中，对治理银行不良债权产生重大影响的"新金融行政框架"，较为充分地体现了审慎性监管政策在金融危机应对过程中的应用。"新金融行政框架"的基本内容包括严格资产检查、充

26　刘瑞：《金融危机与日本的金融对策：影响、措施、效果及课题》，载《经济学动态》，7 页。

实资本充足率、强化治理等,试图通过这些严格的措施解决不良债权问题,同时整体提升日本银行业的效率和竞争力,在 2005 年 3 月存款保险制度全面解禁[27]之前稳定金融体系。这是日本金融当局向根治不良债权、摆脱金融困境迈出的关键一步[28]。

表 8.3 日本"金融再生计划"的主要内容

组成部分	主要内容
新金融体系框架	扩充中小企业贷款机构
中小企业金融	完善中小企业援助机制
特别援助	设立新的公共资金制度
新企业复兴框架	设立贷款债权交易市场
企业复兴	设立产业复兴机构,强化 RCC 的企业复兴机能
新金融行政框架	采用现金流贴现手法计提拨备
严格资产审查	统一银行间大额债务企业区分标准
充实资本充足率	严格核查递延税项资产
强化治理	制定优先股转换普通股的指导意见

资料来源:日本农林中金经合研究所,金融再生计划,金融市场,2003 年 3 月号。

"新金融行政框架"在不良债权的强化治理上的突破主要表现在以下两个方面:一方面,政府在对金融机构注资救助的同时,配套实施了强化监管与治理的"三步走"措施:一是要求注资银行提供履行"经营健全化计划"情况的报告;二是向未实现"经营健全化计划"规定目标的注资银行颁布限期整改命令;三是对整改不力、业绩大幅下滑、危及市场稳定的注资银行,通过将"附转换权优先股"转换为普通股的市场操作,掌控银

---

27 1996 年,日本修订了《存款保险法》,其中的时限性措施规定,规定以后 5 年间暂时冻结给付保险金制度,由机构在存款全额保护下提供特别资金援助,以保证向救济金融机构成功转让营业。2005 年,日本存款保险金赔付全面解禁。此后,金融机构的破产处理原则上不再采取全部债务全额保护措施,而应通过上述给付存款保险金或提供资金援助等方式,采取金融整顿管财人、继承银行等措施应对。

28 戴晓芙:《日本新金融框架与不良债权的治理》,载《日本学刊》,2009 (1),71 页。

行经营主导权。另一方面，监管与治理由注重保护和酌情主义转向注重原则与结果主义。即按照"适者生存"、"强者生存"的市场经济规律对日本私有和国有金融机构实行优胜劣汰式的彻底洗牌。在强化监管与治理的组合政策的指引下，确立了"实现不良债权处理"与"提高银行竞争力"并举的治理目标。"新金融行政框架"强制规定，13 家主要银行[29]必须在 2005 年 3 月末之前实现不良债权比率减半的治理目标[30]。

　　（三）确立了金融机构破产处理的永久性措施

　　面对金融机构大量破产的状况，日本学术界和日本政策当局对如何完善金融机构破产处理机制进行了大量探讨。2000 年 5 月，日本政府再次修订了《存款保险法》。此次修订的《存款保险法》确立了金融机构破产处理的永久性制度，该制度由金融整顿管财人制度、继承银行制度[31]等常规性措施和金融危机应对措施构成。金融整顿管财人制度主要吸收了《金融再生法》创设的相关措施；继承银行制度则设立了应对"危机事态"的资本增强、特别资金援助和特别危机管理三种例外措施。同时，此次《存款保险法》的修改标志着日本金融机构破产处理制度已基本确立[32]。

　　（四）更加注重金融稳定政策与其他政策措施的配合

　　日本政府还开始注重出台一些金融危机应对的协同政策，比如，促进金融与产业同步重组[33]等。在最初处理金融机构不良债权问题时，日本监管当局基本忽略了资金需求方的产业、企业部门的同步重组，将重点完全放在了资金供给方的金融机构。但日本于 2003 年成立产业再生机构[34]之

29　包括七家城市银行、一家长期信用银行和五家信托银行。

30　从 8.4% 降至 4.2%。

31　由金融整顿管财人进行破产处理以向其他健全金融机构转让营业而终结，鉴于受让金融机构不一定能迅速找到，2000 年修订的《存款保险法》导入了《金融再生法》创设的继承银行，即桥银行制度。

32　胡文涛：《金融危机的应对：以日本银行业金融机构破产处理法律为例》，载《河北法学》，2012（1），165 页。

33　刘瑞：《金融危机下的日本金融政策：困境与挑战》，11 页，北京，世界知识出版社，2010。

34　设立"产业再生机构"是日本政府出台的反通缩综合对策之一，目的是帮助濒危企业再生，促进产业结构调整，配合处理金融领域的不良债权问题。

后，采取包括强化企业收益和企业再生对策的综合性措施，通过企业申请等必要程序[35]，开始以标本兼治的方式处置金融机构不良债权。

第二节　金融危机应对框架及救助处置措施

根据诺斯（1990）的制度变迁理论，一种经济制度是由于某些历史性事件的发生而形成，在制度的形成过程中往往付出了巨额的成本。正如前文所述，日本在投入巨额公共资金、付出经济长期低迷的惨重代价后，逐步形成了应对金融危机的制度体系。但这对于包括中国在内的其他国家而言，日本的经验应是一种深刻的教训，应尽量避免用巨额的成本换取制度的演进。

一、金融危机应对整体框架

日本应对金融危机的机制是日本国家危机管理体制的一个组成部分。日本国家危机管理体制是一个以法律为依托，由内阁总理大臣任最高指挥官，内阁官房负责整体协调和联络，通过安全保障会议、中央防灾会议以及相关省厅负责人紧急协议等决策机构制定危机对策，由国土厅、气象厅、防卫厅和消防厅等部门负责具体实施的组织制度[36]。当危机发生时，一般是根据危机的类型启动不同的危机管理部门，比如，突发公共卫生事件由"厚生劳动省"牵头应对；自然灾害危机主要由"中央防灾会议"负责；经济、金融危机由"金融危机对策会议"处理化解。当危机事态满足特定条件时则由内阁官房长官代表政府负责综合协调应对。

日本政府应对金融危机的政策框架可以图8.1简要表示。从开始制定

35　"产业再生机构"的工作流程是：首先濒危企业和主银行向"产业再生机构"进行咨询，"产业再生机构"对其进行事前审查；然后企业和主银行联名提出申请，要求获得救助；"产业再生机构"设立的产业再生委员会经过研究，认为企业通过救助后可以实现再生，于是批准其救助申请。最后产业再生委员会与企业相关债权人商谈再生对策，获得同意后开始救助工作。

36　王德迅：《日本危机管理体制的演进及其特点》，载《国际经济评论》，2007（3），47页。

经济政策到对经济产生影响要经过三个阶段[37]：第一，对经济形势的认识阶段；第二，根据这一认识制定政策阶段，并获得国会对支出和税制法案的批准；第三，实施政策阶段，并根据政策效果进行调整。

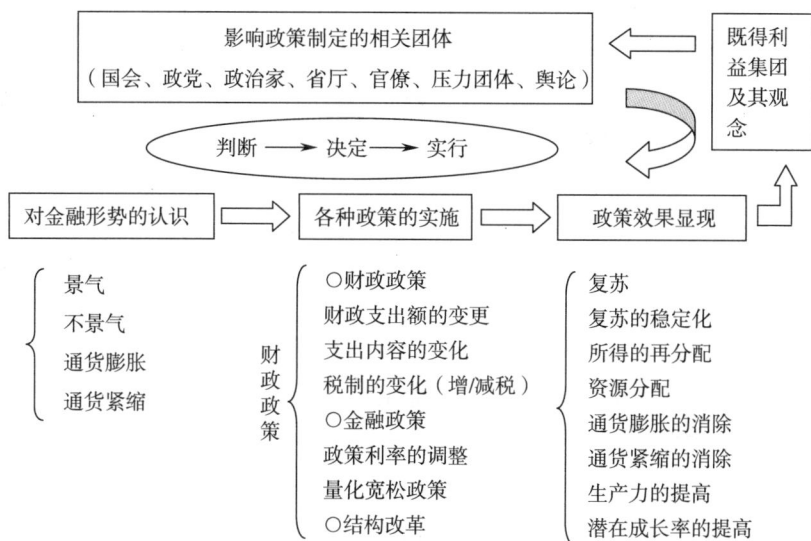

资料来源：[日] 片冈刚士：日本の「失われた20年」——デフレを越える経済政策に向けて，15 页，藤原書店，2010。

图8.1　日本金融危机应对机制框架图

二、金融危机应对决策机制

在日本的政治体制下，只有影响政策制定的相关主体对危机的影响程度达成共识，国会才有可能同意通过增加财政支出、改革税制以刺激消费的应急方案。这就有可能导致危机处置措施出台出现一定的滞后。日本经济政策形成的过程决定了日本政府处置财政政策的时滞问题，也是造成日本经济危机对策无法及时出台的重要原因。

如果金融危机对宏观及微观经济的实际影响程度与决策者的认识不一

---

[37]　平力群：《政策时滞与政策超越——评日本经济危机对策》，载《现代日本经济》，2011（3），2 页。

致，那么需要一个再认识的过程，才能促使影响政策制定相关主体批准或者制订合适的金融危机应对举措。因此，日本经济危机应对政策的出台一般是延迟而频繁的[38]。这一点在本次经济危机对策中再次得到了体现[39]。

三、金融危机救助与处置

为应对金融危机对日本经济社会的冲击，日本政府出台了多种危机应对举措，并且，随着对金融危机认识和理解的加深，在应对金融危机的工具箱中出现了越来越多的非常规工具。鉴于本章在上一节中已部分阐述过日本政府应对国内金融危机的一些举措，故本节中仅论述日本政府应对国际金融危机的措施。

2008 年 9 月，美国次贷危机所引发的国际金融危机，重创了日本经济，2009 年日本实际 GDP 增长率由原来预计的 0% 下调至 −3.3%[40]，遭受冲击的程度甚至超过了金融危机震源地的欧美等国家。为应对此次危机，日本政府迅速推出了多次一揽子经济刺激方案和金融稳定政策。这些经济政策，从政策手段看，是日本政府在经济低迷时期惯用的综合经济对策；从政策力度看，则堪称"大手笔"[41]。

（一）财政政策

从 2008 年 8 月 29 日推出的第一部"实现安心的紧急综合对策"，到 2010 年 10 月 8 日出台第八部"应对高汇率、通货紧缩的紧急综合经济对策——为实现新成长战略的第二步"的经济危机对策，在不到 3 年的时间内日本政府出台了 8 项经济危机对策（见表 8.4）。这是日本战后以来出台频次最高的系列经济危机对策[42]。

38　尽管平力群认为，日本经济政策形成的过程决定了日本斟酌处置财政政策的时滞问题，但平力群同时给出了这样的观点，即日本政府通过把经济危机对策与产业结构调整战略的有机结合，弱化了斟酌处置财政政策的时滞问题对政策效果造成的负面影响，推动了产业结构的调整，为提升日本在下一轮经济增长中的国家竞争力做了准备。

39　蓝庆新：《新一轮改革后的日本经济评析》，载《东北亚论坛》，2009（1），91 页。

40　资料来源：日本经济新闻网站最新经济景气新闻，http://www.nikkei.co.jp/keiki。

41　苏杭：《浅析金融危机后日本的经济政策》，载《日本学刊》，2009（3），60 页。

42　平力群：《政策时滞与政策超越——评日本经济危机对策》，载《现代日本经济》，2011（3），3 页。

表 8.4　日本应对国际金融危机的政策

政　策	政策目标	政策主要内容
实现安心的紧急综合对策（2008 年 8 月 29 日，总规模 11.5 万亿日元，其中 1.8 万亿日元由财政负担）	• 消除国民的不安 • 加速向"可持续社会"的变革 • 实现向新价格体系的转换并强化增长能力	• 生活与雇佣的支援对策 • 强化医疗、养老金和护理对策 • 育儿、教育对策 • 实现低碳社会对策 • 有关住宅和防灾的创新对策 • 增强农林水产业实力对策 • 提高中小企业活力对策 • 对地方公共团体的支持对策
生活对策（2008 年 10 月 30 日，总规模 27 万亿日元，其中 4.7 万亿日元由财政负担）	• 实现令国民安心的生活 • 强化金融与经济的稳定 • 发挥地方的实力	• 家庭生活费紧急支援对策 • 强化雇佣安全网对策 • 确保生活安心对策 • 稳定金融资本市场对策 • 中小企业、小规模企业支援对策 • 强化增长能力对策 • 增强地方活力对策 • 强化住宅投资和防灾对策 • 地方公共团体支援对策
保卫生活紧急对策（2008 年 12 月 19 日，总规模 37 万亿日元，其中 4.2 万亿日元由财政负担）	• 保卫国民的生活和经济 • 实现"生活对策"的政策目标	• 雇佣对策 • 增加就业提高地方交付税的额度 • 新设经济紧急应对准备金 • 税制改革
经济危机对策（2009 年 4 月 10 日，总规模 56.8 万亿日元，其中 15.4 万亿日元由财政负担）	• 防止经济"破底"的短期危机和不可避免的世界经济"大调整"的"结构性危机"	• 紧急对策：防止"破底" • 增长战略：面向未来的投资 • 实现"安心与活力"：政策总动员 • 税制改革

政　　策	政策目标	政策主要内容
紧急雇佣对策（2009 年 10 月 23 日）	• 通过充分就业，构建出让每一个国民都能真实感受到安全、安心、有价值的人生的社会	• 紧急支援行动计划：对贫困者和应届毕业生的支援 • 强化对维持雇佣的支持 • 对中小企业的支持 • 对女性就业的支持 • 以增长领域为中心的综合政策，推进"创造紧急雇佣项目"
为了明天的放心与成长紧急经济对策（2009 年 12 月 8 日，总规模 24.4 万亿日元，其中 7.2 万亿日元由财政负担）	摆脱高通货紧缩，实现经济复苏，并为实现新增长战略做准备	• 雇佣 • 环境 • 景气 • 确保安心的生活 • 支援地方 • 发挥国民的潜力
为实现新增长战略的三步走经济对策：应对高汇率与通货紧缩（2010 年 9 月 10 日，总规模 9.8 万亿日元，其中 0.915 万亿日元由财政负担）	• 把摆脱高通货紧缩作为目前经济财政工作的重要目标 • 作为应对汇率快速提高、通货紧缩加剧的第一步，加快新增长战略的实施，通过增加就业摆脱通货紧缩，促进经济复苏	• 灵活使用应对经济危机支持地方发展准备金 • 构建"雇佣"的基础 • 夯实"投资"的基础 • 打好"消费"的基础 • 地方防灾对策 • 100 项规制制度改革
应对高汇率、通货紧缩的紧急综合经济对策：为实现新增长战略的第二步（2010 年 10 月 8 日，总规模 21.1 万亿日元，其中 5.1 万亿日元由财政负担）	• 为防止经济下滑，应对高汇率和高通货紧缩，应制定出见效快且具有连续性的政策，以支持通过增加增长领域的就业来提高家庭收入和支出这一良性循环的形成	• 加强对应届毕业生的援助，在支持企业维持雇佣的同时，努力依靠增长领域实现创造就业岗位和对人才的培养 • 推进、加快新增长战略 • 育儿、医疗、护理、福利对策 • 增加地区活力、社会资本完善、中小企业对策等 • 规制改革

资料来源：［日］円高・デフレ麻のための緊急綜合泾策——新成長戦略必現に向けたステップ2－?，http://www5.cao.go.jp/keizai1/mitoshi-taisaku.html。平力群：《日本经济危机对策与产业结构调整——以产业政策范式的影响为视角》，载《日本学刊》，2011（2），101 页。

这些经济刺激方案具有如下几个基本特点:一是规模较大。2008年开始的8次经济危机应对政策预算总规模高达188万亿日元。其中,2009年4月推出的总额56.8万亿日元的"经济危机对策"是日本政府有史以来最大的规模的经济刺激计划,相当于当年日本GDP的3%。在该计划中,财政支出也达到了创纪录的15.4万亿日元。二是包含多方面的内容的综合刺激方案。如住房、医疗卫生与保健、社会保险与救济以及再就业工程。同时,也包括促进社会消费、增加就业、刺激投资和内需增长。三是强调支持产业结构调整和升级。以应对国际金融危机为契机,日本政府实施的扩张性财政政策是有远见的"绿色新政"[43],目的在于应对和化解国际危机的同时,加强对以低碳经济发展模式为核心内容的绿色经济的引导和扶持,创造更多的环境项目就业机会,推动日本经济社会进一步发展[44]。虽然这些政策是在经济危机条件下出台的,但与其他欧美国家应急性经济干预政策不同,在产业结构调整方面表现出了高度的一致性和连贯性[45]。试图通过国家财政的力量,从人才、技术、资金、市场等全方位支持战略性新兴产业发展,推动日本产业结构调整,保持在国际分工中的有利地位,实现经济的可持续发展的政策实施路径上,与制定产业政策的思路一脉相承[46]。

(二)金融稳定政策

国际金融危机致使全球需求大幅萎缩,导致日本实体经济陷入第二次世界大战以来最为严重的经济衰退,同时也导致日本金融市场部分功能失灵。为维护日本金融体系稳定,日本金融监管当局采取了各种救市措施,动用了多种金融手段来确保市场流动性,稳定金融市场。

一是下调政策利率,维持宽松利率环境。为维持宽松的金融环境,2008年10月31日,日本银行政策委员会决定将政策利率[47]从0.5%调降为

---

43 绿色新政是由联合国秘书长潘基文提出的概念,呼吁全球领导人在投资方面,转向能够创造更多工作机会的环境项目,以修复支撑全球经济的自然生态系统。

44 刘馨颖:《日本实施扩张性财政政策应对金融危机》,载《涉外税务》,2009(8),57页。

45 平力群:《政策时滞与政策超越——评日本经济危机对策》,载《现代日本经济》,2011(3),9页。

46 参见〔日〕新成長戦略実現に向けた3段構えの経済対策~円高、デフレへの緊急対応~〔EB/OL〕. http://www5. cao. go. jp/keizai1/mitoshi-taisaku. html,2011-01-12。

47 即银行间无担保隔夜拆借利率。

0.3%，同时将基准贷款利率从 0.75% 下调至 0.5%。2008 年 12 月 19 日，日本银行将政策利率从 0.3% 调降为 0.1%，同时将基准贷款利率从 0.5% 下调至 0.3%。这是继 1999 年采取零利率政策后，日本银行再次把利率降至接近零利率水平[48]。

二是提供流动性支持，稳定金融市场。国际金融危机爆发后，日本金融市场流动性明显紧张，日本银行、日本金融服务局以及日本政府通过各种渠道向市场提供流动性支持，以维持金融市场的稳定。第一，提供日元流动性。2008 年 9 月 16 日，日本银行通过公开市场操作向短期金融市场注资 2.5 万亿日元，次日再次注资 3 万亿日元。截至 2008 年末，日本银行共向市场注资高达 101.261 万亿日元[49]。第二，提供美元流动性。日本银行在注入日元资金的同时，还向金融机构大量注入美元资金。2008 年 9 月 30 日，鉴于美元流动性吃紧，为避免对日本国内日元资金市场的影响，作为美欧国家央行联合注资的一环，日本银行决定向金融机构注入美元资金 1,200 亿美元（约合 12.6 万亿日元），是以往日本国内美元资金供给额度的 2 倍，并将资金供给期限从 2009 年 1 月延长至 4 月，将资金供给对象的金融机构从 54 家扩大到 87 家，试图将金融危机对日本金融市场的冲击控制在最小限度。直到 2010 年 2 月 1 日，美日货币互换协议结束，日本银行决定不再实施美元供给操作[50]。第三，实施超额存款准备金临时付息制度。2008 年 10 月，日本银行决定实施商业银行在央行活期存款账户的超额存款准备金支付利息（0.1%）措施。第四，购买银行所持有的长期国债。从 2008 年末开始，日本银行扩大国债购入对象，增加长期国债的购入额度，2009 年购入额共达 21.6 万亿日元。第五，其他措施。主要包括增加公开市场操作的频度和规模，延长公开市场操作的期限，扩大合格担保和交易对手的范围等。另外，还有一些非常规手段，比如 2008 年 10 月 15 日，日本银行发布了一项紧急措施：从即日起，停止在交易所市场出售从

48　1999 年 2 月，日本银行宣布实行零利率政策，并于 2000 年 8 月解除了零利率政策。

49　郭福敏：《日本银行应对金融危机的政策与措施》，载《中国市场》，2012（2），9 页。

50　刘瑞：《金融危机下的日本金融政策：困境与挑战》，77 页，北京，世界知识出版社，2010。

金融机构购入的股票。这一措施对于稳定股市发挥了重要作用，其效果优于一般经济措施。

此外，日本金融服务局也采取了一些稳定股票市场的措施。日本资本市场遭受国际金融危机的严重冲击，股价指数在几个月之内下降了近50%，迫使投资者对其资产负债表去杠杆化。金融服务局采取了旨在稳定股票市场等六项措施（见表8.5）。

表8.5　日本金融服务局和自我监管机构采取的稳定金融市场措施

金融服务局采取的措施

Ⅰ. 稳定股票市场

　　（1）临时放松上市公司购买自身股票的市场限制。

　　（2）鼓励股票买卖日本式雇员股票持有计划：推动计划的积极使用；澄清每月两天或更多天发生的买卖。

　　（3）促进关于卖空信息的每日披露：所有证券卖空的总价；按行业卖空的总价。

　　（4）加强卖空限制。除了"证券提价交易规则"阻止以不高于最新市场价卖空；禁止没有预先借贷的卖空活动；要求报告和披露卖空头寸在或高于一定门槛（理论上为未偿付股票的0.25%或更多）。

　　（5）经金融服务局同意允许银行持股超过1级资本。

　　（6）恢复银行持股购买公司的活动并允许经营活动有更大灵活性。

Ⅱ. 激活存款机构中注入公共资本的计划

　　（7）通过政府注入资本扩大金融机构的资本基础确保地方经济融资包括中小企业。

　　（8）根据修订的法案扩大资本注入公共资金从2万亿日元到12万亿日元。

　　（9）根据新修订法案在三家地方银行注入1,210亿日元资本。

Ⅲ. 促进银行给中小企业借贷

　　（10）降低给中小企业提供贷款的条件，考虑解除限制重大重组的条款。

　　（11）明确金融合约的变化或宽容不会自动导致贷款调整，被归为不良贷款，如果不涉及利息减免和/或本金返还宽容。

　　（12）与金融机构对话促进借贷；对其金融中介功能进行现场检查。

Ⅳ. 放松银行的资本充足率要求

　　（13）对国际业务的银行，不要求将没有信用风险的债券估值利润/损失包括到资本充足率的计算中。

　　（14）对于国内业务银行，一般证券估值损失不计算在资本充足率中。

金融服务局采取的措施
V. 改善信用评级透明度和可靠性
（15）信用评级机构引入新注册要求。

日本会计准则局采取的措施（ASBJ）
VI. 采用适当的会计准则
（16）明确市场交易较少或买卖差价大时，采用恰当的估值技术，比如模型技术等。
（17）允许债务证券重新划分，从交易和/或能够销售类别到持有至到期日类别。

资料来源：日本金融服务局网站。

　　三是多措并举，支持企业融资。国际金融危机爆发后，日本企业融资环境不断恶化，即使大企业融资也相对困难。为此，日本银行采取了买入企业商业票据（CP）和企业债券、放宽担保条件和抵押品范围等支援企业融资的措施。第一，买入CP。CP市场是日本企业筹措资金的重要渠道。随着企业融资环境进一步恶化，加上年度末企业融资状况可能更加严峻，2008年12月，日本银行开始研究买入金融机构持有的CP。在充分检视当前企业融资环境的基础上[51]，2009年1月，日本银行决定通过金融机构买入总额为3万亿日元的与企业融资相关的金融产品，包括CP和ABCP（资产支持商业票据）[52]。2009年7月，日本银行决定将购买CP的期限从2009年9月30日延长至12月31日。第二，买入企业债。2009年1月，日本银行决定至9月30日止买入总额1万亿日元、期限在1年之内的企业债[53]。

----

[51]　刘玉苓：《日本银行应对金融危机的政策及启示》，载《中国货币市场》，2009（12），10页。

[52]　考虑到买入CP一旦产生损失，将会损害日本银行货币政策的可信度，因此买入对象仅限于评级在A级以上的企业商业票据。

[53]　企业债是比CP期限更长的负债，买入企业债将承担比CP期限更长的单个企业信用风险。因此，为避免单个企业的长期资源配置产生影响和对日本银行的依赖，日本银行决定将买入的企业债的剩余期限定在短期，并且不是从发行主体直接购买，而是通过央行的交易对手金融机构进行交易。

2009 年 7 月，日本银行决定将购买企业债的期限从 2009 年 9 月 30 日延长至 12 月 31 日。第三，放宽私人企业债务抵押标准。日本银行放开接收私人企业债务的担保信用等级，改变之前只为评级为 A 级以上公司债及对企业契据抵押贷款债权提供担保的做法，在特别融资期限内，接受 BBB 级以上的公司债，以此鼓励金融机构更大范围的购买公司债，支持私人企业融资。第四，支持企业融资特别操作。为解决企业融资困难问题，日本银行提出放宽资金担保条件的基本指导思路，并决定于 2008 年 12 月实施新型公开市场操作方式，对金融机构在私人企业债权的担保范围实施固定低利率（0.1%）无限额融资，从资金筹措方面和成本方面支持金融机构的融资活动和企业债、CP 市场的交易。这项措施原本是 2008 年 12 月至 2009 年 4 月 30 日的临时性短期举措[54]，但由于作为抵押品的公司债通过低利率更容易获得资金，可以推动金融机构扩大贷款规模，因此日本银行决定将支持企业融资特别操作的实施期限延长至 2010 年 3 月末。

另外，日本金融服务局也采取措施鼓励金融机构向中小企业提供信贷资金[55]。在这方面，日本金融服务局采取了措施限制银行监管顺周期隐含风险。特别是，它改变了给中小企业贷款的条件调整导致归为不良贷款的状况。

四是多部门合作，稳定金融体系。为改善金融机构的经营环境，确保金融体系稳定，日本银行、日本金融服务局等部门通力合作，采取了购买金融机构持有的股票和提供次级贷款等措施。

此外，在日本政府综合性经济刺激计划中也包含了一些金融援助措施[56]。如在 2008 年 12 月的"保卫生活紧急对策"中就包含了丰富的金融支持举措：其一，根据《强化金融机能的特别措施法》[57]，把政府向民间企业投入资本的规模由原定的 2 万亿日元增加到 12 万亿日元，规定一旦

---

54 刘瑞：《金融危机下的日本金融政策：困境与挑战》，80 页，北京，世界知识出版社，2010。

55 张润林，田恬：《日本的金融稳定措施》，载《时代金融》，2010（3），18 页。

56 苏杭：《浅析金融危机后日本的经济政策》，载《日本学刊》，2009（3），61 页。

57 该法案于 2004 年 7 月 23 日实施，2008 年 3 月中止，于 2008 年 12 月 17 日重启并得以修订。

出现紧急需要，政府可立即对主要金融机构追加 10 万亿日元的公共资金投入。其二，充分发挥持股金融机构的作用，强化其资金能力，并把政府担保借款的上限提高到 20 万亿日元。其三，发挥政策性金融的作用，扩大"应对危机的业务"。比如，新增日本政策金融公库应对危机的融资担保 2 万亿日元，以帮助政策投资银行扩充政策性金融业务，收购股票和商业票据等。其四，扩充住宅金融机构支持"市街建设融资制度"的对象范围，把扶持住宅建设和房地产开发的融资规模扩大到 2,000 亿日元。

第三节　宏观审慎监管

为维护日本经济安全平稳发展，日本政府一直致力于金融安全体系的建设，比如，适时修订《日本银行法》、加大监管机构的监管力度、建立存款保险制度等，对保障日本金融安全作出了巨大贡献。日本金融安全网主要由中央银行的最后贷款人制度、存款保险制度以及监管当局的宏观审慎监管三个部分组成[58]。日本金融安全网在 20 世纪 90 年代国内金融危机和 2008 年国际金融危机中发挥了重要作用，同时，金融危机也促使了日本金融安全网的演进。下面，本章节将逐一对日本金融安全网的三个组成部分进行论述，以阐述其在金融危机应对机制中地位和作用。

宏观审慎监管[59]概念的起源可以追溯到 20 世纪 70 年代末。但直到 21

58　当前，学术界对金融安全网的构成要素尚有不同见解。一般来说，狭义的金融安全网只包括存款保险制度，或者包括存款保险制度及央行最后贷款人。广义的金融安全网还包括监管机构的审慎性监管和破产金融机构处置程序等。目前，比较认同的金融安全网的构成一般包括央行的最后贷款人、监管机构的审慎性监管和存款保险制度三大支柱。具体到日本的实践而言，尽管当前日本学术界与政策当局对金融安全网的理解基本限定为事后处理方式，但只有与预防危机的事前审慎性监管相互配合、相互协调，金融安全网才能充分发挥其稳定作用。2008 年国际金融危机爆发后，日本金融机构和金融市场受到的冲击明显小于欧美国家，这有很大一部分就应归因于日本率先建立起的审慎性监管制度。因此，本文认为"监管机构的审慎性监管"应是当前日本金融安全网的重要支柱之一。

59　在此意指"Macroprudential"，中国常见的翻译表述包括"宏观审慎性"、"宏观审慎管理"、"宏观审慎政策"、"宏观审慎监管"等，其内涵基本相同。本文选用"宏观审慎监管"一词。

世纪初，在经济、金融全球化进程中，金融体系和金融市场积聚风险增大，资产价格波动频繁，危机不断爆发，宏观审慎性监管政策占据越来越重要的地位[60]。特别是 2008 年国际金融危机爆发之后，世界主要经济体和国际组织都在强化以宏观审慎监管为重要内容的金融监管制度改革，比如 2009 年 4 月"二十国集团"（G20）伦敦峰会发表《加强监管和提高透明度》的公报，把加强宏观审慎监管放在十分重要的位置上。

2008 年国际金融危机使美国以及欧洲金融业遭受了沉重打击，但令人感到惊奇的是[61]，20 世纪 90 年代还处于危机四伏状态的日本金融业受此次国际金融危机的冲击相对较小，不仅没有较大金融机构在此期间发生经营危机，甚至三菱 UFJ 金融集团、野村证券公司还制订了收购美国金融机构业务或股权的计划。日本金融业为何在国际金融危机中有如此优异的表现？究其原因，自 20 世纪 90 年代后期以来日本政府加强了金融监管，实行了早期调整和强化金融机构的检查制度等措施，因而日本的金融监管体系相对健全，从而使日本规避了一场灾难（IMF，2010）[62]。

一、组织架构

日本宏观审慎监管体系的组织架构主要包括金融危机应对会议、金融厅、日本银行、存款保险机构、财务省等几个组成部分：

一是金融危机应对会议。金融危机应对会议是根据《内阁府设置法》于 2001 年设立的，其成员由首相、内阁官房长官、财务大臣、金融担当大臣、日本银行总裁等组成。金融危机应对会议是日本金融宏观审慎监管的最高决策机构，其基本使命是，审议如何应对大规模金融危机等事宜，比如国内金融机构出现大量倒闭事件，国际金融危机致使日本经济遭受严重冲击等。

二是金融厅。金融厅的前身是于 1998 年 6 月成立的金融监督厅。目

60 *Macro-prudential Instruments and Frameworks；A Stocktaking of Issues and Experiences*. BIS CG-FS Papers No. 38，May 2010.

61 王思洋，吴昊：《日本金融监管体系的重建及其启示》，载《东北亚论坛》，2010（9），104 页。

62 IMF. Claessens, Stijn Dell A'riccia, GiovanniIgan, Deniz Laeven, Luc, 2010 – 02 – 01.

前，金融厅是日本金融监管的专职机构，设立金融监督厅是日本金融监管由过去政府主导下的"事前监管"向重视市场的"事后监控"的一个重要转变，也是日本管理紧跟国际金融机构混业经营潮流的一大举措[63]。2000年7月，金融监督厅改组为金融厅，自此，金融厅成为集金融监管决策与实施为一体的综合性监管机构。

2001年1月，日本政府决定撤销"金融再生委员会"，并将其所承担的对濒临破产的金融机构进行处理的职能归并到金融厅。金融厅升格为内阁府的外设局，全面负责金融监管业务。2004年，金融厅内部设立注册会计师监察审查会，负责承办注册会计师考试和对会计师协会开展的"品质管理评价"进行审查与检查。至此，基本确立了金融厅全面负责，日本银行和存款保险机构共同参与，地方财务局受托监管地方金融机构的日本新金融监管体制框架。

三是日本银行。日本银行的法定职能为独立执行货币政策，在法律上并不兼负银行监管职责。但由于执行货币政策需要了解和把握金融业的运行状况，因此，《日本银行法》[64]第44条规定，日本银行为行使其职能，有权与有业务往来的金融机构签订检查合同，并在合同的基础上对其进行检查。日本银行可以通过现场检查和非现场检查，督促和指导金融机构对其经营中存在的各种风险进行有效管理。尽管金融厅与日本银行的分工有所不同，检查重点存在差异，但银行监管事实上变成了双重监管。为了"各司其职"而又相互交流合作，《日本银行法》第44条第3款规定，应金融厅长官的要求，日本银行应向金融厅出示检查结果并允许金融厅职员查阅相关资料。在日常工作中，实际上金融厅与日本银行的相关职能部门经常互换信息，形成了相互配合的密切关系[65]。此外，为了不加重被检查金融机构的负担，双方通过协商机制协调对同一金融机构的现场检查日程安排。

63　傅钧文：《日本宏观审慎监管体制建设及其启示》，载《世界经济研究》，2013（12），10页。

64　指于1997年6月修订、1998年4月实施的《日本银行法》。

65　宣晓影，全先银：《日本金融监管体制对全球金融危机的反应及原因》，载《中国金融》，2009（17），23页。

四是存款保险机构。存款保险机构主要是在存款类金融机构出现危机时，对存款者提供事后保障以及对问题金融机构进行处置等。20 世纪 90 年代泡沫经济崩溃后，日本的存款保险机构除上述基本职能之外，业务范围还扩大到向濒临倒闭的金融机构注入政府资金、回收坏账等领域。

五是财务省。财务省在宏观审慎监管中的作用主要表现在如下四个方面：第一，作为经济危机对应会议的成员出席会议，并在会议上参与决策；第二，当政府动用政府资金向金融机构实施注资等措施时需要财务省的合作；第三，确保存款保险机构、投保者保险机构、投资者保护基金、日本银行以及存款准备金制度的正常运行；第四，受金融厅的委托，由财务省在各地的财务局对地方性金融机构进行现场检查。

在宏观审慎监管中起作用的机构还有政府监管机构如证券交易等监督委员会，以及一些行业团体，如日本证券业协会、全国银行业协会等。这些机构和团体根据各种法律条款来约束金融市场上的交易主体及其交易行为[66]。

二、政策工具

根据金融机构发生问题的时间先后，日本审慎性监管政策分为事前和事后两种类型的措施（见表8.6），包括公共部门和私人部门两个层面的政策实施主体[67]。事前措施主要包括限制金融过度竞争、防止金融机构破产的及时纠正措施等；事后措施则主要包括防止个别金融机构破产传染其他金融机构或者引发市场恐慌的保护性措施，比如政府注资、存款保险机构赔付、"日银特融"、向金融机构提供劣后贷款[68]等。

66　傅钧文：《日本宏观审慎监管体制建设及其启示》，载《世界经济研究》，2013（12），11 页。

67　刘瑞：《金融危机下的日本金融政策：困境与挑战》，162 页，北京，世界知识出版社，2010。

68　劣后贷款是一种劣后债权，即在公司破产分配顺位中，清偿所有优先债权和普通债权之后才能获得清偿的破产债权。对于企业而言，这一资金的性质类似于企业发行股票筹资，会计上也将劣后贷款视做企业资本。2009 年 4 月至 2010 年 3 月，为减少国际金融危机的冲击，提高部分大银行的资本充足率，日本银行曾向一些大银行提供劣后贷款。

表8.6　日本宏观审慎监管政策的具体措施分类

	操作主体	
	公共部门	私人部门
事前措施	限制竞争的管制 资产负债表监控 对金融机构现场检查、考察及非现场监管	市场监测 行业自律管理
事后措施	中央银行贷款 存款保险机构 政府救助	相互救助制度 存款保险

资料来源：［日］鹿野嘉昭：《日本の金融制度》，第2版，109页，东京，东洋经济新报社，2006。

尽管日本学界和政策当局对金融安全网的理解基本限定为事后处理方式[69]，但日本金融监管当局越来越意识到事前监管的重要性，并开始更多地应用事前预防措施。主要表现在以下几个方面：

一是引入早期预警制度及早期纠正措施。日本于1998年4月开始实施针对银行业的早期纠正措施[70]。同年12月，随着《金融体制改革法》的实施，日本政府出台了针对银行业的早期纠正措施。同时，日本还在人寿保险业引入了早期纠正措施，即偿付能力（Solvency Margin）比率标准。2002年10月，日本颁布了《金融再生计划》，该计划把严格实施早期纠正制度和早期预警制度确定为"新金融行政基本框架"的基本内容。

二是加强对金融商品交易监管和投资人保护。2006年，在修改《证券交易法》的过程中，日本监管部门吸纳了原《金融期货交易法》、《有价证券投资咨询业规制法》、《担保证券业规制法》、《外国证券机构法》的有

69　当前日本学术界一些著作对"金融安全网"的界定，反映了这种状况。比如，日本学者舘隆一郎编写的《金融辞典》认为，金融安全网作为进行公共政策干预的事后对策，其处理方式基于损失最小化原则，包括监管当局对金融机构的救助合并的政策引导，中央银行最后贷款人职能、存款保险制度等。

70　及时纠正措施是指一旦金融机构的资本充足率低于规定下限，金融厅可立即对该金融机构采取某种行政措施。

关内容，并将《证券交易法》修改为《金融商品交易法》，从而建立起了具有高度系统性的金融商品监管法律制度[71]。具体措施方面的进步主要表现在：强化了金融商品交易信息披露的要求；加大了对金融违法行为的惩罚力度；推动了金融商品交易的统一监管。

三是提高金融检查规范性和透明度。进入 21 世纪以来，日本不断推动金融检查的制度建设，并且金融厅、日本银行等金融监管部门每年都派出大规模金融检查人员深入金融机构进行现场调查，对维护金融市场的稳健发展发挥了重要作用。为了确保金融检查程序合法、内容合理、操作规范，日本金融监督厅根据《银行法》、《金融商品交易法》、《保险业法》、《电子登记债权法》、《注册会计师法》等法律法规，先后制订了《关于接受存款的金融机构的检查指南》、《信托检查指南》、《金融控股国内公司检查指南》等一系列金融检查指导性文件，有效地避免了金融检查的随意性和不透明性。

除此之外，日本的宏观审慎监管政策还包括其他一些措施。比如，日本银行每半年公布的《金融系统报告》、监管机构对金融机构的日常微观审慎监管[72]以及对各类金融机构的支付清算系统进行监管[73]等。

三、金融厅的作用

金融厅是日本金融监管的最高行政部门。《金融厅设置法》第 3 条规定，金融厅的任务是"确保我国金融功能的稳定，保护存款者、投保者、有价证券投资者"。金融厅在宏观审慎监管上的作用主要表现在以下两个方面：第一，召开金融危机对应会议。尽管首相是金融危机对应会议的议

71　王思洋，吴昊：《日本金融监管体系的重建及其启示》，载《东北亚论坛》，2010（9），106 页。

72　微观审慎监管是相对于宏观审慎监管而言的概念。2010 年 9 月，国际清算银行首次在其发布的报告中提出，金融体系稳定需要微观审慎监管和宏观审慎监管，微观层面的稳定需要实施以单家金融机构为监管对象的微观审慎监管，宏观层面稳定则以防范整个金融体系的系统性风险为目标实施宏观审慎监管。

73　鉴于支付清算体系在经济金融体系中的基础性地位，日本银行除了运行其跨行支付清算系统之外，还对各商业银行的支付清算系统、证券交割系统、交易所清算系统实施实时监控，评估其安全性和效率性，并提出改进建议。

长，但会议的组织由金融厅负责。第二，负责处理金融机构的倒闭。经济泡沫破灭后历次处理金融机构倒闭都是在金融厅的主导下进行的。

金融厅对金融机构负有业务检查的行政权限。根据《银行法》第24条和第25条，金融厅对银行检查是基于确保银行业务稳健发展，保持平稳运营的目的，对银行拥有现场检查权、调阅相关资料等权限，并对拒不配合的被检查金融机构进行处罚。在实际监管过程中，日本金融监管机构注重非现场检查的连续性和现场检查的深入性，以求充分提高金融监管效率。现场检查主要由金融厅和日本银行协调完成，应归于事前微观审慎监管，主要是掌控个别金融机构的经营状况。但从防范金融机构破产、维护金融体系整体稳定的角度来看，金融检查在一定程度上具备宏观审慎监管的属性[74]。

四、日本银行的创新做法[75]

金融厅和日本银行的法律地位决定了这两个机构成为日本宏观审慎监管的主要机构[76]。很难说金融厅和日本银行在宏观审慎监管上的作用孰大孰小，总的来说，金融厅的作用侧重于实施行政措施，而日本银行的作用主要是监测和提出建议。

日本银行作为日本的中央银行，通过确保物价和金融系统稳定，推动经济实现可持续增长。在实施宏观审慎监管方面主要发挥以下作用：一是作为中央银行通过货币政策和支付结算系统，准确监测宏观经济、金融市场和金融交易的发展状况；二是履行"最后贷款人"职责，维护金融体系稳定；三是从宏观角度对日本实体经济和金融系统的发展进行分析；四是构建全球信息交流平台和跨国合作的全球性网络。

74　刘瑞：《金融危机下的日本金融政策：困境与挑战》，171页，北京，世界知识出版社，2010。

75　本部分主要参考了日本银行于2011年10月18日发布的 *The Bank of Japan's Initiatives on the Macroprudential Front* 报告，以及中国银行业监督管理委员会山东监管局英语兴趣小组对此报告的编译版本。日本银行的报告全面介绍了其对宏观审慎的最新研究和认识，以及会同日本金融厅（Financial Services Agency）探索开展的一系列宏观审慎监管的创新做法。

76　傅钧文：《日本宏观审慎监管体制建设及其启示》，载《世界经济研究》，2013（12），13页。

日本银行在宏观审慎监管前沿方面的创新做法在于，重点关注金融系统性风险和金融失衡问题，以及金融系统和实体经济之间的反馈循环。主要包括：

一是宏观审慎与微观审慎有机结合。为维护金融体系稳定，日本银行的审慎性监管十分注重宏观审慎监管和微观审慎监管的有机结合。通过对特定金融机构现场检查和非现场检查获得的微观信息，评估该金融机构稳定性，各单个金融机构的信息经整合后用于评估金融机构的系统性风险。通过对微观信息和宏观经济金融数据的综合分析，及时发现可能存在的系统性风险。

二是采取保障金融系统稳定运行的措施。确保金融系统出现任何风险苗头时，能够迅速采取必要措施以维护金融体系稳定。为防止系统性风险发生，经货币政策委员会同意，日本银行可以向金融机构发放无担保贷款，无担保贷款发放需要符合"专项贷款四原则"。此外，日本银行已经采取必要措施保证金融系统的稳定，比如，购买金融机构持有的股票，以及向金融机构发放次级贷款等[77]。

三是金融系统稳定性的分析和评估。定期分析和评估金融系统风险，并通过"金融系统报告"发布评估结果。报告着重强调以下内容：第一，采用宏观压力测试方式对稳健性进行评估。第二，对实体经济和金融系统的反馈循环进行动态评估。第三，对金融行业风险进行跨行业分析。第四，利用宏观指标对金融失衡的评估。第五，对金融市场风险的识别。通过分析市场价格和市场交易的变化，监测金融系统的风险变化。通过对国内外资产价格关联性的分析，防范风险从国外金融市场向国内金融系统传导。

四是制定货币政策时对宏观审慎的考虑。尽管货币政策实施的主要目标在于维护物价稳定，其功效无法确保金融系统稳定，但是，货币政策和金融系统稳定相互作用、密不可分。有鉴于此，日本银行注重从宏观审慎角度出发制定和实施货币政策。在实践中，日本银行制定货币政策时，通

77　对于日本银行在 2008 年国际金融危机中的救助措施可参见本章第二节"日本应对 2008 年国际金融危机的主要政策"。

常把金融系统的风险当做一个中长期的风险因素来考虑评估。

五是对支付结算系统的运营进行监管。日本银行监管着三个系统以保证各项结算顺利进行，分别是日本国债（JGB）结算系统、日本银行金融网络系统（BOJ-NET）和往来账户资金转账系统。其中，日本银行金融网络系统（BOJ-NET）作为日本核心支付结算系统，其安全有效运营对日本金融系统的稳定至关重要，日本银行努力提高该系统的安全性和有效性。

第四节　最后贷款人制度

根据《新帕尔格雷夫货币金融大辞典》中 Thomas M. Humphrey 给出的定义，最后贷款人（Lender of Last Resort，LOLR）是指当一国处于金融危机状态时，该国的中央银行应承担相应的资金融通责任，采取有效的政策来满足对高能货币的需求，以稳定公众信心，防止恐慌发生，从而避免货币存量收缩，保障金融市场的稳定运行。本章所研究的最后贷款人也符合这一定义，即中央银行在金融危机时，对问题金融机构采取措施进行救助，完善市场退出机制，从而保障金融体系健康发展。

一、最后贷款人功能

关于日本银行行使最后贷款人职责的法律规定主要体现在《日本银行法》、《存款保险法》、《金融再生法》和《早期健全化法》等法律中。新修改的《日本银行法》于 1998 年 4 月 1 日正式生效。根据该银行法，日本银行的目的是维护"物价及金融系统稳定"，与最后贷款人职能有关的具体规定是《日本银行法》第 37 条和第 38 条。此外，还有《存款保险法》等法律中规定日本银行必须为存款保险机构提供贷款。这些构成了日本银行实施最后贷款人职能的法律体系[78]。

于 1998 年 4 月 1 日开始正式实施的《日本银行法》关于最后贷款人

78　参见周仪：《广场协议后日本中央银行金融政策》，南开大学博士学位论文，2012。

的原则表述如下：日本银行作为银行的银行，提供金融机构之间的资金结算服务，此外在发生金融机构破产等有可能对金融机构之间顺利地进行资金结算带来深刻影响的场合，日本银行应以发券职能为担保提供流动性，谋求确保顺利的资金结算（"最后贷款人"职能）。通过对金融机构监督等来维持信用秩序则需要采用行政手段，因此政府应负最终职责。但日本银行也有通过确保结算系统顺利及稳定地运营，以此对维持信用秩序作出贡献的职责。据此，明确规定通过确保银行及其他金融机构之间顺利及稳定地进行资金结算，以此对维持信用秩序作贡献是日本银行的目标之一是恰当的[79]。

对于最后贷款人职能的运用，学术界存在四种不同的学说[80]，其中主要是巴杰特理论。从金融实践来看，日本银行在发挥最后贷款人职能方面继承和发展了"巴杰特规则"[81]，最后贷款人操作方式相对丰富。日本银行的特别融资（简称"日银特融"[82]）就是中央银行最后贷款人职能的具体表现。除了为维护金融秩序提供必要的流动性、特别融资之外，日本银行还出资或大量贷款给存款保险公司等与问题金融机构破产处理相关的机构，为金融机构破产处理提供重要的资金支持（见表8.7）。

---

[79]　金融制度調査会「日本銀行法の改正に関する答申理由書」、平成 9 年（1997 年）2 月 6日、日本金融厅．http://www.fsa.go.jp/p_mof/singikai/kinyusei/top.htm.2012 - 01 - 27.

[80]　即古典学派、货币数量学派、现代实务派、自由银行主义学派。日本理论界一般重视古典学派理论。

[81]　为了解决源于最后贷款人的道德风险问题，巴杰特提出了惩罚"微弱少数"的"巴杰特规则"（Walter Bagehot，1873）。巴杰特认为，在一个不需完全承担其行为后果的环境里，代理人总会有动机利用环境来改变自身的行为。因此，最后贷款人的救助将鼓励商业银行的急功近利行为。巴杰特指出，如果不采取正确的预防措施，最后贷款人将放大而不是缩小潜在的金融体系崩溃的风险。从历史情况来看，问题金融机构终归是"微弱少数"，金融体系中的绝大多数银行还是健全的。因此，巴杰特相信这些"微弱少数"的银行不足以从根本上影响到整个金融体系的稳定和安全，中央银行既无责任也无必要为这小部分银行提供无偿救助；既然这小部分银行想获得额外的资金支持，那么它们终归要付出一定代价，要受到相应的惩罚。根据"巴杰特"规则，市场惩戒机制是防范道德风险的最有效方式。本质上，最后贷款人的责任是宏观的而非微观的，相应的最后贷款人也就没有责任营救不健全的银行。为了确保救助政策的"有偿性"，最后贷款人不应该阻止银行失败发生，问题机构须对自身的不审慎行为承担责任。同时，获得最后贷款人支持的问题机构也必须受到相应惩罚。

[82]　"日银特融"是指日本银行发挥最后贷款人职能，为维护金融体系稳定，根据政府要求对陷入流动性困境的金融机构提供的一种无抵押、无期限的紧急特别融资。

表 8.7　日本银行最后贷款人操作方式

类型	业务种类	法律依据	担保情况	备注
流动性供给	破产金融机构特别融资（"日银特融"）	《日本银行法》第 38 条	无担保	内阁总理大臣财务大臣认为特别必要维持信用秩序时，提出申请并由日本银行政策委员会决定是否实施
	破产金融机构以外临时性流动性供给	《日本银行法》第 33 条	有担保	对陷入支付资金不足的金融机构，以票据、有价证券作为担保提供贷款
	破产金融机构以外临时性贷款	《日本银行法》第 37 条	有担保或无担保	金融机构电子信息处理系统故障等偶发性事件导致出现难以预见的临时性支付资金不足，进行有担保或无担保贷款，提供流动性支持
其他	以补充信用为目的的资本性资金供给	旧银行法[83]第 25 条	无担保	东京共同银行出资 200 亿日元；绿银行次级贷款 1,100 亿日元；通过新金融稳定化基金向纪伊管理银行出资 100 亿日元
	为存款保险机构提供担保	《存款保险法》第 42 条第 4 款	政府担保	向存款保险机构"一般性账户"贷款
		《存款保险法》第 126 条第 2 款	政府担保	向存款保险机构"危机应对账户"贷款
		《存款保险法附则》第 20 条第 2 款	政府担保或有担保	向存款保险机构"特例业务账户"贷款
		《金融再生法》第 65 条第 2 款	政府担保	向存款保险机构"金融再生账户"贷款
		《早期健全化法》第 16 条第 2 款	政府担保	向存款保险机构"金融机构早期健全化账户"贷款

资料来源：转引自刘瑞：《金融危机下的日本金融政策：困境与挑战》，221 页，北京，世界知识出版社，2010。

83　指 1998 年 4 月之前的《日本银行法》。

二、实施条件

《日本银行法》第38条规定，日本银行向问题金融机构提供紧急流动性资金时，前提条件必须符合以下四项原则：一是发生系统性风险的可能性很大；二是没有其他替代性方法，并且，中央银行援助对解决问题不可或缺；三是相关责任方均应承担起各自的责任，以避免道德风险的发生；四是中央银行的财务稳健性将不会因此受到冲击。

第一，发生系统性风险的可能性很大。有关系统性金融风险的判断主要包括三个方面：一是从金融系统所处的环境看，某个金融机构无法支付存款的行为是否会引发其他存款人的心理不安，导致其他金融机构出现挤兑；二是从金融机构之间交易状况看，某家金融机构出现支付困难时，会否导致其他金融机构出现支付困难，并引发连锁反应；三是从维护金融市场稳定运行的角度看，金融机构无法正常支付时，是否造成金融市场出现混乱，各种金融市场交易无法正常进行，市场功能显著下降[84]。

第二，没有其他可行的替代方法。日本银行的判断标准主要包括：一是陷入困境的金融机构在付出极大努力之后，仍然无法获取足够的流动性；二是无法从其他金融机构、金融市场获得资金支持；三是无法获得存款保险机构支持或政府部门的注资。

第三，相关责任方均应承担起各自的责任，以避免道德风险的发生。存款保险制度作为一种国家金融安全网的制度安排，改变了存款人、投保机构和存款保险机构所面临的激励与约束，从而可能滋生道德风险问题。在日本银行发挥最后贷款人功能时，这项原则有两项具体内容，即明确要求破产金融机构经营者辞职并承担相应责任，资本金和出资损失由股东和出资人承担[85]。

84　日本银行《〈信用秩序維持のためのいわゆる特融等に関する4原則の適用について〉に関する件》，1999年6月16日。

85　参见刘瑞：《金融危机下的日本金融政策：困境与挑战》，224页，北京，世界知识出版社，2010。

第四，中央银行的财务稳健性将不会因此受到冲击。作为中央银行，日本银行也必须考虑自身资产运用的安全性。在救助困难金融机构时，为维护自身财务的稳健，日本银行主要考虑如下因素：一是特别融资只针对可收回的债权；二是"日银特融"仅提供流动性支持，而非资本金；三是根据金融机构损失的情况，提供流动性支持时计提坏账准备。比如，在此次国际金融危机中，日本银行采取购买企业债救助措施时，为避免对单个企业的长期资源配置产生影响和对日本银行的依赖，同时为了防范危及自身财务安全的风险，决定将买入的企业债的剩余期限限定在短期，并且不是从发行主体处直接购买，而是通过央行的交易对手金融机构进行交易。

三、实施案例

早在 1965 年，日本银行通过商业银行向山一证券公司和大井证券公司提供贷款，就是为防止证券市场乃至整个金融体系出现混乱而采取的措施[86]。根据《日本银行法》第 25 条，该贷款决议得到了大藏大臣的特别许可，故尽管形式上要求提供抵押品，但实际上近似于无抵押。

1995 年之后，面对严峻的国内金融形势，日本银行开始频繁运用"日银特融"为金融体系提供支持。"日银特融"多用于破产金融机构的特别融资，主要包括两种形式[87]：一是在政府对破产金融机构注入公共资金时，由日本银行为其提供临时性借款，维持破产机构的经营活动。比如，对兵库银行（6,120 亿日元）等地方中小银行和北海道拓殖银行（26,771亿日元）、山一证券（12,000 亿日元）、日本长期信用银行、日本债券信用银行等大型金融机构破产时均采用这种处理方式。二是提供次级贷款，如为绿银行（The Minato Bank, Ltd.）提供 1,100 亿日元次级贷款的援助。

1994 – 1997 年的 4 年间，为帮助金融机构度过困境，日本银行提供了

86　参见齐稚平：《中央银行救助的成本与收益》，西南财经大学博士学位论文，2010 年 4月，第 38 页。

87　参见康娅忱：《美、日政府救助问题金融机构的政策与方式比较研究》，载《中国证券期货》，2013（2），194 页。

多达4.9万亿日元的特别贷款，但这并未改变日本金融业面临的困境[88]，北海道拓殖银行、德阳城市银行等大型银行先后破产倒闭。此后，日本银行继续履行最后贷款人职能，1998年和1999年又分别注资30万亿日元和7.5万亿日元，以救助破产金融机构[89]（见表8.8）。

表8.8 1995年之后日本银行最后贷款人职能案例

救助对象	时间	方式	规模（亿日元）
1. 贷款融资情况			
COSMO 信用组合	1995.8 – 1996.3	贷款	1,980（最大值）
兵库银行	1995.8 – 1996.1	贷款	6,120（最大值）
木津信用金库	1995.8 – 1996.2	贷款	9,105（最大值）
The Minato Bank, Ltd.	1996.1 – 2006.1	次级贷款	1,100（最大值）
阪和银行	1996.11 – 1998.1	贷款	2,690（最大值）
京都共荣银行	1997.10 – 1998.10	贷款	130（最大值）
北海道拓殖银行	1997.11 – 1998.11	贷款	26,771（最大值）
山一证券	1997.11 –	贷款	12,000（最大值）
德阳城市银行	1997.11 – 1998.11	贷款	2,283（最大值）
The Minato Bank, Ltd.	1998.5 – 1999.4	贷款	193（最大值）
国民银行	1999.4 – 2000.8	贷款	665（最大值）
幸福银行	1999.5 – 2001.2	贷款	2,786（最大值）
东京相和银行	1999.6 – 2001.6	贷款	4,875（最大值）
NAMIHAYA 银行	1999.8 – 2001.2	贷款	1,264（最大值）
新潟中央银行	1999.10 – 2001.5	贷款	1,643（最大值）
信用组合关西组银	2000.12 – 2002.6	贷款	5,466（最大值）
朝银近畿信用组合	2000.12 – 2002.8	贷款	2,067（最大值）
石川银行	2001.12 – 2003.3	贷款	831（最大值）
中部银行	2002.3 – 2003.3	贷款	226（最大值）

88　参见［日］川口慎二，古川顕：《金融市場と金融政策》，東京，郵便貯金振興会貯蓄経済研究室，2006。

89　参见高磊：《日本金融体系的构建与功能研究》，东北师范大学硕士学位论文，2011年5月，第11页。

救助对象	时间	方式	规模（亿日元）
2. 决定融资但未予实施			
理索纳银行	2003.5 – 2003.7	贷款	——
足利银行	2003.11 – 2005.11	贷款	——
3. 出资、资本金			
东京共同银行	1995.1 – 1999.3	出资	200
社团法人新金融稳定化基金	1996.10	资本金	1,000
4. 向存款保险机构提供融资			
特定住宅金融专门公司	1996.7	出资	1,000

资料来源：［日］福田慎一「バブル崩壊後の金融市場の動揺と金融政策」、『バブルデフレ期の日本経済と経済政策』第2巻、吉川洋編『デフレ経済と金融政策』．慶応義塾大学出版社、2009年、211頁図表7－5。

"日银特融"优势在于机动灵活，且中央银行的声誉对消除信用危机效果显著，但有可能诱发道德风险问题。因此，随着日本金融安全网建设的不断完善，目前"日银特融"一般仅提供临时性周转资金，不提供次级贷款等资本性资金。但2004年之后，"日银特融"已未再实施[90]（见表8.9）。

表8.9　日本银行基于最后贷款人职责对外融资　　　　　单位：亿日元

时期	根据《日本银行法》第33条借出	根据《日本银行法》第38条借出（"日银特融"）	对存款保险机构资金支持	
			贷款	其他
1996年9月末		10,165		
1997年末	9,621	36,722	2,932	5,134
1998年末	12,755	6,025	80,477	82,679
1999年末	2,441	15,274	21,957	23,159

90　刘瑞：《金融危机下的日本金融政策：困境与挑战》，226页，北京，世界知识出版社，2010。

时期	根据《日本银行法》第33条借出	根据《日本银行法》第38条借出（"日银特融"）	对存款保险机构资金支持	
			贷款	其他
2000 年末	2,336	4,599	1,339	2,541
2001 年末	0	8,161	0	1,202
2002 年末	0	1,932	0	1,202
2003 年末	0	1,412	0	1,202
2004 年末	0	1,111	0	1,202
2005 年末	0	0	0	0
2006 年末	0	0	0	1,202
2007 年末	210	0	0	1,202
2008 年末	2,556	0	0	1,202
2009 年末	48	0	0	1,202
2010 年末	36	0	0	1,202
2011 年末	46	0	0	1,202

资料来源：根据日本银行：《基础货币与日本银行的交易（存量表）》各期及小栗诚治论文；周仪：《广场协议后日本中央银行金融政策》，南开大学博士学位论文，2012年5月，第118页。

2008 年国际金融危机中，日本银行基于最后贷款人职责，不仅向金融机构注入日元资金，还大量注入美元资金。比如，在 2008 年 9 月 30 日，鉴于美元流动性吃紧，日本银行决定向金融机构注入美元资金 1,200 亿美元（约合 12.6 万亿日元），并将资金供给期限从 2009 年 1 月延长至 4 月，将资金供给对象的金融机构从 54 家扩大到 87 家，试图将金融危机对日本金融市场的冲击控制在最小。此后，日本银行还多次宣布将不加任何限制地供给美元资金。

第五节　存款保险制度

自 20 世纪 70 年代起，日本的金融体制开始从国家高度管制和干预的

"护航舰队"模式向"自由、公正、国际化"的现代金融模式的转变[91]。在此过程中,日本的存款保险制度也得到不断修订和完善,并在日本金融安全体系中发挥着越来越重要的作用。

一、存款保险机构的职能和业务

根据日本《存款保险法》的规定,存款保险制度设立的目的在于通过保护存款人利益,确保资金结算顺利进行,维护金融信用秩序。具体而言,日本存款保险机构的业务和职能[92]可以概括为以下四点:

一是作为金融安全体系的重要组成部分,当银行面临破产时实施资金支援以及保险金赔付。另外,存款保险机构会根据存款人的请求,购买存款保险范围以外的存款及其他债权,例如本金超过赔付额度的部分及利息,或未纳入存款保险范围的外币存款本金及利息。

二是充当金融整理财务经管人,经管破产银行的管理业务和善后处理。当一家金融机构破产时,金融服务厅将指派破产管理人管理破产银行的事务,这里的破产管理人一般是指存款保险机构。存款保险机构通过对合作金融机构提供资金援助来帮助其兼并或者接管问题金融机构,资金援助的程序一般是由财务大臣认定申请资金援助的资格,由存款保险机构的运营委员会决定是否进行资金援助。

三是金融机构破产后续处理工作。指导、督促整理回收机构有效回收从破产金融机构购买的债权、股票等资产,并对恶意破产的债务人进行财产调查,同时追究破产金融机构原有管理层的民事责任等[93]。

四是对健全银行实施资金支援,收购其不良债权。为预防健全金融机构陷入破产等困境,存款保险机构通过购买股票等方式增强其自有资本,提高金融机构的资本充足率。

---

91 "自由、公正、国际化"是1996年桥本龙太郎首相宣布实施日本版"金融大爆炸"改革时推出的口号。

92 預金保険機構「預金保険機構年報」(2009年度),2010年6月发布。

93 参见刘瑞:《金融危机下的日本金融政策:困境与挑战》,229页,北京,世界知识出版社,2010。

二、存款保险制度的演进

日本存款保险制度建立之后，日本政府根据国内外金融形势、日本金融机构处置与赔付的经验教训以及国际存款保险制度的发展情况，多次对本国存款保险制度进行了改革。日本国会于 1974 年、1982 年、1986 年、1996 年、1998 年、2001 年、2002 年、2003 年、2005 年和 2006 年共计十次对《存款保险法》进行了修订，以适应金融业发展和金融体制改革的需要。日本 40 多年的存款保险制度演变大致可以分为三个阶段[94]：

（一）起步发展阶段：处于休眠期的存款保险制度（1971 – 1990 年）

尽管日本存款保险制度早在 1971 年就已设立，但是在存款人保护和破产银行的处理中真正起作用的是大藏省，从存款人的角度看是一种隐性存款保险制度，从银行的角度看是"护航舰队"制度，即保护不让任何一艘"船只"掉队的制度[95]。由于存在银行特许价值[96]，即使发生金融机构经营危机事件，就由政府注资或要求其他有实力的大型金融机构进行救助[97]，存款保险制度根本无须动用。这一时期的存款保险制度只是一种摆设，并未发挥过实质性作用。

1985 年"广场协议"签署之后，存款保险制度中的一些规定已无法适应经济形势的变化。在此背景下，《存款保险法》先后经历了三次修订，存款保险限额不断提高。日本存款保险机构最初规定的存款保险限额上限为 100 万日元，1974 年该限额被提高至 300 万日元，到 1986 年，则提高到 1,000 万日元。随着限额的不断增加，存款保险费率也在不断提高，1971 年《存款保险法》规定存款保险费率为 0.006%，1982 年调整为 0.008%，1986 年则提高到 0.012%，为日本存款保险机构成立时的两倍。

94　本部分主要参考了黄韬：《日本存款保险法律制度的实践及其评价》，载《日本学刊》，2009（6），82~93 页。

95　陈国进：《日本存款保险制度与银行危机管理》，载《金融论坛》，2002（4），58 页。

96　银行的特许权价值是指在银行的持续期内（持有银行牌照的有效期间内）垄断利润的现值之和。银行之所以能够获得垄断利润，是因为政府对银行实施的特殊政策（Keeley，1990）。

97　比如由大藏省出面安排其他银行与其合并业务并承担债务的方式来处理。

以 1986 年对《存款保险法》的修订为契机，日本引入了两项重要的制度[98]：一是为保障存款人必要的生活开支，在金融机构破产后，存款保险正式赔付之前，日本存款保险机构需要先向每一存款人支付上限为 20 万日元的保险存款，即所谓的"暂时支付制度"。二是为使破产金融机构的经营活动得以正常进行，同时避免存款人挤兑，尽量降低处置破产金融机构的各项开支，减少破产金融机构的损失及其可能引发的社会负面影响，增加了所谓的"资金援助方式"，其适用于破产金融机构向救济金融机构转让业务。

尽管日本存款保险制度的框架已经建立并不断完善，但这一阶段的日本存款保险制度仍处于实质上的休眠状态，存款保险机构并没有成为金融业监管以及危机银行处理过程中的主角[99]。有数据表明，1971 年日本存款保险机构成立之初，其全部工作人员仅有 12 人，其后 20 年间也从未超过 20 人。这是观察存款保险机构作用的一个重要窗口。这一时期，日本《存款保险法》的相关规定仅停留在纸面上，几乎没有任何实质性作用。

（二）过渡发展阶段：逐步走向实践的存款保险制度（1991－2000 年）

20 世纪 80 年代末至 90 年代初日本泡沫经济的破灭加速了金融机构的风险暴露，银行不良债权显著上升，破产金融机构数量大幅增加，严重影响了日本的金融秩序。在这种情况下，此前大藏省以兼并重组为主的救助模式已无法适应日本当时的状况，因此，存款保险制度逐渐开始发挥其应有的功能[100]。

日本存款保险机构对东邦相互银行的破产处理是日本存款保险机构自成立以来的第一个案例，标志着日本存款保险制度从纸面走向了实践，开始正式发挥作用。1991 年末，东邦相互银行陷入危机，负责对其进行救助的伊予银行无力消化巨额不良债权，为保证存款人利益，日本存款保险机构于 1992 年 7 月为伊予银行提供高达 80 亿日元的资金援助。同年 10 月，

---

98 黄韬：《日本存款保险法律制度的实践及其评价》，载《日本学刊》，2009（6），84 页。

99 参见日本存款保险制度课题组编：《日本存款保险制度》，55 页，北京，中国金融出版社，2007。

100 参见高磊：《日本金融体系的构建与功能研究》，东北师范大学硕士学位论文，2011。

东洋信用金库倒闭，日本存款保险机构再次介入进行救助，动用 200 亿日元资金赠予三和银行，帮助三和银行顺利兼并东洋信用金库[101]。从此，在一系列救助银行危机的过程中，日本存款保险机构开始通过拨款赠予、收购资产、贷款、承担债务等方式提供财务救助，发挥经常性作用。因此，存款保险制度相关法律的修订和完善在这一阶段十分频繁。

1996 年，为配合"金融大爆炸"改革的需要，日本政府对《存款保险法》进行修订，暂时取消限额赔付制度，实行全额存款保险制度，期限为五年；对存款保险费率的征收方式也进行了改革，实行一般保险费率和特别保险费率两种形式，一般保险费率由原来的 0.012% 增加到 0.048%，特别保险费率为 0.036%，合计总费率为 0.084%，提高至原来的 7 倍。此外，还颁布了《存款保险法案的补充条例》，赋予日本存款保险机构一些新的权力。

1997 年，《存款保险法》从破产处理手法的角度出发进行修订，实行破产处理手段多样化，将存款保险资金援助对象扩大到新设的合并金融机构，且原机构不再存续。另外，此次修订还将存款收购的债权功能囊括到存款保险机构中。

1998 年，《存款保险法》的修订注重存款保险机构职能的强化，重新定位清理回收银行，授权存款保险机构可以购买银行的优先股和不良债权，可以经政府担保进行融资及向银行注资；设立"债权整理回收机构"（RCC）和"过渡银行"（BBJ），分别用于处置、经营不良债权和接管问题银行。此外，日本政府还制定了《金融机能安定化紧急措施法》、《金融再生法》等法律，用于辅助《存款保险法》对金融机构进行救助管理。

2000 年 5 月，日本再次修订《存款保险法》，进一步扩大存款保险机构的运营范围，将记名银行债券、公共基金存款等增加为受保对象。除了项目上的增加，受保的机构对象范围也有扩大，合作金融机构联合体开始纳入受保范围之内。

为有效发挥存款保险制度的作用，日本政府对金融监管体制也进行了

101　陈国进：《日本存款保险制度的演变及其借鉴意义》，载《国际金融研究》，2002（5），39 页。

配套改革。比如，放弃了由大藏省把持金融机构监督权的集权式监管体制，于 1998 年 6 月成立由内阁府直接管辖的金融监督厅。经过这次改革，日本完成了由限额保险制向全额保险制的转化，使存款保险机构的作用和权限有了较大的提升，且实现了存款保险机构与金融监管机构的合作[102]，在存款保险机构和金融监管部门的共同努力下，较为有效地控制了银行挤兑风潮和金融恐慌。

这一阶段的存款保险制度从纸面走向了实践，有效地为银行提供破产保护，保障了金融体系的健康发展，存款保险机构自此发挥了应有的救助功能。但这并不说明此时的存款保险制度已经完善，其中仍存在着诸多问题，如危机应对色彩非常明显等[103]。

（三）稳定发展阶段：常态化发展的存款保险制度（2001 年至今）

日本在经历了 20 世纪 90 年代经济泡沫破灭、发展停滞之后，逐步进入了恢复和低速增长时期。日本政府通过实行一系列的救助措施，增强了民众信心，泡沫经济的负面影响在一定程度上得到消除，存款保险制度的相关危机应对措施取得了显著成效。为适应新的经济形势要求，日本政府进一步修订《存款保险法》，促使日本存款保险机构由危机应对模式向常态模式调整。

2001 年 4 月，新修订的《存款保险法》增加了对金融机构责任职能的规范，要求金融机构对存款人数据具有良好的维护、处理能力，方便存款保险机构在危机出现时迅速获得相关数据，提高救助效率。此次修订又进一步扩大存款保险机构的财务救助范围，提高了存款保险机构的履职能力。

在这一阶段，日本存款保险机构还对保险费率进行了调整。比如，2002 年取消特别保险费率，并对存款种类加以区别，实行特别存款和其他存款两种类别，费率分别为 0.094% 和 0.080%。2003 年，再次变动存款种类，分为一般存款和结算存款两类，保险费率随之调整，一般存款保险

102　参见周爱萍：《日本存款保险制度改革及其启示》，载《金融理论与实践》，2009（6），67 页。

103　比如，实施存款全额保护，设置特别费率等。

费率为 0.080%，与之前的其他存款保险费率相同；而支付结算保险费率为 0.090%，相比特别存款保险费率略有下降[104]。

可以认为，为顺应日本经济社会的发展，日本的存款保险制度正向常态化演进。但是，由于日本金融体制本身存在着一系列深层次的矛盾，而存款保险制度本身又关乎金融市场的稳定，因此，这种调整势必经历一个渐进的过程，甚至出现反复的情况[105]。以全额保险计划为例，1996 年开始实施的全额保险计划本来是一项临时性安排，原计划有效期限为 5 年。但其后日本政府对此进行了多次更改（见表 8.10）。

表 8.10　日本存款保险全额保护向定额保护变化的时间表

存款种类		至 2002－03－31	至 2004－03－31	至 2005－03－31	自 2005－04－01 开始
投保存款	活期存款 普通存款 特别存款	全额保护			定额保护
投保存款	定期存款 定期公积金 保本资金信托 有保护的金融债	全额保护	（本金上限 1,000 万日元及相应利息）		定额保护
非投保存款	外汇存款 可转让性存款 不保本资金信托 无保护的金融债	全额保护	根据破产金融机构的资产状况偿付		

资料来源：www. saveinfo. or. jp/kinyu/yoho/yoho. html。

经过上述多次改革和不断演进，日本逐步建立健全了由政府、银行及民间金融机构共同协作的存款保险制度，使存款保险制度更能适应金融及银行体制的变化要求，巩固了其作为金融安全网重要组成部分的功能，不仅在保护存款人利益上发挥了重要作用，而且在强化政府对金融机构和市场的监管，有效维护金融秩序稳定方面发挥了积极作用。

104　［日］黒田晃生，日本の金融市場：《金融政策の効果波及メカニズム》，東京，東洋経済新報社，2004。

105　黄韬：《日本存款保险法律制度的实践及其评价》，载《日本学刊》，2009（6），88 页。

三、存款保险机构账户设置及资金来源

国际经验表明，存款保险机构充足的资金来源对于维护公众信心、及时处置问题金融机构意义重大。这同样适用于日本存款保险机构。1997年，北海道拓殖银行和山一证券倒闭，当时日本存款保险机构的资金存在一定问题，在是否可以动用公共基金的问题上，政府行动迟缓，从而导致日本金融市场出现混乱，股价大幅波动、金融机构信用等级下降、日元贬值[106]。自此，日本政府十分重视存款保险机构的账户设置及救助资金来源问题，多次对《存款保险法》中相关的条款进行补充完善。

1996年，日本对存款保险制度进行进一步改革，对一般性金融机构和信用合作社分设特别账户，1997年又将两者重新并为特别业务账户。同时，在存款保险机构内设立新的账户，通过强化有效管理账户来增强危机救助功能。1997年，日本政府将3万亿日元的国债划入了该账户。

1998年2月，日本国会通过了《存款保险法》修正案，主要内容包括：其一，拨出7万亿日元国债，成立"特别业务基金"，以加强存款保险机构的财政基础，金融机构破产导致的损失可由国债偿还金弥补；其二，将一般金融机构特别账户与信用合作社特别账户合并为"特别业务账户"，作为实施特别资金援助的资本金，这使得存款保险机构能够处置除信用合作社之外的所有金融机构的破产案件；其三，可向整顿回收银行提供收购转让债权所需的资金，扩大了其接收不良资产的功能；其四，为顺利筹措特别业务账户资金，可从日本银行或金融机构借入资金，并赋予了其债券发行权。同时，将政府担保额度扩大到10万亿日元；其五，存款保险机构在收购资产或提供资金援助时，可对问题金融机构进行检查及处罚；其六，整顿回收银行模式不仅适用于信用合作社，而且适用于其他金融机构。修改后的法案拓宽了日本存款保险公司的融资渠道，赋予其特别融资的权利，对积累保险基金具有十分重要的意义。

截至2010年3月末，日本存款保险机构共设置八个账户（见表

106　参见李静：《美日存款保险制度比较与启示》，山东大学硕士学位论文，2005。

8.11），每个账户均根据不同的法律依据设置[107]。其中，"一般账户"和"危机应对账户"为"永久性账户"，依据《存款保险法》设置；其余六个账户为"非永久性账户"，按照相关法规条文，在特定相关业务结束后账户也将随之结束。

表8.11　日本存款保险机构账户设置及资金来源

（截至2010年3月末）

账户设置	融资限额	融资依据	融资方式	资金运用
一般账户	19万亿日元	《存款保险法》第42条第1款、第2款	1. 借款 A. 从金融机构 B. 从日本银行 2. 发行存款保险机构债	支付保费； 资金援助； 收购存款等债权； 承继银行设立出资； 向承继银行贷款； 向破产金融机构贷款
危机应对账户	17万亿日元	《存款保险法》第126条第1款	1. 借款 A. 从金融机构 B. 从日本银行 2. 发行存款保险机构债	持有股票； 向被管理金融机构提供资金援助； 向特别危机管理银行提供资金援助等
金融再生账户	3万亿日元	《金融再生法》第65条第11款	1. 借款 A. 从金融机构 B. 从日本银行 2. 发行存款保险机构债	收购金融机构资产等
早期健全化账户	1万亿日元	《早期健全化法》第65条第1款	1. 借款 A. 从金融机构 B. 从日本银行 2. 发行存款保险机构债	向接盘银行贷款用于承接股票所需资金； 补偿接盘银行损失等

---

[107]　刘瑞：《金融危机下的日本金融政策：困境与挑战》，234页，北京，世界知识出版社，2010。

续表

账户设置	融资限额	融资依据	融资方式	资金运用
住专账户	—	—	—	—
金融机能强化账户	12万亿日元	《金融机能强化法》第44条第1款、第2款	1. 借款 A. 从金融机构 B. 从日本银行 2. 发行存款保险机构债	向接盘银行贷款用于承接股票或购买信托受益权所需资金；补偿接盘银行损失等
损害赔偿金支付账户	3.3万亿日元	《汇款欺诈救助法》第29条第1款	从金融机构等借款	存款等债权实效手续的办理公告所需费用；损害赔偿金支付手续办理公告所需费用等
企业再生支援账户	—	—	—	—

资料来源：根据［日］預金保険機構「預金保険機構年報」（2009年）制作。刘瑞：《金融危机下的日本金融政策：困境与挑战》，235页，北京，世界知识出版社，2010。

四、存款保险制度在危机应对中的作用

按照日本《存款保险法》，银行等金融机构破产处置措施大体可分为常规措施和金融危机的应对措施，前者主要针对个别金融机构破产问题，后者则为应对系统性风险[108]。根据《存款保险法》，经金融危机应对会议议决、内阁总理大臣认为"如不采取金融危机应对措施将给国家或金融机构业务所在地区信用秩序的维持产生极为重大障碍"，即处于"危机事态"时，可以采取如下三种措施：第一，资本增强措施。濒临破产金融机构资不抵债时，存款保险机构可以接受其股份以增强其资本实力。第二，特别资金援助。针对破产金融机构或资不抵债金融机构，对其超过给付保险金的费用实行"特别资金援助"措施。第三，特别危机管理。在前两项措施

108　胡文涛：《金融安全网的构建：以日本公共资金投入机制的考察为中心》，载《经济问题探索》，2012（12），166页。

不足以应对的情况下，对资不抵债的金融机构，可以实行"暂时国有化"措施，即由存款保险机构强制无偿取得其全部股份。然后，存款保险机构派遣人员参与该金融机构的运营，比如出任董事、监事及其他经营人员等。

日本存款保险机构通过动用各账户资金，对问题金融机构和企业进行援助、处置，对存款人进行赔偿。2012－2013财年，日本存款保险机构一般账户当期利润为零，收支基本相抵；危机应对账户、金融再生账户、住专账户和企业再生支援账户当期分别盈利103亿日元、117亿日元、41亿日元和4亿日元；早期健全化账户、金融机能强化账户和损害赔偿金支付账户当期分别亏损593亿日元、46,980亿日元和40亿日元（见表8.12）。

表8.12　日本存款保险机构各账户运营情况

（截至2012年末）

单位：亿日元

账户名称	法律依据	设立时间	净资产	当年盈余/亏损
一般账户	《存款保险法》	1971年7月	4	0
危机应对账户	《存款保险法》	2003年6月	2,669	103
金融再生账户	《金融再生法》	1998年10月	−2,620	117
早期健全化账户	《早期健全法》	1998年10月	15,012	−593
住专账户	《住专处理法》	1996年6月	90	41
金融机能强化账户	《金融机能强化法》	2004年8月	−660	−46,980
损害赔偿金支付账户	《汇款欺诈救助法》	2008年6月	129,840	−40
企业再生支援账户	《企业再生支援机构法》	2009年9月	186,790	4

资料来源：根据［日］預金保険機構「預金保険機構年報」（2012年度）制作。

第六节　对金融危机应对机制的评价

在经历了两次大规模的金融危机，即20世纪90年代泡沫经济崩溃后的内生性国内金融危机，以及2008年发端于美国的外生性国际金融危机之后，日本政府的危机应对措施在不断"试错"中逐步得以检验、调整，并逐步形成制度化的应对框架。特别是在总结国内金融危机应对教训的基础上，日本金融监管当局确立了审慎性宏观监管体制，一定程度上削弱了国际金融危机对日本金融体系的冲击。在金融危机应对过程中，日本金融监管当局积累较为丰富的实践经验，某些良好做法值得其他国家学习借鉴。这里，本文更多从事后反思的视角，对日本政府应对金融危机过程中的一些不足进行论述。

一、对危机救助时机的把握

对比国际上历次危机中的政府救市的效果，可以发现当救市的时机不同、方法不同、力度不同时，救市的效果就会大不相同。其中，救市时机的把握对救市最终能否成功尤为重要[109]。20世纪90年代日本国内金融危机应对是典型的救市过于迟缓、错过最好时机的案例，其结果是使日本经济"迷失"了近20年。

但美国次贷危机爆发，并没有引起日本政府的足够重视。甚至到了2009年初，即在2009年1月19日由内阁通过的"对2010年度的经济预期及经济财政运营的基本态度"中，日本政府对2008财政年度实际GDP增长率的下降预期也仅为0.8%，而实际GDP增长率下降了3.7%[110]，对出口的估算差距更是达到了10.2%[111]。对危机影响程度的错误预期使得日本政府没有及时实施扩张性财政政策。尽管2008年8月、10月、12月连续3次出台经济危机对策，以增加财政支出，但本应实施扩张性财政政策的2008年政府实际支出还是下降了1.3%[112]。

109　参见王庆皓：《金融危机中政府"救市"：理论与实证分析》，江西财经大学博士学位论文，2011。

110　参见［日］平成21年度の経済見通しと経済財政運営の基本態度，2009 – 01 – 19［EB/OL］. http://www5.cao.go.jp/keizai1/mitoshi – taisaku. Html，2011 – 01 – 12。

111　预期出口实际下降为0.2%，而实际下降为10.4%。

112　参见［日］閣議決定：平成23年度の経済見通しと経済財政運営の基本態度——新成長戦略実現に向けたステップ3へ」2011年1月24日［EB/OL］. http://www.kantei.go.jp/jp/kakugikettei/2011/0124mitoshi pdf，2011 – 04 – 10。

二、大规模宽松货币政策的局限性

在应对国内和国际两次金融危机过程中，以及"安倍经济学"试图挽救经济颓势的实践中，日本政府都试图大规模应用宽松的货币政策来刺激经济。但总的来看，这些政策措施的长期效果并不十分明显。一方面货币政策的实际效果需要其他政策配合。20世纪90年代初，在地价、股价剧烈变化状况下，仅仅依赖货币政策的机动调节效果有限，过度宽松的货币政策对资产价格泡沫形成起到了推波助澜的作用。泡沫破灭后，货币政策效果渗透缓慢。另一方面，货币政策作用的空间有限。2009年10月，日本政府追加刺激经济政策出台后，公布新发行10.8万亿日元国债的补充预算方案，此举把国家与地方长期债务总额推向新高。为消化数量庞大的新发国债，政府期待日本银行继续增加购买额度，但在纸币发行量规则约束下，日本银行购买额度已接近极限。

三、金融机构注资与道德风险

日本最初在处理不良债权问题时成立了民间组织——共同债权购买机构，但由于自身经营目标限制，加上不良债权金额巨大，由民间机构处理十分困难。为维护金融系统稳定，政府通过购入不良债权、注资、破产处理、提供担保等方式投入公共资金，日本泡沫经济破灭后日本政府共投入47万亿日元，至2008年9月末累计回收32万亿日元。但在对金融机构实施公共注资时，《金融机能强化法》修正案删除了申请注资时提交经营计划中要求明确经营责任、整合业务等条款，以尽快稳定地方金融体系[113]。但申请条件的放宽或许会放大注资金融机构的道德风险，削弱市场约束，因此还需加强金融监管。

四、救助措施的传导机制及效应

在国内和国际两次金融危机中日本政府都采取了大规模救助金融机

---

113 刘瑞：《日本：金融危机面前的对策与难题》，载《中国社会科学院学报》，2009-06-18（B5）。

构、金融市场、实体经济的措施，但政府所采取的大量的财政政策和货币政策的效应并没有完全达到预期的效果，尤其是对结构性问题的解决收效甚微[114]。金融机构的放贷意愿仍不十分积极，信贷供给始终处于较低水平。货币传导机制不畅、信贷机制不顺，居民的消费和投资需求仍处于较低水平，各国中央银行通过超常规的量化宽松的货币政策投放的货币，大量沉淀在金融体系内，难以达到预期的效果。如何让已有的政策发挥最大的作用，使财政政策和货币政策的效应最大化，在日本未来危机救助过程中值得进一步思考。

五、危机救助与主权评级风险

由于金融机构部分具有公共属性，在金融危机爆发时政府必须对其进行救助，以维护正常的信用交易秩序。2008 年爆发的国际金融危机中，各国政府都动用巨额财政资金为金融机构注资或专门处理不良债权，其本质是将信用风险移至政府，以维持社会经济秩序的正常化。回顾日本的泡沫经济史可以发现，由于实施危机救助政策，自 1993 年开始，日本的财政收支就出现了严重失衡[115]。1999 年日本中央和地方两级政府财政赤字占 GDP 的比重超过了 7%，2001 年日本政府债务比率超过了 130%[116]。2002 年 2 月，标准普尔公司对日本的主权评级从最高一级下调两档定为 AA 级，穆迪公司对日本的评级也从最高一级下调三档定为 Aa 级，并指出由于日本出现通货紧缩导致实质性债务增加、日本政府信用风险上升，因此将对日本主权信用进一步下调评级。所以通过危机救助政策支撑金融机构的公信力，实际上是拿主权信用弥补金融机构的信用的不足，这只能是危机时期的短期措施，潜藏着一定的风险隐患。

六、危机救助措施退出时机及策略

国内和国际金融危机应对都在一定程度上加重了日本的财政负担，使

114　参见孙颖：《金融危机救助：理论与实践》，辽宁大学博士学位论文，2010。

115　陈虹：《日本应对金融危机的政策及其思考》，载《日本学刊》，2009（3），82 页。

116　参见［日］经济研究センター《金融研究：デフレ下の金融政策運営－日本経済再生の戦略一》，2001 年，16～17 頁；《金融研究：政府・企業・銀行部門の信用力》，2002 年，142 頁。

日本政府面临迫在眉睫的财政重建压力。以 2008 年国际金融危机为例，日本危机救助措施部分阻碍了危机进一步扩散，降低了危机的影响程度，但是救助效果并没有充分传导至实体经济部门，经过近六年的调整，实体经济仅仅是出现回暖迹象，还没有真正企稳。但巨额的财政刺激方案带来了金融风险向财政当局转移，以及财政刺激措施加重政府负担等问题。大规模的财政赤字、沉重的国债负担，以及由金融危机造成的养老、医疗等巨额福利开支缺口，未来日本政府消化和削减财政赤字的压力将长期存在。如何选择救助措施退出的时点和策略，将对中长期日本经济发展产生巨大的影响。

参 考 文 献

［1］刘瑞：《金融危机下的日本金融政策：困境与挑战》，北京，世界知识出版社，2010。

［2］胡文涛：《金融危机的应对：以日本银行业金融机构破产处理法律为例》，载《河北法学》，2012（1）。

［3］陈虹：《金融危机的风险监管：日本的经验》，载《日本研究》，2009（1）。

［4］王艳萍：《金融危机以及政府救市行为的对比分析——以瑞典和日本为例》，载《生产力研究》，2010（4）。

［5］刘海龙：《日本银行业不良债权问题研究》，华东师范大学博士学位论文，2005。

［6］陶涛：《论日本的金融行政》，北京，北京大学出版社，2000。

［7］戴晓芙：《日本新金融框架与不良债权的治理》，载《日本学刊》，2009（1）。

［8］王德迅：《日本危机管理体制的演进及其特点》，载《国际经济评论》，2007（3）。

［9］平力群：《政策时滞与政策超越——评日本经济危机对策》，载《现代日本经济》，2011（3）。

［10］蓝庆新：《新一轮改革后的日本经济评析》，载《东北亚论坛》，2009（1）。

［11］苏杭：《浅析金融危机后日本的经济政策》，载《日本学刊》，2009（3）。

［12］刘馨颖：《日本实施扩张性财政政策应对金融危机》，载《涉外税务》，2009（8）。

［13］平力群：《日本经济危机对策与产业结构调整——以产业政策范式的影响为视角》，载《日本学刊》，2011（2）。

［14］郭福敏：《日本银行应对金融危机的政策与措施》，载《中国市场》，2012（2）。

［15］刘玉苓：《日本银行应对金融危机的政策及启示》，载《中国货币市场》，2009（12）。

［16］张润林，田恬：《日本的金融稳定措施》，载《时代金融》，2010（3）。

［17］周仪：《广场协议后日本中央银行金融政策》，南开大学博士学位论文，2012。

［18］齐稚平：《中央银行救助的成本与收益》，西南财经大学博士学位论文，2010。

［19］康娅忱：《美、日政府救助问题金融机构的政策与方式比较研究》，载《中国证券期货》，2013（2）。

［20］高磊：《日本金融体系的构建与功能研究》，东北师范大学硕士学位论文，2011。

［21］周爱萍：《日本存款保险制度改革及其启示》，载《金融理论与实践》，2009（6）。

［22］黄韬：《日本存款保险法律制度的实践及其评价》，载《日本学刊》，2009（6）。

［23］陈国进：《日本存款保险制度与银行危机管理》，载《金融论坛》，2002（4）。

［24］何平：《从日本的"支付"解禁看存款保险制度的实施条件》，

载《经济理论与经济管理》2004（2）。

[25] 李静：《美日存款保险制度比较与启示》，山东大学硕士学位论文，2005。

[26] 胡文涛：《金融安全网的构建：以日本公共资金投入机制的考察为中心》，载《经济问题探索》，2012（12）。

[27] 王思洋，吴昊：《日本金融监管体系的重建及其启示》，载《东北亚论坛》，2010（9）。

[28] 傅钧文：《日本宏观审慎监管体制建设及其启示》，载《世界经济研究》，2013（12）。

[29] 宣晓影，全先银：《日本金融监管体制对全球金融危机的反应及原因》，载《中国金融》，2009（17）。

[30] 唐国兴：《安倍经济学下的日本经济分析与展望》，载《新金融》，2014（5）。

[31] 朱海燕：《"安倍经济学"解析》，载《现代日本经济》，2013（6）。

[32] 郑蔚：《"安倍经济学"的背景、机理及风险探析》，载《东北亚学刊》，2013（5）。

[33] 谷源洋：《"安倍经济学"的争议及其前景考量》，载《亚非纵横》，2013（5）。

[34] 王薪龙：《"安倍经济学"的内容、效果及风险分析》，载《农村金融研究》，2013（10）。

[35] 伞锋，张晓兰：《安倍经济学能拯救日本经济吗?》，载《东北亚论坛》，2014（1）。

[36] 李南妮，陈玉财：《"安倍经济学"实施效果和制约因素并存》，载《浙江金融》，2013（11）。

[37] 戴晓芙：《再论大选大胜后的"安倍经济政策"》，载《现代日本经济》，2013（6）。

[38] 易宪容：《"安倍经济学"效果及影响的理论分析》，载《国际金融研究》，2013（6）。

［39］郭可为：《安倍晋三"三松"经济政策探析》，载《国际研究参考》，2013（2）。

［40］唐建伟，陈鹄飞：《安倍经济学"三支箭"的风险》，载《中国金融》，2013（17）。

［41］王庆皓：《金融危机中政府"救市"：理论与实证分析》，江西财经大学博士学位论文，2011。

［42］孙颖：《金融危机救助：理论与实践》，辽宁大学博士学位论文，2010。

［43］陈虹：《日本应对金融危机的政策及其思考》，载《日本学刊》，2009（3）。

［44］鹿野嘉昭「日本の金融制度」，东京，东洋经济新报社，2006年2版，第109页。

［45］［日］日本経済研究センター《金融研究：デフレ下の金融政策運営－日本経済再生の戦略一》、2001年、16－17頁；《金融研究：政府・企業・銀行部門の信用力》、2002年。

［46］［日］黒田晃生，日本の金融市場：金融政策の効果波及メカニズム［M］，東京：東洋経済新報社，2004。

［47］［日］福田慎一「バブル崩壊後の金融市場の動揺と金融政策」、『バブルデフレ期の日本経済と経済政策』第2巻、吉川洋編『デフレ経済と金融政策』．慶応義塾大学出版社、2009年、211頁図表7－5。

［48］［日］日銀総裁「消費増税でも成長」先送り、緩和効果そぐ［N］，日本経済新聞，2013－08－09。

［49］［日］安東泰志，ねじれの解消で改めて問われるアベ成長戦略の中身［N］，日本経済新聞，2013－07－24。

［50］［日］川口慎二，古川顕：金融市場と金融政策［M］，東京：郵便貯金振興会貯蓄経済研究室，2006。

［51］日本銀行《信用秩序維持のためのいわゆる特融等に関する4原則の適用について＞に関する件》，1999年6月16日。

［52］片岡剛士．日本の「失われた20 年」——デフレを越える経済政策に向けて［M］．藤原書店，2010：15。

［53］伊藤真，金融機関の倒産処理法制［A］，高木新二郎，伊藤真。倒産の法システム（第4 巻）［C］，東京，日本評論社，2006。

［54］預金保険機構，平成金融危機への対応［M］，東京，金融財政事情研究会，2007。

［55］円高・デフレ麻のための緊急纏合泾策——新成長戦略必現に向けたステップ2 -?，http://www5. cao. go. jp/keizai1/mitoshi - taisaku. html。

［56］平成21 年度の経済見通しと経済財政運営の基本態度，2009 - 01 - 19［EB/OL］http://www5. cao. go. jp/keizai1/mitoshi - taisaku. Html，2011 - 01 - 12。

［57］閣議決定：平成23 年度の経済見通しと経済財政運営の基本態度——新成長戦略実現に向けたステップ3へ」2011 年1 月24 日［EB/OL］http://www. kantei. go. jp/jp/kakugikettei/2011/0124mitoshi pdf，2011 - 04 - 10。

［58］Macro-prudential instruments and frameworks：a stocktaking of issues and experiences. BIS CGFS Papers No. 38，May 2010.

［59］Tomohiko Taniguchi. Ishihara and the Senkakus：The Japanese State of Mind［EB/OL］. http://www. brookings. edu/re-search/opinions/2012/11/13 - japan - taniguchi，2013 - 11 - 13.

［60］*The Wall Street Journal*. Mr. Abe's 'Third Arrow'：Japan's gains-from monetary policy willbefleeting without majoreconomic reform［EB/OL］，http://online,wsj com/article/SB10001424127887324767004578484680433486330 html/KEYWORDS = the + third + Arrow，2013 - 05 - 17.

［61］David Li. Abenomics will only damage Japan's neighbors［EB/OL］*Financial Times*，http://www. ft. com/intl/cms/s/0/ebdf92aa - c13d - 11e2 - 9767 - 00144feab7de. html#axzz2YEaHP2zC.

［62］Henny Sender. Markets Insight：Real danger of Abenomics is it goes too far ［EB/OL］. *Financial Times*, http://www. ft. com/intl/cms/s/0/ d9f01e02 – c868 – 11e2 – 8cb7 – 00144feab7de. html # axzz2YEaHP2zC, 2013 – 05 – 30.

［63］ IMF. Claessens, Stijn Dell A'riccia, Giovanni Igan, Deniz Laeven, Luc, 2010 – 02 – 01.